Managementwissen für Studium und Praxis

Herausgegeben von
Professor Dr. Dietmar Dorn und
Professor Dr. Rainer Fischbach

Lieferbare Titel:

Anderegg, Grundzüge der Geldtheorie und Geldpolitik
Arrenberg · Kiy · Knobloch · Lange, Vorkurs in Mathematik, 2. Auflage
Barth · Barth, Controlling
Behrens · Kirspel, Grundlagen der Volkswirtschaftslehre, 3. Auflage
Behrens · Hilligweg · Kirspel, Übungsbuch zur Volkswirtschaftslehre
Behrens, Makroökonomie – Wirtschaftspolitik, 2. Auflage
Blum, Grundzüge anwendungsorientierter Organisationslehre
Bontrup, Volkswirtschaftslehre, 2. Auflage
Bontrup, Lohn und Gewinn
Bontrup · Pulte, Handbuch Ausbildung
Bradtke, Mathematische Grundlagen für Ökonomen, 2. Auflage
Bradtke, Übungen und Klausuren in Mathematik für Ökonomen
Bradtke, Statistische Grundlagen für Ökonomen, 2. Auflage
Bradtke, Grundlagen im Operations Research für Ökonomen
Breitschuh, Versandhandelsmarketing
Busse, Betriebliche Finanzwirtschaft, 5. Auflage
Camphausen, Strategisches Management, 2. Auflage
Dinauer, Allfinanz – Grundzüge des Finanzdienstleistungsmarkts
Dorn · Fischbach, Operations Research, 3. Auflage
Dorn · Fischbach, Volkswirtschaftslehre II, 4. Auflage
Dorsch, Abenteuer Wirtschaft · 75 Fallstudien mit Lösungen
Drees-Behrens · Kirspel · Schmidt · Schwanke, Aufgaben und Fälle zur Finanzmathematik, Investition und Finanzierung, 2. Auflage
Drees-Behrens · Schmidt, Aufgaben und Fälle zur Kostenrechnung, 2. Auflage
Fiedler, Einführung in das Controlling, 2. Auflage
Fischbach · Wollenberg, Volkswirtschaftslehre 1, 13. Auflage
Götze, Techniken des Business-Forecasting
Götze, Mathematik für Wirtschaftsinformatiker
Götze · Deutschmann · Link, Statistik
Gohout, Operations Research, 3. Auflage
Haas, Kosten, Investition, Finanzierung – Planung und Kontrolle, 3. Auflage
Haas, Marketing mit EXCEL, 2. Auflage
Haas, Access und Excel im Betrieb
Haas, Excel im Betrieb, Gesamtplan
Hans, Grundlagen der Kostenrechnung
Hardt, Kostenmanagement, 2. Auflage
Heine · Herr, Volkswirtschaftslehre, 3. Auflage

Hildebrand · Rebstock, Betriebswirtschaftliche Einführung in SAP® R/3®
Hoppen, Vertriebsmanagement
Koch, Marketing
Koch, Marktforschung, 4. Auflage
Koch, Betriebswirtschaftliches Kosten- und Leistungscontrolling in Krankenhaus und Pflege, 2. Auflage
Laser, Basiswissen Volkswirtschaftslehre
Martens, Statistische Datenanalyse mit SPSS für Windows, 2. Auflage
Martin · Bär, Grundzüge des Risikomanagements nach KonTraG
Mensch, Investition
Mensch, Finanz-Controlling, 2. Auflage
Mensch, Kosten-Controlling
Peto, Grundlagen der Makroökonomik, 13. Auflage
Piontek, Controlling, 3. Auflage
Piontek, Beschaffungscontrolling, 3. Aufl.
Plümer, Logistik und Produktion
Posluschny, Controlling für das Handwerk
Posluschny, Kostenrechnung für die Gastronomie, 2. Auflage
Rau, Planung, Statistik und Entscheidung – Betriebswirtschaftliche Instrumente für die Kommunalverwaltung
Reiter · Matthäus, Marktforschung und Datenanalyse mit EXCEL, 2. Auflage
Reiter · Matthäus, Marketing-Management mit EXCEL
Rothlauf, Total Quality Management in Theorie und Praxis, 2. Auflage
Rudolph, Tourismus-Betriebswirtschaftslehre, 2. Auflage
Rüth, Kostenrechnung, Band I, 2. Auflage
Sauerbier, Statistik für Wirtschaftswissenschaftler, 2. Auflage
Scharnbacher · Kiefer, Kundenzufriedenheit, 3. Auflage
Schuster, Kommunale Kosten- und Leistungsrechnung, 2. Auflage
Schuster, Doppelte Buchführung für Städte, Kreise und Gemeinden, 2. Auflage
Stahl, Internationaler Einsatz von Führungskräften
Stender-Monhemius, Marketing – Grundlagen mit Fallstudien
Strunz · Dorsch, Management
Strunz · Dorsch, Internationale Märkte
Weeber, Internationale Wirtschaft
Wilde, Plan- und Prozesskostenrechnung
Wilhelm, Prozessorganisation, 2. Auflage
Wörner, Handels- und Steuerbilanz nach neuem Recht, 8. Auflage
Zwerenz, Statistik, 3. Auflage
Zwerenz, Statistik verstehen mit Excel – Buch mit Excel-Downloads, 2. Auflage

Statistik verstehen mit Excel

Interaktiv lernen und anwenden
Buch mit Excel-Downloads

von

Prof. Dr. Karlheinz Zwerenz

2., verbesserte Auflage

Oldenbourg Verlag München Wien

Bibliografische Information der Deutschen Nationalbibliothek

Die Deutsche Nationalbibliothek verzeichnet diese Publikation in der Deutschen
Nationalbibliografie; detaillierte bibliografische Daten sind im Internet über
<http://dnb.d-nb.de> abrufbar.

© 2008 Oldenbourg Wissenschaftsverlag GmbH
Rosenheimer Straße 145, D-81671 München
Telefon: (089) 4 50 51- 0
oldenbourg.de

Lektorat: Wirtschafts- und Sozialwissenschaften, wiso@oldenbourg.de
Herstellung: Anna Grosser
Coverentwurf: Kochan & Partner, München
Gedruckt auf säure- und chlorfreiem Papier
Druck: Grafik + Druck, München
Bindung: Thomas Buchbinderei GmbH, Augsburg

ISBN 978-3-486-58591-9

Inhalt

Vorwort zur 2. Auflage

Dieses Buch (mit Download-Bereich) verbindet das Verstehen und Anwenden der Statistik in Synergie: Die grundlegenden Methoden der deskriptiven und der induktiven Statistik werden als interaktive Anwendungen in Excel anschaulich dargestellt und erläutert. Spezielle Excel-Kenntnisse sind nicht erforderlich!

In jedem Kapitel des Buchs werden die wichtigsten Begriffe und Formeln zu den einzelnen statistischen Methoden vorangestellt und im Zusammenhang mit den Excel-Anwendungen ausführlich besprochen.

Das „interaktive" Lernen der Statistik anhand der angebotenen Excel-Downloads möglich. Dabei wird die Arbeit am PC durch das Einblenden von Kommentartexten am Bildschirm und den simultanen Aufbau von Grafiken unterstützt.

Die interaktiven Anwendungen stehen als „Übungen" oder als „Simulationen" zur Verfügung. In den „Übungen" werden Aufgaben gestellt, die durch Eingabe der Zwischen- und Endergebnisse am PC zu lösen sind. Die Richtigkeit der Lösungen wird optisch hervorgehoben. In den „Simulationen" werden voll durchgerechnete Zahlenbeispiele in mehreren Varianten präsentiert. Durch individuelle Änderungen der Zahlen, die automatisch umgesetzt werden, können die statistischen Formeln nachvollzogen werden. In der Wahrscheinlichkeitsrechnung und der schließenden Statistik können einige Simulationen als „elektronische Zufallsexperimente" durchgeführt werden.

Außerdem gibt das Buch für die Excel-Anwendung der statistischen Funktionen umfassende Hinweise und Erläuterungen. Alle interaktiven Simulationen des Excel-Downloadbereichs können für die Auswertung eigener Daten eingesetzt werden!

Die hier angebotene zeitgemäße Form des PC-orientierten Lernens hat das Ziel, dass die statistischen Methoden in Studium und Praxis gut verstanden und kompetent angewandt werden.

HINWEIS:

Sie finden die Downloads aller Excel-Anwendungen unter www.oldenbourg-wissenschaftsverlag.de. Bitte Suchwort „zwerenz" eingeben.

Viel Freude und Erfolg beim interaktiven Lernen und Verstehen der Statistik!

Der Autor

E-Mail-Adresse: prof.zwerenz@t-online.de

Hinweise zum Einsatz der Excel-Downloads

1. Aufruf der interaktiven Excel-Anwendungen

- www.oldenbourg-wissenschaftsverlag.de aufrufen, Suchen mit „zwerenz"
- Verzeichnis der Excel-Anwendungen anzeigen lassen
- Gewünschte Anwendung öffnen
  HINWEIS: Anwendungsnamen bestehen aus
          Kapitel-Nr.+ lfd. Nummer + Inhalts-Bezeichnung
- Makros aktivieren (Makrovirus-Schutz muss auf „mittel" eingestellt sein!)

2. Bildschirm-Einstellungen

Die Anwendungen wurden für eine Bildschirm-Auflösung von 600 x 800 mit Zoom-Einstellung 100% entwickelt. Häufig empfiehlt sich eine Vergrößerung auf 110 oder 120%. In Excel ist dabei nur die Einblendung von Standard-, Format- und Bearbeitungsleiste vorgesehen. Falls der Bildschirm nicht ganz ausgefüllt oder die Anwendung nicht voll sichtbar ist, wird eine Anpassung der eingeblendeten Excel-Leisten bzw. der Zoom-Einstellung empfohlen.

Ein Umschalten auf „ganzer Bildschirm" ist möglich, ohne die Darstellung der Anwendungen zu beeinträchtigen. Dies wirkt sich aber ungünstig aus, da hiermit die Funktionen „Rückgängig" und „Wiederholen" ausgeblendet werden. Diese Funktionen können häufig zur Bestimmung eines Ablaufs von Eingaben und zur Interpretation der dazugehörigen Auswirkungen eingesetzt werden.

3. Excel-Version

Die interaktiven Anwendungen wurden mit MS-Excel 97 (unter Windows 98) erstellt. Für die volle Funktionsfähigkeit der Anwendungen wird daher MS-Excel (97 oder 2000 bzw. 2003) auf Basis von Windows 95/98 oder Windows XP benötigt.

4. PC-Ausstattung

Als Mindest-PC-Ausstattung wird empfohlen: Pentium I, Hauptspeicher 32 MB; Platzbedarf auf Festplatte: 8 MB.

5. Passwort-Schutz der interaktiven Anwendungen

Alle Excel-Anwendungen sind – zur Gewährleistung einer störungsfreien Anwendung – mit einem Passwort gesichert. Der Passwort-Schutz kann (bei Bedarf) mit „Extras – Schutz – Blattschutz aufheben" wieder entfernt werden. Das Passwort lautet: ex123.

6. Probleme, Fragen oder Anregungen

Bitte nehmen Sie bei Problemen oder Fragen zu den Excel-Anwendungen mit dem Autor per E-Mail Kontakt auf: prof.zwerenz@t-online.de. Anregungen werden ebenfalls gerne entgegengenommen!

TEIL I EINFÜHRUNG UND GRUNDLAGEN

1. Statistik interaktiv lernen

1.1 Ziele von Buch und Downloads

Dieses Buch und die dazugehörigen Downloads verfolgen ein Hauptanliegen: Der Leser/die Leserin soll die statistischen Methoden anhand vorbereiteter Excel-Tabellen und der dazugehörigen ausführlichen Erläuterungen im Buch lernen, verstehen und anwenden können. Dabei sollen die nachfolgenden Ausführungen einen erfolgreichen Einsatz von Buch und Download ermöglichen.

Das Buch ist ähnlich wie ein herkömmliches Arbeits- oder Übungsbuch zur Statistik konzipiert. Der Leser erhält Aufgabenstellungen, die zu lösen sind. Entweder erfolgt die Bearbeitung nach Ausdruck der Aufgaben auf Papier oder – wie vom Autor vorgesehen – direkt am PC. Anhand der Aufgaben und ihrer Lösungen wird der Stoff anschaulich vermittelt und vertieft. Diese Stoff-Vermittlung ist als Ergänzung zu Lehrveranstaltungen (Vorlesungen und Übungen) bzw. zum Studium der entsprechenden Fachliteratur zu sehen[1].

1.2 Einsatzmöglichkeiten der Downloads

Die im Download-Bereich angebotenen Excel-Anwendungen ermöglichen die folgenden **Anwendungs-Szenarien**:

1) **Übungen am PC mit herkömmlichem Rechnen:** Der Anwender erhält Zahlenangaben am Bildschirm, berechnet (im Kopf bzw. mit dem Taschenrechner) die Ergebnisse, trägt sie in die Excel-Tabelle ein und erhält eine sofortige Beurteilung (falsch = weißes Feld oder richtig = hellblaues Feld).

2) **Übungen mit PC-Rechnen:** Die vorhandenen Zahlenangaben werden zur Anwendung von Excel-Standardfunktionen der Tabellenkalkulation verwendet, insbesondere für Summen- und Differenzbildung, Multiplikation, Division. Die Beurteilung der Richtigkeit erfolgt wie in 1) beschrieben.

3) **Simulationen:** Es werden die voll die durchgerechneten Tabellen/Grafiken verwendet oder „elektronische" Zufallsexperimente durchgeführt. Durch Verändern einzelner Zahlen oder sukzessives Eingeben eigener Zahlen kann die Funktionsweise statistischer Formeln und Methoden nachvollzogen werden.

Schließlich ist auch ein **„konservativer" Einsatz der Downloads** möglich: Die vorhandenen Zahlenangaben werden ausgedruckt, Berechnungen werden (im Kopf bzw. mit dem Taschenrechner) durchgeführt und die Ergebnisse werden mit den im Buch abgedruckten Musterlösungen verglichen.

---

[1] Als Referenzliteratur ist das vom Autor verfasste Buch „Statistik – Datenanalyse mit Excel und SPSS", 3. Auflage geeignet, dessen Symbolik und Gliederung (ab Kapitel 6) als Vorlage diente.

Der Vorteil der ersten beiden Szenarien liegt darin, dass der Anwender sowohl herkömmliche Berechnungstechniken als auch PC-Techniken einsetzen kann und in jedem Fall eine „moderne" PC-Lernumgebung verwendet.

Das dritte Szenario ergänzt die Lern-Szenarien durch Simulationen. Durch Verändern weniger Zahlen und durch die Eingabe verschiedener Zahlen in Folge können Formeln und Methoden nachvollzogen und veranschaulicht werden. Durch Einsatz der „Rückgängig"- und der „Wiederholen"-Taste von Excel kann dabei die Auswirkung einzelner Eingaben gezielt und sukzessive nachvollzogen werden.

Insbesondere dieses dritte Szenario bringt einen entscheidenden Vorteil zum „konservativen" Lernen: Die Wirkung von Zahlenvarianten kann unmittelbar beobachtet werden, was ein „schnelles" Lernen ermöglicht. Dabei können das eigene Lerntempo, der persönliche Bedarf der Wiederholung und die „kreative" Verwendung eigener Zahlenvarianten individuell berücksichtigt werden.

1.3 Arten der interaktiven Excel-Anwendungen

Die grundlegenden statistischen Methoden werden im Download-Bereich anhand von 104 Excel-Anwendungen aufbereitet. Die Anwendungen bestehen jeweils aus einer oder mehreren Tabellen, so dass etwa 150 Excel-Tabellen zur Verfügung stehen. Da mindestens 3 Zahlen-Varianten je Übung bzw. Simulation vorhanden sind, beläuft sich die Gesamtzahl der PC-Anwendungen auf ca. 500.

Die Excel-Anwendungen lassen sich in zwei grundsätzlich unterschiedliche Typen gliedern, die auch als Bezeichnung der Excel-Tabellen verwendet werden: **Übungen** und **Simulationen**. In der schließenden Statistik werden zusätzlich **Simulationen mit „elektronischen" Zufallsexperimenten** angeboten, so dass insgesamt drei Arten von Excel-Anwendungen vorliegen (siehe Abschnitte 1.3.1 ff.).

Für alle drei Arten der Anwendungen gilt:

Graue Felder	**Bezeichnungen** von Spalten und Zeilen mit Symbolen und Texten sowie Erläuterungen
Weiße Felder	**Eingabefelder**, d.h. Zellen, in die vom Anwender eigene Daten (Angaben, Zwischen-, Endergebnisse) eingegeben werden können
Hellblaue Felder	**Ergebnisse**, d.h. Angaben, Zwischen- und Endergebnisse; bei Übungen bedeutet hellblauer Hintergrund = richtige Eingabe!
Rote Dreiecke	**Kommentartext vorhanden**, der für das markierte Feld als Erläuterung kontext-sensitiv eingeblendet werden kann.

Die nachfolgende Übersicht in Abb. 1.1 erläutert die Anforderungen an den Benutzer für jede Art der Anwendungen und die Tätigkeiten, die vorzunehmen sind. Außerdem werden die Ziele der Arbeit mit den Excel-Anwendungen genannt.

Art der Excel-Anwendung (Beispiel)	Anforderungen und Tätigkeit	Ziele
ÜBUNG mit Zahlenvarianten (z.B. A_0601)	Methode und Formel anwenden: **Berechnungen durchführen**	Methode durch Üben erlernen und Kenntnisse vertiefen
SIMULATION mit Zahlenvarianten (z.B. A_0603)	Tabelle und Grafik beobachten: **Unterschiede bei Varianten erkennen**	Methode in vorgegebenen Varianten verstehen
SIMULATION mit Zahlenvarianten und Ändern/Löschen **a. einzelner Werte in der Tabelle** (z.B. A_0603) **b. einzelner Punkte in der Grafik** (z.B. A_1503)	Tabelle und Grafik beobachten: **Auswirkung einzelner Änderungen interpretieren**	Methode durch gezielte Änderungen verstehen und Kenntnisse vertiefen
SIMULATION in leerer Tabelle (z.B. A_0601 nach „Löschen")	Tabelle und Grafik beobachten: **Einzelne Werte „kreativ" nacheinander eingeben und Aufbau von Zwischen- und Endergebnissen interpretieren**	Methode durch sukzessiven Aufbau besser verstehen und Kenntnisse vertiefen
SIMULATION mit Zufallsauswahl (z.B. A_1801)	Methoden und Formeln verstehen: **(Zufalls-) Experiment durchführen und Ergebnisse interpretieren**	Zufallsvariablen und Wahrscheinlichkeiten in Bedeutung und Zusammenhang verstehen

Abb. 1.1: Anwendungsarten, Anforderungen und Ziele

1.3.1 Übungen

Die Excel-Übungen werden in der jeweiligen Anwendung als Tabellenblatt Übung bezeichnet. Der Einsatz dieser Übungs-Anwendungen ist wie folgt vorgesehen:

1) **Auswählen der Zahlenvariante:** Es stehen jeweils 3 Varianten zur Verfügung, die im Drop-Down-Menü rechts oben ausgewählt werden können.

2) **Kommentar anzeigen:** Bei Bedarf für Erläuterungen wird durch Berühren der Felder mit rotem Dreieck (mit dem Cursor) der Kommentar angezeigt.

3) **Berechnen der Werte** in den weißen Eingabefeldern: Wenn das Ergebnis richtig ist, erscheint das Feld HELLBLAU unterlegt!

4) **Löschen aller Werte:** Bei unklaren Situationen bzw. zum Aufbau eigener Zahlenvarianten können mit dem Lösch-Button alle- und Ergebniswerte entfernt und für eigene Eingaben freigemacht werden.

Drop-Down-Box: Wahl der Zahlenvariante

Graue Felder: Bezeichnungen für Spalten- und Zeilen

Kommentar: erscheint durch Berühren des Feldes (mit rotem Dreieck)

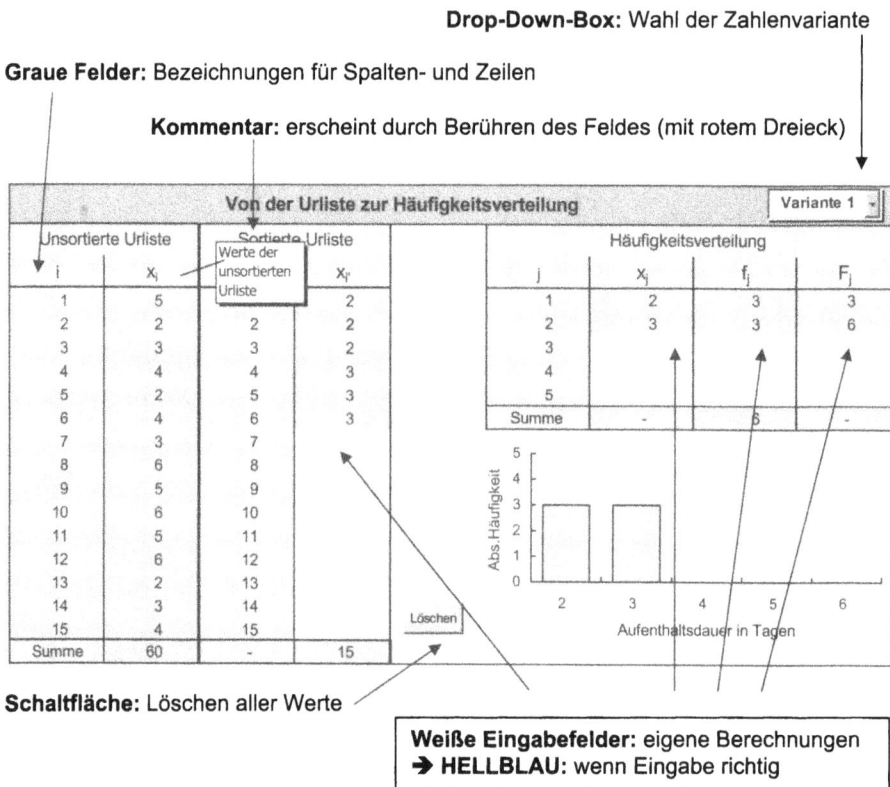

Schaltfläche: Löschen aller Werte

Weiße Eingabefelder: eigene Berechnungen
➜ **HELLBLAU:** wenn Eingabe richtig

Abb. 1.2: Interaktive Excel-Anwendung „Übung"

1.3.2 Simulationen

Die Simulationen (benannt als Tabellenblatt Simulation) ergänzen teilweise die Tabellenblätter der Übungen, teilweise werden sie als eigenständige Anwendungen angeboten. Bei der Anwendung der Excel-Simulationen gibt es zwei Möglichkeiten: Einspielen von Zahlenvarianten oder ergänzendes bzw. ersatzweises Arbeiten mit eigenen Zahlen.

a) Einspielen der Zahlenvarianten

Hier werden die angebotenen Varianten durch die Drop-Down-Box (Varianten-Schaltfläche rechts oben) eingespielt. Die Berechnungen bzw. die grafischen Darstellungen können vom Anwender nachvollzogen werden.

b) Arbeiten mit eigenen Zahlen

Die in a) eingespielten Zahlenangaben können vom Anwender einzeln überschrieben oder ergänzt werden, womit die Auswirkung gezielter Veränderungen nachvollziehbar wird. Außerdem ist das Arbeiten mit eigenen Zahlen auf Basis einer leeren Tabelle möglich. Dazu werden alle Werte mit der Lösch-Taste gelöscht, und der Anwender kann – zunächst mit einigen wenigen – dann mit mehreren Zahlen die Simulation aktivieren. Durch Einsatz der Excel-Schaltflächen „Rückgängig" bzw. „Wiederholen" kann dabei eine Folge von Eingaben erzeugt und deren Auswirkung sukzessive nachvollzogen werden.

Drop-Down-Box: Wahl der Zahlenvariante

Weiße Eingabefelder: werden über Variante 1, 2, ... oder vom Anwender gefüllt

Blaue Ergebnisfelder: werden automatisch berechnet

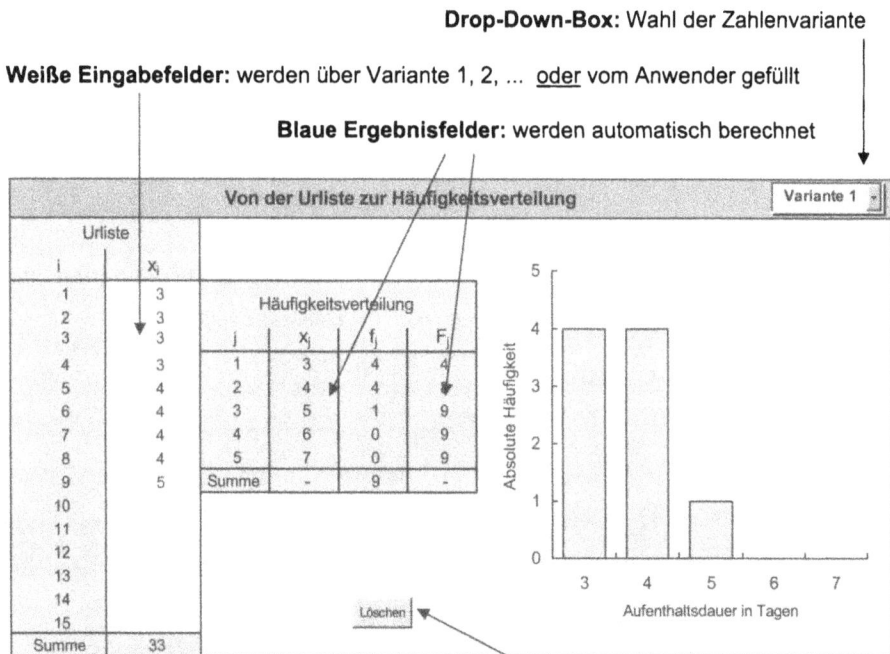

Schaltfläche: Löschen aller Werte

Abb. 1.3: Interaktive Excel-Anwendung „Simulation"

1.3.3 Simulationen mit Zufallsexperimenten

In den Kapiteln zur Wahrscheinlichkeitstheorie und zur schließenden Statistik (Kapitel 18 ff.) wird ein weiterer Typ von Simulations-Anwendungen angeboten: Simulationen mit Zufallsauswahl. Hier wird über eine der Schaltflächen (rechts unten) der Excel-Zufallszahlen-Generator gestartet. Damit werden je nach Anwendung verschiedene Zufallszahlen erzeugt und ausgegeben.

Die Zufallszahlen können entweder einzeln abgerufen werden (Taste: manuell) oder sie werden automatisch nacheinander in einer auswählbaren Anzahl erzeugt (Tasten: automatisch bei **vorheriger** Bestimmung der Anzahl).

Mit der Lösch-Taste kann die Ausgangssituation einer leeren Tabelle und Grafik wiederhergestellt werden.

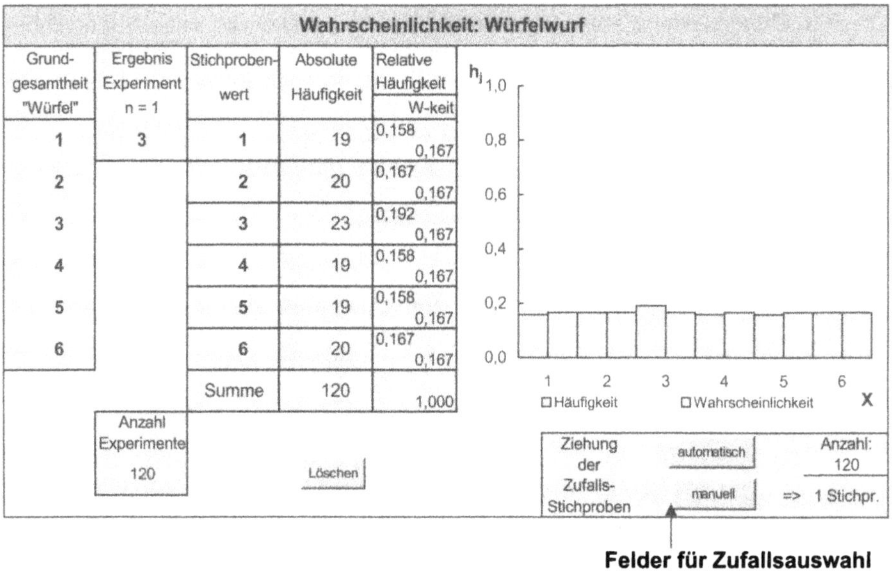
Wahrscheinlichkeit: Würfelwurf
Grund-gesamtheit "Würfel"
Ergebnis Experiment n = 1
Stichproben-wert
Absolute Häufigkeit
Relative Häufigkeit
W-keit
1 3 1 19 0,158 0,167
2 2 20 0,167 0,167
3 3 23 0,192 0,167
4 4 19 0,158 0,167
5 5 19 0,158 0,167
6 6 20 0,167 0,167
Summe 120 1,000
Anzahl Experimente 120
Löschen
h_j
1,0
0,8
0,6
0,4
0,2
0,0
1 2 3 4 5 6
X
Häufigkeit
Wahrscheinlichkeit
Ziehung der Zufalls-Stichproben
automatisch
manuell
Anzahl: 120
=> 1 Stichpr.
Felder für Zufallsauswahl

Abb. 1.4: Interaktive Excel-Anwendung „Simulation“ mit Zufallsauswahl

2. Statistik verstehen und anwenden

2.1 Begriff und Aufgaben der Statistik

Der Begriff „Statistik" steht für eine (formale, methodische) Wissenschaft, für die Ausführung der Datenanalyse und für das Ergebnis der Analyse.

Damit findet sich die Statistik zum einen als Nebenfach oder Spezialgebiet bei zahlreichen anderen Disziplinen, wie z.B. der Medizin, Psychologie, Technik oder der Ökonomie. Zum andern umfaßt die Statistik die Durchführung der Analyse, bestehend aus Erheben, Zählen, Messen, Auswerten und Präsentieren (siehe Abschnitt 2.2). Und schließlich wird der Begriff Statistik mit dem Ergebnis dieser Analysetätigkeit in Verbindung gebracht: „Statistik" bedeutet dabei entweder eine Tabelle oder eine Grafik.

Statistik ist

- eine methodische Hilfswissenschaft

- die praktische Tätigkeit der Datenanalyse

- das Ergebnis der Datenanalyse als Tabelle oder Grafik.

Statistik zu betreiben ist kein Selbstzweck. Jede statistische Aktivität (mit Ausnahme der mathematisch-statistischen Methodenforschung) benötigt eine inhaltliche Verankerung, einen Auftrag, ein fachliches Ziel. Deshalb muß der Anwender der Statistik immer auf Anschaulichkeit, Interpretierbarkeit und Nützlichkeit seines Tuns achten.

Die statistische Analyse

- hat die **Aufgabe,**

  Daten zu sammeln, zu analysieren und zu präsentieren und

- hat das **Ziel,**

  gültige Schlußfolgerungen zu ziehen und fundierte Entscheidungen zu unterstützen.

Bei der statistischen Analyse unterscheiden wir zwei grundsätzlich verschiedene methodische Ansätze:

Deskriptive Statistik

Hier wird die statistische Analyse zur Beschreibung einer Gesamtheit eingesetzt. Diese Gesamtheit kann aus wenigen Elementen bestehen (z.B. die Teilnehmer eines Seminars) oder aus einer sehr großen Anzahl von Einheiten (z.B. die Wahlberechtigten bei einer Bundestagswahl). Die deskriptive Statistik beschreibt diese Gesamtheit mit Mittelwerten, Anteilswerten oder Verteilungen.

Die nachfolgenden Kapitel 6 bis 17 stellen die grundlegenden Methoden der deskriptiven Statistik dar.

Induktive Statistik

Die induktive oder schließende Statistik hat ebenfalls eine „beschreibende" Basis. Stichproben (meist zufällig aus einer großen Gesamtheit ausgewählt) werden mit Mittelwerten etc. beschrieben. Die Stichprobenparameter werden aber hauptsächlich zur Schätzung des entsprechenden Parameters in der Grundgesamtheit verwendet, z.B. Schätzung des Stimmenanteils einer Partei A aus den Aussagen von 1000 zufällig ausgewählten Wahlberechtigten.

Nach einer Einführung in die Wahrscheinlichkeitsrechnung (zur Vorbereitung der induktiven Statistik) in den Kapiteln 18 bis 22 folgt in den Kapiteln 23 bis 26 die Vorstellung der wichtigsten Verfahren der schließenden Statistik.

2.2 Aktivitäten der statistischen Analyse

Statistik zu betreiben bedeutet, eine Vielzahl einzelner Aktivitäten zu planen, aufeinander abzustimmen und durchzuführen. Die nachfolgende Aufstellung dieser Aktivitäten möchte auf die wichtigsten Tätigkeiten der statistischen Analyse hinweisen, wobei folgendes **Beispiel** zugrunde gelegt wird:

„Analyse der Kundenzufriedenheit von Fluggästen der Airline XYZ".

Erläuterungen zur Analyse: Der Auftraggeber (Airline XYZ) war in den letzten Jahren mit zahlreichen Beschwerden von Fluggästen wegen des schlechten Service an Bord konfrontiert. In einem umfassenden Fortbildungsprogramm wird das Bordpersonal zusätzlich geschult, und einige neue (gut ausgebildete) Mitarbeiter werden eingestellt. Nun möchte der Auftraggeber den Grad der Zufriedenheit seiner Kunden feststellen lassen.

Folgende Aktivitäten der statistischen Analyse sind von Bedeutung:

Ziele der Analyse formulieren

Zunächst werden die sachlichen, zeitlichen und räumlichen Ziele der Analyse festgelegt, z.B.: Zufriedenheit der Fluggäste der Airline XYZ mit dem Service an Bord auf allen Fluglinien in den (stark frequentierten) Ferienmonaten Juni bis August.

Analyse vorbereiten

Ein Fragebogen wird entworfen. Ein Pretest mit einigen Fluggästen wird durchgeführt. Die Erhebung wird geplant (Zeit, Organisation etc.). Ein für die Analyse ge-
eignetes Computerprogramm (z.B. Excel oder SPSS) wird ausgewählt.

Daten erheben (Zählen, Messen) und erfassen

Die Fragebögen werden verteilt. Den Fluggästen wird Hilfe beim Ausfüllen angeboten. Die Flugdauer (einschließlich Verspätungen) wird erhoben. Die Daten werden in einen Computer eingegeben.

Analysieren (Auswerten)

Die Daten werden ausgewertet. Statistische Analysen werden am PC durchgeführt. Mittelwerte, Streuungen, Verteilungen werden ermittelt.

Zusammenfassen und Vergleichen

Die Ergebnisse werden zusammengefaßt und mit den Ergebnissen anderer, ähnli-
cher oder früherer, eigener Studien verglichen.

Schätzen und Testen

Es werden Methoden der schließenden Statistik eingesetzt. Der Anteil der „zufriedenen" Fluggäste wird geschätzt. Die Hypothese wird getestet, dass die Fluggäste
jetzt zufriedener sind als vor den durchgeführten Maßnahmen.

Beurteilen

Die Aussagekraft der Ergebnisse wird beurteilt. Es werden Belege für bestimmte
Hypothesen und Aussagen gesucht, keine Beweise!

Präsentieren und Interpretieren

Die Ergebnisse der statistischen Analyse werden mit einem geeigneten Computerprogramm präsentiert und fachlich interpretiert.

Entscheidungen vorbereiten

Die Ergebnisse der Analyse sollen fundierte Entscheidungen ermöglichen. In unserem Beispiel kann die Entscheidung lauten, dass aufgrund der festgestellten
Kundenzufriedenheit derzeit keine weiteren Maßnahmen notwendig sind. Oder es
bedarf noch weiterer Maßnahmen zur Erhöhung der Kundenzufriedenheit.
Bei fast allen dieser Aktivitäten ist der Einsatz eines Computerprogrammes hilfreich bzw. unerläßlich. In diesem Buch soll auf die entsprechenden Anwendungsmöglichkeiten von MS-Excel erörtern. Zunächst aber soll auf die spezielle Eignung
von Excel für das Erlernen und Verstehen statistischer Methoden eingegangen
werden.

2.3 Statistik lernen, verstehen und anwenden mit Excel

Statistische Analysen können mit einem geeigneten Taschenrechner oder mit einem umfassenden, leistungsfähigen Statistik-Programmpaket (wie z.B. SPSS) auf einem PC oder Großrechner durchgeführt werden. Zwischen diesen beiden Szenarien liegt die Verwendung des PC-Programms Excel für statistische Berechnungen. Insbesondere für kleinere bis mittlere Datenmengen (z.B. bei abgegrenzten Projekten oder Diplomarbeiten) ist Excel sehr gut geeignet.

Aufgrund der Tatsache, dass Excel auf der Tabellenkalkulation beruht und außerdem ein leichtes simultanes Zusammenwirken von Tabellen und Grafiken möglich macht, ergibt sich bei der Verwendung von Excel ein zusätzlicher Vorteil: Die Funktionsweise statistischer Methoden, die Rechentechniken, die Besonderheiten spezieller Datenkonstellationen können durch einen flexiblen Einsatz von Excel erlernt und verstanden werden.

Excel bietet zahlreiche Anwendungsmöglichkeiten für die statistische Analyse: von der einfachen Tabellenkalkulation mit Berechnungsfunktionen (Summe, Differenz, Multiplikation, Division etc.) über den Einsatz des Funktions-Assistenten bzw. der Analyse-Funktionen, die Erstellung von Grafiken, die Verwendung der neuen interaktiven Tabellen-Analysen (Pivot-Tabellen) bis hin zum Einsatz spezieller Statistik-Programme (Add-In-Programme).

Mit Excel kann die statistische Analyse schnell und leicht realisiert werden. Die Kompetenz für den Methodeneinsatz liegt aber beim Anwender, und die Grenzen von Excel für die Auswertung große Datenmengen und komplexe Projekte müssen gesehen und erkannt werden.

In den Kapiteln 4 und 5 wird die Anwendung der Statistik mit Excel für die Analyse und die Präsentation erläutert. Und – beginnend mit Kapitel 6 – werden für alle Gebiete der statistischen Grundausbildung Excel-basierte Anwendungen angeboten. Das moderne, anschauliche und ansprechende Lernen der Statistik soll zum Verstehen und kompetenten Anwenden der statistischen Methoden führen.

3. Grundbegriffe der statistischen Analyse

3.1 Gesamtheit und Element, Variable und Wert

Folgende Grundbegriffe sind für eine statistische Analyse von Bedeutung:

Statistische Gesamtheit

= Menge von Elementen (Einheiten) als Gegenstand einer statistischen Analyse (sachlich, zeitlich und räumlich eindeutig definiert)

Grundgesamtheit

= Alle Elemente der Gesamtheit (im Rahmen einer Vollerhebung in die Analyse einbezogen)

Teilgesamtheit

= Ein (meist zufällig) ausgewählter Teil der Grundgesamtheit

Statistisches Element

= Einzelnes Element einer statistischen Gesamtheit (Einheit bzw. Merkmalsträger).

Gesamtheit	Element	Variablen
Kunden eines Versandhändlers	Person	Alter, Einkommen, Wohnort ...
(am Standort X in einem Jahr T)	Haushalt	Haushaltsgröße, Haushaltseinkommen ...
Hotelgäste (eines Hotels X in einem Monat T)	Person	Alter, Einkommen, Herkunftsland, Aufenthaltsdauer, Zufriedenheit ...
Betriebe einer Hotelkette (international, im Jahr T)	Betrieb	Umsatz, Gewinn, Anzahl Mitarbeiter, Anzahl Zimmer, Anzahl Gäste, ...

Abb. 3.1: Gesamtheiten, Elemente, Variablen

Variable

=   Merkmal (Eigenschaft des statistischen Elements)

Wert

=   Konkrete Ausprägung eines Merkmals bei der einzelnen statistischen Einheit (reelle Zahl)

3.2 Variablentypen und -skalen

Die Einteilung von Variablen in bestimmte Typen (und Skalen) hängt bei der praktischen statistischen Analyse mit folgenden Fragen zusammen:

- Sind Zahlen als „natürliche" Werte der Variablen vorhanden?
- Müssen Ausprägungen – aus Gründen der zügigen Datenerfassung und/oder Auswertbarkeit – mit Buchstaben oder Zahlen verschlüsselt werden?
- Können mit den Zahlen „quantitative" Berechnungen vorgenommen werden?
- Müssen statistische Methoden gewählt werden, die ohne zahlenmäßige Ausprägungen auskommen?

Je nach Beantwortung der Fragen ergeben sich verschiedene Variablentypen bzw. Merkmalsskalen.

Variablentypen, Merkmalsskalen

=   Art der Zuordnung von Zahlen und Variablenwerten:

Variablentyp	Skala
Qualitative Variable	Nominalskala
Rangvariable	Ordinalskala
Quantitative Variable	Metrische Skala

Abb. 3.2: Variablentyp und -skala

Qualitative Variablen (Nominalskala)

=   Variablenwerte unterscheiden sich nur nach der Art oder Kategorie; meist nominalskaliert, d.h. „verbal" formulierte Ausprägungen

Rangvariablen (Ordinalskala)

=   Qualitative Variablen mit zwingender Reihenfolge ihrer Werte; ordinalskaliert, d.h. z.B. von „sehr schlecht" = -2 über -1, 0, +1 bis +2 = „sehr gut"

Quantitative Variablen

= Werte der Variablen sind reelle Zahlen (metrisch skaliert)

Diskrete Variablen

= Werte der Variablen sind eindeutig voneinander verschieden (Werte ergeben sich aus einem Zählvorgang)

Stetige Variablen

= Werte sind alle reellen Zahlen, ggf. innerhalb eines Intervalls (Werte ergeben sich aus einem Meßvorgang)

Hier einige **Beispiele** für Variablen und Skalen:

Variablentyp	Skala	Variable	Werte
Qualitativ	Nominalskala	Herkunftsland	Italien, Austra- lien, USA ...
-„-	-„-	Geschlecht	männlich, weiblich
Rangvariable	Ordinalskala	Zufriedenheit	sehr groß, groß, ... sehr gering (2, 1, ..., -2)
-„-	-„-	Bekanntheitsgrad	sehr bekannt, bekannt, ... (2, 1, ..., -2)
Quantitativ	Diskret	Mitarbeiter	1, 2, ...
-„-	-„-	Hotelgäste	0, 1, 2, ...
Quantitativ	Stetig	Körpergewicht	57, 58, ...
-„-	-„-	Ausstellungsfläche	150, 160, ...

Abb. 3.3: Variablentypen, Skalen und Werte

4. Statistische Analyse mit Excel

4.1 Grundlagen

Die Grundfunktionen des Microsoft-Produkts Excel beziehen sich auf den Aufbau von Tabellen mit der dazugehörigen Tabellenkalkulation und die Erstellung von Grafiken. In Excel sind zahlreiche statistische Berechnungsfunktionen – vom arithmetischen Mittel bis zur Zufallszahl – integriert, die sehr leicht zu bedienen sind. Dabei stellt die Tabelle die Auswertungsbasis dar. Kalkulationen für Zeilen, Spalten und Felder sowie insbesondere die Summenbildung können für statistische Berechnungen verwendet werden. Simultan können grafische Darstellungen im selben Tabellenblatt ergänzt werden.

Variablentypen in Excel

Die unterschiedliche Art von Variablen zeigt sich in Excel dadurch, dass den einzelnen Zellen innerhalb der Excel-Tabelle ein bestimmtes **FORMAT** zugeordnet werden kann.

Excel-Dialog: Klick auf FORMAT, Zellen, Zahlen.

Als Formate stehen u.a. zur Verfügung:

- ZAHL mit einer bestimmten Anzahl von Nachkomma-Stellen
- ZAHL mit Währungsangabe
- TEXT
- ZEIT
- DATUM.

Als Besonderheit ist zu erwähnen, dass mit den Zeit- oder Datumsvariablen Excel-Berechnungen durchgeführt werden können, was z.B. für die Ermittlung einer „Zeitdauer" oder eines „Alters" von Bedeutung sein kann.

Der Variablentyp wirkt sich auch auf die grafische Darstellung in Excel aus, insbesondere auf die Abszisse (X-Achse). Hier ist zu unterscheiden, ob einzelne Kategorien vorliegen oder ob eine exakte numerische Skala mit einem genau definierten Schnittpunkt von X- und Y-Achse vorhanden ist.

Excel-Datenstruktur

Eine Excel-Tabelle muß für statistische Analysen eine bestimmte Struktur aufweisen, die anhand des nachfolgenden **Beispiels** erörtert wird.

Im Rahmen einer betriebswirtschaftlichen Untersuchung wird für **20 Hotelgäste** die **Aufenthaltsdauer in Tagen** und das **Geschlecht** erhoben. Die Beispieldaten finden sich in der Abb. 4.1.

Tabelle = Statistik-Auswertungsdatei = Gesamtheit

Eine Excel-Tabelle besteht aus Spalten, Zeilen und Zellen.

Spalte = Merkmal, Variable

Wir erkennen in Abb. 4.1 die **Spalte A** als die Variable Aufenthaltstage und die **Spalte B** als die Variable Geschlecht (kodiert mit „m" für männlich und „w" für weiblich).

Zeile = Element, Fall

Jede **Zeile** (numeriert mit der **Zeilennummer 1**, **2**, ...) gehört zu **einem** Hotelgast (Person, Element).

Zelle = Wert, Ausprägung

In den einzelnen **Zellen** der Tabelle (**A1**, **A2** ...) können wir die Werte für jedes Element bezüglich der jeweiligen Spaltenvariablen finden.

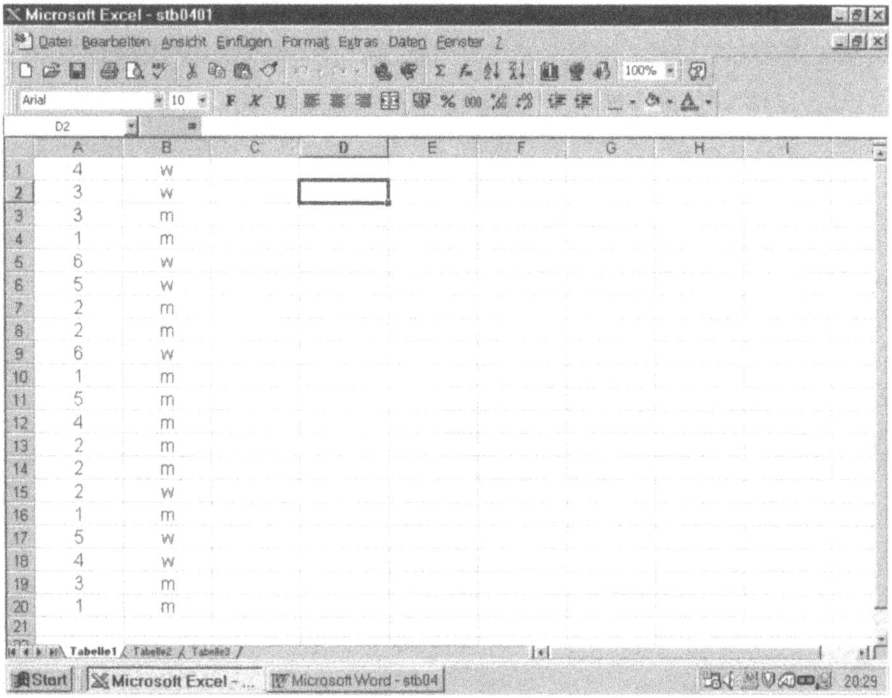

Abb. 4.1: Excel-Tabelle als Statistik-Datei

In Excel können wir vier Arten der statistischen Analyse unterscheiden:

1) Einsatz selbst eingegebener Berechnungsformeln im Rahmen der **Tabellen-kalkulation** (als Feldfunktionen)
2) Anwendung vorhandener statistischer Funktionen, unterstützt durch den **Funktions-Assistenten**
3) Anwendung der **Analyse-Funktionen** des Menüpunkts Extras
4) Einsatz eines Zusatzprogramms (**Add-In-Programm**) zur statistischen Analyse.

4.2 Statistik im Rahmen der Tabellenkalkulation

Tabellen werden für statistische Berechnungen und Ergebnisdarstellungen regelmäßig verwendet. Besonders wichtig ist hierbei die Ermittlung von Summen für Spalten und/oder Zeilen. Die Summenfunktion steht in Excel als eigener Button mit der Bezeichnung Σ zur Verfügung (siehe Abb. 4.2) und ist damit sehr leicht anzuwenden. Zusätzlich können alle anderen Kalkulationsmöglichkeiten (wie z.B. Werte voneinander abziehen oder miteinander multiplizieren) genutzt werden.

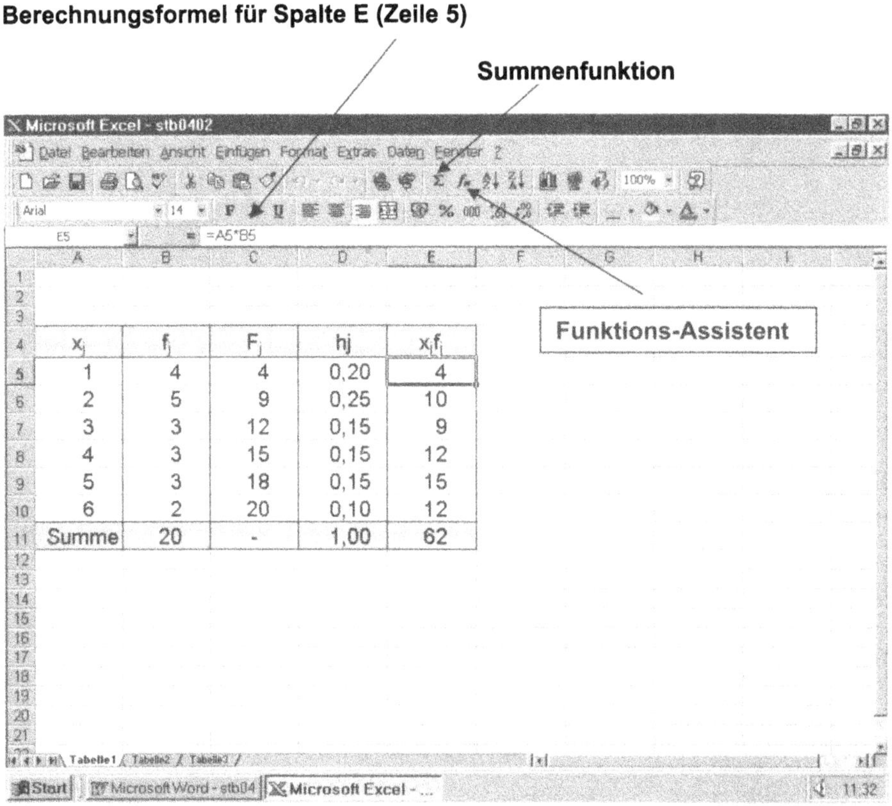

Berechnungsformel für Spalte E (Zeile 5)

Abb. 4.2: Tabellenkalkulation in Excel für statistische Berechnungen

Die obige Tabelle in Abb. 4.2 verdeutlicht diese Vorgehensweise. In Zeile 4 sehen wir die (vom Anwender eingegebenen) Spaltenbezeichnungen. Ab Zeile 5 finden wir die Werte der Variablen. Die verwendeten Funktionen sind in Abb. 4.2E dargestellt (Hinweis: Aktivierung für jede Excel-Tabelle durch gleichzeitiges Drücken der Tasten „STRG und #"). Spalte D ist als Quotient, Spalte E als Produkt der jeweils genannten Zellen definiert.

	A	B	C	D	E
4	x_j	f_j	F_j	hj	x_jf_j
5	1	4	=B5	=B5/$B$11	=A5*B5
6	2	5	=C5+B6	=B6/$B$11	=A6*B6
7	3	3	=C6+B7	=B7/$B$11	=A7*B7
8	4	3	=C7+B8	=B8/$B$11	=A8*B8
9	5	3	=C8+B9	=B9/$B$11	=A9*B9
10	6	2	=C9+B10	=B10/$B$11	=A10*B10
11	Summe	=SUMME(C5:C10)	-	=SUMME(E5:E10)	=SUMME(F5:F10)

Abb. 4.2E: Excel-Funktionen für Tabelle in Abb. 4.2

In Abb. 4.2 E ist insbesondere die vorletzte Spalte D zu beachten. Hier werden relative Häufigkeiten berechnet, indem die Werte der Spalte B durch die Summe (Zelle B11) dividiert werden. Hier muß die feste Feldzuweisung mittels des $-Zeichens verwendet werden, wenn man die Eingabe für das erste Feld für die darunterliegenden Felder übernehmen möchte!

Die Tabellenkalkulation wird in fast allen Excel-Anwendungen im Download-Bereich eingesetzt. Dies ermöglicht (bei Kenntnis der jeweiligen Methoden und Formeln) das detaillierte Nachvollziehen der statistischen Berechnungen.

4.3 Statistik mit dem Funktions-Assistenten

Statistische Analyse mit dem Excel- Funktions-Assistenten

(1) Dateneingabe in der Excel-Tabelle und Bestimmung eines Feldes für die Ergebnisausgabe (möglichst mit Beschriftung im Nachbarfeld)

(2) Cursor im Ergebnisfeld:
Anklicken des Funktions-Assistenten und Auswahl der Funktion
(Eingabeaufforderungen erfolgen am Bildschirm)

(3) Markieren der Auswertungsdaten mit dem Cursor, Schaltfläche „Ende"
anklicken

(4) Ergebnisanzeige erfolgt im Ergebnisfeld

Die Verwendung des Funktions-Assistenten ermöglicht eine einfache und schnelle Form der statistischen Analyse mit Excel. Für die Auswahl der Funktion erhalten wir das folgende Hilfsfenster:

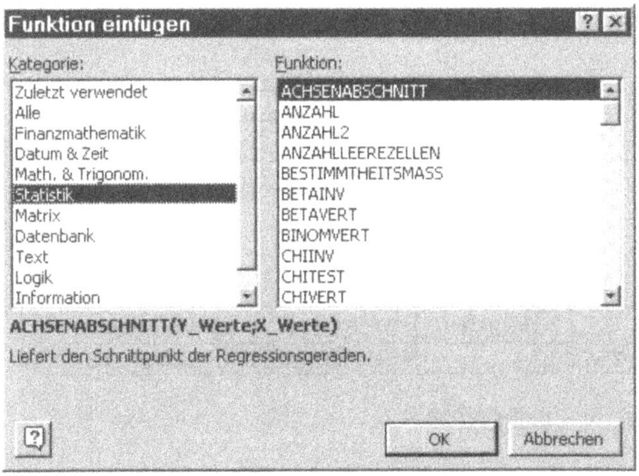

Abb. 4.3: Funktions-Assistent in Excel für Statistikberechnungen

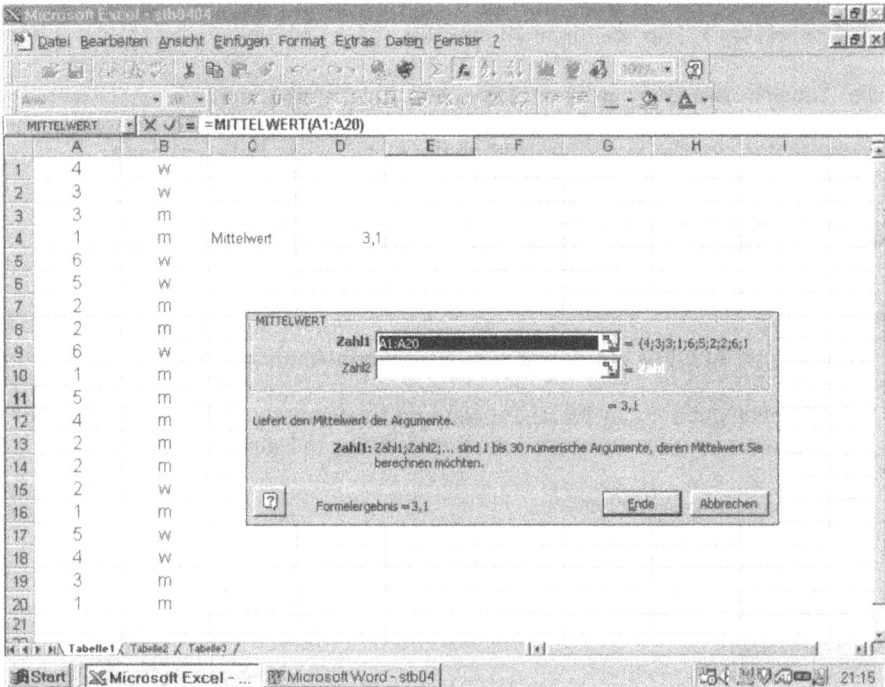

Abb. 4.4: Funktion und Ergebnisausgabe einer statistischen Berechnung in Excel

Der **Funktions-Assistent** wird durch das Klicken auf den Button f_x (siehe Abb. 4.2) oder die Menüfolge **Einfügen – Funktion** aufgerufen. Im Auswahlfenster des Funktions-Assistenten (siehe Abb. 4.3) kann die gewünschte statistische Berechnung gesucht und menügestützt ausgeführt werden. So erkennen wir in Abb. 4.4, dass von Excel der Mittelwert für die Zahlen der Felder A1 bis A20 (Aufenthaltsdauer von 20 Hotelgästen) berechnet und im Feld D4 ausgegeben wird.

Wir erhalten dasselbe Ergebnis, das oben in Abb. 4.2 vorbereitet wurde. Die Summe aller Aufenthaltstage hatte 62 betragen. Dividiert durch die Anzahl der Gäste (= 20) ergibt sich 3,1.

4.4 Statistik mit den Analyse-Funktionen

Eine dritte Möglichkeit zur Anwendung spezieller statistischer Methoden in Excel besteht aus den **Analyse-Funktionen** im Menübereich **Extras**. Diese Analyse-Funktionen sind in Excel nicht standardmäßig vorhanden, können aber durch Aufruf des „Add-In-Managers" (ebenfalls im Bereich „Extras") durch einfaches Ankreuzen aktiviert werden.

Statistische Analyse mit den Excel-Analyse-Funktionen

(1) Dateneingabe in der Excel-Tabelle

(2) Aufruf der Analyse-Funktionen: Extras – Analyse-Funktionen

(3) Auswahl der gewünschten statistischen Methode

(4) Ausfüllen der Eingabefelder und weiterer Bereiche gemäß dem Hilfsfenster (Eingabebereich, Ausgabebereich etc. anklicken)

(5) OK-Button im Hilfsfenster anklicken

(6) Ergebnisanzeige erfolgt im festgelegten Ausgabebereich

Die nachfolgende Abb. 4.5 zeigt beispielhaft, wie eine Analyse-Funktion aufgerufen wird und wie das Ergebnis ausgegeben wird. Hier wird die Funktion **Histogramm** (vgl. Kapitel 6) ausgewählt, wobei das Ergebnis in den Spalten E und F dargestellt wird.

Wir erhalten dieselbe Verteilung wie in Abb. 4.2. Die Angaben für die Spalte „Klasse" in der Funktion Histogramm müssen vom Anwender vorgegeben werden (siehe Spalte D in Abb. 4.5). Sie entsprechen dem Wertebereich in der Spalte A von Abb. 4.2. Die absoluten Häufigkeiten werden durch die Funktion Histogramm automatisch berechnet und entsprechen der Spalte B in Abb. 4.2.

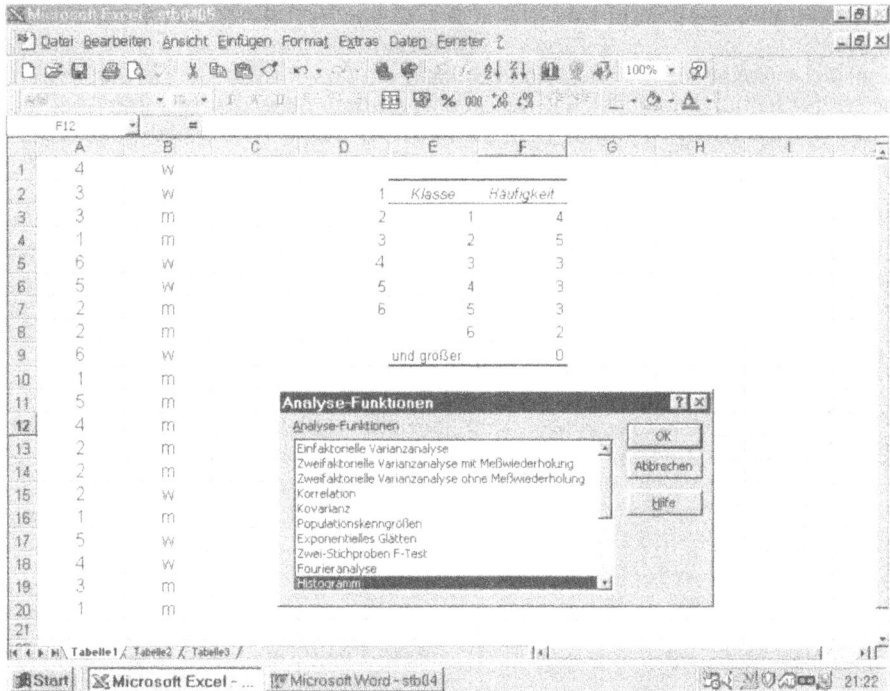

Abb. 4.5: Analyse-Funktion Histogramm in Excel

Die wichtigsten Excel-Analyse-Funktionen für dieses Buch sind:

- Populationskenngrößen
- Histogramm
- Kovarianz
- Korrelation
- Regression
- Gleitende Durchschnitte
- Exponentielle Glättung
- Hypothesentests (t-Tests)
- Generierung von Zufallszahlen.

4.5 Add-In-Programme für die statistische Analyse

Von verschiedenen Softwareherstellern werden Zusatzprogramme angeboten, die innerhalb von Excel als sogenanntes Add-In-Programm eingesetzt werden können und die spezielle statistische Analysen ermöglichen. Als Beispiele seien genannt UNISTAT, Visual XSel, WinSTAT und (seit 2007) SPSS.

Diese Add-In-Programme können meist über eine eigene Symbolleiste in die Excel-Tabelle integriert werden und erlauben dann einen leichten, menügestützten

Abruf der einzelnen Methoden für statistische Berechnungen oder grafische Darstellungen.

Informationen über das Angebot sind am leichtesten über eine Internetsuche mit der „Und-Kombination" der Begriffe „Statistik Excel" zu erhalten. Zu empfehlen ist auch die Homepage der Universität Köln (www.uni-koeln.de/themen/Statistik), die zahlreiche Statistik-Programme mit Kurzinformationen vorstellt.

Im Internet werden auch Download-Möglichkeiten für die Add-In-Programme angeboten. Es ist zu empfehlen, zunächst eine Test-Version einzusetzen und erst dann zu entscheiden, ob der Preis (meist einige Hundert €) und der Leistungsumfang angemessen sind.

5. Statistische Ergebnispräsentation mit Excel

5.1 Tabellen

Statistische Tabellen werden mit Excel entweder im Rahmen der Tabellenkalkulation vom Anwender selbst erstellt und frei formatiert, oder es werden vorgegebene
Tabellenformate verwendet.

Qualitätsanforderungen an Tabellen

Die tabellarische Darstellung muß bestimmten Qualitätsanforderungen genügen,
um vollständig und aussagefähig zu sein. Als Adressat der Tabelle ist dabei der
Leser einzuplanen, der in einer Ausarbeitung oder einem Buch bestimmte Ergebnisse interessant findet, auswählt und weiterverwendet. Dieser Leser muß bei jeder einzelnen Ergebnisdarstellung eine umfassende Information in der Tabelle
vorfinden.

Die wichtigsten Elemente für Struktur und Aufbau einer vollständigen Tabelle
sind:[1]

- Titel (Überschrift)
- Fußnote (für Erläuterungen und Quellenangaben)
- Bezeichnung der Spalten (bei Bedarf mit Einheiten)
- Bezeichnung der Zeilen (bei Bedarf mit Einheiten)
- Spalten
- Zeilen
- Tabellenfelder
- Summenzeile
- Summenspalte.

Während man bei Absolutzahlen, insbesondere wenn sie mehrstellig sind, die Tabellendarstellung bevorzugen wird, reicht bei Anteilswerten (Prozentsätzen etc.)
vielfach eine grafische Darstellung aus. Sind die einzelnen Anteilswerte nicht deutlich voneinander verschieden, wird man eine Grafik ergänzt um Zahlenangaben
erstellen.

Frei formatierte Tabellen

Betrachten wir die nachfolgende Tabelle in Abb. 5.1. Als **Beispiel** sehen wir für die
10 Jahre von 1990 bis 1999 die **Einnahmen und Ausgaben der Bundesrepublik
Deutschland im Reiseverkehr mit dem Ausland** sowie den dazugehörigen Sal-
do (Einnahmen minus Ausgaben). Alle Werte sind in Millionen Euro angegeben.

Die Tabelle ist gemäß den obigen Qualitätskriterien beschriftet und mit einer Quel-
lenangabe (Details siehe Literaturverzeichnis) versehen.

---

[1] Siehe hierzu auch die Deutsche Industrienorm DIN 55301, die detaillierte Vorgaben für
richtige Tabellendarstellungen enthält.

Reiseverkehr mit dem Ausland			
Bundesrepublik Deutschland			
in Millionen €			
Jahr	Einnahmen	Ausgaben	Saldo
1990	11.986	29.082	-17.096
1991	12.995	31.633	-18.638
1992	12.917	34.043	-21.126
1993	12.767	35.392	-22.625
1994	12.490	38.864	-26.373
1995	13.287	39.570	-26.282
1996	13.624	40.736	-27.111
1997	14.802	42.485	-27.682
1998	15.079	43.988	-28.909
1999	15.693	45.488	-29.795

Quelle: Deutsche Bundebank (2000)

Abb. 5.1: Excel-Tabellen – frei formatiert

Mit Excel kann die Tabelle selbst definiert werden. Der Vorteil besteht darin, dass z.B. Summen (oder Differenzen wie in Abb. 5.1) innerhalb der Excel-Tabelle als Berechnungsformel hinterlegt werden können. Damit kann eine Excel-Tabelle gleichzeitig als Rechen- und Ausgabemedium dienen.

Das Aussehen der Tabelle (Rahmen, Schriftgröße, 1000er-Punkte bei Zahlen, Spaltenbreite, Zeilenhöhe, Schattierung oder Farben für Zellen, Spalten und Zeilen etc.) kann weitgehend frei bestimmt werden. Hierzu wird (nach Anklicken der entsprechenden Zellen) die Menüfolge **Format – Zellen** verwendet.

Tabellen mit AUTOFORMAT

Zusätzlich existiert in Excel die Option **Autoformat**. Sie ermöglicht die Auswahl eines bestimmten Tabellenmusters aus einer Reihe von Format-Vorschlägen.

Excel-Dialog: (Markieren der Zellen) – Format – Autoformat.

Wenden wir „Autoformat" auf die Daten der Abb. 5.1 an, kann beispielsweise die folgende Form der Abb. 5.2 gewählt werden (Autoformat = LISTE 1). Eigenen Kreationen von Rahmen, Mustern und Farben sind in Excel kaum Grenzen gesetzt. Ein gezielter Einsatz dieser Möglichkeiten ist aber anzustreben.

Insgesamt liegt die Stärke der Tabellenerstellung mit Excel in der Kombination von Berechnungs- und Präsentationstabellen und im freien Formatieren von Tabellen.

Reiseverkehr mit dem Ausland Bundesrepublik Deutschland in Millionen €			
Jahr	Einnahmen	Ausgaben	Saldo
1990	11.986	29.082	-17.096
1991	12.995	31.633	-18.638
1992	12.917	34.043	-21.126
1993	12.767	35.392	-22.625
1994	12.490	38.864	-26.373
1995	13.287	39.570	-26.282
1996	13.624	40.736	-27.111
1997	14.802	42.485	-27.682
1998	15.079	43.988	-28.909
1999	15.693	45.488	-29.795
Quelle: Deutsche Bundebank (2000)			

Abb. 5.2: Excel-Tabelle – erstellt mit „Autoformat"

Die Vorteile der Tabellendarstellung können – in Verbindung mit einigen praktischen Tipps – wie folgt zusammengefaßt werden:

Tabellen

Vorteile

- Genaue Zahlenangaben werden geliefert.

- Komplexe, mehrdimensionale Darstellungen sind möglich.

- Bezüge zu Summenzeilen und/oder Spalten können hergestellt werden.

Tipps

- Nicht zu viele Zahlen!

- Wenige Nachkommastellen!

- Gezielter Umgang mit Rahmen, Farben und Schattierungen!

5.2 Grafiken

In nahezu jeder Präsentation statistischer Ergebnisse werden grafische Darstellungen eingesetzt. Die Grafik kann ergänzend zu einer Tabelle oder zu Tabellenteilen herangezogen werden, ist aber häufig die einzige Form der Ergebnisdarstellung. Ergänzt man die Grafik um Zahlenangaben, lassen sich optischer Gesamteindruck und statistische Genauigkeit geschickt verbinden.

Grafiken mit Excel

In einem Excel-Tabellenblatt kann – ergänzend zu den Zahlenangaben – ohne großen Aufwand eine Grafik erstellt werden. Hierzu wird der **Diagramm-Assistent** verwendet, dessen Einsatz wir für das Streckendiagramm (in Excel: Säulendiagramm) erörtern wollen.

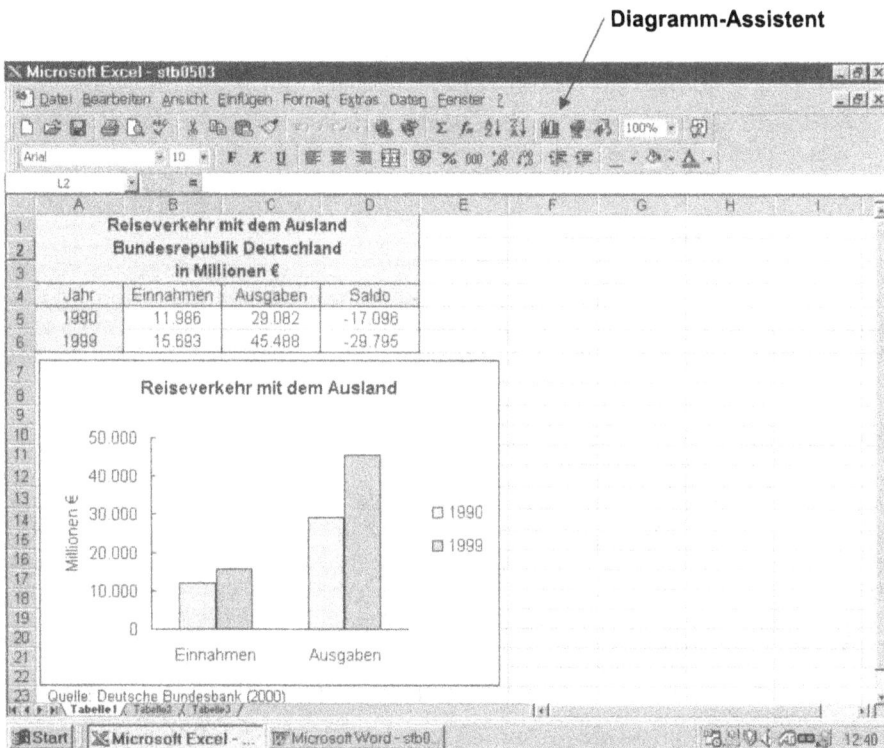

Abb. 5.3: Säulendiagramm mit Excel

Wir sehen in dieser Excel-Tabelle die Daten für die Jahre 1990 und 1999 aus Abb. 5.1 sowie das mit dem Diagramm-Assistenten erstellte Säulendiagramm.

Die vom Diagramm-Assistenten gelieferten Voreinstellungen wurden hier verändert, insbesondere die Farbe der Säulen, die Formatierung der Achsen etc.

Bei der Erstellung einer Excel-Grafik gehen wir wie folgt vor:

Erstellung einer Grafik mit dem Excel- Diagramm-Assistenten
(siehe Beispiel der Abb. 5.3)

(1) Dateneingabe in der Excel-Tabelle (oberer Teil der Abb. 5.3)

(2) Eingabe der Beschriftung der Säulen (bei Bedarf);
     (in Abb. 5.3: die beiden Felder B4 und C4)

(3) Anklicken der Auswertungsdaten;
     (in Abb. 5.3: die vier Felder B5 bis C6)

(4) Anklicken des Diagramm-Assistenten, Auswahl des Diagrammtyps
     (im Beispiel: „Säule") und Anklicken des Weiter-Buttons

(5) Anklicken des Ende-Buttons: Grafik wird in der Excel-Tabelle angezeigt

(6) Formatieren: Klicken auf Grafik, Säulen, Achsen etc. und Eingabefenster
     benutzen

Für die grundlegende statistische Analyse und die dazugehörige Ergebnispräsentation sind insbesondere die folgenden **Diagrammtypen** von Excel von Bedeutung: Säule, Balken, Kreis, Linie, Punkt und Fläche. Zu jedem dieser Typen werden zahlreiche Untertypen angeboten, insbesondere auch einige 3-D-Varianten.

Säulendiagramm

Das Säulendiagramm (siehe Abb. 5.3) verwendet – als elementare Form einer
Grafik – lediglich die Länge einer Strecke bzw. die Höhe einer Säule (eines Bal-
kens) zur Darstellung eines Sachverhalts. Das Säulen- oder Streckendiagramm
hat den großen Vorteil, dass die Y-Achse zum Ablesen der Einzelwerte herangezogen werden kann, was bei Grafiken mit Flächen und räumlichen Darstellungen
meist nicht mehr der Fall ist.

Balkendiagramm (gestapelt)

Das Balkendiagramm bietet denselben Informationsgehalt wie das Säulendiagramm. In der Variante „gestapelt" können zeitliche und strukturelle Entwicklungen
kombiniert dargestellt werden.

Das Beispiel in Abb. 5.4 zeigt die Entwicklung der Einnahmen und Ausgaben im
Reiseverkehr mit dem Ausland (für die Bundesrepublik Deutschland) in drei ausgewählten Jahren eines Jahrzehnts. Man kann hier die Zunahme der Absolutwerte
gut erkennen. Die Beurteilung der Relationen von Einnahmen und Ausgaben be-

reitet allerdings Schwierigkeiten, so dass hier ggf. ein anderer Diagrammtyp besser geeignet wäre (siehe unten Liniendiagramm). Auch ein Einblenden von Zahlenangaben in die Grafik kann hier sinnvoll sein: Balkensegmente anklicken, rechte Maustaste, Funktion **Datenreihen formatieren**, **Datenbeschriftung**, „Wert anzeigen" auswählen.

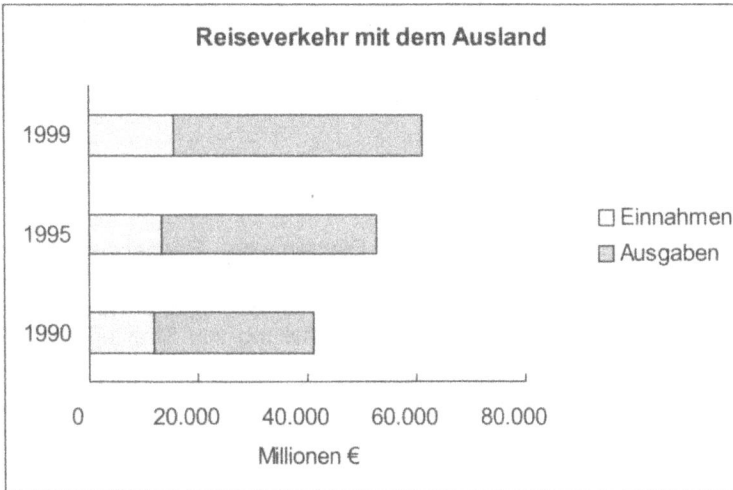

Abb. 5.4: Gestapeltes Balkendiagramm

Kreisdiagramm (Kuchendiagramm, Pie-Chart)

Abb. 5.5: Kreisdiagramm – 3D-Variante

Das Kreisdiagramm (Kuchendiagramm, Pie-Chart) stellt die Anteile von Teilgesamtheiten als Segmente innerhalb eines Kreises dar. Die Mittelpunktswinkel sind
proportional zu den Werten der Analysevariablen. Auch die Größe des Kreises
kann von Bedeutung sein, wenn z.B. zwei verschieden große statistische Gesamtheiten miteinander verglichen werden.

Das Kreisdiagramm in Abb. 5.5 zeigt den Anteil der Ausgaben und der Einnahmen
am Gesamtvolumen des „Außenhandels" im Bereich Auslandsreiseverkehr. Hier
wurden außerdem (durch die Option **Datenreihen formatieren**; siehe oben) Zahlenangaben ergänzt. Dies ist insbesondere beim Kreisdiagramm hilfreich, da häufig eine „genaue" Unterscheidung der Segmentgrößen nur schwer möglich ist.

Flächendiagramm

Das oben erörterte Kreisdiagramm gehört zum Diagrammtyp „Flächendiagramm",
weil es Ergebnisse mittels Flächengrößen vermittelt. Nachdem Excel aber sowohl
Kreis- als auch Flächendiagramme anbietet, soll der Excel-Diagrammtyp „Fläche"
gesondert betrachtet werden. Für die zeitliche Darstellung von Strukturdaten ist
das Flächendiagramm eine interessante Alternative.

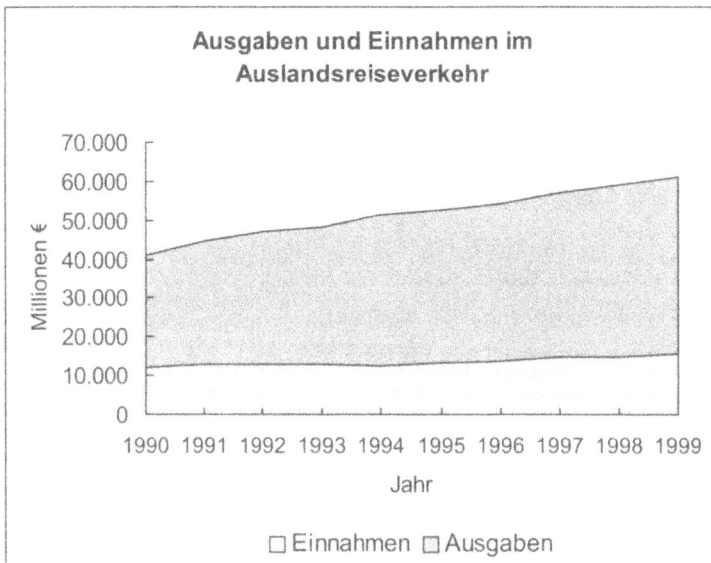

Abb. 5.6: Flächendiagramm

Das Beispiel in Abb. 5.6 zeigt die zeitliche Entwicklung der Einnahmen und der
Ausgaben im internationalen Reiseverkehr (aus der Sicht der Bundesrepublik
Deutschland). Der stärkere Aufwärtstrend und der größere Anteil der Ausgaben im
zeitlichen Verlauf werden deutlich.

Liniendiagramm (Kurvendiagramm)

Liniendiagramme drücken Sachverhalte aus, die durch Kontinuität gekennzeichnet sind. Dies ist insbesondere bei zeitlichen Verläufen der Fall. Wir können daher das obige Flächendiagramm analog als Liniendiagramm darstellen.

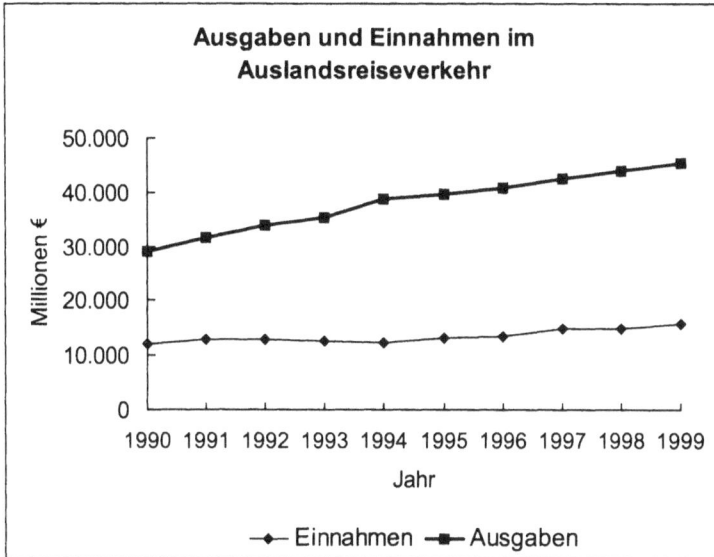

Abb. 5.7: Liniendiagramm

Wir erkennen denselben zeitlichen Verlauf wie oben im Flächendiagramm. Die Interpretierbarkeit ist dadurch verbessert worden, dass die einzelnen Zeitpunkte markiert sind und die Werte an der Ordinate damit besser ablesbar sind.

Regionalgrafik

Excel bietet noch eine spezielle Form der Ergebnispräsentation an: die Regionalgrafik. Hierfür müssen Daten für bestimmte Regionen (Landkreise, Bundesländer, Staaten etc.) vorliegen, die in einer Landkarte dargestellt werden können.

Aufruf: **Globus-Button (Landkarte)**, in der Symbolleiste neben dem Diagramm-Assistenten.

Spezielle Grafiken für die interaktiven Excel-Anwendungen

Innerhalb der interaktiven Excel-Anwendungen im Download-Bereich zu diesem Buch werden einige spezielle Grafiktypen angewandt, die im Folgenden noch kurz erläutert werden sollen.

- **Stabdiagramm**

Die Stabdiagramme der Excel-Anwendungen A_063 etc. können nicht mit dem Diagramm-Assistenten erstellt werden. Sie wurden (ebenso wie die Flächendiagramme in A_071etc.) aus didaktischen Gründen verwendet und mit frei definierten Strecken innerhalb eines XY-Diagramms realisiert. Der Aufwand der Erstellung ist hier relativ groß, so dass – wenn möglich – in der Praxis das Excel-Säulendiagramm eingesetzt werden sollte.

- **Mehrfach-Säulendiagramm**

Für Verteilungsvergleiche werden häufig Mehrfachsäulen verwendet. So zeigt z.B. Abb. 5.8 denselben zeitlichen Verlauf wie das obige Liniendiagramm in Abb. 5.7.

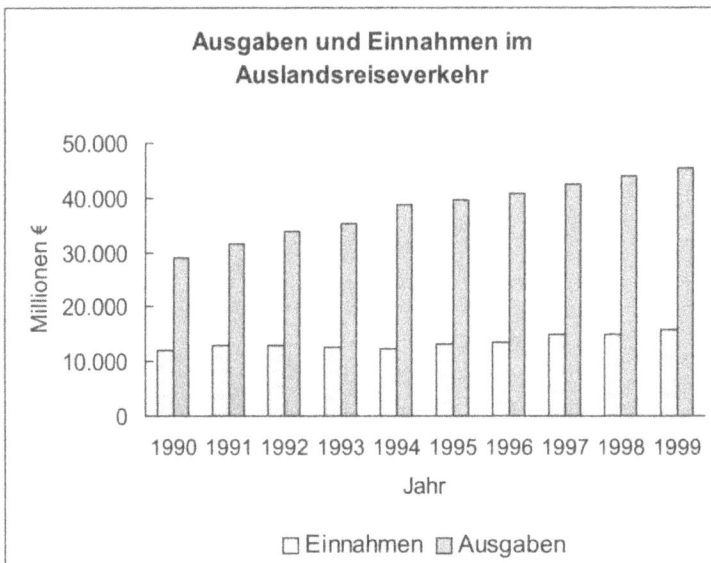

Abb. 5.8: Mehrfach-Säulendiagramm

- **Punkt(XY)-Diagramm**

Für zweidimensionale Verteilungen wird das Punkt(XY)-Diagramm, auch Streuungsdiagramm genannt, verwendet. Beispiele: siehe Kapitel 14 und 15, interaktive Excel-Anwendungen in den Abschnitten 14.2 und 15.2.

Dieses Diagramm stellt die Wertepaare zweier Variablen X und Y als Punkte in einem zweidimensionalen Diagramm dar. Ergänzend kann eine Regressionsgerade (oder eine andere Trendlinie) mit ausgegeben werden: Diagramm anklicken, Funktionen **Diagramm – Trendlinien hinzufügen** anklicken und Trend-/Regressionstyp auswählen.

5.3 Interaktive Statistik (Pivot-Tabellen)

Ein flexibles Erstellen von Tabellen, verbunden mit der Möglichkeit von interaktiven Veränderungen innerhalb dieser Tabellen, erlaubt die Excel-Option **Pivot-Tabellenbericht** (im Menü-Punkt **Daten**). Ausgangspunkt ist eine Datentabelle, wie sie als Kundendatei oder sonstige Datenbank-Datei vorliegen kann. Die nachfolgende Abb. 5.9 zeigt eine solche Datei mit den Angaben der Gästeübernachtungen eines Hotels.

Gästeübernachtungen nach Herkunftsländern Hotel XY in der Stadt Z 3. Quartal 1999 und 3. Quartal 2000				
Herkunftsland			Zeit	
Kontinent	Europa	Land	Jahr	Anzahl
Europa	West-Europa	Deutschland	1999	900
Europa	West-Europa	Deutschland	2000	800
Europa	West-Europa	Frankreich	1999	100
Europa	West-Europa	Frankreich	2000	150
Europa	West-Europa	Holland	1999	200
Europa	West-Europa	Holland	2000	100
Europa	Ost-Europa	Polen	1999	80
Europa	Ost-Europa	Polen	2000	50
Europa	Ost-Europa	Tschechien	1999	170
Europa	Ost-Europa	Tschechien	2000	150
Europa	Ost-Europa	Ungarn	1999	50
Europa	Ost-Europa	Ungarn	2000	50
Amerika	Nicht-Europa	USA	1999	250
Amerika	Nicht-Europa	USA	2000	300
Amerika	Nicht-Europa	Kanada	1999	50
Amerika	Nicht-Europa	Kanada	2000	50
Asien	Nicht-Europa	Japan	1999	100
Asien	Nicht-Europa	Japan	2000	150
Asien	Nicht-Europa	Sonstige	1999	50
Asien	Nicht-Europa	Sonstige	2000	50
Sonstige	Nicht-Europa	Sonstige	1999	50
Sonstige	Nicht-Europa	Sonstige	2000	50

Abb. 5.9: Datentabelle für Gästeübernachtungen (Pivot-Input)

Die Erstellung der Pivot-Tabelle erfolgt gemäß dem nachfolgend skizzierten Ablauf. Zunächst ist der Eingabebereich zu markieren (hier: alle Felder von „Kontinent" links oben bis „Anzahl = 50" rechts unten). Dann sind die Variablen KONTINENT, EUROPA und LAND den „Zeilen" zuzuweisen, die Variable JAHR den „Spalten" und die Variable ANZAHL den „Daten". Der aktivierte Excel-Pivot-Assistent dieser Zuweisungen ist in Abb. 5.10 dargestellt.

Ansonsten wurden für das Pivot-Beispiel die Excel-Voreinstellungen verwendet.

Erstellung einer Pivot-Tabelle mit dem Excel-Pivot-Assistenten

(1) Markieren der Eingabefelder

(2) Aufruf des Pivot-Assistenten: Daten, Pivot-Tabellenbericht

(3) Festlegen von Spalten, Zeilen, Daten

(4) Ausgabe der Pivot-Tabelle

(5) Verändern mit Markieren, Pivot-Assistent oder Optionen

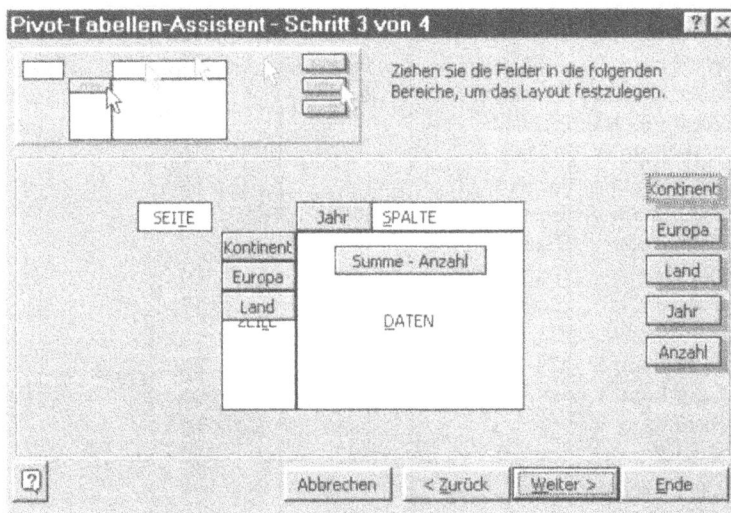

Abb. 5.10: Pivot-Assistent

Die nachfolgende Pivot-Tabelle zeigt das Auswertungsergebnis mit diversen Zeilen- und Spaltensummen. Nun können Spalten/Zeilen aus- und eingeblendet oder zusammengefaßt werden. Mit dem Pivot-Assistenten kann die Tabelle in verschiedenen Varianten, z.B. nur für einzelne Länder (ohne Europa und Kontinente) erstellt werden.

Insbesondere durch Ziehen der Feldnamen: KONTNENT, ... ANZAHL (in Excel grau unterlegt!) kann die Tabelle dynamisch verändert werden. Auch können andere Berechnungsfunktionen (Option: FELD) verwendet werden.

Abschließend noch ein Hinweis: In Excel 2000 sind die Pivot-Funktionen weiter ausgebaut und mit den sogenannten OLAP-Möglichkeiten (Online-Analytical-

Processing) in Verbindung gebracht worden. Es wird auf die entsprechende Spe-
zial-Literatur verwiesen.

Summe - Anzahl			Jahr		
Kontinent	Europa	Land	1999	2000	Gesamtergebnis
Amerika	Nicht-Europa	Kanada	50	50	100
		USA	250	300	550
	Nicht-Europa Ergebnis		300	350	650
Amerika Ergebnis			300	350	650
Asien	Nicht-Europa	Japan	100	150	250
		Sonstige	50	50	100
	Nicht-Europa Ergebnis		150	200	350
Asien Ergebnis			150	200	350
Europa	Ost-Europa	Polen	80	50	130
		Tschechien	170	150	320
		Ungarn	50	50	100
	Ost-Europa Ergebnis		300	250	550
	West-Europa	Deutschland	900	800	1700
		Frankreich	100	150	250
		Holland	200	100	300
	West-Europa Ergebnis		1200	1050	2250
Europa Ergebnis			1500	1300	2800
Sonstige	Nicht-Europa	Sonstige	50	50	100
	Nicht-Europa Ergebnis		50	50	100
Sonstige Ergebnis			50	50	100
Gesamtergebnis			2000	1900	3900

Abb. 5.11: Pivot-Tabelle für Gästeübernachtungen (Pivot-Output)

TEIL II EINDIMENSIONALE DESKRIPTIVE STATISTIK

6. Eindimensionale Häufigkeitsverteilung

6.1 Grundlagen

Häufigkeitsverteilung (statistische Verteilung)

= Zuordnung von gleich großen Werten einer statistischen Variablen zu den dazugehörigen Häufigkeiten

---

Beispiel: Ein Fremdenverkehrsverband führt in seiner Region eine statistische Analyse durch. Dabei wird – als Probeerhebung – die **Aufenthaltsdauer (in Tagen) von 20 Gästen** eines kleineren Hotels erhoben. Es liegen folgende Angaben für die „Aufenthaltsdauer" vor: 4, 8, 7, 6, 7, 2, 5, 3, 2, 5, 5, 8, 6, 5, 6, 4, 4, 5, 3, 5.

Symbol	Formel	Bedeutung	Beispiel (siehe Abb. 6.1)
n		Umfang der statistischen Gesamtheit	20
X		Variable, Merkmal	Aufenthalts-dauer
i		Laufindex der Merkmalsträger = Laufindex der Urliste (i läuft von 1 bis n)	1, 2 ... 20
x_i		Einzelner Wert = Merkmalsausprägung (des i-ten Elements)	4, 8 ... 5
i'		Laufindex der sortierten Urliste (i' läuft von 1 bis n)	1, 2 ... 20
M		Anzahl verschieden großer Werte einer Verteilung	7
j		Laufindex der verschieden großen Werte; Index der Häufigkeitsverteilung (j läuft von 1 bis m)	1, 2 ... 7

Symbol	Formel	Bedeutung	Beispiel
x_j		Einzelner Wert der Häufigkeitsverteilung	2, 3 ... 8
f_j		Absolute Häufigkeit (des j-ten Werts)	2, 2 ... 2
h_j	f_j / n	Relative Häufigkeit (des j-ten Werts)	0,1; 0,1... 0,1
h_j'	$h_j \cdot 100$	Relative Häufigkeit in % (des j-ten Werts)	10%, 10%... 10%
F_j	$F_{j-1} + f_j$	Absolute kumulierte Häufigkeit (des j-ten Werts)	2, 4 (=2+2) ... 20
H_j	$H_{j-1} + h_j$	Relative kumulierte Häufigkeit (des j-ten Werts)	2/20, 4/20 ... ... 20/20
H_j'	$H_j \cdot 100$	Relative kumulierte Häufigkeit in % (des j-ten Werts)	10%, 20% 100%

6.2 Häufigkeitsverteilung mit Excel

Arbeitstabellen

Arbeitstabellen für Häufigkeitsverteilungen können mit den Mitteln der Tabellenkalkulation in Excel abgebildet werden.

	A	B	C	D	E	F	G
1	j	x_j	f_j	F_j	h_j	h_j'	H_j'
2	1	2	2	2	0,10	10,0	10,0
3	2	3	2	4	0,10	10,0	20,0
4	3	4	3	7	0,15	15,0	35,0
5	4	5	6	13	0,30	30,0	65,0
6	5	6	3	16	0,15	15,0	80,0
7	6	7	2	18	0,10	10,0	90,0
8	7	8	2	20	0,10	10,0	100,0
9	Summe	-	20	-	1,00	100,0	-

Abb. 6.1: Eindimensionale Häufigkeitsverteilung als Excel-Tabelle

In der Arbeitstabelle der Abb. 6.1 werden der Index j sowie die Angaben für x_j und f_j eingetragen. Die relativen und die kumulierten Häufigkeiten werden mit Excel-Feldfunktionen berechnet. Die nachfolgende Abb. 6.1E zeigt die entsprechenden Feldfunktionen der Tabellenkalkulation.

	A	B	C	D	E	F	G
1	j	x_j	f_j	F_j	h_j	h_j'	H_j'
2	1	2	2	=C2	=C2/$C$9	=E2*100	=F2
3	2	3	2	=D2+C3	=C3/$C$9	=E3*100	=G2+F3
4	3	4	3	=D3+C4	=C4/$C$9	=E4*100	=G3+F4
5	4	5	6	=D4+C5	=C5/$C$9	=E5*100	=G4+F5
6	5	6	3	=D5+C6	=C6/$C$9	=E6*100	=G5+F6
7	6	7	2	=D6+C7	=C7/$C$9	=E7*100	=G6+F7
8	7	8	2	=D7+C8	=C8/$C$9	=E8*100	=G7+F8
9	Summe	-	=SUMME (C2:C8)	-	=SUMME (E2:E8)	=SUMME (F2:F8)	-

Abb. 6.1E: Excel-Funktionen zur eindimensionalen Häufigkeitsverteilung in Abb. 6.1

Excel-Funktion HÄUFIGKEIT

Häufigkeitsverteilung mit der Excel-Funktion HÄUFIGKEIT

(1) Urliste als Excel-Spalte eingeben (bei Bedarf als Excel-Zeile)

(2) In einer Spalte die verschiedenen Werte (= „Klassen") eingeben

(3) Spalte neben der Klassenspalte markieren

(4) Mit Funktions-Assistent die Funktion HÄUFIGKEIT aufrufen

(5) Daten und Klassen im Hilfsfenster mit der Maus zuweisen oder Bereich eintragen

(6) Beenden mit 3-fach Tastenbefehl: STRG – UMSCHALT – EINGABE (nicht mit „Ende" im Dialogfenster!)

Die nachfolgende Abb. 6.2 zeigt das dazugehörige Anwendungsbeispiel. Für die Werte der Urliste (Excel-Felder A2 bis A21) wird die Häufigkeitsverteilung ermittelt. Dazu werden in den Feldern C2 bis C8 die Werte der Verteilung (in Excel: Klassen) angegeben. Als Ergebnis erhält man die Häufigkeiten in den Feldern D2 bis D8.

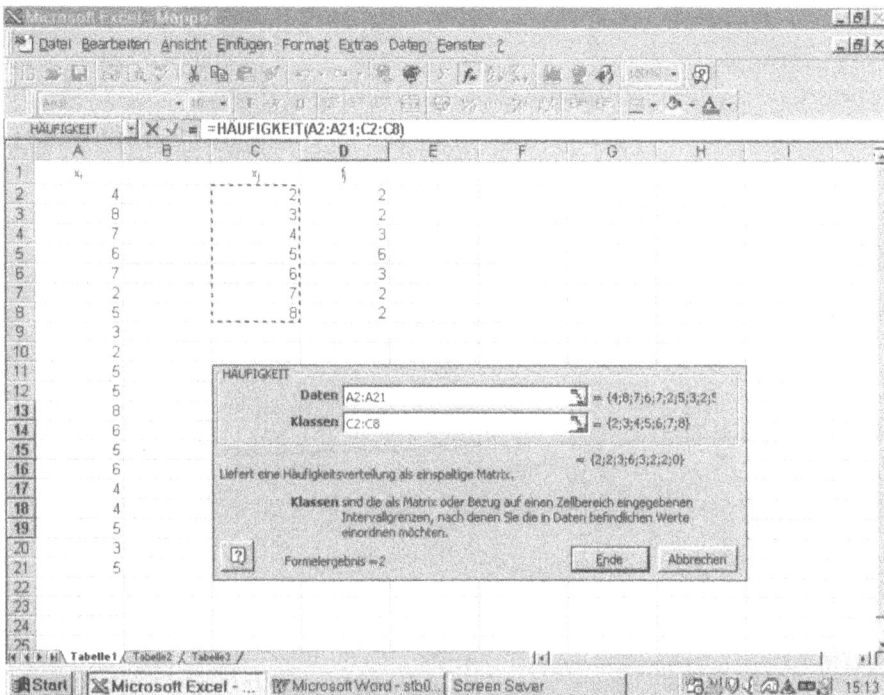

Abb. 6.2: Ermittlung von Häufigkeiten mit der Excel-Funktion HÄUFIGKEIT

Excel-Analyse-Funktion Histogramm

Häufigkeitsverteilung mit der Excel-Analyse-Funktion Histogramm

(1) Urliste als Excel-Spalte eingeben

(2) Einzelne Werte (= Klassen) als Spalte eingeben

(3) Mit Extras – Analyse-Funktionen Histogramm aufrufen

(4) Daten (= Eingabebereich), Werte (= Klassenbereich) und
    Ausgabe-bereich (= Verteilung) im Hilfsfenster zuweisen

(5) Beenden mit OK

In Abb. 6.3 sehen wir das Anwendungsfenster zur Analyse-Funktion **Histogramm**.
Die Werte der Urliste in Spalte B bilden den Eingabebereich und die Werte der
Häufigkeitsverteilung den Klassenbereich. Der Ausgabebereich beginnt in Feld D3
und enthält Werte und Häufigkeiten.

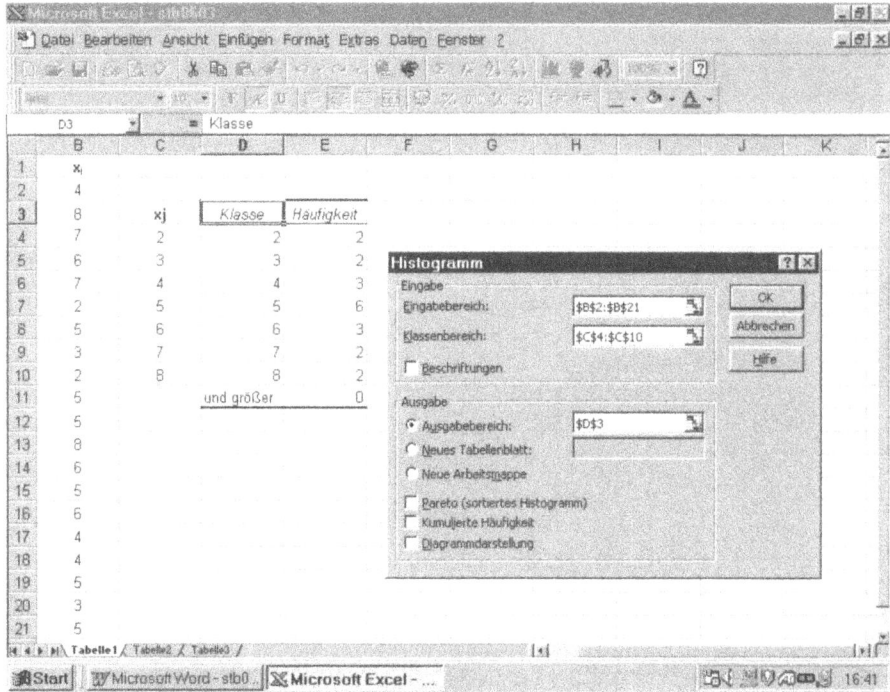

Abb. 6.3: Häufigkeitsverteilung mit der Excel-Analyse-Funktion Histogramm

6.3 Interaktive Excel-Anwendungen (Download)

📁 Anwendung A_0601_Urliste_Verteilung

Die Anwendung besteht aus einem Tabellenblatt „Übung" und einem Tabellenblatt „Simulation".

In der **Übung** werden die Werte einer unsortierten Urliste angegeben. Nach Sortieren der Urliste sind die Werte für die Häufigkeitsverteilung und die dazugehörigen absoluten und kumulierten Häufigkeiten zu ermitteln. Dabei baut sich simultan ein Säulendiagramm mit absoluten Häufigkeiten auf.

In der **Simulation** kann eine beliebige (unsortierte) Urliste im Wertebereich zwischen 3 und 7 eingegeben werden. Daraus entsteht automatisch eine Häufigkeitsverteilung mit absoluten und absoluten kumulierten Häufigkeiten. Das Säulendiagramm der absoluten Häufigkeiten wird parallel zur Eingabe aufgebaut.

A_0601: Aufgaben

- **A_0601: Übung – Variante 1**

Für ein Hotel liegen die Angaben zur „Aufenthaltsdauer der abreisenden Gäste" unsortiert vor: 5, 2, 3, 4, 2, 4, 3, 6, 5, 6, 5, 6, 2, 3, 4.

a) Sortieren Sie die Urliste, ermitteln Sie die Werte der Häufigkeitsverteilung sowie die absoluten und die absoluten kumulierten Häufigkeiten. Tragen Sie Ihre Ergebnisse in die Tabellen ein.
b) Welche Bezeichnung $x_{i'}$ bzw. x_j bekommt der 10. Wert der ungeordneten Urliste in der geordneten Urliste und welche in der Häufigkeitsverteilung?
c) Wie lauten die Ergebnisse für x_3, f_3 und F_3 und was sagen sie aus?
d) Ermitteln Sie die Differenz zwischen F_4 und F_2 und interpretieren Sie das Ergebnis. Wie können Sie durch Verwendung der absoluten Häufigkeiten f_j zum gleichen Resultat kommen?
e) Wie groß ist der Umfang n der Gesamtheit? Wo kann er in den Tabellen abgelesen werden?
f) Wie lautet die Summe aller Variablenwerte und wie ist sie zu interpretieren?
g) Wie nennt man die vorliegende Verteilungsform?
h) Wie werden die Häufigkeiten in der Grafik dargestellt?

- **A_0601: Übung – Variante 2**

Lösen Sie die obigen Aufgaben a) bis h) für die Urliste der Variante 2:
4, 2, 1, 5, 5, 2, 1, 4, 1, 5, 3.

- **A_0601: Übung – Variante 3**

Lösen Sie die obigen Aufgaben a) bis h) für die Urliste der Variante 3:
6, 5, 7, 4, 5, 4, 6, 5, 3, 5, 6, 5, 3, 7, 4.

- **A_0601: Simulation**

a) Beurteilen Sie die Verteilung der Variante 1. Wählen Sie nacheinander die Varianten 2 und 3 und vergleichen Sie die Verteilungen für f_j und F_j.
b) Löschen Sie die Tabelle, üben Sie mit eigenen Zahlenreihen weiter und interpretieren Sie Ihre Ergebnisse!

A_0601: Lösungen

- **Lösung A_0601: Übung – Variante 1**

a) Richtige Lösung (siehe Abb.): Alle Eingaben sind blau unterlegt!
b) Der 10. Wert der ungeordneten Urliste lautet 6. Dies wird in der geordneten Urliste die 13., 14. oder 15. Ausprägung. Der Wert 6 kann jetzt aber nicht mehr eindeutig einem Merkmalsträger (Element) zugeordnet werden. In der Häufigkeitsverteilung wird die Ausprägung 6 der 5. Wert x_5 und damit der größte Wert.

Von der Urliste zur Häufigkeitsverteilung						Variante 1
Unsortierte Urliste		Sortierte Urliste		Häufigkeitsverteilung		
i	x_i	i'	$x_{i'}$	j	x_j	f_j	F_j
1	5	1	2	1	2	3	3
2	2	2	2	2	3	3	6
3	3	3	2	3	4	3	9
4	4	4	3	4	5	3	12
5	2	5	3	5	6	3	15
6	4	6	3	Summe	-	15	-
7	3	7	4				
8	6	8	4				
9	5	9	4				
10	6	10	5				
11	5	11	5				
12	6	12	5				
13	2	13	6				
14	3	14	6				
15	4	15	6				
Summe	60	-	60				

A_0601_Urliste_Verteilung (Tabellenblatt „Übung")

c) Die Ausprägung x_3 beträgt 4. Die dazugehörige absolute Häufigkeit f_3 ist gleich 3, und die dazugehörige kumulierte absolute Häufigkeit F_3 ist gleich 9. Die drittgrößte Aufenthaltsdauer beträgt also 4, und sie kommt bei drei Gästen vor. 9 Gäste weisen eine Aufenthaltsdauer von „4 oder weniger Tagen" auf.

d) Die Differenz zwischen F_4 und F_2 beträgt $12 - 6 = 6$. Dies bedeutet, daß 6 Elemente mehr als 2 und höchstens 4 als Wert aufweisen: 6 Gäste halten sich 3 oder 4 Tage im Hotel auf. Dasselbe Ergebnis erhalten wir, wenn wir die beiden absoluten Häufigkeiten für die Aufenthaltsdauer 3 und 4 Tage addieren: $3 + 3 = 6$.

e) Die Gesamtheit hat einem Umfang von $n = 15$ Elementen (= Hotelgästen). Die Zahl 15 entspricht dem höchsten realisierten Laufindex in der geordneten bzw. der ungeordneten Urliste. Außerdem ist 15 die Summe der absoluten Häufigkeiten f_j sowie die größte Ausprägung der absoluten kumulierten Häufigkeiten F_j.

f) Die Summe aller Variablenwerte ist gleich 60. Damit wurden von den 15 Gästen insgesamt 60 Übernachtungen im Hotel registriert.

g) Da alle Häufigkeiten gleich groß sind, spricht man von einer Gleichverteilung.

h) Die Häufigkeiten entsprechen den Höhen der Säulen im Diagramm. Da eine diskrete Variable vorliegt, werden die Säulen getrennt voneinander dargestellt.

- **Lösung A_0601: Übung – Variante 2**

a) Richtige Lösung: Alle Eingaben sind blau unterlegt!

b) 10. Wert in ungeordneter Urliste = 5; in geordneter Urliste: 9. bis 11. Wert; in Verteilung: x_5 (größter Wert)

c) $x_3 = 3$; $f_3 = 1$; $F_3 = 6$

d) $F_4 - F_2 = 8 - 5 = 3$; ist gleich $f_3 + f_4 = 1 + 2$

e) $n = 11$; 11 Gäste bilden die Gesamtheit

f) Summe aller Variablenwerte = 33

g) U-Verteilung

h) siehe h) in Variante 1

- **Lösung A_0601: Übung – Variante 3**

a) Richtige Lösung: Alle Eingaben sind blau unterlegt!
b) 10. Wert in ungeordneter Urliste = 5; geordnete Urliste: 6. bis 10. Wert; Verteilung: x_3 (mittlerer Wert)
c) $x_3 = 5$; $f_3 = 5$; $F_3 = 10$
d) $F_4 - F_2 = 13 - 5 = 8$; ist gleich $f_3 + f_4 = 3 + 5$
e) $n = 15$; 15 Gäste bilden die Gesamtheit
f) Summe aller Variablenwerte = 75
g) Diskrete, symmetrische Verteilung, die einer (stetigen) glockenförmigen Verteilung ähnlich ist
h) siehe h) in Variante 1

- **Lösungshinweise A_0601: Simulation**

In Variante 1 liegt eine linkssteile Verteilung für die Werte 3, 4 und 5 vor. Variante 2 liefert annähernd eine Gleichverteilung; nur die erste Häufigkeit ist ungleich 2. Variante 3 zeigt eine Verteilung, die der Glockenkurve ähnelt, aber etwas unsymmetrisch ist.

📁 Anwendung A_0602_Verteilungstabelle

Die Anwendung besteht aus einem Tabellenblatt „Übung" und einem Tabellenblatt „Simulation".

In der **Übung** werden die Werte und die absoluten Häufigkeiten einer Verteilung vorgegeben. Daraus sind die absoluten kumulierten, die relativen und die relativen kumulierten Häufigkeiten (jeweils dezimal und in %) zu ermitteln.

In der **Simulation** entstehen aus einer absoluten Häufigkeitsverteilung die relativen und die kumulierten Verteilungen.

A_0602: Aufgaben

- **A_0602: Übung – Variante 1**

Es liegt die Häufigkeitsverteilung für die Variable X (Besuchstage einer internationalen Messe) vor: Für die Werte 2, 3, 4, 5, 6 lauten die Häufigkeiten: 4, 4, 4, 4, 4.

a) Berechnen Sie die absoluten kumulierten Häufigkeiten, die relativen Häufigkeiten, die relativen kumulierten Häufigkeiten sowie letztere in %.
b) Wie viele Besucher weisen eine Besuchsdauer von mindestens drei Tagen auf und wie groß ist der dazugehörige prozentuale Anteil?
c) Wie groß ist die maximale Häufigkeit und was ist der prozentuale Anteil für den kleinsten und größten Wert in der Verteilung?

- **A_0602: Übung – Variante 2**

Für die Werte 1, 2, 3, 4, 5 lauten die Häufigkeiten: 2, 4, 8, 4, 2.
Lösen Sie die obigen Aufgaben a) bis c) für die Verteilung der Variante 2.

- **A_0602: Übung – Variante 3**

Für die Werte 3, 4, 5, 6, 7 lauten die Häufigkeiten: 10, 8, 4, 8, 10.
Lösen Sie die obigen Aufgaben a) bis c) für die Verteilung der Variante 3.

- **A_0602: Simulation**

a) Beurteilen Sie die Verteilung der Variante 1. Spielen Sie die Daten der Varianten 2 bzw. 3 ein und beurteilen Sie das jeweilige Ergebnis.
b) Löschen Sie die Tabelle und geben Sie für die ersten beiden Werte jeweils die Häufigkeit 5 ein. Was stellen Sie fest?
c) Löschen Sie die Tabelle und geben Sie nur bei den Werten 4, 5 und 6 jeweils die Häufigkeit von 5 ein. Was fällt Ihnen auf?
d) Löschen Sie die Tabelle und arbeiten Sie mit eigenen Daten weiter. Interpretieren Sie Ihre Ergebnisse!

A_0602: Lösungen

- **Lösung A_0602: Übung – Variante 1**

Verteilungstabelle							Variante 1 ▾
j	x_j	f_j	F_j	h_j	H_j	h_j'	H_j'
1	2	4	4	0,20	0,20	20,00	20,00
2	3	4	8	0,20	0,40	20,00	40,00
3	4	4	12	0,20	0,60	20,00	60,00
4	5	4	16	0,20	0,80	20,00	80,00
5	6	4	20	0,20	1,00	20,00	100,00
Summe	-	20	-	1,00	-	100,00	-
							Löschen

A_0602_Verteilungstabelle (Tabellenblatt „Übung")

a) Richtige Lösung (siehe Abb.): Alle Eingaben sind blau unterlegt!
b) 16 Besucher (= 20 – 4) haben eine Besuchsdauer von mindestens 3 Tagen; dies sind 80% (= 100% - 20%) der Besucher.

c) Alle Häufigkeiten sind gleich groß, daher existiert keine maximale Häufigkeit. Alle Werte – und damit auch der erste und letzte Wert – kommen jeweils mit einer prozentualen Häufigkeit von 20 % vor.

- **Lösung A_0602: Übung – Variante 2**

a) Richtige Lösung: Alle Eingaben sind blau unterlegt!

b) 14 Besucher (= 20 – 6) haben eine Besuchsdauer von mindestens 3 Tagen; dies sind 70% (= 100% – 30%) der Besucher.

c) Die maximale Häufigkeit ist $f_3 = 8$. Der erste und letzte Wert kommt jeweils mit einer prozentualen Häufigkeit von 10 % vor.

- **Lösung A_0602: Übung – Variante 3**

a) Richtige Lösung: Alle Eingaben sind blau unterlegt!

b) 40 Besucher (≈ 40 – 0) haben eine Besuchsdauer von mindestens 3 Tagen; dies sind 100% (= 100% - 0%) der Besucher.

c) Die erste und letzte Häufigkeit beträgt jeweils 10 und ist größer als die anderen Häufigkeiten. Ein eindeutiges Maximum existiert nicht.

- **Lösungshinweise A_0602: Simulation**

a) In Variante 1 liegt eine Gleichverteilung vor. Variante 2 liefert eine symmetrische Verteilung (in Form einer Glockenkurve) und Variante 3 lieferte eine U-Verteilung.

b) Jeweils 50% der Häufigkeitssumme entfallen auf die Werte 2 und 3. Die kumulierten Häufigkeiten für die Werte 4 und größer sind mit 1,0 bzw. 100% jeweils so groß wie die kumulierten Häufigkeiten für den Wert 3.

c) Jeweils 1/3 der Häufigkeitssumme entfällt auf die Werte 4, 5 und 6. Die kumulierten Häufigkeiten für die Werte 2 und 3 betragen jeweils 0, da die entsprechenden absoluten Häufigkeiten ebenfalls gleich 0 sind (ohne Anzeige!).

🗁 Anwendung A_0603_Kumulierte_Verteilung_diskret

Die Anwendung besteht aus einem Tabellenblatt „Simulation".

In der **Simulation** entstehen aus einer absoluten Häufigkeitsverteilung die relativen und die kumulierten Verteilungen, sowie die dazugehörigen grafischen Darstellungen als Stabdiagramm und Treppenfunktion.

A_0603: Aufgaben

Sie erhalten (in Variante 1) für eine Gruppe von 25 Studenten die Notenverteilung (Noten 1 bis 5) mit den absoluten Häufigkeiten: 5, 5, 5, 5 und 5.

a) Interpretieren Sie Tabelle und Grafik der Variante 1.

b) Wie lautet die Häufigkeit H_4 und wie ist sie interpretierbar?

c) Wie viele Studenten haben die Note 3 oder schlechter, wieviele die Note 2 oder besser, wie viele die Note 1, 2 oder 3?
d) Wie hoch ist die Durchfallquote (prozentualer Anteil der Note 5)?
e) Welche Verteilungsform liegt in den Varianten 2 und 3 vor?
f) Löschen Sie die Tabelle und üben Sie mit eigenen Daten weiter. Interpretieren Sie die Ergebnisse!

A_0603: Lösungshinweise

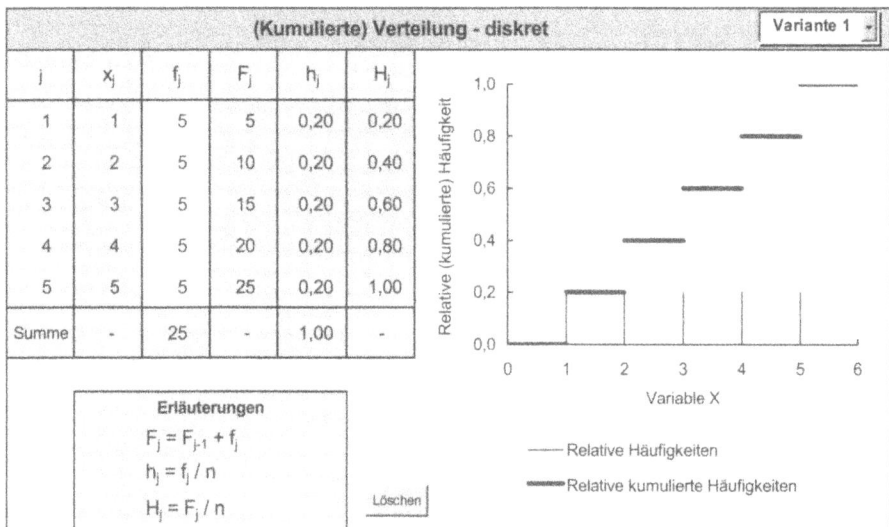

			(Kumulierte) Verteilung - diskret			Variante 1

j	x_j	f_j	F_j	h_j	H_j
1	1	5	5	0,20	0,20
2	2	5	10	0,20	0,40
3	3	5	15	0,20	0,60
4	4	5	20	0,20	0,80
5	5	5	25	0,20	1,00
Summe	-	25	-	1,00	-

Erläuterungen

$F_j = F_{j-1} + f_j$

$h_j = f_j / n$

$H_j = F_j / n$

Löschen

A_0603_Kumulierte_Verteilung_diskret

a) In Variante 1 (siehe Abb.) liegt eine Gleichverteilung vor. Daher sind die Abstände der absoluten und der relativen kumulierten Häufigkeiten gleich groß. Das Stabdiagramm zeigt fünf gleich hohe Stäbe mit der Höhe 0,2. Die Treppenfunktion beginnt bei 0,0 und endet bei 1,0. Die Treppenstufen sind mit jeweils 0,2 gleich hoch.
b) Die Häufigkeit H_4 ist eine relative kumulierte Häufigkeit und lautet 0,80. Sie drückt aus, daß 80% aller Teilnehmer die Note 4 oder besser erhalten haben.
c) Die Note 3 oder schlechter haben 15 Studenten erhalten. Dies ist die Summe der drei Häufigkeiten für die Ausprägungen 3, 4 und 5: $15 = 5 + 5 + 5$. Dasselbe Ergebnis resultiert, wenn wir von $n = 25$ die kumulierte Häufigkeit für den Wert 2 abziehen: $15 = 25 - 10$. Die Note „2 oder besser" haben 10 Studenten. 10 ist die kumulierte Häufigkeit F_2. Die Noten 1 bis 3 haben 15 Studenten. 15 ist die kumulierte Häufigkeit F_3.
d) Die Durchfallquote beträgt 20%. Das entspricht der relativen Häufigkeit für die Note 5 von 0,20.
e) In Variante 2 liegt eine rechtssteile Verteilung vor; die Treppenfunktion zeigt immer größer werdende Treppenstufen. In Variante 3 liegt eine Glockenkurve

vor; die Treppenfunktion zeigt in der Mitte größere und am Rand kleinere Treppenstufen.

Anwendung A_0604_Kumulierte_Verteilung_stetig

Die Anwendung besteht aus einem Tabellenblatt „Simulation".

In der **Simulation** entstehen aus einer absoluten Häufigkeitsverteilung die relative bzw. die relative kumulierte Verteilung. Simultan wird die dazugehörige grafische Darstellung als Histogramm bzw. Summenhäufigkeitsfunktion aufgebaut.

A_0604: Aufgaben

In dieser Simulation wird – in 4 Zahlenvarianten – die Variable X (Monatseinkommen in €) analysiert. Die Häufigkeitsverteilung entspricht dabei der Einkommensverteilung für eine Gesamtheit von Personen.

a) Interpretieren Sie Tabelle und Grafik der Varianten 1 bis 4. Wodurch kommt in der Grafik die Besonderheit einer stetigen Variablen zum Ausdruck?
b) Löschen Sie die Daten und arbeiten Sie mit eigenen Angaben weiter. Interpretieren Sie die Ergebnisse!

A_0604: Lösungshinweise

In Variante 1 (siehe Abb.) ist das Einkommen gleichverteilt. Die Summenhäufigkeitsfunktion (Ogive) verläuft in Form einer Geraden. Die Zunahme der einzelnen Häufigkeiten der kumulierten Verteilung ist konstant. Die Grafik stellt die Häufigkeiten in Form von zusammenhängenden Flächen dar. Damit kommt zum Ausdruck, daß hier eine stetige Variable (Einkommen) vorliegt, bei der beliebige Beträge (reelle Zahlen) als Werte vorkommen können. Dies wird auch durch die Geradenabschnitte der Summenhäufigkeitsfunktion verdeutlicht.

In Variante 2 zeigt die glockenförmige Verteilung größere Anteile in den mittleren Einkommensklassen und kleinere Anteile in den äußeren Klassen. Die Ogive verläuft s-förmig. Die Steigungen der Geradenabschnitte nehmen zunächst zu und nach dem Maximum der Verteilung (5000 €) wieder ab.

Variante 3 zeigt eine linkssteile Einkommensverteilung. Die oberen Einkommensklassen sind schwächer besetzt als die unteren. Die Ogive verläuft konkav zur X-Achse.

Variante 4 zeigt eine rechtssteile Verteilung mit einer konvexen Ogive.

				(Kumulierte) Verteilung - stetig		Variante 1
j	x_j	f_j	h_j	H_j		
1	2000	5	0,14	0,14		
2	3000	5	0,14	0,29		
3	4000	5	0,14	0,43		
4	5000	5	0,14	0,57		
5	6000	5	0,14	0,71		
6	7000	5	0,14	0,86		
7	8000	5	0,14	1,00		
Summe	-	35	1,00	-		

Erläuterungen

$$h_j = f_j \,/\, n$$

$$H_j = H_{j-1} + h_j$$

Löschen

Relative Häufigkeiten (Histogramm)

Relative kumulierte Häufigkeiten
(Summenhäufigkeitsfunktion=Ogive)

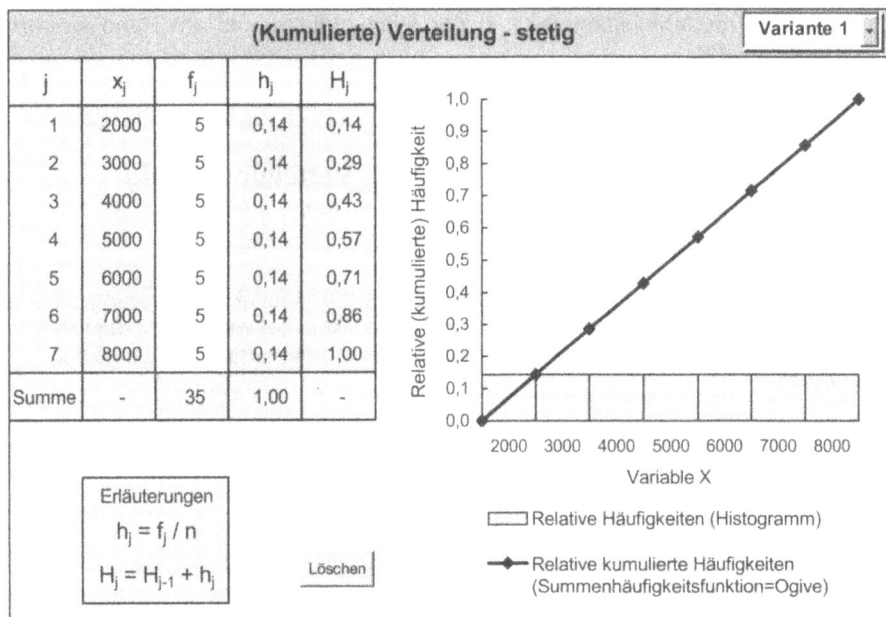

A_0604_Kumulierte_Verteilung_stetig

Anwendung A_0605_Kreisdiagramm

Die Anwendung besteht aus einem Tabellenblatt „Simulation".

In der **Simulation** wird die Verteilung einer qualitativen Variablen mit den Ausprägungen A bis E als Tabelle und Kreisdiagramm dargestellt.

A_0605: Aufgaben

Hier wird die Verteilung der Mitarbeiter auf fünf Abteilungen A bis E analysiert.

a) Interpretieren Sie Tabelle und Grafik der Varianten 1 bis 3. Wodurch kommt in der Grafik die Besonderheit einer qualitativen Variablen zum Ausdruck und wie wird die Größe der Kreissegmente ermittelt?

b) Löschen Sie die Daten und arbeiten Sie mit eigenen Angaben weiter. Interpretieren Sie die Ergebnisse!

A_0605: Lösungshinweise

Variante 1 (siehe Abb.) zeigt eine gleichmäßige Aufteilung der Mitarbeiter auf alle fünf Abteilungen. Damit sind die absoluten bzw. die relativen Häufigkeiten gleich groß. In der Grafik kommen die relativen Häufigkeiten als Anteile der Kreisfläche zum Ausdruck. Die Mittelpunktswinkel verhalten sich proportional zu den relativen Häufigkeiten und stellen den entsprechenden Anteil an 360° dar (jeweils 72° = 360/5). Da eine qualitative Variable vorliegt, ist die Reihenfolge der Angaben A bis E nicht zwingend vorgegeben.

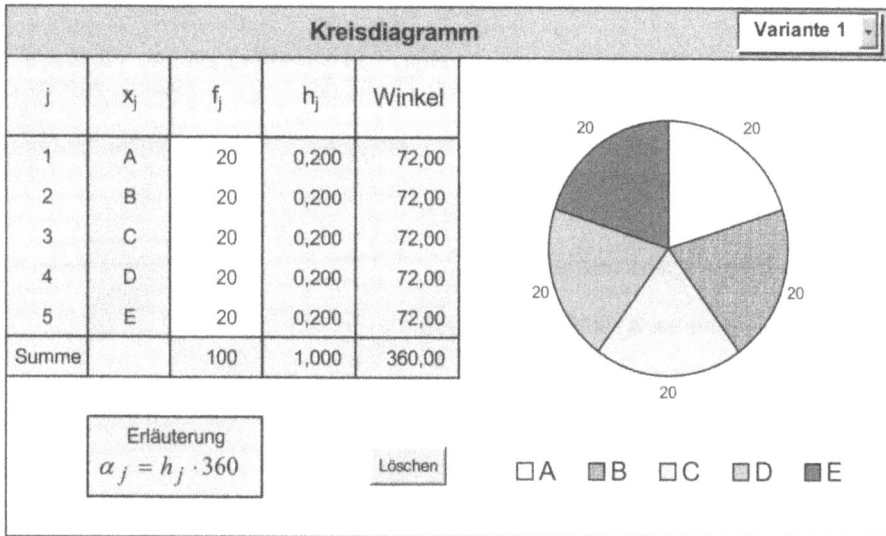

j	x_j	f_j	h_j	Winkel
1	A	20	0,200	72,00
2	B	20	0,200	72,00
3	C	20	0,200	72,00
4	D	20	0,200	72,00
5	E	20	0,200	72,00
Summe		100	1,000	360,00

Erläuterung
$$\alpha_j = h_j \cdot 360$$

Löschen

☐ A ▨ B ☐ C ▨ D ▪ E

A_0605_Kreisdiagramm

Variante 2 zeigt abnehmende Mitarbeiterzahlen und dementsprechend abnehmende Mittelpunktswinkel.

In Variante 3 ist mehr als die Hälfte der Mitarbeiter in der Abteilung A beschäftigt. Der Mittelpunktswinkel für A ist daher deutlich größer als die übrigen Winkel.

Anwendung A_0606_Verteilungsvergleich

Die Anwendung besteht aus den beiden Tabellenblättern „Simulation 1" und „Simulation 2".

In Simulation 1 wird für eine Variable X eine absolute Häufigkeitsverteilung für eine Gruppe A sowie für eine Gruppe B von Elementen als Tabelle und Säulendiagramm dargestellt.

In Simulation 2 wird für eine Variable X eine relative Häufigkeitsverteilung für eine Gruppe A sowie für eine Gruppe B von Elementen als Tabelle und Säulendiagramm dargestellt.

A_0606: Aufgaben

In den beiden Simulationen wird die Aufenthaltsdauer von Hotelgästen (Variable X) getrennt nach dem Geschlecht der Gäste (Gruppe A bzw. B) ausgewertet und dargestellt.

- **A_0606: Simulation 1 und Simulation 2**

a) Interpretieren Sie in beiden Simulationen Tabelle und Grafik der Varianten 1 bis 3. Wodurch kommt in der Grafik die Größe der Teilgesamtheiten zum Ausdruck?
b) Löschen Sie die Daten und arbeiten Sie mit eigenen Angaben weiter. Interpretieren Sie die Ergebnisse!

A_0606: Lösungshinweise

- **Lösungshinweise A_0606: Simulation 1**

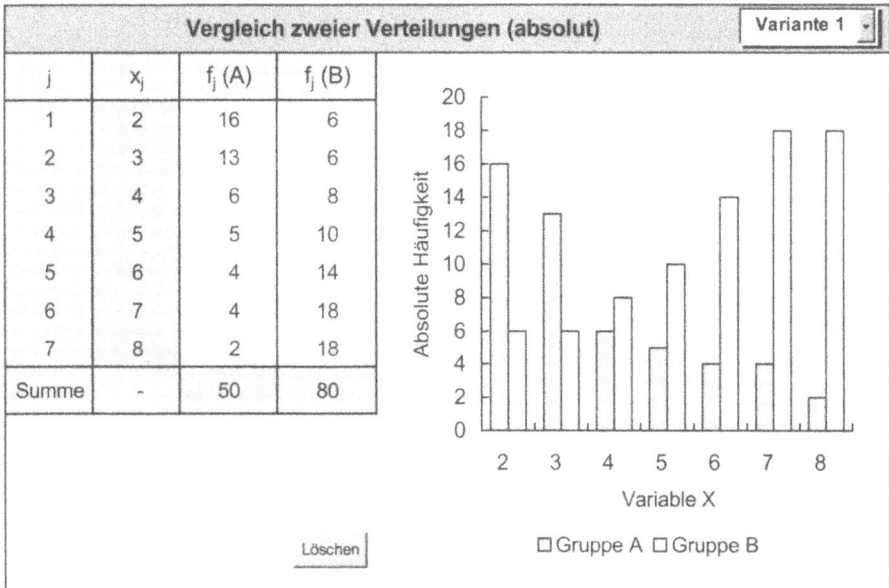

j	x_j	f_j (A)	f_j (B)
1	2	16	6
2	3	13	6
3	4	6	8
4	5	5	10
5	6	4	14
6	7	4	18
7	8	2	18
Summe	-	50	80

A_0606_Verteilungsvergleich (Tabellenblatt „Simulation 1")

Variante 1 (siehe Abb.) zeigt für die männlichen Gäste (Gruppe A) eine linkssteile Verteilung mit größeren Häufigkeiten bei den Werten mit geringerer Aufenthaltsdauer. Die Verteilung für die weiblichen Gäste (Gruppe B) ist rechtssteil mit größeren Häufigkeiten bei höherer Aufenthaltsdauer.

In der Grafik kommt die unterschiedliche Gruppengröße durch die unterschiedliche Gesamthöhe aller Balken je Gruppe zum Ausdruck; die Gruppe der weiblichen Gäste ist wesentlich größer als die der männlichen. Bei extrem unterschiedlichen Gruppengrößen sollte zum Verteilungsvergleich die relative Häufigkeitsverteilung verwendet werden, siehe Simulation 2.

Variante 2 zeigt annähernd gleiche Häufigkeiten bei verschieden großen Gruppen. Da die Gruppe der weiblichen Gäste mehr als doppelt so groß ist als die der männlichen, ist die Gesamthöhe der entsprechenden Säulen in der Grafik ebenfalls etwa doppelt so groß.

In Variante 3 sind die beiden Verteilungen unregelmäßig und voneinander verschieden. Die Gesamtheiten sind annähernd gleich groß.

- **Lösungshinweise A_0606: Simulation 2**

Simulation 2 zeigt – in den 3 Zahlenvarianten – zusätzlich zu den absoluten Häufigkeiten die relativen Häufigkeiten in der Tabelle. In der Grafik werden die Säulendiagramme der relativen Häufigkeitsverteilung dargestellt. Die unterschiedliche Gruppengröße kommt nicht mehr zum Ausdruck. Die Summe der relativen Häufigkeiten ist gleich 1 und die Summe der dazugehörigen Säulen ist für die beiden Gruppen gleich groß.

In Variante 1 werden dieselben Häufigkeiten wie in Variante 1 der Simulation 1 verwendet. Die unterschiedliche Verteilungsform für die Gruppen A bzw. B kommt analog zum Ausdruck. Die unterschiedliche Gruppengröße beeinflußt die Säulendiagramme nicht mehr.

Variante 2 zeigt annähernd gleiche Häufigkeiten bei verschieden großen Gruppen. Wegen der Verwendung der relativen Häufigkeiten in der Grafik sehen beide Verteilungen annähernd gleich aus.

In Variante 3 sind die beiden Verteilungen unregelmäßig und voneinander verschieden. Aufgrund der etwa gleichen Größe der Gesamtheit ergibt sich kein wesentlicher Unterschied zur Darstellung in Variante 3 der Simulation 1.

7. Klassierte Häufigkeitsverteilung

7.1 Grundlagen

> **Klassierte Häufigkeitsverteilung**
>
> = Zuordnung von Intervallen des Wertebereichs einer statistischen Variablen zu den dazugehörigen Häufigkeiten.

Beispiel: Wir analysieren das jährliche **Durchschnittseinkommen (in 1000 €) von 20 Personen**: 23, 5, 24, 42, 53, 55, 12, 13, 27, 27, 55, 18, 58, 14, 8, 29, 33, 26, 28, 26. Dazu bilden wir drei Einkommensklassen: 0 bis unter 20 Tausend €, 20 bis unter 40 Tausend €, 40 bis unter 60 Tausend €.

Symbol	Formel	Bedeutung	Beispiel (siehe Abb. 7.1 und 7.2)
N		Anzahl der Elemente der Gesamtheit	20
M		Anzahl der Klassen der Verteilung	3
j		Laufindex der Klassen (j läuft von 1 bis m)	1, 2, 3
a_j		Klassenuntergrenze	0, 20, 40
b_j		Klassenobergrenze	20, 40, 60
m_j	$(a_j+b_j) / 2$	Klassenmitte (repräsentiert die Klasse)	10,0; 30,0; 50,0
f_j		Absolute Klassenhäufigkeit	6, 9, 5
h_j	F_j / n	Relative Klassenhäufigkeit	0,30; 0,45; 0,25
h_j'	$h_j \cdot 100$	Relative Klassenhäufigkeit in %	30%, 45%, 25%
F_j	$F_{j-1} + f_j$	Kumulierte Absolute Klassenhäufigkeit	6, 15, 20
H_j	$H_{j-1} + h_j$	Kumulierte Relative Klassenhäufigkeit	0,30; 0,75; 1,00

Symbol	Formel	Bedeutung	Beispiel
$H_j{'}$	$H_j \cdot 100$	Kumulierte relative Klassenhäufigkeit in %	30%, 75%, 100%
B_j	$b_j - a_j$	Klassenbreite	20, 20, 20
B		Normierungs-Klassenbreite	20
f_j^*	$(f_j / B_j) \cdot B$	Absolute Besetzungsdichte	$6 = (6/20) \cdot 20$ $9 = (9/20) \cdot 20$ $5 = (5/20) \cdot 20$
h_j^*	$(h_j / B_j) \cdot B$	Relative Besetzungsdichte	$0,30 = (0,30/20) \cdot 20$ $0,45 = (0,45/20) \cdot 20$ $0,25 = (0,25/20) \cdot 20$

7.2 Klassierte Verteilung mit Excel

Arbeitstabellen

- **Tabellen bei gleichen Klassenbreiten**

Die Arbeitstabellen für klassierte Häufigkeitsverteilungen mit gleichen Klassenbreiten können völlig analog zu den nicht klassierten Tabellen aufgebaut werden; ergänzt werden häufig die Klassenmitten m_j.

j	von a_j	bis unter b_j	m_j	f_j	F_j	h_j	H_j
1	0	20	10	6	6	0,30	0,30
2	20	40	30	9	15	0,45	0,75
3	40	60	50	5	20	0,25	1,00
Summe	-	-	-	20	-	1,00	-

Abb. 7.1: Arbeitstabelle bei gleichen Klassenbreiten

- **Tabellen bei ungleichen Klassenbreiten**

Bei ungleichen Klassenbreiten müssen zusätzlich die Besetzungsdichten der Klassen berechnet werden, um eine grafische Darstellung als flächentreues Histogramm zu ermöglichen.

j	von a_j	bis unter b_j	K-breite	K-mitte m_j	f_j	B-dichte f^*_j
1	0	10	10	5,0	2	0,20
2	10	50	40	30,0	14	0,35
3	50	60	10	55,0	4	0,40
Summe	-	-	-	-	20	-

Abb. 7.2: Arbeitstabelle bei ungleichen Klassenbreiten

Die zur Tabelle in Abb. 7.2 gehörenden Excel-Tabellenfunktionen können in der folgenden Abb. 7.2E nachvollzogen werden.

	A	B	C	D	E	F	G
1	j	von a_j	bis unter b_j	K-breite	K-mitte m_j	f_j	B-dichte f^*_j
2							
3	1	0	10	=C3-B3	=(B3+C3)/2	2	=F3/D3
4	2	10	50	=C4-B4	=(B4+C4)/2	14	=F4/D4
5	3	50	60	=C5-B5	=(B5+C5)/2	4	=F5/D5
6	Summe	-	-	-	-	=SUMME (F3:F5)	-

Abb. 7.2E: Excel-Funktion zur Tabelle in Abb. 7.2

Klassierte Häufigkeitsverteilung mit Excel-Funktion HÄUFIGKEIT und Analyse-Funktion Histogramm

Für die Ermittlung der Tabelle einer klassierten Verteilung können wir dieselben Excel-Funktionen verwenden, wie im vorigen Kapitel in Abschnitt 6.2 gezeigt: Mit der Funktion **HÄUFIGKEIT** im Funktions-Assistenten und der Option **Histogramm** als Analyse-Funktion können klassierte Verteilungen ermittelt werden. Der Vorteil hierbei ist, dass die Klassengrenzen beliebig festgelegt werden können!

Zu beachten ist, dass die Werte der Urliste in der klassierten Verteilung jeweils „bis einschließlich" der Klassenobergrenze zugeordnet werden. So wird im obigen Beispiel die Definition „bis unter 20" durch die Klassenobergrenze 19 realisiert usw.

Die nachfolgende Abbildung 7.3 zeigt das Ergebnis, das die Analyse-Funktion **Histogramm** liefert. Beim Einsatz der Analyse-Funktion müssen zunächst die drei Obergrenzen 19, 39 und 59 in eine eigene Spalte eingegeben werden. Nach Markieren der Eingabedaten in der Spalte x_j und der Festlegung des Ausgabebereiches wird die klassierte Verteilung angezeigt.

i	x_i
1	23
2	5
3	24
4	42
5	53
6	55
7	12
8	13
9	27
10	27

x_j	Klasse	Häufigkeit
19	19	6
39	39	9
59	59	5
	und größer	0

Abb. 7.3: Klassierte Verteilung mit Excel-Analyse-Funktion Histogramm (Ausschnitt)

7.3 Interaktive Excel-Anwendungen (Download)

Anwendung A_0701_Klassierung_Histogramm

Die Anwendung besteht aus einem Tabellenblatt „Simulation".

In der **Simulation** entsteht aus einer Urliste im Wertebereich zwischen 1 und 59 automatisch eine klassierte Häufigkeitsverteilung mit Klassengrenzen, die verändert werden können. Gleichzeitig baut sich die dazugehörige Histogramm-Darstellung als Flächendiagramm auf.

A_0701: Aufgaben

Für 20 Personen wird das Jahreseinkommen (Variable X; in 1000 €) angegeben.

a) Interpretieren Sie Tabelle und Grafik der Varianten 1 bis 5. Zeigen Sie, dass wegen der „Flächentreue" des Histogramms gilt: Das Produkt von Besetzungsdichte und Klassenbreite ist gleich der Klassenhäufigkeit. Verändern Sie die beiden ersten Klassenobergrenzen auf 25 und 45 und beurteilen Sie die Auswirkung auf Besetzungsdichte und Verteilungsform.
b) Löschen Sie die Daten und arbeiten Sie mit eigenen Angaben weiter. Interpretieren Sie die Ergebnisse!

A_0701: Lösungshinweise

Variante 1 (siehe Abb.) zeigt mit den Klassengrenzen 20 bzw. 40 eine linkssteile Verteilung. Flächentreue bedeutet, dass die drei Histogrammflächen proportional zu den Klassenhäufigkeiten sind. Die Besetzungsdichten lauten: 0,4 = 8/20; 0,35 = 7/20; 0,25 = 5/20. Mit Verändern der beiden ersten Klassenobergrenzen verändert sich das Histogramm in der Grafik so, dass eine annähernd symmetrische Form entsteht. Die Besetzungsdichten sind wegen der verschiedenen Klassenbreiten nicht mehr proportional zu den Häufigkeiten.

Die Varianten 2 bis 5 zeigen für jeweils andere Urlisten und Klassengrenzen die unterschiedlichen Verteilungen und Histogramme.

Klassierung und Histogramm						Variante 1	
j	K-Untergr. a_j	K-Obergr. b_j	K-breite $b_j - a_j$	f_j	f_j^*	i	x_i
1	0	20	20	8	0,40	1	4
2	20	40	20	7	0,35	2	5
3	40	60	20	5	0,25	3	7
Summe	-	-	-	20	-	4	7
						5	12
						6	14
						7	15
						8	18
						9	25
						10	27
						11	31
						12	32
						13	33
						14	35
						15	38
						16	42
						17	47
				Löschen		18	52
						19	53
						20	58

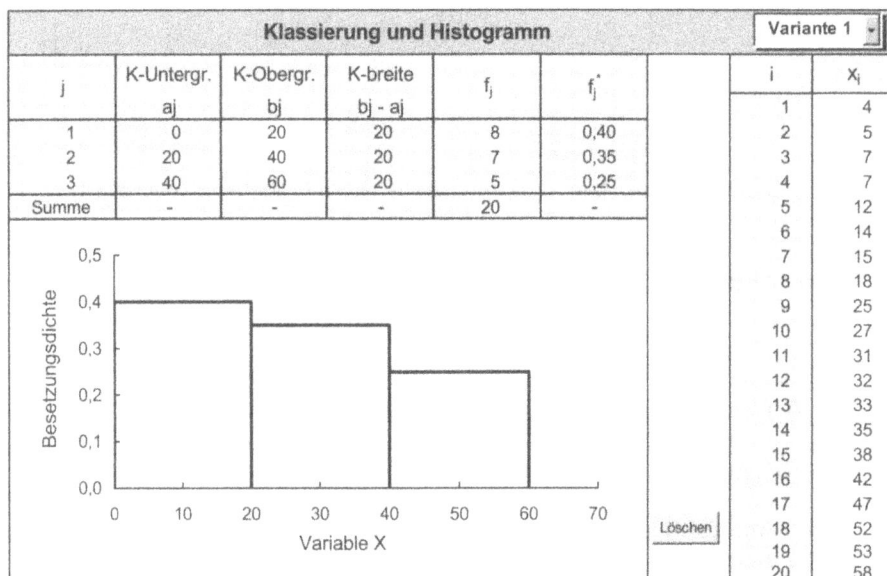

A_0701_Klassierung_Histogramm

Anwendung A_0702_Säulen_Histogramm

Die Anwendung besteht aus einem Tabellenblatt „Simulation".

In der **Simulation** entsteht für eine absolute klassierte Häufigkeitsverteilung mit gleich breiten Klassen die absolute kumulierte Verteilung. Histogramm und Ogive (Summenhäufigkeitsfunktion) bauen sich auf.

A_0702: Aufgaben

Es liegt eine klassierte Einkommensverteilung (Variable X in 1000 €) vor.

a) Interpretieren Sie Tabelle und Grafik der Varianten 1 bis 3. Achten Sie insbesondere auf die Darstellung des Histogramms und der Ogive.
b) Löschen Sie die Daten und arbeiten Sie mit eigenen Angaben weiter. Interpretieren Sie die Ergebnisse!

A_0702: Lösungshinweise

Säulen-Histogramm für klassierte Verteilungen			Variante 1

j	a_j bis unter b_j	f_j	F_j
1	0 bis unter 20	30	30
2	20 bis unter 40	30	60
3	40 bis unter 60	30	90
Summe	-	90	-

Löschen

A_0702_Säulen_Histogramm

Variante 1 (siehe Abb.) zeigt eine Gleichverteilung des Einkommens. Das Histogramm unterscheidet sich nicht von einem Säulendiagramm für diskrete Variablen, da gleich breite Klassen vorliegen. Die Säulen werden allerdings ohne Abstand voneinander dargestellt und drücken eine Gleichverteilung innerhalb der Klassen aus. Die Summenhäufigkeitsfunktion (Ogive) hat die Form einer Geraden. Die Zunahme der einzelnen Häufigkeiten ist innerhalb der kumulierten Funktion konstant.

Variante 2 zeigt eine rechtssteile Verteilung mit einer konvex zur X-Achse verlaufenden Ogive, Variante 3 eine linkssteile Verteilung mit einer konkaven Ogive.

Anwendung A_0703_Histogramm

Die Anwendung besteht aus „Simulation 1" und „Simulation 2.

In **Simulation 1** wird aus einer sortierten Urliste eine klassierte Häufigkeitsverteilung mit fünf Klassen erstellt. Klassenunter- und -obergrenzen, Klassenbreiten, Klassenhäufigkeiten und Besetzungsdichten werden angegeben. Das Histogramm wird grafisch dargestellt.

In **Simulation 2** werden für klassierte Häufigkeitsverteilungen mit unterschiedlichen Klassengrenzen Arbeitstabelle und Histogramm aufgebaut. Die Simulation ermöglicht die Interpretation des Gesamtergebnisses von klassierter Verteilung und Histogramm-Darstellung.

A_0703: Aufgaben

- **A_0703: Simulation 1**

In dieser Simulation wird eine Einkommensverteilung (in 1000 €) für eine Gesamtheit von 25 Personen analysiert.

a) Interpretieren Sie Tabelle und Grafik der Varianten 1 bis 3. Achten Sie dabei insbesondere auf die Verteilung der Werte innerhalb der Klassen.
b) Löschen Sie die Daten und arbeiten Sie mit eigenen Angaben weiter. Interpretieren Sie die Ergebnisse!

A_0703: Lösungshinweise

- **A_0703: Simulation 1**

Variante 1 (siehe Abb.) zeigt eine Gleichverteilung des Einkommens. Die Werte innerhalb der Klassen sind jeweils gleich groß. Das Histogramm stellt die Häufigkeiten als gleich große Flächen dar.

Variante 2 zeigt ebenfalls eine Gleichverteilung des Einkommens. Hier liegen allerdings innerhalb der Klassen jeweils fünf unterschiedliche Werte vor. Dies kommt in der Histogramm-Darstellung durch die gleich großen Flächen nicht zum Ausdruck.

Variante 3 zeigt unterschiedlich stark besetzte Klassen. Die Flächen des Histogramms sind nicht mehr gleich groß.

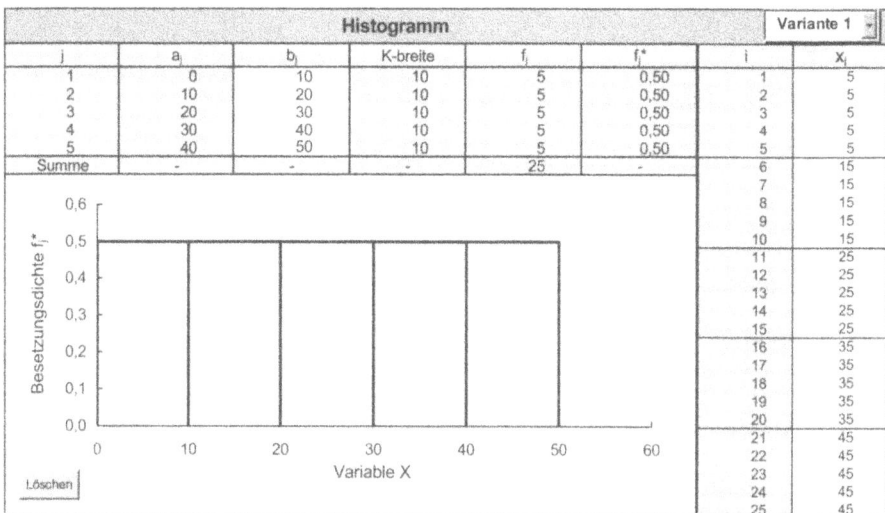

Histogramm							Variante 1
j	a_j	b_j	K-breite	f_j	f_j^*	i	x_i
1	0	10	10	5	0,50	1	5
2	10	20	10	5	0,50	2	5
3	20	30	10	5	0,50	3	5
4	30	40	10	5	0,50	4	5
5	40	50	10	5	0,50	5	5
Summe	-	-	-	25	-	6	15
						7	15
						8	15
						9	15
						10	15
						11	25
						12	25
						13	25
						14	25
						15	25
						16	35
						17	35
						18	35
						19	35
						20	35
						21	45
						22	45
						23	45
						24	45
						25	45

A_0703_Histogramm (Tabellenblatt „Simulation 1")

8. Lageparameter

8.1 Grundlagen

Lageparameter

= Kennzahlen der Lage (insbesondere des Zentrums) einer Verteilung

---

Beispiel: Die **20 Mitgliedsunternehmen einer internationalen Hotelkette** erzielen die in der folgenden Urliste dargestellten **Jahresumsätze (in Millionen €)**.

i	1	2	3	4	5	6	7	8	9	10	11	12	13	14	15	16	17	18	19	20
x_i	5	12	10	6	3	5	4	8	9	4	5	11	10	7	5	9	7	8	12	10

Abb. 8.1: Urliste mit Umsätzen von 20 Hotels (in Millionen €)

Excel-Arbeitstabelle für Lageparameter

Zur Ermittlung der Lageparameter des obigen Beispiels wird folgende Tabelle verwendet, die von der Häufigkeitsverteilung ausgeht und um die letzten beiden Berechnungsspalten ergänzt wird. Die Tabelle ermöglicht die Ermittlung von Modus, Median, Quantilen und arithmetischem Mittel.

j	x_j	f_j	F_j	h_j	H_j	$x_j f_j$	$x_j h_j$
1	3	1	1	0,05	0,05	3,00	0,15
2	4	2	3	0,10	0,15	8,00	0,40
3	5	4	7	0,20	0,35	20,00	1,00
4	6	1	8	0,05	0,40	6,00	0,30
5	7	2	10	0,10	0,50	14,00	0,70
6	8	2	12	0,10	0,60	16,00	0,80
7	9	2	14	0,10	0,70	18,00	0,90
8	10	3	17	0,15	0,85	30,00	1,50
9	11	1	18	0,05	0,90	11,00	0,55
10	12	2	20	0,10	1,00	24,00	1,20
Summe	-	20	-	1,00	-	150,00	7,50

Abb. 8.2: Arbeitstabelle für Lageparameter

Die in der Excel-Tabelle hinterlegten Formeln sind in der Abb. 8.2.E angegeben. Entsprechende Arbeitstabellen werden in den interaktiven Anwendungen des Abschnitts 8.3 eingesetzt.

	A	B	C	D	E	F	G	H
1	j	x_j	f_j	F_j	h_j	H_j	x_jf_j	x_jh_j
2	1	3	1	=C2	=C2/$C$12	=E2	=B2*C2	=B2*E2
3	2	4	2	=D2+C3	=C3/$C$12	=F2+E3	=B3*C3	=B3*E3
4	3	5	4	=D3+C4	=C4/$C$12	=F3+E4	=B4*C4	=B4*E4
5	4	6	1	=D4+C5	=C5/$C$12	=F4+E5	=B5*C5	=B5*E5
6	5	7	2	=D5+C6	=C6/$C$12	=F5+E6	=B6*C6	=B6*E6
7	6	8	2	=D6+C7	=C7/$C$12	=F6+E7	=B7*C7	=B7*E7
8	7	9	2	=D7+C8	=C8/$C$12	=F7+E8	=B8*C8	=B8*E8
9	8	10	3	=D8+C9	=C9/$C$12	=F8+E9	=B9*C9	=B9*E9
10	9	11	1	=D9+C10	=C10/$C$12	=F9+E10	=B10*C10	=B10*E10
11	10	12	2	=D10+C11	=C11/$C$12	=F10+E11	=B11*C11	=B11*E11
12	Summe	-	=SUMME (C2:C11)	-	=SUMME (E2:E11)	-	=SUMME (G2:G11)	=SUMME (H2:H11)

Abb. 8.2E: Arbeitstabelle 8.2 mit hinterlegten Excel-Funktionen

Excel-Funktions-Assistent für Lageparameter

Für die Ermittlung von Lageparametern einer statistischen Verteilung stehen in Excel zahlreiche Funktionen des Funktions-Assistenten zur Verfügung. (Ergänzend kann auch die Option „Populationskenngrößen" der Analyse-Funktionen eingesetzt werden).

Lageparameter mit Excel-Funktions-Assistent

(1) Urliste als Excel-Spalte eingeben (bei Bedarf als Excel-Zeile)

(2) In einem Feld den Lageparameter beschriften (z.B. „Modalwert:")

(3) Feld neben der Beschriftung mit Cursor markieren

(4) Mit Funktions-Assistent den gewünschten Lageparameter aufrufen

(5) Urliste markieren

(6) Ggf. weitere Eingaben im jeweiligen Hilfsfenster des Parameters

(7) Beenden mit „Ende": Lageparameter wird im markierten Feld ausgegeben

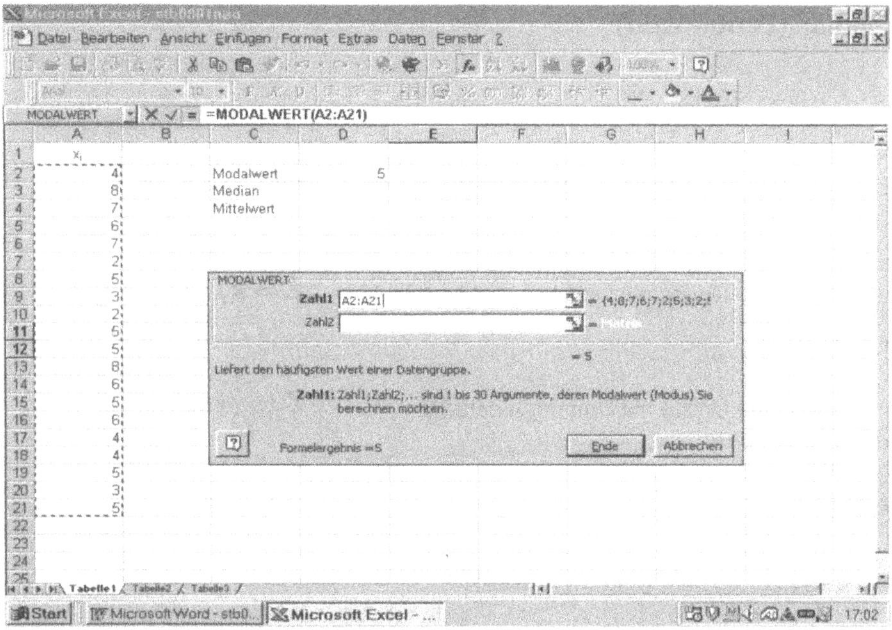

Abb. 8.3: Excel-Funktions-Assistent für Lageparameter (hier: Modalwert)

8.2 Einzelne Lageparameter

Modalwert (Modus)

Modus = Häufigster Wert einer Verteilung
= Wert mit maximaler absoluter bzw. maximaler relativer Häufigkeit

$M = x_D$ wobei $f_D = \max (f_j)$ bzw. $h_D = \max (h_j)$

mit f_j = absolute Häufigkeit und

h_j = relative Häufigkeit

Hinweise zur Excel-Funktion MODALWERT

Wenn alle Werte in einer Verteilung gleich häufig vorkommen, liegt eine Gleichverteilung ohne (eindeutigen) Modalwert vor. Wenn einige (z.B. zwei) Häufigkeiten gleich groß sind, haben wir eine multimodale (z.B. bi-modale) Verteilung vor uns. In allen diesen Verteilungen, mit mehreren gleich großen, maximalen Häufigkeiten, gibt Excel (ohne Kommentar) den ersten dieser gleich häufigen Werte als Modalwert an.

Median (Zentralwert)

Median = Wert, der in der Mitte einer Verteilung liegt und diese halbiert
= Wert, der die 50% größeren von den 50% kleineren Werten trennt.

- Geordnete Urliste mit Umfang n ungerade: $Z = x_{\frac{n+1}{2}}$

- Geordnete Urliste mit Umfang n gerade: $Z = \frac{1}{2}(x_{\frac{n}{2}} + x_{\frac{n}{2}+1})$

Hinweise zur Excel-Funktion MEDIAN

Die Excel-Funktion **MEDIAN** des Funktions-Assistenten ermittelt den Median für alle Urlisten. Entsprechend dem Umfang der Gesamtheit (gerade bzw. ungerade) wird die jeweils gültige Formel automatisch angewandt.

Quantile

---

p%-Quantil

= Wert einer Häufigkeitsverteilung, bei dem p% in der Reihe der kumulierten prozentualen Häufigkeiten erreicht oder das erste Mal überschritten werden

$Q_p = x_r$ mit $H'_r \geq p$ und $H'_{r-1} < p$

wobei   r = Laufindex der sortierten Urliste bzw.
der Häufigkeitsverteilung
p = beliebiger %- Satz (z.B. 10, 25, 75, 90 %)

Hinweise zur Excel-Funktion QUANTIL

Mit dem Excel-Funktions-Assistenten kann ein beliebiges p%-Quantil ermittelt werden. Dabei muß für „Alpha" der Prozentsatz als Dezimalzahl eingegeben werden. Sofern der %-Satz p bei einer Ausprägung x_j exakt erreicht wird, interpoliert Excel proportional zu diesem %-Satz (siehe interaktive Anwendung A_0801).

Hinweise zur Excel-Analyse-Funktion „Rang und Quantil"

Da die Berechnungen der %-Angaben in der Funktion **Rang und Quantil** nicht eindeutig nachvollziehbar sind, wird von der Verwendung dieser Funktion abgeraten.

Arithmetisches Mittel

Das arithmetische Mittel ist der wichtigste und bekannteste Mittelwert von Verteilungen. Wenn vom „Durchschnitt" oder „Mittelwert" einer Gesamtheit gesprochen wird, meint man üblicherweise das arithmetische Mittel.

Je nach Angaben (Urliste oder Häufigkeitsverteilung), wird die Formel für das ungewogene oder das gewogene arithmetische Mittel angewandt. Bei der Formel für die Urliste gehen alle Werte einzeln in die Berechnung der Summe für das arithmetische Mittel ein. Bei der Formel für die Häufigkeitsverteilung wird jeder der (unterschiedlich großen) Werte mit seiner Häufigkeit gewichtet.

• **Arithmetisches Mittel einer Urliste**

Ungewogenes arithmetisches Mittel

= Mittelwert einer Verteilung

= Quotient der Summe aller Einzelwerte und der Anzahl der Elemente

$$\bar{x} = \frac{1}{n}\sum_{i=1}^{n} x_i$$

• **Arithmetisches Mittel einer Häufigkeitsverteilung**

Gewogenes arithmetisches Mittel

- mit absoluten Häufigkeiten $\bar{x} = \frac{1}{n}\sum_{j=1}^{m} x_j f_j$

- mit relativen Häufigkeiten $\bar{x} = \sum_{j=1}^{m} x_j h_j$

Hinweise zur Excel-Funktion MITTELWERT

Die Excel-Funktion **MITTELWERT** bezieht sich auf eine Urliste und stellt damit die Berechnung eines ungewogenen arithmetischen Mittels dar.

Geometrisches Mittel

Das geometrische Mittel wird dann benötigt, wenn die Werte einer Urliste oder Verteilung multiplikativ verknüpft sind. Dies ist insbesondere bei Zeitreihen und der Berechnung der dazugehörigen Veränderungsraten der Fall.

Geometrisches Mittel

= Mittelwert einer Verteilung, berechnet als n-te Wurzel aus dem Produkt aller Werte

$$GM = \sqrt[n]{\prod_{i=1}^{n} x_i}$$

Hinweise zur Excel-Funktion GEOMITTEL

Beispiel: Der **Umsatz einer Unternehmung** hat sich innerhalb von 6 Jahren verdoppelt. Die Entwicklung zeigt die nachfolgende Tabelle, zusammen mit den Berechnungen der Veränderungsraten und Zwischenergebnissen.

Im vorletzten Tabellenfeld finden wir das Ergebnis der Excel-Funktion **GEOMITTEL**, bezogen auf die darüberstehenden Wachstums-Faktoren. Das geometrische Mittel ist die 5. Wurzel der 5 Wachstumsfaktoren.

Jahr	Umsatz	Veränd.	Wt-Rate	Wt-Faktor
1990	100			
1992	110	10	10,00	1,1000
1994	120	10	9,09	1,0909
1995	132	12	10,00	1,1000
1999	132	0	0,00	1,0000
2000	200	68	51,52	1,5152
Geometrisches Mittel der Wt-Faktoren				1,1487
Durchschnittliche Wachstumsrate (in %)				14,87

Abb. 8.4: Arbeitstabelle geometrisches Mittel

8.3 Interaktive Excel-Anwendungen (Download)

Anwendung A_0801_Quantile_Minimum_Maximum

Die Anwendung besteht aus einem Tabellenblatt „Simulation".

In der **Simulation** wird aus einer Urliste (unsortiert bzw. sortiert) eine absolute, eine absolute kumulierte und eine relative kumulierte Häufigkeitsverteilung erstellt. Zusätzlich werden die mit den entsprechenden Excel-
Funktionen ermittelten Lageparameter (Minimum, Maximum und 6 Quantile)
ausgegeben.

A_0801: Aufgaben

Diese Simulation geht – in 3 Zahlenvarianten – von einer Urliste für die Variable X
(z.B. Verweildauer von Krankenhauspatienten) aus.

a) Interpretieren Sie Verteilungstabelle und Lageparameter der Varianten 1 bis 3.
b) Löschen Sie die Daten und arbeiten Sie mit eigenen Angaben weiter. Interpretieren Sie die Ergebnisse!

A_0801: Lösungshinweise

Quantile, Minimum, Maximum				Variante 1

i	x_i	Minimum	1,00				
1	1						
2	2	10%-Quantil	1,90				
3	3						
4	3			x_i	f_j	F_j	$H_j^{'}$
5	4	20%-Quantil	2,80	1	1	1	10,00
6	4			2	1	2	20,00
7	5			3	2	4	40,00
8	5	25%-Quantil	3,00	4	2	6	60,00
9	6			5	2	8	80,00
10	7			6	1	9	90,00
11		50%-Quantil	4,00	7	1	10	100,00
12				8	0	10	100,00
13				9	0	10	100,00
14		75%-Quantil	5,00	10	0	10	100,00
15				Summe	10	-	-
16							
17		90%-Quantil	6,10				
18					Löschen		
19							
20		Maximum	7,00				

A_0801_Quantile_Minimum_Maximum

In allen 3 Varianten (Variante 1 siehe Abb.) lassen sich Minimum, Maximum und Quantile in der Häufigkeitstabelle leicht nachvollziehen. Das Minimum ist der kleinste, das Maximum der größte Wert der Häufigkeitsverteilung. Die Quantile sind gleich denjenigen Werten der kumulierten (relativen) Verteilungen, bei denen die Quantilshäufigkeit zum ersten Mal erreicht oder überschritten wird. Bei exakt erreichter kumulierter Häufigkeit interpoliert Excel proportional zum %-Satz. Dies liegt z.B. in Variante 1 beim 20%-Quantil (2,8) und beim 90%-Quantil (6,1) vor.

📁 Anwendung A_0802_Lageparameter_Urliste_Verteilung

Die Anwendung besteht aus einem Tabellenblatt „Übung" und den Tabellenblättern „Simulation 1" und „Simulation 2".

In der **Übung** wird eine Urliste angegeben. Daraus ist die Häufigkeitstabelle zu ermitteln und um die Merkmalsbeträge zu ergänzen. Modalwert, Median und arithmetisches Mittel sind zu berechnen.

In den **Simulationen 1 und 2** werden aus einer Urliste mit bzw. ohne Häufigkeitsverteilung die Lageparameter zusammen mit einigen Zwischenergebnissen angegeben.

A_0802: Aufgaben

- **A_0802: Übung – Variante 1**

Für die Abteilung eines Unternehmens liegt die sortierte Urliste zu den „Krankheitstagen der Mitarbeiter im letzten Monat" (Variable X) vor: 1, 1, 1, 1, 1, 1, 1, 2, 3, 3, 3, 4, 4, 5, 5.

a) Ermitteln Sie die Werte aller Spalten der Verteilungstabelle. Was sagen die Werte in der letzten Spalte aus?
b) Ermitteln Sie Modalwert, Median und arithmetisches Mittel. Interpretieren Sie das Ergebnis im Zusammenhang mit der vorliegenden Verteilungsform.
c) Wodurch unterscheiden sich das gewogene und das ungewogene arithmetische Mittel?
d) Was sagt die absolute kumulierte Häufigkeit in Verbindung mit dem Zentralwert aus?

- **A_0802: Übung – Variante 2**

Lösen Sie die obigen Aufgaben a) bis d) für die Urliste der Variante 2:
1, 2, 2, 2, 3, 3, 3, 3, 3, 3, 3, 4, 4, 4, 5.

- **A_0802: Übung – Variante 3**

Lösen Sie die obigen Aufgaben a) bis d) für die Urliste der Variante 3:
1, 1, 1, 2, 2, 2, 3, 3, 3, 4, 4, 4, 5, 5, 5.

- **A_0802: Simulation 1 und Simulation 2**

a) Beurteilen Sie die Berechnung der Lageparameter in den Varianten 1 bis 3.
b) Löschen Sie die Tabelle, geben Sie eigene Zahlenreihen ein und interpretieren Sie Ihre Ergebnisse!

A_0802: Lösungen

- **Lösung A_0802: Übung – Variante 1**

Lageparameter aus Urliste und Verteilung						Variante 1

(sortierte) Urliste

i'	$x_{i'}$
1	1
2	1
3	1
4	1
5	1
6	1
7	1
8	2
9	3
10	3
11	3
12	4
13	4
14	5
15	5
Summe	36

Häufigkeitsverteilung

j	x_j	f_j	F_j	$x_j f_j$
1	1	7	7	7
2	2	1	8	2
3	3	3	11	9
4	4	2	13	8
5	5	2	15	10
Summe	-	15	-	36

Modalwert M_D $f_D = max(f_j) =$ 7 $=> M_D =$ 1

Median $Z = x_{\frac{n+1}{2}}$ $= x_8$ $=> Z =$ 2,0

Löschen

Arithmetisches Mittel $\bar{x} = \frac{1}{n} \sum_{i=1}^{n} x_i = \frac{36}{15} = \frac{1}{n} \sum_{j=1}^{m} x_j f_j = \frac{36}{15} = 2,40$

A_0802_Lageparameter_Urliste_Verteilung (Tabellenblatt „Übung")

a) Richtige Lösung (siehe Abb.): Alle Eingaben sind blau unterlegt!
Die Werte $x_j f_j$ geben die jeweilige Gesamtzahl der Krankheitstage für die Dauer von 1, 2 ... bis 5 Tagen an. So entfallen z.B. auf die Mitarbeiter mit 3 Tagen Krankheitsdauer insgesamt 9 Tage Abwesenheit usw.
b) Modalwert: 1 Tag, da hier die maximale Häufigkeit von 7 vorliegt.
Median: 2,0 Tage, d.h. der mittlere (8. Wert) der Verteilung beträgt 2,0. 7 Mitarbeiter haben eine Krankheitsdauer von kleiner 2; 7 Mitarbeiter haben eine Krankheitsdauer von größer 2.
Arithmetisches Mittel: 2,4 = 36/15; die durchschnittliche Krankheitsdauer beträgt 2,4 Tage.
Wegen der linkssteilen Verteilung liegt der Median (2,0) links vom arithmetischen Mittel (2,4) und der Modalwert (1,0) links vom Median.
c) Das ungewogene arithmetische Mittel wird aus der Urliste ermittelt, das gewogene aus der Häufigkeitsverteilung. Das Ergebnis ist identisch!
d) Die absolute kumulierte Häufigkeit beim Zentralwert beträgt 8. Dies bedeutet, dass 8 Mitarbeiter eine Krankheitsdauer von höchstens 2 Tagen aufweisen. Durch die unsymmetrische Verteilung liegt die kumulierte Häufigkeit des Zentralwerts (8) über der Hälfte des Umfangs der Gesamtheit (7,5).

- **Lösung A_0802: Übung – Variante 2**

b) Modalwert: 3; Median: 3,0; Arithmetisches Mittel: 3,0.
   Die Verteilung ist symmetrisch und ähnlich einer Glockenkurve. Wegen dieser
   Verteilungsform liegen Modalwert, Median und arithmetisches Mittel exakt in
   der Mitte des Wertebereichs der Verteilung.

- **Lösung A_0802: Übung – Variante 3**

b) Kein eindeutiger Modalwert vorhanden. (Der blaue Hintergrund für die richtige
   Lösung erscheint nur bei dem von Excel automatisch ermittelten Wert von
   1,0.). Median: 3,0; Arithmetisches Mittel: 3,0.
   Wegen der Symmetrie der Gleichverteilung sind Median und arithmetisches
   Mittel gleich groß.

Anwendung A_0803_Arithmetisches_Mittel_Tabelle

Die Anwendung besteht aus einem Tabellenblatt „Übung" und einem Tabellenblatt „Simulation".

In der **Übung** werden absolute Häufigkeitsverteilungen angegeben. In der
Arbeitstabelle sind die Merkmalsbeträge (Wert mal absolute Häufigkeit), die
relative Häufigkeit und das Produkt aus Wert und relativer Häufigkeit zu ermitteln. Die Ergebnisse der Arbeitstabelle sind für die Berechnung des a-
rithmetischen Mittels zu verwenden.

In der **Simulation** baut sich aus der absoluten Häufigkeitsverteilung die Arbeitstabelle für das arithmetische Mittel auf. Die Zwischenergebnisse und
das Ergebnis für das arithmetische Mittel werden angezeigt.

A_0803: Aufgaben

- **A_0803: Übung – Variante 1**

Für ein Hotel liegt die absolute Häufigkeitsverteilung der „Aufenthaltsdauer der
abreisenden Gäste" (Variable X) vor. Für die Werte 2 bis 6 gelten die Häufigkeiten
4, 4, 4, 4, 4.

a) Ermitteln Sie die Werte der Arbeitstabelle und verwenden Sie die Zwischenergebnisse zur Berechnung des arithmetischen Mittels.
b) Wie wirkt sich die Verteilungsform auf das arithmetische Mittel aus?
c) Was sagen die Werte $x_i f_i$ und die Werte $x_i h_i$ aus?

- **A_0803: Übung – Variante 2**

Lösen Sie die obigen Aufgaben a) und b) für die Verteilung mit den Werten 2 bis 6
und den Häufigkeiten 2, 4, 8, 4, 2.

- **A_0803: Übung – Variante 3**

Lösen Sie die obigen Aufgaben a) und b) für die Verteilung mit den Werten 2 bis 6 und den Häufigkeiten 7, 5, 4, 3, 1.

- **A_0803: Simulation**

a) Beurteilen Sie Berechnung und Ergebnis des arithmetischen Mittels im Zusammenhang mit der Verteilungsform in den Varianten 1 bis 3.
b) Löschen Sie die Tabelle, geben Sie eigene Zahlen ein und interpretieren Sie Ihre Ergebnisse!

A_0803: Lösungen

- **Lösung A_0803: Übung – Variante 1**

Arithmetisches Mittel				Variante 1
j	x_j	f_j	$x_j f_j$	h_j	$x_j h_j$
1	2	4	8	0,20	0,40
2	3	4	12	0,20	0,60
3	4	4	16	0,20	0,80
4	5	4	20	0,20	1,00
5	6	4	24	0,20	1,20
Summe	-	20	80	1,00	4,00

Arithm. Mittel (mit f_j)	$\bar{x} = \dfrac{1}{n} \sum_{j=1}^{m} x_j f_j = \dfrac{80}{20} = 4{,}00$

Arithm. Mittel (mit h_j)	$\bar{x} = \sum_{j=1}^{m} x_j h_j = 4{,}00$	Löschen

A_0803_Arithmetisches_Mittel_Tabelle (Tabellenblatt „Übung")

a) Richtige Lösung (siehe Abb.): Alle Eingaben sind blau unterlegt!
   Arithmetisches Mittel = 80/20 = 4,0 = Summe der letzten Spalte.
b) Wegen der Symmetrie der Gleichverteilung liegt das arithmetische Mittel exakt in der Mitte der Verteilung.
c) Die Werte $x_j f_j$ geben die jeweilige Gesamtzahl der Aufenthaltstage für die Gäste mit der jeweiligen Aufenthaltsdauer von 2, 3 etc. Tagen an. Hierbei sind die Aufenthaltstage mit der absoluten Häufigkeit gewichtet. Die Werte $x_j h_j$ geben den Beitrag der jeweiligen Merkmalsausprägung zum arithmetischen Mittel an.

Hier sind die relativen Häufigkeiten die Gewichte. Die Summe der Werte $x_j h_j$ ist gleich dem arithmetischen Mittel!

- **Lösung A_0803: Übung – Variante 2**

a) Richtige Lösung: Alle Eingaben sind blau unterlegt!
   Arithmetisches Mittel = 4,0 = Summe der letzten Spalte.
b) Wegen der symmetrischen Verteilung liegt das arithmetische Mittel exakt in der Mitte der Verteilung.

- **Lösung A_0803: Übung – Variante 3**

a) Richtige Lösung: Alle Eingaben sind blau unterlegt!
   Arithmetisches Mittel = 3,3 = Summe der letzten Spalte.
b) Wegen der linkssteilen Verteilung liegt das arithmetische Mittel links von der Mitte des Wertebereichs der Verteilung.

📂 Anwendung A_0804_Lageparameter_Säulendiagramm

Die Anwendung besteht aus einem Tabellenblatt „Simulation".

In der **Simulation** wird für eine absolute Häufigkeitsverteilung die absolute kumulierte und die relative kumulierte Verteilung sowie die Merkmalsbeträge ermittelt. Zusätzlich werden Modalwert, Zentralwert und arithmetisches Mittel berechnet und in der Grafik der absoluten Häufigkeitsverteilung dargestellt.

A_0804: Aufgaben

Gegenstand dieser Simulation ist (in 3 Zahlenvarianten) die Häufigkeitsverteilung von Klausurnoten (Variable X; Noten 1 bis 5) für eine Gesamtheit von Studenten.

a) Interpretieren Sie die Ergebnisse für den Modalwert, den Median und das arithmetische Mittel sowie deren grafische Darstellung im Zusammenhang mit der jeweiligen Verteilungsform.
b) Löschen Sie die absoluten Häufigkeiten und arbeiten Sie mit eigenen Angaben weiter. Interpretieren Sie die Ergebnisse!

A_0804: Lösungshinweise

In den drei Varianten (Variante 1: siehe Abb.) liegt eine unsymmetrische, eine symmetrische bzw. eine nahezu symmetrische Verteilung vor. Bei der unsymmetrischen Verteilung sind die drei Lageparameter verschieden groß, bei der symmetrischen Verteilung gleich groß (siehe Grafik). In Variante 3 ist das arithmetische Mittel wegen der leichten Unsymmetrie etwas kleiner als der Zentralwert.

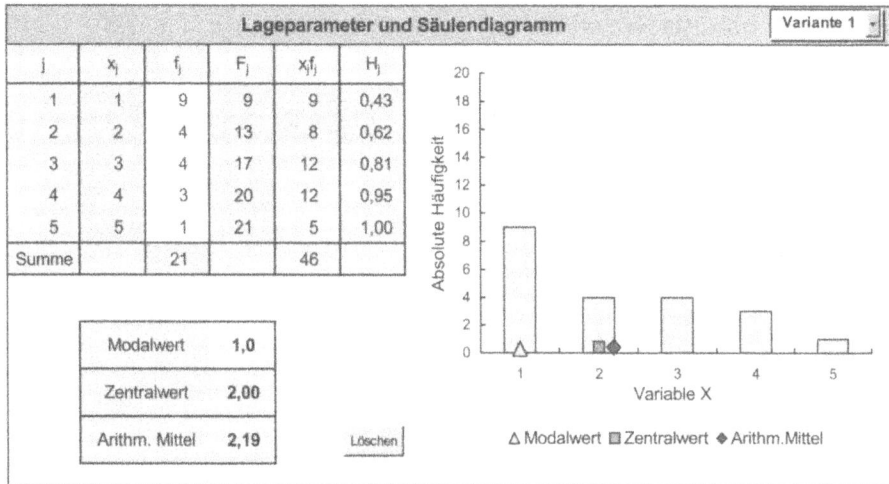

Lageparameter und Säulendiagramm						Variante 1

j	x_j	f_j	F_j	$x_j f_j$	H_j
1	1	9	9	9	0,43
2	2	4	13	8	0,62
3	3	4	17	12	0,81
4	4	3	20	12	0,95
5	5	1	21	5	1,00
Summe		21		46	

Modalwert	1,0
Zentralwert	2,00
Arithm. Mittel	2,19

A_0804_Lageparameter_Säulendiagramm

Anwendung A_0805_Lageparameter_Stabdiagramm

Die Anwendung besteht aus einem Tabellenblatt „Simulation":

In der **Simulation** wird eine Häufigkeitsverteilung mit sieben Werten erstellt, wobei der 7. Wert optional als Ausreißer definiert werden kann. In der Arbeitstabelle werden die kumulierten Häufigkeiten und die Merkmalsbeträge zur Berechnung der Lageparameter ermittelt. Die Lageparameter (Modalwert, Zentralwert, arithmetisches Mittel) werden berechnet und in der Grafik der Häufigkeitsverteilung als Stabdiagramm dargestellt.

A_0805: Aufgaben

In dieser Simulation wird – in 3 Zahlenvarianten – die Häufigkeitsverteilung der Krankheitstage (Variable X) von Mitarbeitern einer Unternehmung angegeben.

a) Interpretieren Sie in <u>Variante 1</u> die Ergebnisse für den Modalwert, den Median und das arithmetische Mittel.
b) Geben Sie als 7. Ausprägung den Wert 7 mit einer Häufigkeit von 1 ein und beschreiben Sie die Veränderung bei den Lageparametern.
c) Machen Sie den 7. Wert zum Ausreißer der Verteilung, indem Sie 18 mit Häufigkeit 1 eingeben. Wie ändern sich die Lageparameter?
d) Interpretieren Sie in den <u>Varianten 2 und 3</u> den Modalwert, den Median und das arithmetische Mittel. Achten Sie insbesondere auf die Auswirkung des Ausreißers (Wert x_7).
e) Löschen Sie die absoluten Häufigkeiten sowie die Ausprägung x_7. Arbeiten Sie mit eigenen Angaben weiter und interpretieren Sie die Ergebnisse!

A_0805: Lösungshinweise

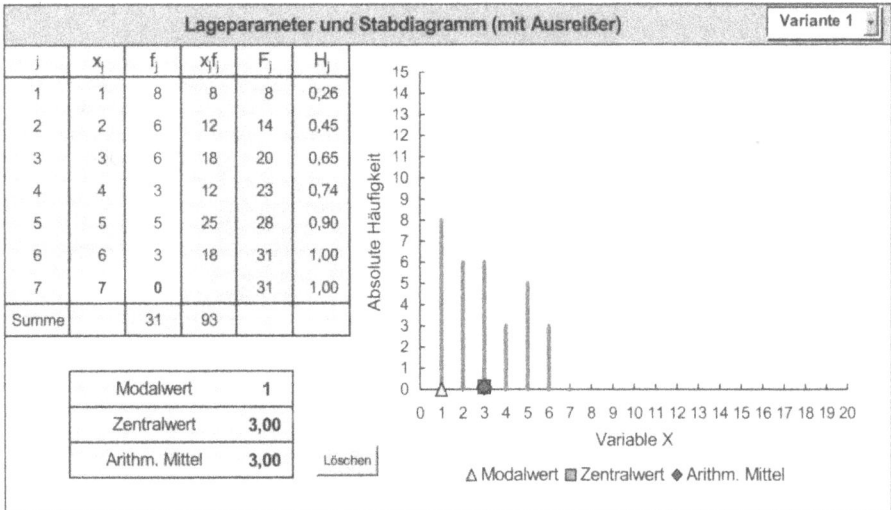

						Lageparameter und Stabdiagramm (mit Ausreißer)		Variante 1

j	x_j	f_j	$x_j f_j$	F_j	H_j
1	1	8	8	8	0,26
2	2	6	12	14	0,45
3	3	6	18	20	0,65
4	4	3	12	23	0,74
5	5	5	25	28	0,90
6	6	3	18	31	1,00
7	7	0		31	1,00
Summe		31	93		

Modalwert	1
Zentralwert	3,00
Arithm. Mittel	3,00

Absolute Häufigkeit — Variable X

△ Modalwert ▣ Zentralwert ◆ Arithm. Mittel

A_0805_Lageparameter_Stabdiagramm

a) In der Variante 1 (siehe Abb.) tritt die Abwesenheit von 1 Arbeitstag am häu-figsten auf; der Modalwert lautet damit 1,0. Der Zentralwert beträgt 3,0 und das arithmetische Mittel 3,0. Im Durchschnitt sind damit die abwesenden Mit-arbeiter 3,0 Tage nicht im Betrieb. Wegen der unsymmetrischen Verteilung liegen drei Ausprägungen (4 bis 6) über dem arithmetischen Mittel und zwei Ausprägungen (1 und 2) darunter.

b) Modalwert und Zentralwert bleiben unverändert. Das arithmetische Mittel er-höht sich leicht auf 3,13.

c) Modalwert und Zentralwert bleiben unverändert. Das arithmetische Mittel er-höht sich deutlich auf 3,47. Ein einziger Ausreißer (ein Mitarbeiter mit einer sehr langen Krankheitsdauer) erhöht das arithmetische Mittel wesentlich, wäh-rend z.B. der Zentralwert als mittlerer Wert der Verteilung nicht beeinflußt wird.

d) In den Varianten 2 und 3 liegt jeweils eine annähernde Gleichverteilung vor, die nur durch einen Ausreißer „gestört" wird. Der Ausreißer wirkt sich in Vari-ante 3 stärker auf das arithmetische Mittel aus, da die Häufigkeiten für die Werte 1 bis 6 geringer sind als in Variante 2.

e) Hinweis: Bei mehreren gleich großen maximalen Häufigkeiten wird als Modal-wert der von Excel berechnete niedrigste Wert angezeigt.

📂 Anwendung A_0806_Lageparameter_klassiert_gleich

Die Anwendung besteht aus einem Tabellenblatt „Simulation":

In der **Simulation** wird eine klassierte Häufigkeitsverteilung zusammen mit den Lageparametern Zentralwert und arithmetisches Mittel sowie der dazugehörigen Arbeitstabelle ermittelt. In der Grafik werden das Histogramm für die relativen Häufigkeiten, die Ogive für die relativen kumulierten Häufigkeiten sowie die Lageparameter dargestellt.

A_0806: Aufgaben

In dieser Simulation wird (in 3 Zahlenvarianten) eine Einkommensverteilung (Variable X; in 1000 €) angegeben, wobei gleiche Klassenbreiten von jeweils 1000 € vorliegen. Die Beschriftung der X-Achse der Grafik bezieht sich dabei auf die jeweiligen Klassenmitten.

a) Interpretieren Sie für die Varianten 1 bis 3 die Ergebnisse für den Median und das arithmetische Mittel im Zusammenhang mit der jeweiligen Verteilungsform. Achten Sie insbesondere auf den Verlauf der Ogive.
b) Löschen Sie die absoluten Häufigkeiten und arbeiten Sie mit eigenen Angaben weiter. Interpretieren Sie die Ergebnisse!

A_0806: Lösungshinweise

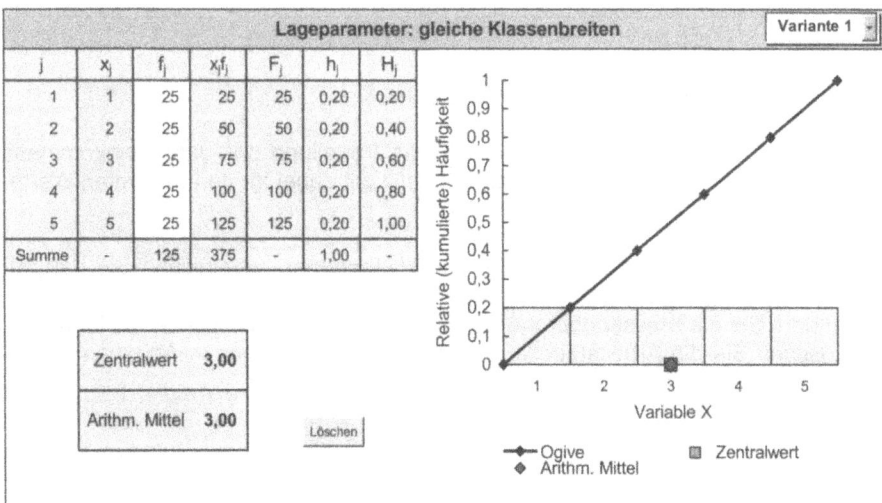

📂 A_0806_Lageparameter_klassiert_gleich

In Variante 1 (siehe Abb.) beträgt das arithmetische Mittel 3000 € (3,0 = 375/125). Der Zentralwert ist ebenfalls gleich 3000 €, da eine Gleichverteilung vorliegt. Die Ogive zeigt (als Gerade) den Verlauf der kumulieren Häufigkeiten, wobei auch innerhalb der einzelnen Klassen eine Gleichverteilung unterstellt wird. Die (kumulierte) Klassenhäufigkeit ist damit immer jeweils an der Klassenobergrenze erreicht. (Anmerkung: Bei gleich breiten Klassen können die Lageparameter völlig analog zur unklassierten Verteilung ermittelt und interpretiert werden.)

In Variante 2 liegt eine rechtssteile Verteilung vor, da die oberen Einkommensklassen deutlich stärker besetzt sind als die unteren. Der Zentralwert liegt rechts vom arithmetischen Mittel. Die Ogive verläuft konvex zur Abszisse.

Variante 3 zeigt eine linkssteile Verteilung. Die unterste Einkommensklasse weist einen Häufigkeitsanteil von 90% auf. Der Zentralwert liegt links vom arithmetischen Mittel. Die Ogive verläuft konkav zur Abszisse.

🗀 Anwendung A_0807_Lageparameter_Histogramm

Die Anwendung besteht aus „Simulation 1" und „Simulation 2":

In **Simulation 1** wird eine klassierte Häufigkeitsverteilung mit der dazugehörigen Urliste dargestellt. Aus den Klassenmitten wird ein Schätzwert für das arithmetische Mittel berechnet und mit dem tatsächlichen arithmetischen Mittel der Urliste verglichen. Die Verteilung wird als Histogramm zusammen mit den beiden Mittelwerten dargestellt.

In **Simulation 2** werden die Grenzen des Mittelwerts einer klassierten Verteilung (aus Klassenunter- bzw. -obergrenze) berechnet.

A_0807: Aufgaben (zu Simulation 1)

Simulation 1 zeigt (in 3 Zahlenvarianten) die Verteilung des Jahreseinkommens (Variable X; in 1000 €). Die X-Achse der Grafik gilt dabei für den gesamten Wertebereich der Verteilung.

a) Interpretieren Sie Verteilungsform und Histogramm. Vergleichen Sie das tatsächliche arithmetische Mittel mit dem Mittelwert der Klassenmitten.
b) Ändern Sie die Klassenobergrenzen in 5, 25 und 30. Was stellen Sie fest?
c) Löschen Sie die Arbeitstabelle und arbeiten Sie mit eigenen Angaben weiter. Interpretieren Sie die Ergebnisse!

A_0807: Lösungshinweise (zu Simulation 1)

a) Variante 1 (siehe Abb.): Die Werte innerhalb der Klassen sind gleichmäßig verteilt. Die Klassenmitten entsprechen den Klassenmittelwerten. Daher ist das arithmetische Mittel, das aus den Klassenmitten errechnet wurde, gleich groß wie das tatsächliche arithmetische Mittel. In <u>Variante 2</u> liegen die Werte innerhalb der Klassen links von der Klassenmitte. Daher ist das tatsächliche arithmetische Mittel kleiner als das aus den Klassenmitten errechnete arithmetische Mittel. In <u>Variante 3</u> sind die Werte innerhalb der Klassen jeweils gleich groß und liegen an der Klassenobergrenze. Daher ist das tatsächliche arithmetische Mittel größer als das aus den Klassenmitten errechnete arithmetische Mittel.

b) Die Veränderung der Klassenbreiten führt in allen <u>3 Varianten</u> zu einem veränderten Histogramm und zu anderen Mittelwerten der Klassenmitten. So liegt z.B. in Variante 1 wegen der veränderten Klassengrenzen der Mittelwert der Klassenmitten mit 15,6 über dem tatsächlichen Mittelwert von 15,0. Alle Varianten zeigen, daß der Informationsgehalt von Histogramm und geschätztem Mittelwert von der Klassierung und der Festlegung der Klassengrenzen wesentlich beeinflußt wird.

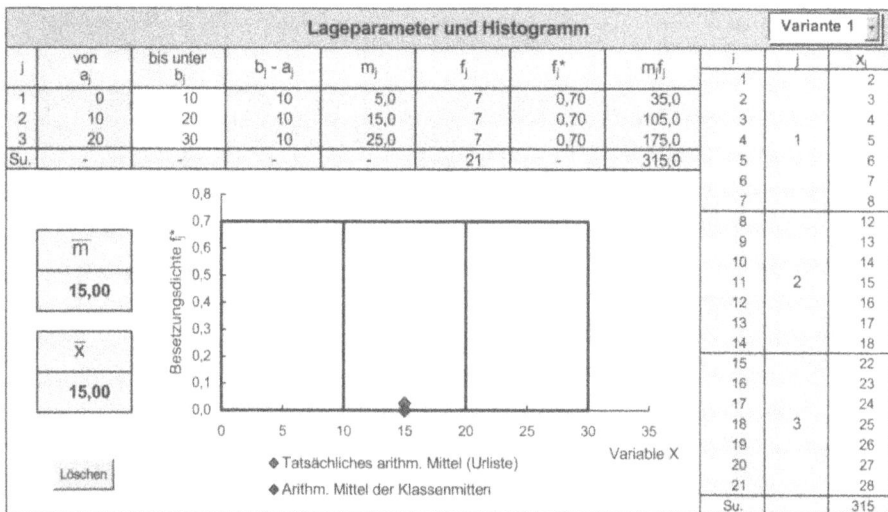

Lageparameter und Histogramm Variante 1

j	von a_j	bis unter b_j	$b_j - a_j$	m_j	f_j	f_j^*	$m_j f_j$
1	0	10	10	5,0	7	0,70	35,0
2	10	20	10	15,0	7	0,70	105,0
3	20	30	10	25,0	7	0,70	175,0
Su.	-	-	-	-	21	-	315,0

i	j	x_i
1		2
2		3
3		4
4	1	5
5		6
6		7
7		8
8		12
9		13
10		14
11	2	15
12		16
13		17
14		18
15		22
16		23
17		24
18	3	25
19		26
20		27
21		28
Su.		315

$\overline{m}$ 15,00

$\overline{\overline{x}}$ 15,00

Löschen

Besetzungsdichte f_j^*

◆ Tatsächliches arithm. Mittel (Urliste)

◆ Arithm. Mittel der Klassenmitten

Variable X

A_0807_Lageparameter_Histogramm

Anwendung A_0808_Geometrisches_Mittel

Die Anwendung besteht aus einem Tabellenblatt „Simulation":

In der **Simulation** wird für eine Variable Y die zeitliche Entwicklung von 1990 bis 1999 angegeben. Für die einzelnen Werte der Zeitreihe werden Wachstumsfaktor und Wachstumsrate ermittelt. Aus den Wachstumsfaktoren wird das geometrische Mittel berechnet und zusammen mit den Veränderungsraten grafisch dargestellt.

A_0808: Aufgaben

Diese Simulation liefert (in 4 Zahlenvarianten) Zeitreihen für einen ökonomischen Indikator Y (z.B. Bruttoinlandsprodukt) einer Region.

a) Beurteilen Sie in den Varianten 1 bis 4 die Wachstumsraten, die Wachstumsfaktoren sowie das geometrische Mittel.
b) Verändern Sie in jeder Variante zunächst den letzten Wert und anschließend einige Werte in der Mitte der Zeitreihe. Was stellen Sie fest?
c) Löschen Sie die Zeitreihe und arbeiten Sie mit eigenen Angaben weiter. Interpretieren Sie die Ergebnisse!

A_0808: Lösungshinweise

Geometrisches Mittel   Variante 1

JAHR	1990	1991	1992	1993	1994	1995	1996	1997	1998	1999	
Y	100	110	120	130	140	150	160	170	180	200	
Wt-faktor	--	1,1000	1,0909	1,0833	1,0769	1,0714	1,0667	1,0625	1,0588	1,1111	Löschen
Wt-rate	--	10,00	9,09	8,33	7,69	7,14	6,67	6,25	5,88	11,11	

Geometr. Mittel **1,0801**

Durchschn. Wt.rate in % **8,01**

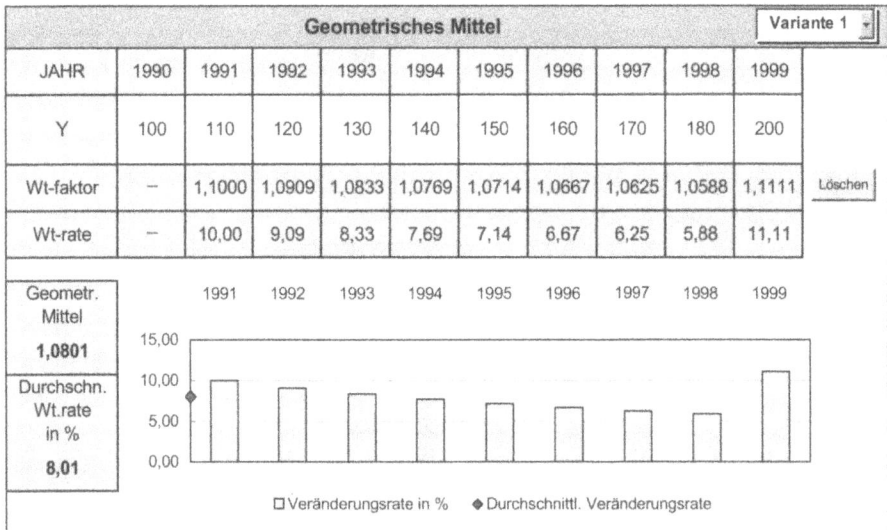

□ Veränderungsrate in % ◆ Durchschnittl. Veränderungsrate

A_0808_Geometrisches_Mittel

a) In <u>Variante 1</u> (siehe Abb.) liegt ein kontinuierlicher Zuwachs vor. Die Wachstumsraten liegen zwischen 5,88% und 11,11%. Ihr Durchschnitt beträgt 8,01%. In <u>Variante 2</u> nimmt der Indikator Y nur in drei Jahren zu. In den übrigen Jahren bleiben die Werte von Y konstant. Der Gesamtzuwachs von 150% führt zu einem durchschnittlichen Zuwachs von 10,72%. In <u>Variante 3</u> wechseln sich Zuwachs und Rückgang des Indikators Y ab. Die Abnahme von insgesamt 30% führt zu einem Durchschnittswert von -3,89%. In <u>Variante 4</u> verdoppelt sich der Wert des Indikators Y in jedem Jahr. Das geometrische Mittel liefert eine durchschnittliche Wachstumsrate von 100%.

b) Eine Veränderung des letzten Wertes der Zeitreihe wirkt sich auf geometrisches Mittel und durchschnittliche Wachstumsrate aus. Eine Veränderung der Werte in der Mitte der Zeitreihe beeinflußt das geometrische Mittel nicht.

9. Streuungsparameter

9.1 Grundlagen

Streuungsparameter

= Kennzahlen der gesamten oder der durchschnittlichen Streubreite einer Verteilung

---

Beispiel: Die **20 Unternehmen einer internationalen Hotelkette** erzielen die in der folgenden Urliste dargestellten **Jahresumsätze (in Millionen €).**

i	1	2	3	4	5	6	7	8	9	10	11	12	13	14	15	16	17	18	19	20
x_i	5	12	10	6	3	5	4	8	9	4	5	11	10	7	5	9	7	8	12	10

Abb. 9.1: Urliste mit Umsätzen von 20 Hotels (in Millionen €)

- **Excel-Arbeitstabelle für Streuungsparameter**

Zur Ermittlung der Streuungsparameter wird die folgende Tabelle verwendet. Sie geht von der Häufigkeitsverteilung aus und ist um die letzten drei Berechnungsspalten ergänzt. Die Tabelle ermöglicht die Ermittlung der Spannweite, der durchschnittlichen absoluten Abweichung und der Varianz sowie der Standardabweichung.

j	x_j	f_j	$x_j f_j$	$\lvert x_j - \bar{x} \rvert$	$\lvert x_j - \bar{x} \rvert f_j$	$(x_j - \bar{x})^2 f_j$
1	3	1	3,00	4,50	4,50	20,25
2	4	2	8,00	3,50	7,00	24,50
3	5	4	20,00	2,50	10,00	25,00
4	6	1	6,00	1,50	1,50	2,25
5	7	2	14,00	0,50	1,00	0,50
6	8	2	16,00	0,50	1,00	0,50
7	9	2	18,00	1,50	3,00	4,50
8	10	3	30,00	2,50	7,50	18,75
9	11	1	11,00	3,50	3,50	12,25
10	12	2	24,00	4,50	9,00	40,50
Summe	-	20	150,00	-	48,00	149,00

Abb. 9.2: Arbeitstabelle für Streuungsparameter

Diese Excel-Tabelle wird in den interaktiven Anwendungen in Abschnitt 9.3 verwendet. Die nachfolgende Tabelle in Abb. 9.2E zeigt die in der Arbeitstabelle eingesetzten Excel-Feldfunktionen, wobei das arithmetische Mittel in Feld F15 abgelegt ist.

	A	B	C	D	E	F	G
1	j	x_j	f_j	$x_j f_j$	$|x_j-xq|$	$|xj-xq|fj$	$(xj-xq)2fj$
2	1	3	1	=B2*C2	=ABS(B2-$F$15)	=E2*C2	=E2^2*C2
3	2	4	2	=B3*C3	=ABS(B3-$F$15)	=E3*C3	=E3^2*C3
4	3	5	4	=B4*C4	=ABS(B4-$F$15)	=E4*C4	=E4^2*C4
5	4	6	1	=B5*C5	=ABS(B5-$F$15)	=E5*C5	=E5^2*C5
6	5	7	2	=B6*C6	=ABS(B6-$F$15)	=E6*C6	=E6^2*C6
7	6	8	2	=B7*C7	=ABS(B7-$F$15)	=E7*C7	=E7^2*C7
8	7	9	2	=B8*C8	=ABS(B8-$F$15)	=E8*C8	=E8^2*C8
9	8	10	3	=B9*C9	=ABS(B9-$F$15)	=E9*C9	=E9^2*C9
10	9	11	1	=B10*C10	=ABS(B10-$F$15)	=E10*C10	=E10^2*C10
11	10	12	2	=B11*C11	=ABS(B11-$F$15)	=E11*C11	=E11^2*C11
12	Summe	-	=SUMME (C2:C11)	=SUMME (D2:D11)	-	=SUMME (F2(F11)	=SUMME (G2:G11)

Abb. 9.2E: Arbeitstabelle 9.2 mit hinterlegten Excel-Funktionen

- **Excel-Funktions-Assistent für Streuungsparameter**

Der Funktions-Assistent von Excel ermöglicht die Berechnung zahlreicher Streuungsparameter in einfacher Form. (Ebenso werden in der Option „Populationskenngrößen" der Excel-Analysefunktionen einige Streuungsparameter angegeben.)

Streuungsparameter mit Excel-Funktions-Assistent

(1) Urliste als Excel-Spalte eingeben (bei Bedarf als Excel-Zeile)

(2) In einem Feld den Streuungsparameter beschriften (z.B. „Varianz:")

(3) Feld neben der Beschriftung mit Cursor markieren

(4) Mit Funktions-Assistent den gewünschten Streuungsparameter aufrufen

(5) Urliste markieren

(6) Ggf. weitere Eingaben im jeweiligen Hilfsfenster vornehmen

(7) Beenden mit „Ende": Streuungsparameter wird im markierten Feld ausgegeben

9.2 Einzelne Streuungsparameter

Spannweite

Spannweite (Range)

= Differenz zwischen dem größten und kleinsten Wert einer Verteilung

R = Max – Min

Hinweise zu den Excel-Funktionen MIN und MAX

Mit dem Funktions-Assistenten von Excel kann die Spannweite aus der ungeordneten Urliste berechnet werden (siehe Abb. 9.3). Zuerst werden Minimum und Maximum über den Funktions-Assistenten mit **MIN** bzw. **MAX** aufgerufen und auf die Urliste (B4 bis U4) bezogen. Dann wird die Spannweite (im Feld F10) als Differenz der beiden Felder F8 und F6 berechnet.

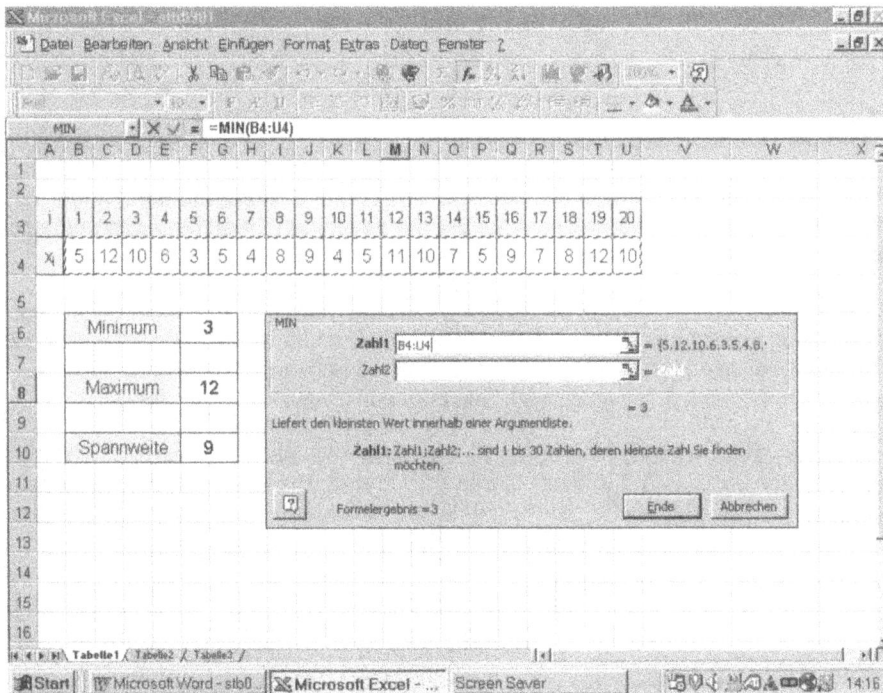

Abb. 9.3: Ermittlung der Spannweite mit Excel-Funktions-Assistent

Minimum und Maximum können auch aus einer Häufigkeitsverteilung (siehe Abb. 9.2) ermittelt werden. Hierbei wird das Ergebnis der Excel-Funktion **Häufigkeit** verwendet und der größte und kleinste Wert der Verteilung abgelesen.

Quantilsabstände

Quantilsabstand

= Differenz zwischen dem oberen und dem dazugehörigen unteren Quantil einer Verteilung

- **Dezilabstand**

$D = Q_{90} - Q_{10}$ mit Q_{10} bzw. Q_{90}, dem 10%- bzw. 90%-Quantil

- **Quartilsabstand**

$Q = Q_{75} - Q_{25}$ mit Q_{25} bzw. Q_{75}, dem 25%- bzw. 75%-Quantil, d.h. dem 1. und 3. Quartil

---

Hinweise zur Excel-Funktion QUANTIL

Den Quantilsabstand können wir mit Excel analog zur Spannweite berechnen. Wir verwenden in der nachfolgenden Abb. 9.4 die gesuchten Quantile und berechnen anschließend deren Differenz.

Zu beachten ist das Ergebnis für das 90%-Quantil. Nach den Formeln (siehe Kapitel 8) hätte bereits der Wert 11,0 die Eigenschaft eines 90%-Quantils. Wenn die p%-Häufigkeit in der Verteilung bei einem Wert exakt erreicht wird, interpoliert Excel (siehe Abschnitt 8.2, Zentralwert, und interaktive Anwendung A_0801).

In unserem Beispiel liefert Excel als 90%-Quantil 11,1 als den Wert, der die oberen 10% der Verteilung von den unteren 90% trennt. Die Interpolation erfolgt proportional zum %-Satz des Quantils und liefert im allgemeinen besser zu interpretierende Werte als die Ausprägungen der Häufigkeitsverteilung.

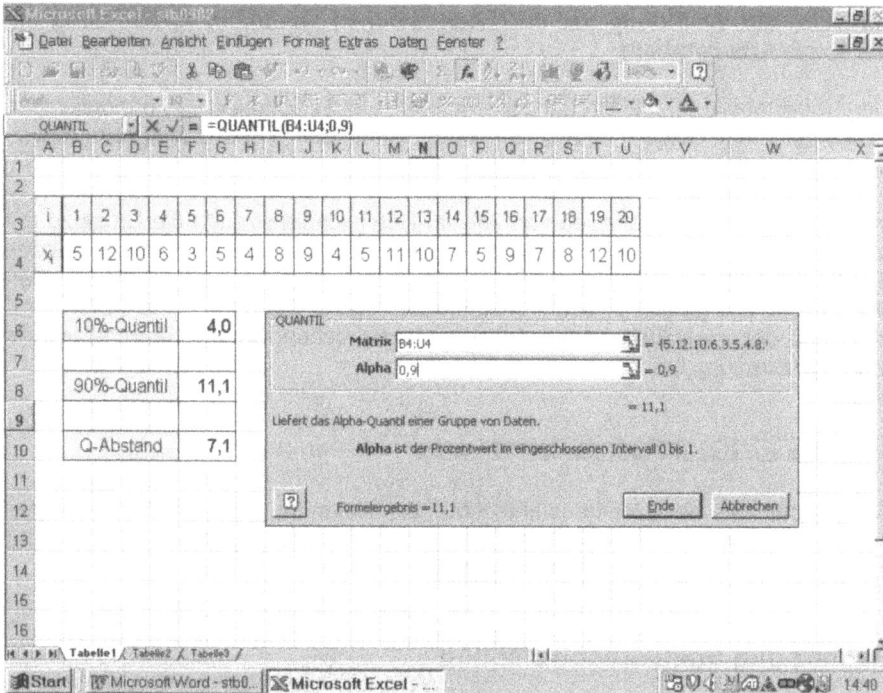

Abb. 9.4: Quantilsabstand mit Excel-Funktion QUANTIL

Durchschnittliche absolute Abweichung vom arithmetischen Mittel

Durchschnittliche absolute Abweichung vom arithmetischen Mittel

= Mittelwert der absoluten Differenzen zwischen arithmetischem Mittel und den einzelnen Werten einer Verteilung

- **ungewogen**
$$D_{\bar{x}} = \frac{1}{n}\sum_{i=1}^{n} |x_i - \bar{x}|$$

- **gewogen**
$$D_{\bar{x}} = \frac{1}{n}\sum_{j=1}^{m} |x_j - \bar{x}| \, f_j$$

Hinweise zur Ermittlung der durchschnittlichen absoluten Abweichung mit der Excel-Arbeitstabelle

Die Arbeitstabelle für die Streuungsparameter (siehe Abbildung 9.2) ermöglicht die Anwendung der obigen Formel zur Berechnung der durchschnittlichen Abweichung vom arithmetischen Mittel (2,4 = 48/20).

Interpretation des Ergebnisses von 2,4: Im Durchschnitt streuen die Umsätze um plus/minus 2,4 um das arithmetische Mittel von 7,5. Wir sehen in der drittletzten Spalte der Abbildung 9.2, dass einige Umsätze sehr nahe beim arithmetischen Mittel liegen und daher nur einen geringen Beitrag zur Streuung leisten. Die Werte am Rand der Verteilung tragen dagegen (entsprechend ihrem Gewicht) jeweils mehr zur Streuung bei.

Hinweise zur Excel-Funktion MITTELABW

Ausgehend von der Urliste (siehe Abb. 9.1) kann mit dem Excel-Funktions-Assistenten (Funktion **MITTELABW**) die durchschnittliche absolute Abweichung ermittelt werden. Dabei erhält man ebenfalls das Ergebnis von 2,4.

Varianz und Standardabweichung

Varianz =   Mittelwert der quadrierten Abweichungen zwischen arithmetischem Mittel und den einzelnen Werten einer Verteilung

- **Varianz (ungewogen)**

$$s^2 = \frac{1}{n-1}\sum_{i=1}^{n}(x_i - \bar{x})^2$$

- **Varianz (gewogen)**

$$s^2 = \frac{1}{n-1}\sum_{j=1}^{m}(x_j - \bar{x})^2 f_j$$

- **Standardabweichung**
  = (positive) Wurzel aus der Varianz

$$s = +\sqrt{s^2}$$

Die obigen Formeln zur Berechnung von Varianz und Standardabweichung beziehen sich auf eine statistische Stichprobe. Da sie in den meisten Computerprogrammen (so auch Excel) verwendet werden, wird in der Praxis vorwiegend mit diesen Formeln gearbeitet.

Die rein deskriptive Streuung für eine Grundgesamtheit, bestehend aus N Elementen, auch „empirische" Varianz genannt, weist als Divisor ‚N' (Umfang der Gesamtheit) auf. Diese Formel wird von Excel zusätzlich angeboten (siehe unten) und wird auch für einige theoretische Ableitungen benötigt (siehe interaktive Excel-Anwendungen in Abschnitt 9.3).

Deskriptive Varianz (gewogen)

$$\sigma^2 = \frac{1}{N}\sum_{j=1}^{m}(x_j - \mu)^2 f_j$$

Hinweise zur Ermittlung von Varianz und Standardabweichung mit Excel-Arbeitstabelle

Bei Verwendung der Arbeitstabelle in Abbildung 9.2 erhalten wir für die deskriptive Varianz das Ergebnis 7,45 = 149/20. Die Standardabweichung ist die positive Wurzel davon, d.h. 2,73.

Hinweise zur Ermittlung von Varianz und Standardabweichung mit dem Excel-Funktions-Assistenten

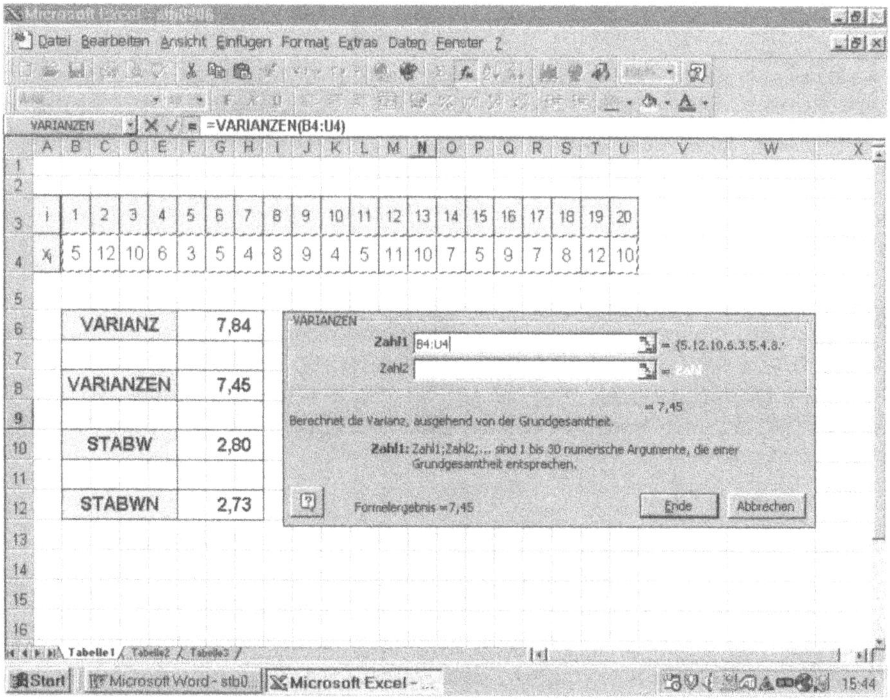

Abb. 9.5: Excel-Funktions-Assistent für die Streuungsberechnung

Die Abb. 9.5 zeigt die Verwendung des Excel-Funktions-Assistenten für die vier unterschiedlichen Formeln der Streuungsberechnung. Dabei gilt die Funktion **VARIANZEN** für die Grundgesamtheit. **STABWN** ist die dazugehörige Standardabweichung. Die beiden Funktionen liefern dasselbe Ergebnis wie die obige Arbeitstabelle in Abb. 9.2. Die Funktionen **VARIANZ** und **STABW** gelten dagegen für Stichproben. Das entsprechende Ergebnis in Abb. 9.5 zeigt für diese beiden Funktionen jeweils etwas größere Streuungen als bei den Funktionen VARIANZEN und STABWN.

Verschiebungssatz für die Varianz

Die Varianz läßt sich nach einer alternativen Formel ermitteln, dem sogenannten Verschiebungssatz. Diese Formel entsteht, wenn die ursprüngliche Varianzformel als binomischer Ausdruck ausmultipliziert und entsprechend weitergerechnet wird. Es resultiert – für eine Urliste – die folgende Formel für die deskriptive Varianz:

Deskriptive Varianz (ungewogen)

- **Verschiebungssatz** $\sigma^2 = \dfrac{1}{N}\sum_{i=1}^{N} x_i^2 - \mu^2$

Die Berechnung nach dem Verschiebungssatz ist einfacher, weil keine quadrierten Differenzen benötigt werden. Auch für die EDV-Programmierung der Streuung ist diese Formel gut geeignet, da „in einem Durchlauf" alle Größen für die Varianzberechnung ermittelt werden können.

Varianz und Standardabweichung einer klassierten Verteilung

Die Berechnung der Streuung einer klassierten Verteilung muß auf der Basis von Klassenmitten erfolgen, wenn keine Informationen über die einzelnen Werte vorliegen. Wird die Varianz (und die Standardabweichung) aus Klassenmitten errechnet, dann werden die Klassenmitten wie die Werte einer nicht-klassierten Verteilung behandelt, wobei die Klassenhäufigkeiten analog zu den ursprünglichen Häufigkeiten verwendet werden.

Streuungsberechnung mit Klassenmittelwerten (Streuungszerlegung)

Die gesamte Streuung einer klassierten (aggregierten) Verteilung besteht zum einen aus der Streuung, die die einzelnen Werte innerhalb der Klassen (Teilgesamtheiten) bezüglich ihres arithmetischen Mittels (Klassenmittelwert) aufweisen. Zusätzlich kommt die Streuung zwischen den Klassen (Teilgesamtheiten) hinzu. Dies ist die Varianz der arithmetischen Mittel der Klassen (Teilgesamtheiten) bezüglich des arithmetischen Mittels der ganzen Gesamtheit. Alle Streuungskomponenten müssen mit der Klassenhäufigkeit (Umfang der Teilgesamtheit) gewichtet werden.

Die Streuungszerlegung wird durch folgende Formeln (der deskriptiven Varianz) dargestellt:

Streuungszerlegung

$$\sigma^2 = \frac{1}{N}\sum_{j=1}^{m}\sigma_j^2 N_j + \frac{1}{N}\sum_{j=1}^{m}(\bar{x}_j - \bar{x})^2 N_j$$

wobei   1. Summand = Binnenklassenstreuung

2. Summand = Zwischenklassenstreuung

N_j = Umfang der Klasse (Teilgesamtheit)

Variationskoeffizient

Die Interpretation der Streuungsmaße von Verteilungen mit deutlich unterschiedlichen Mittelwerten kann verbessert werden, indem die Streuung auf die Lage der Verteilung bezogen und damit ein relatives Streuungsmaß ermittelt wird. Das bekannteste relative Streuungsmaß ist der Variationskoeffizient. Der Variationskoeffizient gibt als Dezimalzahl oder in % an, wie groß die Streuung in Einheiten des Mittelwerts (Zentralwert oder arithmetisches Mittel) ist.

Variationskoeffizienz

- Bezüglich arithmetischem Mittel

$$V_{\bar{x}} = \frac{s}{\bar{x}} \qquad \text{bzw.} \qquad V_{\bar{x}} = \frac{s}{\bar{x}} \cdot 100$$

(oder: deskriptiv mit σ anstelle von s)

Variationskoeffizient mit Excel

Der Variationskoeffizient wird von Excel nicht als automatisch abrufbarer Streuungsparameter angeboten. Streuungs- und Lageparameter müssen mit dem Funktions-Assistenten ermittelt und zur Berechnung der Division nach der obigen Formel verwendet werden.

9.3 Interaktive Excel-Anwendungen (Download)

Anwendung A_0901_Quantilsabstände_Spannweite

Die Anwendung besteht aus einem Tabellenblatt „Simulation".

In der **Simulation** wird für eine Urliste die Arbeitstabelle zur Ermittlung von Quantilen dargestellt. Die Quantile werden zur Berechnung des Dezilabstands, des Quartilsabstands und der Spannweite verwendet.

A_0901: Aufgaben

Diese Simulation liefert (in 3 Zahlenvarianten) eine Urliste für die Variable X (Verweildauer von Krankenhauspatienten).

a) Interpretieren Sie Verteilungstabelle, Quantile und Quantilsabstände.
b) Löschen Sie die Daten und arbeiten Sie mit eigenen Angaben weiter. Interpretieren Sie die Ergebnisse!

A_0901: Lösungshinweise

Quantilsabstände und Spannweite				Variante 1

i	x_i	Minimum	1,00				Löschen
1	1			x_j	f_j	F_j	H_j
2	2	10%-Quantil	1,90	1	1	1	10,00
3	3			2	1	2	20,00
4	3			3	2	4	40,00
5	4	20%-Quantil	2,80	4	2	6	60,00
6	4			5	2	8	80,00
7	5			6	1	9	90,00
8	5	25%-Quantil	3,00	7	1	10	100,00
9	6			8	0	10	100,00
10	7			9	0	10	100,00
11		50%-Quantil	4,00	10	0	10	100,00
12				Summe	10	-	-
13							
14		75%-Quantil	5,00				
15				Dezil-abstand	6,10	— 1,90	= 4,20
16							
17		90%-Quantil	6,10	Quartils-abstand	5,00	— 3,00	= 2,00
18							
19				Spannweite	7,00	– 1,00	= 6,00
20		Maximum	7,00				

A_0901_Quantilsabstände_Spannweite

a) Hinweis: Die Interpolation der Quantile erfolgt in Excel automatisch.

> ### ✎ Anwendung A_0902_Durchschn_Absolute_Abweichung
>
> Die Anwendung besteht aus einem Tabellenblatt „Simulation".
>
> In der **Simulation** werden für eine absolute Häufigkeitsverteilung die Merkmalsbeträge zur Ermittlung des arithmetischen Mittels berechnet. Außerdem werden die absoluten Abweichungen zwischen Ausprägung und arithmetischem Mittel (gewichtet und ungewichtet) angegeben.
>
> Die Zwischenergebnisse der Merkmalssumme bzw. der Summe der absoluten Abweichungen werden zur Berechnung von Mittelwert bzw. durchschnittlicher Abweichung verwendet.

A_0902: Aufgaben

In dieser Simulation wird (in 3 Zahlenvarianten) die Häufigkeitsverteilung der Variablen X (Krankenhausverweildauer zwischen 2 und 8 Behandlungstagen) dargestellt.

a) Interpretieren Sie die Arbeitstabelle und das Ergebnis für die durchschnittliche absolute Abweichung in den Varianten 1 bis 3. Gehen Sie dabei auf die jeweilige Verteilungsform ein.
b) Löschen Sie die Daten und arbeiten Sie mit eigenen Angaben weiter. Interpretieren Sie die Ergebnisse!

A_0902: Lösungshinweise

Variante 1 (siehe Abb.): Wegen der (symmetrischen) Gleichverteilung liegt das arithmetische Mittel mit 5,0 genau in der Mitte des Wertebereichs. Die einzelnen absoluten Abweichungen vom arithmetischen Mittel schwanken zwischen 0,0 und 3,0. Als gewichtete Summe aller absoluten Abweichungen ergibt sich 60. Daraus resultiert eine durchschnittliche absolute Abweichung von 1,71 = 60/35. Dieses Ergebnis liegt als Durchschnittswert zwischen 0,0 und 3,0.

Variante 2: Die U-förmige Verteilung ist ebenfalls eine symmetrische Verteilung. Das arithmetische Mittel beträgt daher (wie in Variante 1) 5,0. Die absoluten Abweichungen vom arithmetischen Mittel liegen zwischen 0,0 und 3,0. Durch die stärkere Gewichtung der kleinen und großen Werte im Vergleich zu den mittleren Werten ergibt sich jetzt eine größere „Streuungssumme" von 68. Daher ist auch die durchschnittliche Abweichung mit 2,34 größer als in Variante 1.

Variante 3: In dieser Verteilung kommen nur die Werte 2 und 4 mit einer Häufigkeit von jeweils 12 vor. Als arithmetisches Mittel ergibt sich 3,0. Die beiden Werte 2 und 4 liegen jeweils um einen Absolutbetrag von 1,0 vom arithmetischen Mittel entfernt in der Verteilung. Daher beträgt auch die durchschnittliche absolute Abweichung 1,0.

		Durchschnittliche absolute Abweichung		Variante 1	
j	x_j	f_j	$x_j f_j$	$\|x_j - \bar{x}\|$	$\|x_j - \bar{x}\| f_j$
1	2	5	10	3,00	15,00
2	3	5	15	2,00	10,00
3	4	5	20	1,00	5,00
4	5	5	25	0,00	0,00
5	6	5	30	1,00	5,00
6	7	5	35	2,00	10,00
7	8	5	40	3,00	15,00
Summe	-	35	175	-	60,00

Löschen

$$\bar{x} = \frac{175,00}{35} = 5,00$$

Ds.Abs.Abw. $\quad D_{\bar{x}} = \frac{1}{n} \sum_{j=1}^{m} \left| x_j - \bar{x} \right| f_j = \dfrac{60,00}{35} = 1,71$

A_0902_Durchschn_Absolute_Abweichung

Anwendung A_0903_Varianz_Berechnung

Die Anwendung besteht aus einem Tabellenblatt „Übung" und einem Tabellenblatt „Simulation".

In der **Übung** wird eine absolute Häufigkeitsverteilung angegeben. In der Arbeitstabelle sind die einzelnen Merkmalsbeträge und das arithmetische Mittel zu berechnen. Anschließend sind die Abweichungen zwischen den einzelnen Werten und dem Mittelwert zu ermitteln, mit den Häufigkeiten zu gewichten und für die Berechnung der Varianz zu verwenden.

In der **Simulation** entstehen aus einer absoluten Häufigkeitsverteilung die Arbeitstabelle für die Berechnung der Varianz, sowie arithmetisches Mittel, Varianz. und Standardabweichung.

A_0903: Aufgaben

- **A_0903: Übung – Variante 1**

In Variante 1 werden für die Ausprägungen 2 bis 6 der Variablen X (Krankheitstage der Mitarbeiter einer Unternehmung) die fünf Häufigkeiten 4, 4, 4, 4, 4 angegeben.

a) Berechnen Sie das arithmetische Mittel und die drei Spalten der Arbeitstabelle für die Varianz. Ermitteln Sie die Varianz und interpretieren Sie das Ergebnis vor dem Hintergrund der Verteilungsform.

b) Welche Werte tragen am wenigsten, welche am meisten zur Streuung bei?

- **A_0903: Übung – Variante 2**

Lösen Sie die obigen Aufgaben a) und b) für die Häufigkeiten der Variante 2:
2, 4, 8, 4, 2.

- **A_0903: Übung – Variante 3**

Lösen Sie die obigen Aufgaben a) und b) für die Häufigkeiten der Variante 3:
8, 4, 2, 4, 8.

- **A_0903: Simulation**

a) Interpretieren Sie für die Zahlenvarianten 1 bis 5 die Arbeitstabelle und das Ergebnis der Streuungsberechnung in Verbindung mit der Verteilungsform.

b) Löschen Sie die Daten und arbeiten Sie mit eigenen Angaben weiter. Interpretieren Sie die Ergebnisse!

A_0903: Lösungen

- **Lösung A_0903: Übung**

Varianz						Variante 1	
j	x_j	f_j	$x_j f_j$	$x_j - \bar{x}$	$(x_j - \bar{x})^2$	$(x_j - \bar{x})^2 f_j$	
1	2	4	8	-2,0	4,0	16,00	
2	3	4	12	-1,0	1,0	4,00	
3	4	4	16	0,0	0,0	0,00	
4	5	4	20	1,0	1,0	4,00	
5	6	4	24	2,0	4,0	16,00	
Summe	-	20	80	-	-	40,00	

$$\bar{x} = \frac{1}{n}\sum_{j=1}^{m} x_j f_j = \frac{80,00}{20} = 4,00$$

$$\text{Varianz} \quad s^2 = \frac{1}{n-1}\sum_{j=1}^{m}(x_j - \bar{x})^2 f_j = \frac{40,00}{19} = 2,11$$

$$\text{Standardabweichung} \quad s = +\sqrt{s^2} = 1,45 \qquad \boxed{\text{Löschen}}$$

A_0903_Varianz_Berechnung (Tabellenblatt „Übung")

a)	Richtige Lösung: Alle Eingaben sind blau unterlegt

Variante 1 (siehe Abb.): Arithmetisches Mittel = 4,0; Varianz = 2,11. Wegen der Gleichverteilung sind alle Abweichungen vom arithmetischen Mittel gleich gewichtet.

Variante 2: Arithmetisches Mittel = 4,0; Varianz = 1,26 Wegen der „glocken-förmigen", symmetrischen Verteilung sind die größeren Abweichungen vom a-rithmetischen Mittel geringer gewichtet als die kleineren. Daher ist die durch-schnittliche Streuung geringer als in Variante 1.

Variante 3: Arithmetisches Mittel = 4,0; Varianz = 2,88. Wegen der U-Verteilung sind die kleineren Abweichungen vom arithmetischen Mittel gerin-ger gewichtet als die größeren. Die Streuung ist größer als in Variante 1 und 2.

Interpretation der Streuungsmaße: Die Varianz ist der Durchschnitt der Werte in der vorletzten Spalte der Arbeitstabelle, d.h. der quadrierten Abweichungen vom arithmetischen Mittel. Die Standardabweichung kann als Mittelwert der drittletzten Spalte der Arbeitstabelle aufgefaßt werden, wenn jeweils die abso-lute Abweichung vom arithmetischen Mittel betrachtet wird.

b)	Grundsätzlich tragen die Werte, die nahe beim arithmetischen Mittel liegen, wenig, die Werte, die weiter entfernt liegen, mehr zur Streuung bei. Werte, die gleich dem arithmetischen Mittel sind (hier: 4,0), tragen nichts zur Streuung bei. Bei allen Abweichungen (außer 0) müssen die Gewichte (Häufigkeiten) berücksichtigt werden. Der Streuungsbeitrag jeder Ausprägung setzt sich zu-sammen aus Wert und Gewicht (letzte Spalte der Arbeitstabelle).

- **Lösungshinweise A_0903: Simulation**

Variante 1: Es liegt eine symmetrische Verteilung vor, bei der die meisten Werte gleich dem arithmetischen Mittel von 4,0 sind. Die Varianz beträgt nur 0,33.

Variante 2: Die U-förmige Verteilung mit relativ wenig Werten nahe dem arithmeti-schen Mittel bedingt eine große Varianz von 3,76.

Variante 3: Die Gleichverteilung liefert eine Varianz von 2,01. Dieser Wert ist nied-riger als die Streuung in Variante 1 der Übung. Da die Gesamtheit mit 175 jetzt deutlich größer ist als vorher mit 20, wirkt sich die Subtraktion von -1 im Nenner (n-1) der Varianz geringer aus als in der Übungsvariante.

Variante 4: Hier sind nur die Werte 3 und 5 mit einem Mittelwert von 4 (wegen der gleichen Gewichte) vorhanden. Die beiden quadrierten Abweichungen vom arith-metischen Mittel betragen jeweils 1. Die Varianz liegt mit 1,06 nahe bei 1. Ein Er-gebnis von exakt 1,0 (siehe durchschnittliche absolute Abweichung) kommt wegen der Division durch n-1 nicht zustande.

Variante 5: In dieser Verteilung kommt nur der Wert 3 vor, der damit auch gleich dem arithmetischen Mittel ist. Diese sogenannte „Ein-Punkt-Verteilung" weist kei-ne Streuung (Varianz = 0,0) auf. Nur in diesem Extremfall repräsentiert das arith-metische Mittel die gesamte Verteilung.

Anwendung A_0904_Varianz_Verschiebungssatz

Die Anwendung besteht aus einem Tabellenblatt „Simulation".

In der **Simulation** wird für eine absolute Häufigkeitsverteilung die Arbeitstabelle für die Varianzberechnung aufgebaut. Dabei werden zwei zusätzliche Spalten mit quadrierten Werten (ohne bzw. mit Gewichtung) ausgegeben.

Die (deskriptive) Varianz wird nach der ursprünglichen Formel (mit quadrierten Abweichungen) sowie nach dem Verschiebungssatz (mit quadrierten Werten) berechnet.

A_0904: Aufgaben

In der Simulation werden (in 3 Zahlenvarianten) absolute Häufigkeiten für eine Verteilung der Variablen X mit den Werten 2 bis 8 angegeben.

a) Interpretieren Sie die Arbeitstabelle und vollziehen Sie die Berechnung der Varianz in den Varianten 1 bis 3 nach.
b) Löschen Sie die Häufigkeiten und arbeiten Sie mit eigenen Angaben weiter. Interpretieren Sie die Ergebnisse!

A_0904: Lösungshinweise

Varianz (mit Verschiebungssatz)							Variante 1
j	x_j	f_j	$x_j f_j$	$x_j - \bar{x}$	$(x_j - \bar{x})^2 f_j$	x_j^2	$x_j^2 f_j$
1	2	4	8	-3,00	36,00	4,00	16,00
2	3	4	12	-2,00	16,00	9,00	36,00
3	4	4	16	-1,00	4,00	16,00	64,00
4	5	4	20	0,00	0,00	25,00	100,00
5	6	4	24	1,00	4,00	36,00	144,00
6	7	4	28	2,00	16,00	49,00	196,00
7	8	4	32	3,00	36,00	64,00	256,00
Su.		28	140		112,00	-	812,00

Varianz =

$$\frac{112,00}{28}$$

$$= 4,00$$

Ar. Mittel	5,00
St.abw.	2,00

$$\sigma^2 = \frac{1}{N} \sum_{j=1}^{m} x_j^2 f_j - \mu^2$$

Varianz:

$$4,00 = \frac{812,00}{28} - 25,00$$

$$= 29 - 25,00$$

Löschen

A_0904_Varianz_Verschiebungssatz

Variante 1 (siehe Abb.): Wegen der Anwendung der deskriptiven Formel für die Varianz wird durch N dividiert und nicht durch n-1. Die Varianz beträgt 4,0 = 112/28 und die Standardabweichung beträgt 2,0. Die Standardabweichung ist der Mittelwert der vier (absoluten) Abweichungen von 0, 1, 2, und 3. Die Berechnung nach dem Verschiebungssatz führt zum gleichen Ergebnis! Dazu werden die Ausprägungen quadriert (vorletzte Spalte der Arbeitstabelle) und gewichtet (letzte Spalte). Nach dem Verschiebungssatz kann die Varianz wie folgt interpretiert werden: Differenz aus dem Mittelwert der quadrierten Werte und dem Quadrat des Mittelwerts: 4,0 = 29 – 25.

Variante 2: Wegen der Gleichverteilung, in der nur die beiden Ausprägungen 5 und 7 vorkommen, und wegen der Division durch N im Nenner der Varianzformel resultiert eine Varianz von 1,0.

Variante 3: Die U-Verteilung der drei Werte 2, 3 und 4 liefert eine Varianz von 0,9. Die Streuung ist geringer als in Variante 2, da der Mittelwert von 3,0 als Ausprägung vorhanden ist.

📁 Anwendung A_0905_Durchschn_Streubereich

Die Anwendung besteht aus einem Tabellenblatt „Simulation".

- In der **Simulation** wird für eine absolute Häufigkeitsverteilung die Arbeitstabelle für das arithmetische Mittel und die Varianz angezeigt. Die Ergebnisse für Mittelwert und Streuungsmaße werden angegeben und zusammen mit der Verteilung grafisch dargestellt. Dabei ist der durchschnittliche Streubereich (Standardabweichung) gesondert ausgewiesen.

A_0905: Aufgaben

In der Simulation werden (in 4 Varianten) absolute Häufigkeiten für die Variable X (Klausurnoten zwischen 1 und 5) angegeben.

a) Interpretieren Sie die Arbeitstabelle, die Varianz, die Standardabweichung und den Streubereich in den Varianten 1 bis 4 in Verbindung mit der Verteilungsform.
b) Löschen Sie die Häufigkeiten und arbeiten Sie mit eigenen Angaben weiter. Interpretieren Sie die Ergebnisse!

A_0905: Lösungshinweise

Variante 1 (siehe Abb.): Die Gleichverteilung mit (absoluten) Abweichungen zwischen 0 und 2 liefert eine Varianz von 2,05 und eine Standardabweichung von 1,43. Das Intervall um das arithmetische Mittel definiert mit der Breite von einer Einheit der Standardabweichung den durchschnittlichen Streubereich.

j	x_j	f_j	$x_j f_j$	$x_j - \bar{x}$	$(x_j - \bar{x})^2 f_j$
1	1	8	8	-2,00	32,00
2	2	8	16	-1,00	8,00
3	3	8	24	0,00	0,00
4	4	8	32	1,00	8,00
5	5	8	40	2,00	32,00
Su.		40	120	-	80,00

Durchschnittlicher Streubereich — Variante 1

Arithm. Mittel	3,00
Varianz	2,05
Standardabw.	1,43

Löschen

◆ Arithm. Mittel
—●—Durchschnittlicher Streubereich

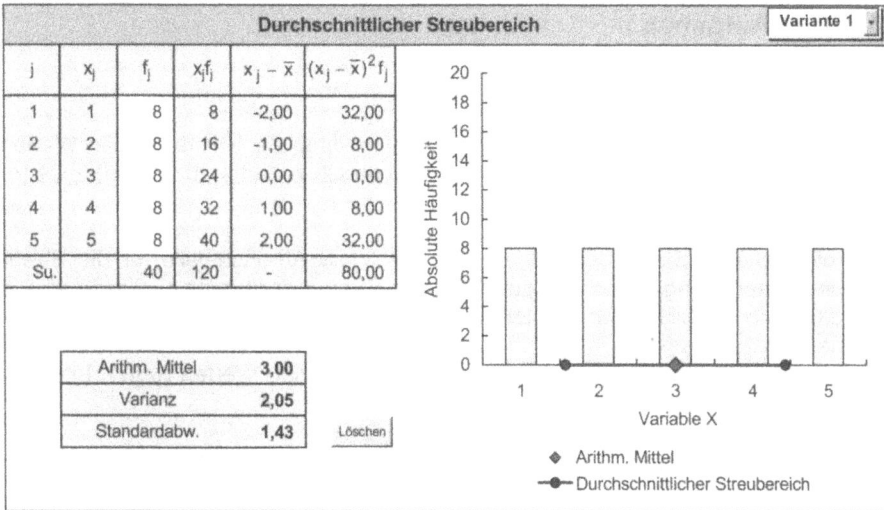

A_0905_Durchschn_Streubereich

Variante 2: Diese Gesamtheit mit demselben Umfang von 40 wie in Variante 1 ist symmetrisch verteilt in Form einer Glockenkurve. Die Streuung ist daher geringer als in Variante 1. Varianz = 1,23; Standardabweichung = 1,11.

In Variante 3 weist die U-Verteilung einen größeren durchschnittlichen Streubereich auf: Varianz = 3,28; Standardabweichung = 1,81.

In Variante 4 liefert die Gleichverteilung mit (absoluten) Abweichungen von 1,0 eine Varianz von 1,03 und eine Standardabweichung von 1,01.

Anwendung A_0906_Streuungszerlegung

Die Anwendung besteht aus den beiden Tabellenblättern „Simulation 1" und „Simulation 2".

In **Simulation 1** wird für eine Urliste die Arbeitstabelle zur Streuungsberechnung einer klassierten Verteilung (3 Klassen) aufgebaut. In dieser Tabelle werden die Mittelwerte und Varianzen der Klassen sowie die Abweichungen zwischen Klassenmittelwert und Gesamtmittelwert angegeben. Auf der Basis der Arbeitstabelle werden die Binnenklassen- und die Zwischenklassenstreuung berechnet. Die Summe dieser beiden Streuungsmaße ergibt die Gesamtvarianz der Verteilung.

In **Simulation 2** kann ebenfalls die Streuungszerlegung nachvollzogen werden. Hier liegt eine gruppierte Verteilung vor, bei der in den drei Gruppen jeweils dieselben Ausprägungen vorkommen können.

A_0906: Aufgaben

- **A_0906: Simulation 1**

In 3 Zahlenvarianten wird für eine <u>klassierte</u> Verteilung die Urliste mit den Werten der Variablen X (Umsatz in Millionen €; Wertebereich zwischen 0 und 29) angegeben.

a) Interpretieren Sie in den Varianten 1 bis 3 die Arbeitstabelle für die Streuungsberechnung und die Ergebnisse der Streuungszerlegung. Beachten Sie dabei die Aufteilung der Urlistenwerte auf die Klassen und die Verteilungen innerhalb der Klassen.
b) Löschen Sie die Urliste und arbeiten Sie mit eigenen Werten weiter. Interpretieren Sie die Ergebnisse!

- **A_0906: Simulation 2**

Hier wird (in 3 Zahlenvarianten) für eine <u>gruppierte</u> Verteilung die Urliste mit den Werten der Variablen X (Klausurnoten; Wertebereich zwischen 1 und 5) angegeben. Dies entspricht der Aufteilung eines Seminars in 3 Arbeitsgruppen, deren Teilnehmer jeweils eine Note für ihre Leistung erhalten.

a) Interpretieren Sie in den Varianten 1 bis 3 die Arbeitstabelle für die Streuungsberechnung und die Ergebnisse der Streuungszerlegung. Beachten Sie dabei die einzelnen Werte innerhalb der Gruppen und die unterschiedlichen Mittelwerte der Gruppen.
b) Löschen Sie die Urliste und arbeiten Sie mit eigenen Werten weiter. Interpretieren Sie die Ergebnisse!

A_0906: Lösungshinweise

- **Lösungshinweise A_0906: Simulation 1**

<u>Variante 1</u> (siehe Abb.): Hier liegt eine relativ gleichmäßige Verteilung aller Urlistenwerte auf den gesamten Wertebereich der Verteilung vor. Die Gesamtvarianz beträgt 69,58 und setzt sich aus einer Binnenklassenstreuung von 2,92 und einer Zwischenklassenstreuung von 66,67 zusammen (Rundungsdifferenz beachten!). Damit geht der Großteil der Gesamtstreuung auf die Abweichungen der Klassenmittelwerte vom Gesamtmittelwert zurück. Die Streuung innerhalb der Klassen trägt nur wenig zur Gesamtstreuung bei.

<u>Variante 2</u>: Jetzt sind die Werte innerhalb der Klassen jeweils gleich groß. Dies hat in jeder Klasse eine Varianz von 0 und damit eine Binnenklassenstreuung von 0 zur Folge. Die gesamte Varianz von 66,67 ist ausschließlich auf die Zwischenklassenstreuung zurückzuführen.

<u>Variante 3</u>: In dieser Verteilung sind die Werte innerhalb der Klassen jeweils sehr unterschiedlich. Damit trägt die Binnenklassenstreuung von 16 fast ein Viertel zur Gesamtstreuung von 82,67 bei.

Streuungszerlegung (Klassen) — Variante 1

j	von aj	bis unter bj	N_j	$\bar{x}_j$	σ_j^2	$\sigma_j^2 N_j$	$\bar{x}_j - \bar{x}$	$(\bar{x}_j - \bar{x})^2 N_j$
1	0	10	6	4,50	2,92	17,50	-10,00	600,00
2	10	20	6	14,50	2,92	17,50	0,00	0,00
3	20	30	6	24,50	2,92	17,50	10,00	600,00
Su.			18			52,50		1200,00

i	j	x_i
1		2
2		3
3	1	4
4		5
5		6
6		7
7		12
8		13
9	2	14
10		15
11		16
12		17
13		22
14		23
15	3	24
16		25
17		26
18		27
Su.		261

$$\sigma^2 = \frac{1}{N}\sum_{j=1}^{m}\sigma_j^2 N_j + \frac{1}{N}\sum_{j=1}^{m}(\bar{x}_j - \bar{x})^2 N_j$$

$\bar{x}$ = 14,50
σ = 8,34
σ^2 = 69,58

Binnenklassen-streuung	+	Zwischenklassen-streuung	
Varianz = $\frac{52,50}{18}$	+	$\frac{1200,00}{18}$	=
= 2,92	+	66,67	= 69,58

Löschen

A_0906_Streuungszerlegung (Tabellenblatt „Simulation 1")

- **Lösungshinweise A_0906: Simulation 2**

Streuungszerlegung (Gruppen) — Variante 1

j	von aj	bis unter bj	N_j	$\bar{x}_j$	σ_j^2	$\sigma_j^2 N_j$	$\bar{x}_j - \bar{x}$	$(\bar{x}_j - \bar{x})^2 N_j$
1	a_1	b_1	3	2,00	0,67	2,00	-1,00	3,00
2	a_2	b_2	3	3,00	0,67	2,00	0,00	0,00
3	a_3	b_3	3	4,00	0,67	2,00	1,00	3,00
Su.			9			6,00		6,00

i	j	x_i
1		1
2		2
3	1	3
4		
5		
6		
7		2
8		3
9	2	4
10		
11		
12		
13		3
14		4
15	3	5
16		
17		
18		
Su.		27

$$\sigma^2 = \frac{1}{N}\sum_{j=1}^{m}\sigma_j^2 N_j + \frac{1}{N}\sum_{j=1}^{m}(\bar{x}_j - \bar{x})^2 N_j$$

$\bar{x}$ = 3,00
σ = 1,15
σ^2 = 1,33

Binnenklassen-streuung	+	Zwischenklassen-streuung	
Varianz = $\frac{6,00}{9}$	+	$\frac{6,00}{9}$	=
= 0,67	+	0,67	= 1,33

Löschen

A_0906_Streuungszerlegung (Tabellenblatt „Simulation 2")

Variante 1 (siehe Abb.): In den drei Gruppen werden jeweils 3 verschiedene Noten vergeben, wobei die Durchschnittsnote in der ersten Gruppe 2,0, in der zweiten Gruppe 3,0 und in der dritten Gruppe 4,0 beträgt. Die Gesamtvarianz von 1,33 (abgerundet) setzt sich zu gleichen Teilen aus einer Binnenklassenstreuung von 0,67 (aufgerundet) und einer Zwischenklassenstreuung von 0,67 (aufgerundet) zusammen.

Variante 2: Hier werden in allen drei Gruppen dieselben Noten von 1, 2 bzw. 3 vergeben. Die Durchschnittsnote beträgt damit in jeder Gruppe 2,0. Dies hat eine Zwischenklassenstreuung von 0 zur Folge. Die gesamte Varianz von 0,67 geht ausschließlich auf die Binnenklassenstreuung zurück.

Variante 3: In dieser Verteilung sind die Werte innerhalb der Gruppen jeweils unterschiedlich. Die Gesamtvarianz von 1,77 setzt sich aus einer Binnenklassenstreuung von 1,39 und einer Zwischenklassenstreuung von 0,38 zusammen.

Anwendung A_0907_Variationskoeffizient

Die Anwendung besteht aus einem Tabellenblatt „Simulation".

In der **Simulation** wird für eine absolute Häufigkeitsverteilung die Arbeitstabelle für arithmetisches Mittel und Varianz aufgebaut. Das Ergebnis für das arithmetische Mittel und die Standardabweichung wird angezeigt und für die Berechnung des Variationskoeffizienten verwendet.

In der Grafik wird das Stabdiagramm mit der Verteilung, dem Mittelwert und dem durchschnittlichen Streubereich dargestellt.

A_0907: Aufgaben

In dieser Simulation wird (in 3 Zahlenvarianten) die absolute Häufigkeitsverteilung für die Variable X (Krankheitstage der Mitarbeiter einer Unternehmung) angegeben.

a) Interpretieren Sie die Arbeitstabelle, Lage und Streuungsmaße sowie die Grafik in den Varianten 1 bis 3.
b) Löschen Sie die absoluten Häufigkeiten und arbeiten Sie mit eigenen Angaben weiter. Interpretieren Sie die Ergebnisse!

A_0907: Lösungshinweise

Variante 1 (siehe Abb.): Bei einem arithmetischen Mittel von 3,0 liegt in dieser Gleichverteilung eine Standardabweichung von 1,43 vor. Dies ergibt einen Variationskoeffizienten von 47,7%. Die relative durchschnittliche Streuung ist damit etwa halb so groß wie der Mittelwert.

Variante 2: Auch hier liegt eine Gleichverteilung vor. Bei einem arithmetischen Mittel von 13,0 beträgt die Standardabweichung 1,43 (wie in Variante 1). Dies ergibt einen Variationskoeffizienten von 11%. Die relative durchschnittliche Streuung ist deutlich niedriger als in Variante 1, da die Verteilung einen größeren Mittelwert aufweist.

Variante 3: Hier liegt eine symmetrische Verteilung in Form einer Glockenkurve vor. Der Variationskoeffizient von 7,4% resultiert aus einer Standardabweichung von 0,97 und einem arithmetischen Mittel von 13,0.

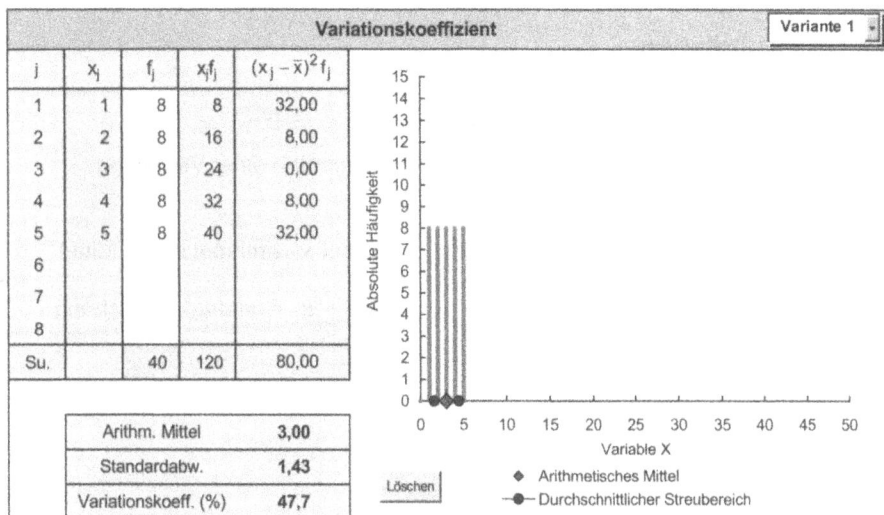

Variationskoeffizient					Variante 1
j	x_j	f_j	$x_j f_j$	$(x_j - \bar{x})^2 f_j$	
1	1	8	8	32,00	
2	2	8	16	8,00	
3	3	8	24	0,00	
4	4	8	32	8,00	
5	5	8	40	32,00	
6					
7					
8					
Su.		40	120	80,00	

Arithm. Mittel	3,00
Standardabw.	1,43
Variationskoeff. (%)	47,7

A_0907_Variationskoeffizient

10. Parameter der Schiefe und der Konzentration

10.1 Schiefe

10.1.1 Grundlagen

> **Schiefemaß** = Kennzahl für die Schiefe bzw. Symmetrie einer Verteilung
>
> $$SC = \frac{n}{(n-1)(n-2)} \sum_{i=1}^{n} \left(\frac{x_i - \bar{x}}{s} \right)^3 \qquad \text{wobei } \bar{x}: \text{ arithmetisches Mittel}$$
>
> $$\text{und} \quad s: \text{ Standardabweichung}$$

Das Schiefemaß SC ist

0,   wenn die Verteilung symmetrisch ist
positiv,   wenn die Verteilung rechtsschief (linkssteil) ist
negativ,   wenn die Verteilung linksschief (rechtssteil) ist.

Beispiel: Die 10 Teilnehmer eines **Führungsseminars** beurteilen ihre **Zufriedenheit mit der Veranstaltung**. Dazu werden Noten zwischen 1 (= sehr zufrieden) und 5 (= sehr unzufrieden) vergeben.

Die folgende Tabelle dient als Arbeitstabelle zur Erläuterung der Formel und als Quelle der Berechnung der Schiefe mit dem Excel-Funktions-Assistenten (Funktion **SCHIEFE**). Hierbei wird auf die Spalte der x_i-Werte Bezug genommen.

i	x_i	$x_i - \bar{x}$	$(x_i - \bar{x})/s$	$((x_i - \bar{x})/s)^3$
1	1	-1,20	-0,86	-0,63
2	1	-1,20	-0,86	-0,63
3	1	-1,20	-0,86	-0,63
4	1	-1,20	-0,86	-0,63
5	2	-0,20	-0,14	0,00
6	2	-0,20	-0,14	0,00
7	2	-0,20	-0,14	0,00
8	3	0,80	0,57	0,19
9	4	1,80	1,29	2,13
10	5	2,80	2,00	8,03
Summe	22	0,00	-	7,81

Abb. 10.1: Arbeitstabelle zur Schiefeberechnung

Die Arbeitstabelle in Abb. 10.1 ermöglicht die Ermittlung der Schiefe nach der obigen Formel: SC = 10 / (9 · 8) · 7,81 = 1,0848. Die positive Summe (7,81) bei der Berechnung der Schiefe resultiert hauptsächlich aus dem großen Beitrag des Wertes 5 in der Verteilung.

In der nachfolgenden Abb. 10.2 wird die Häufigkeitsverteilung zur Arbeitstabelle in Abb. 10.1 angegeben. Die Häufigkeiten nehmen mit zunehmenden Ausprägungen ab und drücken damit eine linkssteile (rechtsschiefe) Verteilung aus.

Die Grafik veranschaulicht die Verteilungsform. Der Mittelwert ist größer als der Median und dieser ist größer als der Modalwert.

j	x_j	f_j	F_j	x_jf_j	H_j
1	1	4	4	4	0,40
2	2	3	7	6	0,70
3	3	1	8	3	0,80
4	4	1	9	4	0,90
5	5	1	10	5	1,00
Summe		10		22	

Modalwert	1,0
Zentralwert	2,00
Arithm. Mittel	2,20

Löschen

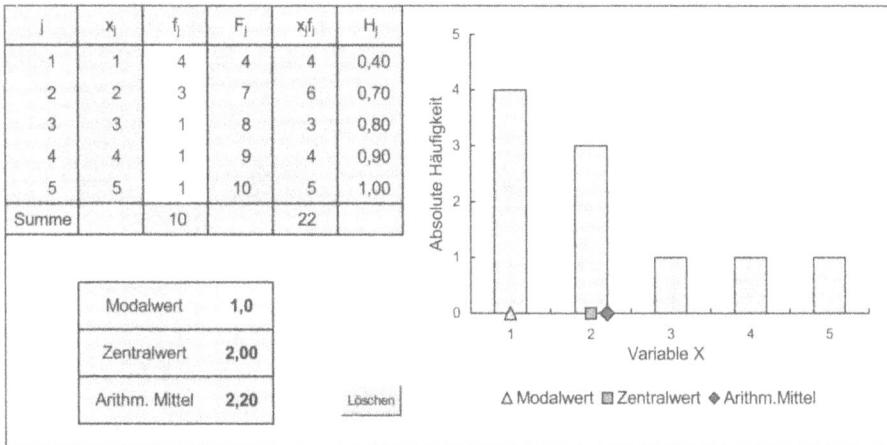

△ Modalwert ▣ Zentralwert ◆ Arithm.Mittel

Abb. 10.2: Rechtsschiefe (linkssteile) Verteilung mit Lageparametern

10.2.2 Interaktive Excel-Anwendung (Download)

Anwendung A_1001_Schiefe

Die Anwendung besteht aus einem Tabellenblatt „Simulation".

In der **Simulation** wird eine absolute Häufigkeitsverteilung, bestehend aus 5 Werten aufgebaut, wobei der 5. Wert als Ausreißer definiert werden kann. In der Arbeitstabelle werden die Summanden für das arithmetische Mittel, die Varianz und die Schiefe berechnet. Das Ergebnis für Mittelwert, Standardabweichung und Schiefe werden ausgegeben.

In der Grafik wird die Häufigkeitsverteilung als Stabdiagramm zusammen mit arithmetischem Mittel und dem durchschnittlichen Streubereich dargestellt.

A_1001: Aufgaben

Diese Simulation liefert (in 4 Zahlenvarianten) eine Häufigkeitsverteilung für die Variable X (Krankheitstage von Mitarbeitern einer Unternehmung).

a) Interpretieren Sie für die Varianten 1 bis 4 die Arbeitstabelle, die Lage- und Streuungsparameter sowie die Schiefe der Verteilung.
b) Löschen Sie die Daten und arbeiten Sie mit eigenen Angaben weiter. Interpretieren Sie die Ergebnisse!

A_1001: Lösungshinweise

Variante 1 (siehe Abb.): Hier liegt eine rechtsschiefe (linkssteile) Verteilung vor. Insbesondere der Ausreißer von 15 trägt zur Unsymmetrie bei. Das Schiefemaß ist positiv und beträgt 4,0234.

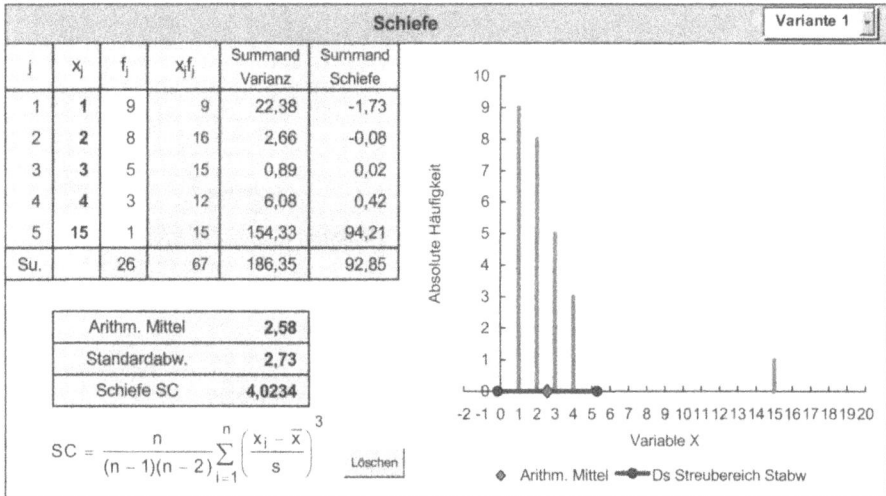

A_1001_Schiefe

Variante 2: Auch in dieser Verteilung kommt ein Ausreißer vor, der die ansonsten gleichmäßige Verteilung unsymmetrisch macht. Die Schiefe beträgt 2,3899. Da der Ausreißer von 10 kleiner ist als der Ausreißer in Variante 1, ist die Verteilung weniger unsymmetrisch.

Variante 3: Da die Verteilung linksschief (rechtssteil) ist, resultiert ein negatives Schiefemaß von -0,7413.

Variante 4: Hier liegt eine Gleichverteilung vor. Die positiven und die negativen Summanden des Schiefemaßes gleichen sich untereinander aus. Die Schiefe beträgt 0,0.

10.2 Konzentration

10.2.1 Grundlagen

Absolute Konzentration

Die Maße der absoluten Konzentration geben Auskunft darüber, ob ein Großteil einer Merkmalssumme (z.B. Branchenumsatz) auf eine geringe Zahl von Merkmalsträgern (z.B. Unternehmen) konzentriert ist, oder ob eine eher gleichmäßige Verteilung der Gesamtsumme auf alle Merkmalsträger vorliegt.

Absolute Konzentration

- **Konzentrationskoeffizienten**

$$C_k = \frac{\sum_{i=1}^{k} x_i}{\sum_{i=1}^{n} x_i} = \sum_{i=1}^{k} a_i \qquad \begin{array}{l} \text{mit } a_i = \text{der Größe nach geordnete} \\ \text{Anteile der einzelnen Werte} \\ \text{an der Merkmalssumme} \end{array}$$

- **Herfindahl-Index**

$$C_H = \frac{\sum_{i=1}^{n} x_i^2}{\left(\sum_{i=1}^{n} x_i\right)^2} \qquad \text{wobei gilt: } 1/n \leq C_H \leq 1$$

Absolute Konzentration mit Excel

Für die Konzentrationsmessung liegen in Excel keine Standardfunktionen vor. Daher müssen Arbeitstabellen mit eigenen Berechnungen im Rahmen der Tabellenkalkulation eingesetzt werden.

Beispiel: In einer **Fremdenverkehrsregion** sind insgesamt **10 Hotelbetriebe** vorhanden. Der **Umsatz** dieser Hotelbetriebe (in 10.000 €) wird in Abb. 10.3, der Größe nach sortiert, dargestellt.

Die Arbeitstabelle in Abb. 10.3 zeigt (insbesondere in der vorletzten Spalte) eine hohe Konzentration des Umsatzes. Auf den ersten Hotelbetrieb entfallen ca. 93% des Gesamtumsatzes. Der Herfindahl-Index liefert ein Ergebnis von $C_H = 0,8728 = 7.855.172 / 9.000.000$.

Hotel-Name	i	Umsatz x_i	Umsatz-anteil a_i in %	Umsatz-anteil kum.(%)	x_i^2
	0			0,00	
B	1	2800	93,33	93,33	7840000
A	2	100	3,33	96,67	10000
C	3	70	2,33	99,00	4900
F	4	15	0,50	99,50	225
G	5	5	0,17	99,67	25
I	6	3	0,10	99,77	9
D	7	2	0,07	99,83	4
E	8	2	0,07	99,90	4
J	9	2	0,07	99,97	4
H	10	1	0,03	100,00	1
Summe	-	3000	100,00	-	7855172

$$\text{Herfindahl-Index} = \frac{7855172}{9000000} = \mathbf{0{,}8728}$$

Abb. 10.3: Excel-Arbeitstabelle absolute Konzentration

Relative Konzentration

Die relative Konzentration geht – im Gegensatz zur absoluten Konzentration – von Prozentanteilen aus. Üblicherweise werden dabei klassierte Verteilungen analysiert.

Relative Konzentration

- **Gini-Koeffizient**

$$C_G = 1 - \frac{2R}{10000} \qquad \text{mit} \qquad 2R = \sum_{j=1}^{m}(Y'_{j-1} + Y'_j)h_j$$

wobei gilt: $\quad 0 \le C_G \le 1$

Typische Beispiele sind: Einkommensverteilungen mit Häufigkeiten für einzelne Einkommensklassen oder Umsatzverteilungen mit Umsatzgrößenklassen.

Relative Konzentration mit Excel

Die relative Konzentration kann nicht mit Excel-Standardfunktionen ermittelt werden. Es müssen Arbeitstabellen angelegt und durchgerechnet werden (siehe interaktive Excel-Anwendung A_1003).

10.2.2 Interaktive Excel-Anwendungen (Download)

> ### 📁 Anwendung A_1002_Abs_Konzentration_Herfindahl
>
> Die Anwendung besteht aus einem Tabellenblatt „Simulation".
>
> In der **Simulation** werden für 5 Elemente die Werte einer Variablen als Urliste angegeben. Für die Berechnung der absoluten Konzentration werden die Anteile der einzelnen Werte an ihrer Summe, die kumulierten Wertanteile und die quadrierten Werte in einer Arbeitstabelle dargestellt. In der dazugehörigen Grafik finden sich Konzentrationskurve und Gleichverteilungsgerade.

A_1002: Aufgaben

Diese Simulation liefert (in 3 Zahlenvarianten) eine Urliste für die Variable X (Umsatz von 5 Unternehmen in Millionen €).

a) Interpretieren Sie die Arbeitstabelle, Berechnung und Ergebnis der Konzentration sowie die grafische Darstellung in den Varianten 1 bis 3.
b) Löschen Sie die Werte und arbeiten Sie mit eigenen Angaben weiter. Interpretieren Sie die Ergebnisse!

A_1002: Lösungshinweise

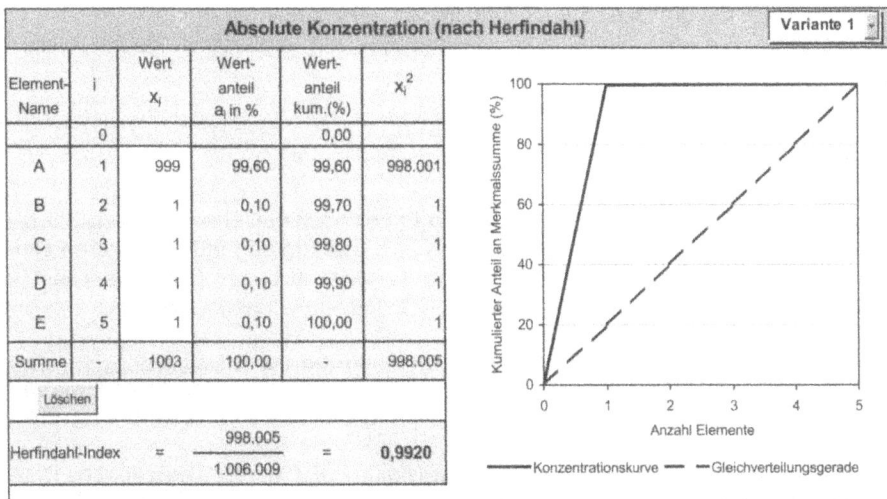

Absolute Konzentration (nach Herfindahl)					Variante 1
Element-Name	i	Wert x_i	Wertanteil a_i in %	Wertanteil kum.(%)	x_i^2
	0			0,00	
A	1	999	99,60	99,60	998.001
B	2	1	0,10	99,70	1
C	3	1	0,10	99,80	1
D	4	1	0,10	99,90	1
E	5	1	0,10	100,00	1
Summe	-	1003	100,00	-	998.005

Löschen

$$\text{Herfindahl-Index} = \frac{998.005}{1.006.009} = 0,9920$$

📁 A_1002_Abs_Konzentration_Herfindahl

In Variante 1 (siehe Abb.) liegt eine sehr hohe Konzentration vor. Die Verteilung ist ungleichmäßig, da 99,6% des Gesamtumsatzes auf die Unternehmung A entfallen. Der Herfindahl-Index liegt mit 0,9920 nahe bei 1.

Die Verteilung in Variante 2 ist deutlich gleichmäßiger als in Variante 1. Der Herfindahl-Index ist mit 0,2195 wesentlich kleiner.

In Variante 3 liegt eine Gleichverteilung des Umsatzes vor (Herfindahl-Index = 0,2). Anmerkung: Das Minimum des Herfindahl-Index (bei Gleichverteilung) beträgt nicht 0, sondern 1/n, d.h. hier 1/5.

Anwendung A_1003_Rel_Konzentration_Lorenz_Gini

Die Anwendung besteht aus einem Tabellenblatt „Simulation".

In der **Simulation** wird eine klassierte Häufigkeitsverteilung angegeben. Zusätzlich werden alle Berechnungsgrößen für die Messung der relativen Konzentration ermittelt. Der Gini-Koeffizient wird angegeben. Die Lorenz-Kurve wird zusammen mit der Gleichverteilungsgeraden grafisch dargestellt.

A_1003: Aufgaben

Diese Simulation liefert (in 3 Zahlenvarianten) eine Häufigkeitsverteilung für die Variable X (Umsatz in Millionen €).

a)   Interpretieren Sie die Arbeitstabelle, Berechnung und Ergebnis der Konzentration sowie die grafische Darstellung in den Varianten 1 bis 3.
b)   Löschen Sie die Werte und arbeiten Sie mit eigenen Angaben weiter. Interpretieren Sie die Ergebnisse!

A_1003: Lösungshinweise

In Variante 1 (siehe Abb.) liegt ein Betrieb in der höchsten Umsatzklasse (25 bis unter 1000). Die übrigen Betriebe verteilen sich gleichmäßig auf die unteren Umsatzklassen. Damit liegt eine relativ hohe Konzentration vor (Gini-Koeffizient = 0,71). Die Lorenzkurve weicht stark von der Gleichverteilungsgeraden ab.

Die Variante 2 zeigt eine gleichmäßige Verteilung auf die 5 Umsatzklassen. Der Gini-Koeffizient liegt mit 0,04 nahe bei 0. Die Lorenzkurve verläuft dicht bei der Gleichverteilungsgeraden.

In Variante 3 haben alle 25 Betriebe einen Umsatz von 10. Es liegt keinerlei Konzentration vor (Gini-Koeffizient = 0,0). Die Lorenzkurve ist deckungsgleich mit der Gleichverteilungsgeraden.

	Relative Konzentration (Lorenzkurve + Gini-Koeffizient)									Variante 1
j	x_j		f_j	h_j'	H_j'	m_j	m_jf_j	y_j'	Y_j'	$Y'_{j-1}+Y'_j$	$(Y'_{j-1}+Y'_j)h_j'$
	aj	bj			0,0				0,0		
1	5	10	1	20,0	20,00	7,5	7,5	1,31	1,31	1,31	26,20
2	10	15	1	20,0	40,00	12,5	12,5	2,18	3,49	4,80	96,07
3	15	20	1	20,0	60,00	17,5	17,5	3,06	6,55	10,04	200,87
4	20	25	1	20,0	80,00	22,5	22,5	3,93	10,48	17,03	340,61
5	25	1000	1	20,0	100,00	512,5	512,5	89,52	100,00	110,48	2209,61
Su.	-	-	5	100,0	-	-	572,5	100,00	-	-	2873,36

Gini-Koeffizient

$$= 1 - \frac{2.873,36}{10.000}$$

$$= 0,71$$

Löschen

Kumulierter Anteil an Merkmalssumme (%)

— Lorenzkurve

- - Gleichverteilungsgerade

Kumulierte relative Häufigkeit (%)

A_1003_Rel_Konzentration_Lorenz_Gini

11. Transformation und Standardisierung

11.1 Grundlagen

11.1.1 Transformation

Die Transformation statistischer Variablen stellt eine Umwandlung dieser Variablen anhand einer definierten Formel dar, wobei die lineare Transformation am häufigsten vorkommt.

Typische **Beispiele** für die Transformation sind die
- Umwandlung der Temperaturangaben von °C in °F (und umgekehrt)
- Umrechnung des Bruttoinlandsprodukts von Währung A in Währung B, z.B. von DM in € bzw. $ oder umgekehrt.

Lineare Transformation einer Variablen X in eine Variable Y

$$Y = a + bX \qquad \text{(d.h. für jeden einzelnen Wert gilt: } y_i = a + bx_i \text{)}$$

$$a, b = \text{konstant}; \quad b \neq 0$$

Lineare Transformation für Währungsumrechnungen

Beispiel: Ein **Unternehmer** hat bestimmte **Jahresumsätze in DM** erzielt, die für einen internationalen Vergleich in Euro umgerechnet werden sollen (Umrechnungskurs: 1 € = 1,95583 DM). Die Formel für die Umrechnung des DM-Umsatzes (Variable X) in den Euro-Umsatz (Variable Y) lautet:

$Y = 0 + 1 / 1,95583 X$.

Dies führt zu folgender Ergebnistabelle:

	1990	1991	1992	1993	1994	1995	1996	1997	1998	1999
Umsatz in 1000 DM	120,00	130,00	140,00	150,00	160,00	165,00	170,00	180,00	185,00	195,00
Umsatz in 1000 EURO	61,36	66,47	71,58	76,69	81,81	84,36	86,92	92,03	94,59	99,70

Abb. 11.1: Umrechnung von DM-Umsätzen in Euro-Umsätze

Bei einer Umrechnung vom Euro-Umsätzen in DM-Umsätze verwenden wir die Transformationsformel: $X = 1,95583 Y$.

Lineare Transformation: Lage und Streuung

Die Lage- und Streuungsparameter vollziehen die Lineartransformation in unterschiedlicher Weise nach. Beim arithmetischen Mittel wirkt sowohl die additive als auch die multiplikative Konstante, bei der Varianz nur die multiplikative. Die quadratische Form der Konstanten bei der Transformation der Varianz hat zur Folge, dass beim Ergebnis für die Standardabweichung die ursprüngliche multiplikative Konstante zum Tragen kommt.

Lage- und Streuungsparameter nach Lineartransformation $Y = a + bX$

- **arithmetisches Mittel** $\qquad\qquad \bar{y} = a + b\bar{x}$

- **Varianz/Standardabweichung** $\quad s_y^2 = b^2 s_x^2 \qquad$ bzw. $\quad s_y = b s_x$

Lineartransformation mit Excel

Die Lineartransformation muß in Excel über eine Feldfunktion realisiert werden. Im nachfolgenden Beispiel (Daten aus Abb. 11.1) wird dem Feld B2 die Funktion zugewiesen: A2/1,95583. Diese Funktion wird in die Felder B3 ff. übertragen.

	A	B
1	X	Y
2	120,00	61,36
3	130,00	66,47
4	140,00	71,58
5	150,00	76,69
6	160,00	81,81
7	165,00	84,36
8	170,00	86,92

Abb. 11.2: Arbeitstabelle für Excel-Feldfunktion (Umrechnung von DM in €)

11.1.2 Standardisierung

Die Standardisierung ist eine spezielle Form der Lineartransformation, die Variablen mit verschiedenen Dimensionen und Skalierungen auf ein einheitliches Niveau der Lage und Streuung bringt.

Standardisierung $$Z = \frac{X - \bar{x}}{s}$$

wobei gilt: $$\bar{z} = 0$$

$$s_z^2 = s_z = 1$$

Standardisierung mit Excel

Mit Excel können die Werte einer Urliste standardisiert werden, indem das arithmetische Mittel (**MITTELWERT**) und die Standardabweichung (**STABW**) ermittelt und über die Funktion **STANDARDISIERUNG** zur Transformation verwendet werden. Im folgenden Beispiel lautet die Standardisierungsfunktion für das Feld C2: STANDARDISIERUNG(A2;$A$8;$A$10).

	A	B	C	D
1	X	Y	Z(X)	Z(Y)
2	120,00	61,36	-1,26	-1,26
3	130,00	66,47	-0,63	-0,63
4	140,00	71,58	0,00	0,00
5	150,00	76,69	0,63	0,63
6	160,00	81,81	1,26	1,26
7	Mittelwert		Mittelwert	
8	140,00	71,58	0,00	0,00
9	Standardabweichung		Standardabweichung	
10	15,81	8,08	1,00	1,00

Abb. 11.3: Standardisierung mit Excel-Funktion STANDARDISIERUNG

11.2 Interaktive Excel-Anwendungen (Download)

📁 Anwendung A_1101_Lineartransformation

Die Anwendung besteht aus einem Tabellenblatt „Simulation".

In der **Simulation** wird die absolute Häufigkeitsverteilung der Variablen X mittels der Lineartransformation Y = a + bX in die Variable Y umgewandelt. Dabei sind die additive Konstante a und die multiplikative Konstante b frei wählbar. Das arithmetische Mittel und die Standardabweichung der beiden Variablen werden angegeben.

In der Grafik werden die beiden Verteilungen zusammen mit Mittelwert und Streubereich als Stabdiagramm dargestellt.

A_1101: Aufgaben

Die Simulation liefert die Transformation einer Variablen X in eine Variable Y. In jeder der 4 Zahlenvarianten wird ein eigenständiges Beispiel für eine Transformation von Variablen erörtert.

a) Variante 1: Die Variable X ist der „Umsatz in Millionen €", dargestellt für eine Gesamtheit von Unternehmungen. Die Variable Y ist der „Umsatz in Millionen DM". Interpretieren Sie die Konstanten der Lineartransformation, das Ergebnis und die grafische Darstellung.

Variante 2: Die Variable X ist der „Umsatz in Millionen DM", dargestellt für eine Gesamtheit von Unternehmungen. Die Variable Y ist der „Umsatz in Millionen €". Interpretieren Sie die Konstanten der Lineartransformation, das Ergebnis und die grafische Darstellung.

Variante 3: Die Variable X ist die „Temperatur in Celsius", die Variable Y die „Temperatur in Fahrenheit" in einem Wintersportort, angegeben für 31 Tage. Interpretieren Sie die Konstanten der Lineartransformation, das Ergebnis und die grafische Darstellung.

Variante 4: Die Variable X ist die Notenverteilung in einem Land A, in dem die Note 6 „sehr gut" bedeutet, die Note 5 „gut" ... und die Note 2 „nicht ausreichend". Die Variable Y steht für eine Notenverteilung im Land B, in dem die Note 1 „sehr gut" bedeutet, die Note 2 „gut" ... und die Note 5 „nicht ausreichend". Interpretieren Sie die Konstanten der Lineartransformation, das Ergebnis und die grafische Darstellung.

b) Löschen Sie die Werte und arbeiten Sie mit eigenen Angaben weiter. Interpretieren Sie die Ergebnisse!

A_1101: Lösungshinweise

Variante 1 (siehe Abb.): Zur Transformation des Umsatzes in € (Variable X) in den Umsatz in DM (Variable Y) werden die Parameter a = 0 und b = 1,95583 (Wechselkurs für einen € in DM) benötigt. Die Transformation von € in DM bewirkt eine Verschiebung der Verteilung nach rechts. Das arithmetische Mittel und die Standardabweichung erhöht sich jeweils um den multiplikativen Faktor von 1,95583. Damit wirkt die DM-Verteilung in der Grafik etwas inhomogener als die €-Verteilung.

Variante 2: Zur Transformation werden jetzt die Parameter a = 0 und b = 0,511293 (Wechselkurs für eine DM in €) eingesetzt. Die Transformation in € bewirkt eine Verschiebung der Verteilung nach links. Das arithmetische Mittel und die Standardabweichungen verringern sich um den multiplikativen Faktor von 0,511293. Die Umsatzverteilung in € wirkt in der Grafik homogener und kompakter als die DM-Verteilung.

In Variante 3 werden zur Transformation die Parameter a = 32,0 und b = 1,8 verwendet, die aus der Physik bekannten Umrechnungsfaktoren für die beiden Temperaturskalen. Die Lage der Verteilung Y (Fahrenheit) liegt in der Grafik deutlich rechts von der Verteilung X (Celsius) und auch die Streuung hat sich vergrößert.

In Variante 4 wird die Notenskala der Variablen X in die Skala der Variablen Y mittels der Transformation Y = 7 − X umgewandelt. Dies bewirkt eine spiegelbildliche Umkehrung der Verteilungsform. Die guten Noten finden sich nach der Transformation links, die schlechten Noten rechts in der Verteilung. (Hinweis: Um in der Grafik die Ausgangsverteilung vollständig sehen zu können, müssen die beiden Parameter a und b in der Anwendung gelöscht werden.)

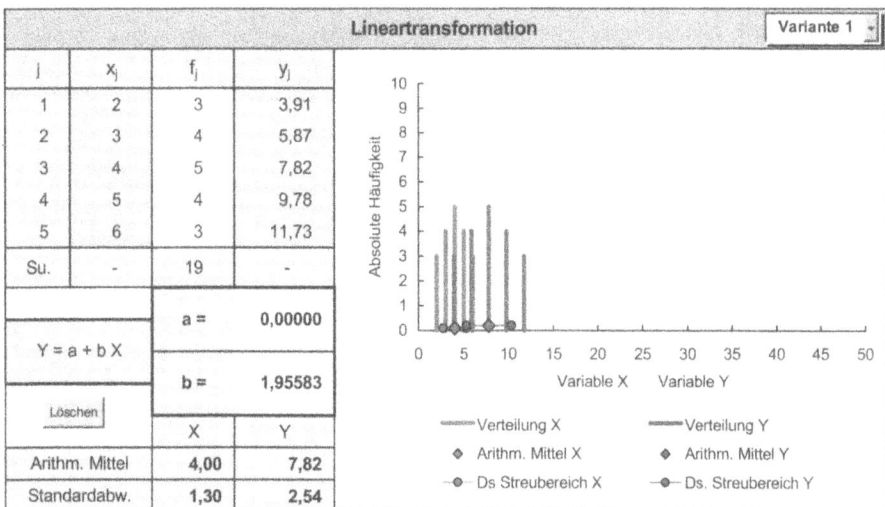

A_1101_Lineartransformation

📂 **Anwendung A_1102_Standardisierung**

Die Anwendung besteht aus einem Tabellenblatt „Simulation".

In der **Simulation** wird eine absolute Häufigkeitsverteilung für die Variable X mittels einer Lineartransformation in die Variable Z umgewandelt und damit standardisiert. Das Ergebnis der Standardisierung wird in der Grafik als Stabdiagramm veranschaulicht.

A_1102: Aufgaben

Diese Simulation liefert (in 3 Zahlenvarianten) eine Verteilung für die Variable X (Klausurnoten zwischen 1 und 5). Aus den Werten der Variablen X werden durch Transformation mit der Standardisierungsformel die Werte der Variablen Z (standardisierte Klausurnoten) ermittelt.

a) Interpretieren Sie in den Varianten 1 bis 3 die Einzelwerte der standardisierten Variablen Z (insbesondere die Noten 1, 2 und 3) und die grafische Darstellung.
b) Löschen Sie die Werte und arbeiten Sie mit eigenen Angaben weiter. Interpretieren Sie die Ergebnisse!

A_1102: Lösungshinweise

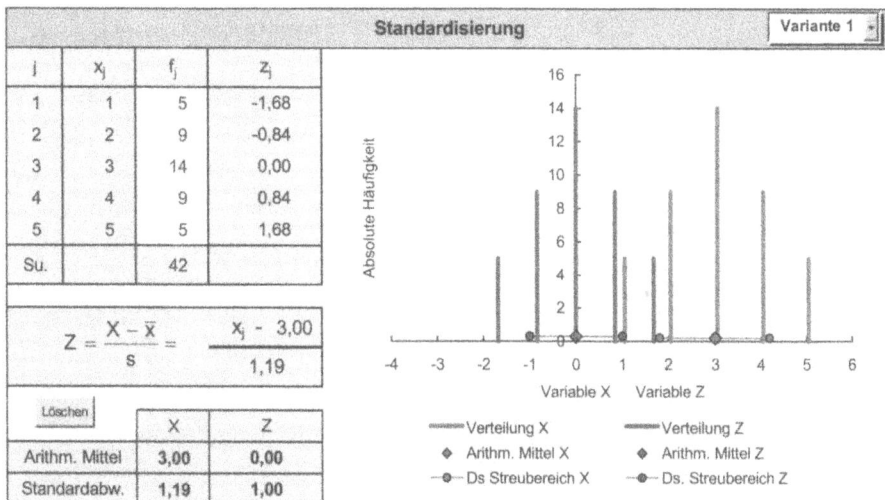

🗂 A_1102_Standardisierung

In <u>Variante 1</u> (siehe Abb.) liegt eine symmetrische Verteilung vor. Die Durchschnittsnote beträgt 3,0 und die Streuung (Standardabweichung) 1,19. Studenten, die die Note 1 erhalten, finden als standardisierten Wert z ihrer Note -1,68 vor. Damit liegt die Note um 1,68 Einheiten der Standardabweichung über dem Durchschnitt. Die Note 2 liegt um 0,84 Einheiten der Standardabweichung über dem Mittelwert. Die Note 3 entspricht dem Mittelwert und weist daher einen standardisierten Wert von 0 auf.

In der Grafik wird die ursprüngliche Notenverteilung durch die Standardisierung so weit nach links verschoben, dass der neue Durchschnitt 0,0 und die neue Standardabweichung 1,0 beträgt. Diese Parameter gelten für alle standardisierten Variablen!

In <u>Variante 2</u> liegt eine Gleichverteilung vor, die Durchschnittsnote beträgt damit (ebenso wie in Variante 1) 3,0. Die Streuung (Standardabweichung) ist mit 1,43 größer geworden. Studenten mit der Note 1 sehen als standardisierten Wert ihrer Note in der Verteilung Z die Ausprägung -1,4. Damit liegt diese Leistung nicht ganz so weit über dem Durchschnitt wie in Variante 1. Dies gilt auch für die Note 2.

Die Notenverteilung in <u>Variante 3</u> ist linkssteil. Die beste Note 1 kommt am häufigsten vor, die schlechteren Noten 3 und 4 sind sehr selten. Als arithmetisches Mittel resultiert eine Durchschnittsnote von 1,93. Die Streuung ist mit 1,19 genau so groß wie in Variante 1. In dieser Verteilung wird die Note 1 zu einem standardisierten Wert von -0,78 und liegt damit nur noch um 0,78 Einheiten der Standardabweichung über dem Durchschnitt. Die Note 2 und auch die Note 3 sind geringfügig bzw. deutlich schlechter als der Durchschnitt.

12. Verhältniszahlen

12.1 Grundlagen

Verhältniszahlen sind Quotienten statistischer Maßzahlen A und B, wobei A und B auch eigenständige Analysevariablen sein können. Verhältniszahlen dienen dem sachlichen, zeitlichen oder räumlichen Vergleich.

Verhältniszahl

$$Q = \frac{A}{B} \qquad \text{oder}$$

$$Q = \frac{A}{B} \cdot c \qquad \text{mit } c = \text{Konstante (z.B. 100, 1000 etc.)}$$

Berechnung von Verhältniszahlen mit Excel

Verhältniszahlen können in Excel bequem mit Feldfunktionen über die Divisionen von Tabellenfeldern ermittelt werden; siehe interaktive Excel-Anwendungen in Abschnitt 12.2.

Gliederungszahlen

Gliederungszahlen geben Anteile von Teilgesamtheiten an einer Gesamtheit an. Sie werden analog zu relativen Häufigkeiten gebildet.

Gliederungszahl

$$g_i = \frac{x_i}{\sum\limits_{i=1}^{n} x_i} \cdot 100 \qquad \text{mit } i=1, 2, \dots n \text{ Teilgesamtheiten}$$

Beispiele für Gliederungszahlen sind **Anteile** der Studentenzahlen der Fachbereiche an der Gesamtzahl der Studenten einer Hochschule, des Umsatzes einer Unternehmen am Konzernumsatz etc.

Beziehungszahlen

Beziehungszahlen basieren auf zwei Variablen, die in einer sinnvollen Relation zueinander stehen.

Beziehungszahl

$$BZ = \frac{X}{Y}$$ mit X und Y: zwei Variablen in sinnvoller Beziehung

                      a) Verursachungszahl: X ist Bewegungsmasse,
                                           Y ist Bestandsmasse
                      b) Entsprechungszahl: X und Y sind eigenständige
                                           Variablen

oder

$$BZ = \frac{X}{Y} \cdot c$$ mit c = Konstante (z.B. 100, 1000 etc.)

Beispiele für Beziehungszahlen sind **Dichteziffern** (wie die Bevölkerungsdichte = Anzahl Einwohner je qkm) oder die **Umsatzrentabilität** (Gewinn dividiert durch den Umsatz).

Messzahlen

Messzahlen sind Kennzahlen, bei denen verschiedene Ausprägungen derselben Variablen zueinander ins Verhältnis gesetzt werden. Messzahlen können für einen sachlichen und räumlichen Vergleich gebildet werden. Sehr häufig werden Messzahlen für einen zeitlichen Vergleich benötigt.

Messzahl

$$MZ_{0j} = \frac{x_j}{x_0}$$ wobei 0: Bezeichnung der Basisgröße,
                                j: Bezeichnung der Bezugsgröße

oder

$$MZ_{0j} = \frac{x_j}{x_0} \cdot c$$ mit c = Konstante (z.B. 100, 1000 etc.)

Typische **Beispiele** für Messzahlen sind die **Umsatz- oder Preismesszahlen**, die einen Umsatz (oder Preis) des aktuellen Jahres mit einem Basisjahr vergleichen.

12.2 Interaktive Excel-Anwendungen (Download)

Anwendung A_1201_Gliederungszahlen

Die Anwendung besteht aus einem Tabellenblatt „Übung" und einem Tabellenblatt „Simulation".

In der **Übung** sind aus Absolutzahlen für 4 Jahre Gliederungszahlen (in %) zu berechnen.

In der **Simulation** entstehen aus Absolutzahlen für 4 Jahre automatisch Gliederungszahlen (in %).

A_1201: Aufgaben

- **A_1201: Übung – Varianten 1 bis 3**

Die Absolutzahlen der Erwerbstätigen einer Region werden, getrennt nach Sektoren und Jahren, angegeben. Berechnen Sie die dazugehörigen Gliederungszahlen.

- **A_1201: Simulation**

Die Simulation liefert (in 3 Zahlenvarianten) die Absolutzahlen der Erwerbstätigen einer Region und die dazugehörigen Gliederungszahlen (in %).

a) Interpretieren Sie in den Varianten 1 bis 3 die Gliederungszahlen.
b) Löschen Sie die Werte und arbeiten Sie mit eigenen Angaben weiter. Interpretieren Sie die Ergebnisse!

A_1201: Lösungen

- **Lösung A_1201: Übung – Variante 1**

Richtige Lösung: Alle Eingaben sind blau unterlegt; siehe Abb. nächste Seite.

- **Lösung A_1201: Übung – Variante 2**

Sektor	1970	1980	1990	2000
Primär	14,29	11,76	5,56	4,55
Sekundär	28,57	29,41	27,78	27,27
Tertiär	57,14	58,82	66,67	68,18
insgesamt	100,00	100,00	100,00	100,00

Gliederungszahlen			Variante 1 ▾
Erwerbstätige nach Wirtschaftsbereichen			
ABSOLUTZAHLEN (in Millionen)			

i	Sektor	1970	1980	1990	2000
1	Primär	3,0	2,0	1,0	1,0
2	Sekundär	3,0	5,0	6,0	7,0
3	Tertiär	3,0	9,0	10,0	12,0
Summe	insgesamt	9,0	16,0	17,0	20,0

GLIEDERUNGSZAHLEN (Anteile in %)

i	Sektor	1970	1980	1990	2000
1	Primär	33,33	12,50	5,88	5,00
2	Sekundär	33,33	31,25	35,29	35,00
3	Tertiär	33,33	56,25	58,82	60,00
Summe	insgesamt	100,00	100,00	100,00	100,00

Löschen

A_1201_Gliederungszahlen (Tabellenblatt „Übung")

- **Lösung A_1201: Übung – Variante 3**

Sektor	1970	1980	1990	2000
Primär	8,33	7,14	6,67	6,25 ,
Sekundär	33,33	35,71	33,33	31,25
Tertiär	58,33	57,14	60,00	62,50
insgesamt	100,00	100,00	100,00	100,00

Anwendung A_1202_Beziehungszahlen

Die Anwendung besteht aus einem Tabellenblatt „Übung" und einem Tabellenblatt „Simulation".

In der **Übung** sind aus Absolutzahlen für 2 Jahre Beziehungszahlen (in %) zu berechnen.

In der **Simulation** entstehen aus Absolutzahlen für 2 Jahre automatisch Beziehungszahlen (in %).

A_1202: Aufgaben

- **A_1202: Übung – Varianten 1 bis 3**

Die Absolutzahlen der Erwerbstätigen einer Region und die dazugehörigen Einwohnerzahlen werden, getrennt nach Jahren, angegeben. Berechnen Sie die dazugehörigen Beziehungszahlen.

- **A_1202: Simulation**

Die Simulation liefert (in 3 Zahlenvarianten) die Absolutzahlen der Erwerbstätigen und der Einwohner einer Region sowie die dazugehörigen Beziehungszahlen (in %).

a) Interpretieren Sie in den Varianten 1 bis 3 die Beziehungszahlen.
b) Löschen Sie die Werte und arbeiten Sie mit eigenen Angaben weiter. Interpretieren Sie die Ergebnisse!

A_1202: Lösungen

- **Lösung A_1202: Übung – Variante 1**

Richtige Lösung (siehe folgende Abbildung): Alle Eingaben sind blau unterlegt.

Beziehungszahlen				Variante 1
Erwerbspersonen, Einwohner und Erwerbsquoten				
ABSOLUTZAHLEN (in Millionen)				
		Erwerbspersonen		Einwohner	
i	Geschlecht	1970	2000	1970	2000
1	männlich	4,0	5,5	7,0	10,0
2	weiblich	3,0	4,5	8,0	10,0
	insgesamt	7,0	10,0	15,0	20,0
BEZIEHUNGSZAHLEN (Erwerbsquoten in %)				
i	Geschlecht	1970	2000		
1	männlich	57,14	55,00	Löschen	
2	weiblich	37,50	45,00		
Summe	insgesamt	46,67	50,00		

A_1202_ Beziehungszahlen (Tabellenblatt „Übung")

- **Lösung A_1202: Übung – Variante 2**

Geschlecht	1970	2000
männlich	50,00	50,00
weiblich	50,00	50,00
insgesamt	50,00	50,00

- **Lösung A_1202: Übung – Variante 3**

Geschlecht	1970	2000
männlich	57,14	50,00
weiblich	50,00	50,00
insgesamt	53,33	50,00

Anwendung A_1203_Messzahlen

Die Anwendung besteht aus einem Tabellenblatt „Übung" und einem Tabellenblatt „Simulation".

In der **Übung** sind aus Absolutzahlen für 4 Jahre Messzahlen (in %) zu berechnen.

In der **Simulation** entstehen aus Absolutzahlen für 4 Jahre automatisch Messzahlen (in %), wobei das Basisjahr ausgewählt werden kann.

A_1203: Aufgaben

- **A_1203: Übung – Varianten 1 bis 3**

Die Absolutzahlen der Erwerbstätigen einer Region werden, getrennt nach Jahren, angegeben. Berechnen Sie die dazugehörigen Messzahlen in %. Beachten Sie dabei das vorgegebene Basisjahr.

- **A_1203: Simulation**

Die Simulation liefert (in 3 Zahlenvarianten) die Absolutzahlen der Erwerbstätigen einer Region und die dazugehörigen Messzahlen (in %).

a) Interpretieren Sie in den Varianten 1 bis 3 die Messzahlen.
b) Löschen Sie die Werte und arbeiten Sie mit eigenen Angaben weiter. Interpretieren Sie die Ergebnisse!

A_1203: Lösungen

- **Lösung A_1203: Übung – Variante 1 (mit Basisjahr 1970)**

Richtige Lösung (siehe Abb.): Alle Eingaben sind blau unterlegt.

Meßzahlen				Variante 1
Erwerbstätige nach Wirtschaftsbereichen				
ABSOLUTZAHLEN (in Millionen)				
i	Sektor	1970	1980	1990	2000
1	Primär	2,0	2,0	1,0	1,0
2	Sekundär	3,0	5,0	5,0	6,0
3	Tertiär	5,0	7,0	7,0	8,0
Summe		10,0	14,0	13,0	15,0
ZEITLICHE MESSZAHLEN (Wert im Basisjahr = 100%)				
i	Sektor	1970	1980	1990	2000
1	Primär	100,00	100,00	50,00	50,00
2	Sekundär	100,00	166,67	166,67	200,00
3	Tertiär	100,00	140,00	140,00	160,00
Summe		100,00	140,00	130,00	150,00
Löschen		**Basisjahr**	**1970**		

A_1203_Messzahlen (Tabellenblatt „Übung")

- **Lösung A_1203: Übung – Variante 2 (mit Basisjahr 1980)**

Sektor	1970	1980	1990	2000
Primär	100,00	100,00	100,00	50,00
Sekundär	80,00	100,00	100,00	100,00
Tertiär	100,00	100,00	116,67	116,67
	92,31	100,00	107,69	100,00

- **Lösung A_1203: Übung – Variante 3 (mit Basisjahr 2000)**

Sektor	1970	1980	1990	2000
Primär	100,00	100,00	100,00	100,00
Sekundär	80,00	80,00	100,00	100,00
Tertiär	66,67	66,67	88,89	100,00
	73,33	73,33	93,33	100,00

📁 Anwendung A_1204_Verhältniszahlen_Mittelwert

Die Anwendung besteht aus einem Tabellenblatt „Simulation".

- In der **Simulation** werden Verhältniszahlen für Teilgesamtheiten berechnet und zu einem Mittelwert zusammengefaßt. Die Berechnung der Gesamtquote für das Aggregat der Regionen wird als gewogener Durchschnitt von Verhältniszahlen in einer Arbeitstabelle dargestellt.

A_1204: Aufgaben

Hier wird (in 3 Zahlenvarianten) die Anzahl der Arbeitslosen und der Erwerbspersonen für 3 Regionen A, B und C angegeben. Daraus werden die Arbeitslosenquoten für die einzelnen Regionen und für das Aggregat der 3 Regionen berechnet.

a) Interpretieren Sie die Arbeitstabelle sowie die Berechnung und das Ergebnis der Verhältniszahlen in den Varianten 1 bis 3.
b) Löschen Sie die Werte und arbeiten Sie mit eigenen Angaben weiter. Interpretieren Sie die Ergebnisse!

A_1204: Lösungshinweise

Mittelwerte von Verhältniszahlen				Variante 1
Region	Arbeitslose	Erwerbs-personen	Arbeitslosen-quote in %	
A	1,0	19,0	5,26	
B	1,0	20,0	5,00	
C	1,5	22,0	6,82	
Summe	3,5	61,0	5,74	Löschen

Region	Arbeitslosen-quote in %	Erwerbs-personen in Millionen	Erwerbs-personen-Anteil	AL-Quote mal Erwerbspers.-Anteil
A	5,26	19,0	0,311	1,64
B	5,00	20,0	0,328	1,64
C	6,82	22,0	0,361	2,46
Summe		61,0	1,000	5,74

📁 A_1204_Verhältniszahlen_Mittelwert

Variante 1 (siehe Abb.): In den Regionen A und B liegt eine Arbeitslosenquote von ca. 5% vor, in der Region C eine höhere Quote von 6,82%. Die Durchschnittsquote (5,74%) ist das mit dem jeweiligen Erwerbspersonenanteil (0,311 etc.) gewogene arithmetische Mittel. Dies entspricht der Gesamtquote, die aus den Summen (3,5 bzw. 61,0) in der letzten Zeile der oberen Tabelle berechnet wird.

Variante 2: Hier sind in allen drei Regionen jeweils 1 Million Erwerbspersonen arbeitslos. Da die Region C doppelt so viele Erwerbspersonen aufweist wie die beiden anderen Regionen, liegt hier die Arbeitslosenquote nur bei 2% (im Vergleich zu 4% in den Regionen A und B). Die Gesamtquote für die Arbeitslosigkeit liegt bei 3%, da die niedrige Quote in der Region C durch deren hohe Gewichtung einen größeren Einfluß auf den Gesamtwert ausübt.

In Variante 3 sind die Absolutzahlen aller Indikatoren in den drei Regionen unterschiedlich groß. Da die Arbeitslosenquote jeweils 5% beträgt, liegt die Gesamtquote für das Aggregat der Regionen ebenfalls bei 5%. Die Gewichtung durch die Erwerbspersonenanteile kommt nicht zum Tragen.

13. Indexzahlen

13.1 Grundlagen

Indexzahlen entstehen dadurch, dass Messzahlen (vgl. Kapitel 12) mit einer Gewichtung versehen und zu einem Mittelwert zusammengefaßt werden. Zuweilen wird der Begriff Indexzahl synonym zu Messzahl oder Verhältniszahl verwendet.

Bei den klassischen Indexzahlen spielen einerseits Preise und andererseits Mengen von Gütern die entscheidende Rolle. Zur Konstruktion der Indexzahl werden die in der nachfolgenden Übersicht zusammengestellten Symbole und Formeln verwendet.

Symbol	Formel	Bedeutung	Beispiel (siehe Abb. 13.1)
n		Anzahl von Gütern in einem „Warenkorb"	5
i		Laufindex der Güter (i läuft von 1 bis n)	1, 2 ...
0		Basisperiode	
t		Berichtsperiode ($t = 1, 2 ...$)	
p_{i0}		Preis des Gutes i in der Basisperiode	2, 2, 3 ...
p_{it}		Preis des Gutes i in der Berichtsperiode	2, 4, 3 ...
q_{i0}		Menge des Gutes i in der Basisperiode	2, 2, 3 ...
q_{it}		Menge des Gutes i in der Berichtsperiode	2, 1, 4 ...
U_{i0}	$p_{i0} \cdot q_{i0}$	Wert des Gutes i in der Basisperiode (= Umsatz, Ausgaben, ...)	4, 4, 9 ...
U_{it}	$p_{it} \cdot q_{it}$	Wert des Gutes i in der Berichtsperiode (=Umsatz, Ausgaben, ...)	4, 4, 12 ...

Indexzahlen mit Excel

Die Berechnung von Indexzahlen ist eine typische Anwendung der Feldfunktionen der Excel-Tabellenkalkulation (siehe Abb. 13.1E). Es werden Produkte von Mengen und Preisen sowie Summen dieser Produkte berechnet. Anschließend werden die Summen zueinander ins Verhältnis gesetzt.

Eine besondere Anwendungsmöglichkeit von Excel bei der Indexberechnung ergibt sich, wenn wir mit Daten der amtlichen Statistik arbeiten wollen, die auf CD-ROM vorliegen oder elektronisch von den statistischen Ämtern abgerufen werden können. Hier werden entsprechende Dateien (Subindizes bzw. Gewichte) in eine Excel-Tabelle übertragen und die notwendigen Berechnungen mit der Excel-Tabellenkalkulation durchgeführt.

Preis- und Mengenindizes nach Laspeyres und nach Paasche

Indizes nach Laspeyres

- **Preisindex**

$$P_{0t}^L = \frac{\sum_{i=1}^{n} p_{it} q_{i0}}{\sum_{i=1}^{n} p_{i0} q_{i0}}$$

- **Mengenindex**

$$Q_{0t}^L = \frac{\sum_{i=1}^{n} p_{i0} q_{it}}{\sum_{i=1}^{n} p_{i0} q_{i0}}$$

Indizes nach Paasche

- **Preisindex**

$$P_{0t}^P = \frac{\sum_{i=1}^{n} p_{it} q_{it}}{\sum_{i=1}^{n} p_{i0} q_{it}}$$

- **Mengenindex**

$$Q_{0t}^P = \frac{\sum_{i=1}^{n} p_{it} q_{it}}{\sum_{i=1}^{n} p_{it} q_{i0}}$$

In der nachfolgenden Abbildung 13.1 kann anhand eines einfachen Zahlenbeispiels die Berechnung der obigen Indexzahlen nachvollzogen werden. Die Preise und Mengen in der Arbeitstabelle werden für die Ermittlung der jeweiligen Produkte verwendet und deren Summen gehen in die Formeln der Indexberechnung ein. Der Preisindex nach Laspeyres weist ein anderes Ergebnis auf als der Index nach Paasche. Die Gewichte (Gütermengen) haben sich in den beiden betrachteten Zeitperioden deutlich verändert. Auch bei den Mengenindizes liegen unterschiedliche Ergebnisse je nach verwendeter Indexformel vor.

In der Abb. 13.1E sind alle Excel-Feldfunktionen, die für die Indexberechnung benötigt werden, dargestellt.

i	p_{i0}	p_{it}	q_{i0}	q_{it}	$p_{i0}q_{i0}$	$p_{it}q_{i0}$	$p_{i0}q_{it}$	$p_{it}q_{it}$
1	2	2	2	2	4	4	4	4
2	2	4	2	1	4	8	2	4
3	3	3	3	4	9	9	12	12
4	3	4	2	2	6	8	6	8
5	1	2	3	2	3	6	2	4
Summe	-	-	12	11	26	35	26	32

$$P^L_{0t} = \frac{35}{26} = 1{,}3462$$

$$P^P_{0t} = \frac{32}{26} = 1{,}2308$$

$$Q^L_{0t} = \frac{26}{26} = 1{,}0000$$

$$Q^P_{0t} = \frac{32}{35} = 0{,}9143$$

Abb. 13.1: Indizes nach Laspeyres und nach Paasche

	A	B	C	D	E	F	G	H	I
1	i	p_{i0}	p_{it}	q_{i0}	q_{it}	$p_{i0}q_{i0}$	$p_{it}q_{i0}$	$p_{i0}q_{it}$	$p_{it}q_{it}$
2	1	1	2	2	1	=B2*D2	=C2*D2	=B2*E2	=C2*E2
3	2	2	4	2	2	=B3*D3	=C3*D3	=B3*E3	=C3*E3
4	3	3	3	3	2	=B4*D4	=C4*D4	=B4*E4	=C4*E4
5	4	3	4	2	2	=B5*D5	=C5*D5	=B5*E5	=C5*E5
6	5	2	2	4	4	=B6*D6	=C6*D6	=B6*E6	=C6*E6
7	Summe	-	-	-	-	=SUMME (F2:F6)	=SUMME (G2:G6)	=SUMME (H2:H6)	=SUMME (I2:I6)
8									
9									
10					$P^L_{0t} =$	$\dfrac{=G7}{=F7}$	=		
11									
12									
13					$P^P_{0t} =$	$\dfrac{=I7}{=H7}$	=		
14									
15									
16					$Q^L_{0t} =$	$\dfrac{=H7}{=F7}$	=		
17									
18									
19					$Q^P_{0t} =$	$\dfrac{=I7}{=G7}$	=		

Abb. 13.1E: Indizes nach Laspeyres und nach Paasche (Excel-Funktionen)

Preisindex von Laspeyres als Mittelwert von Preismesszahlen

Preisindex nach Laspeyres als Mittelwert von Preismesszahlen

$$P_{0t}^L = \sum_{i=1}^{n} \frac{p_{it}}{p_{i0}} g_i \qquad \text{wobei} \quad g_i = \frac{p_{i0} q_{i0}}{\sum_{i=1}^{n} p_{i0} q_{i0}}$$

g_i = Wert-/Ausgaben-/Umsatzanteil
in der Basisperiode

i	p_{i0}	p_{it}	q_{i0}	q_{it}	$p_{i0}q_{i0}$	g_i	p_{it}/p_{i0} *100	Meßzahl * g_i
1	2	2	2	2	4	0,1538	100,00	15,38
2	2	4	2	1	4	0,1538	200,00	30,77
3	3	3	3	4	9	0,3462	100,00	34,62
4	3	4	2	2	6	0,2308	133,33	30,77
5	1	2	3	2	3	0,1154	200,00	23,08
Summe	-	-	-	-	26	1,0000		134,62

$$P_{0t}^L = 134,62$$

Abb. 13.2: Laspeyres-Preisindex als Mittelwert von Messahlen

Das Berechnungsbeispiel in Abb. 13.2 geht von denselben Zahlen aus, wie die Anwendung der ursprünglichen Formel für den Laspeyres-Preisindex in Abb. 13.1. Die Berechnung des Preisindex entspricht einer Addition der Zahlen in der letzten Spalte der Tabelle 13.2. Diese Werte sind die Produkte aus einzelnen Preismesszahlen und den Gewichtungsanteilen g_i. Das Ergebnis von 134,62% entspricht dem obigen Wert von 1,3462. Durch die Verwendung von Preismesszahlen in % wird das Gesamtergebnis in Abb. 13.2 ebenfalls in % ausgewiesen.

Jetzt wird besonders deutlich, dass der Preisindex ein Mittelwert einzelner Preis-veränderungen ist. Die Preise erhöhen sich (siehe vorletzte Spalte) zweimal auf 200% und einmal auf 133,33%, zweimal bleiben sie gleich (100%). Diese Preis-messzahlen werden mit dem Ausgabenanteil im Warenkorb (Spalte g_i) gewichtet.

Preisindex der Lebenshaltung

Der Preisindex der Lebenshaltung in der Bundesrepublik Deutschland läßt sich als arithmetisches Mittel von Preismesszahlen interpretieren. Der Index ist ein Mittel-

wert der einzelnen Preisveränderungen aller Güter im Warenkorb, wobei zur Gewichtung die Ausgabenanteile eines repräsentativen Durchschnittshaushaltes
verwendet werden.

Subindizes

Gehen anstelle der oben verwendeten Preismesszahlen p_{it}/p_{io} Indexzahlen für einzelne Warengruppen in die Gesamtformel des Preisindex ein, dann liegt ein Ge-
samtindex vor, der sich aus Subindizes zusammensetzt. Diese Sub-Indexzahlen
werden genauso verwendet wie zuvor die Preismesszahlen und werden mit dem
Ausgabenanteil der Warengruppe gewichtet.

Preisindizes nach Lowe und nach Fisher

Den beiden Indexzahlen nach Lowe und Fisher ist gemeinsam, dass sie keinen
festen Bezug des Gewichtungsschemas zu einer Zeitperiode aufweisen. Damit
vermeiden sie die Zuordnung zur Basis- oder zur Berichtsperiode als Gewich-
tungszeitraum (siehe auch interaktive Excel-Anwendung A_1306).

Preisindizes mit periodenübergreifenden Gewichten

- **Preisindex von Lowe**

$$P_{0t}^{Lo} = \frac{\sum_{i=1}^{n} p_{it} q_i}{\sum_{i=1}^{n} p_{i0} q_i}$$

mit q_i = Durchschnittsmengen aus mehreren Perioden

- **Preisindex von Fisher**

$$P_{0t}^{F} = \sqrt{P_{0t}^{L} P_{0t}^{P}}$$

mit den beiden Preisindizes nach Laspeyres und nach Paasche

Wertindex

Ausgangsgröße für viele Anwendungen von Indexzahlen ist die wertmäßige Veränderung einer Größe: der Wert des Bruttoinlandsprodukts BIP, die Lebenshaltungsausgaben, der Umsatz eines Betriebes etc. Diese Indexzahlen drücken den
gemeinsamen Einfluß von Preis- und Mengenänderung aus und bilden damit die
Basis für das Verfahren der Preisbereinigung (siehe unten).

Wertindex	$U_{0t} = \dfrac{\sum\limits_{i=1}^{n} p_{it}q_{it}}{\sum\limits_{i=1}^{n} p_{i0}q_{i0}} = \dfrac{\sum\limits_{i=1}^{n} U_{it}}{\sum\limits_{i=1}^{n} U_{i0}} = \dfrac{U_t}{U_0}$

Preisbereinigung

Mit der Preisbereinigung wird aus der Entwicklung einer Wertgröße (Bruttoin-landsprodukt, Umsatz, Lebenshaltungsausgaben) die Preisentwicklung herausge-rechnet und damit die reale Veränderung (Mengenänderung) ausgewiesen. In Formeln ausgedrückt bedeutet eine Preisbereinigung die Division eines Wertindex durch den vorhandenen Preisindex (siehe interaktive Excel-Anwendung A_1306).

Preisbereinigung

- mit Preisindex nach Laspeyres   - mit Preisindex nach Paasche

$$Q_{0t}^{P} = \frac{U_{0t}}{P_{0t}^{L}}$$ $$Q_{0t}^{L} = \frac{U_{0t}}{P_{0t}^{P}}$$

Indexzahlen und Wachstumsfaktoren

Indexzahlen drücken (ähnlich wie Wachstumsfaktoren, siehe Kapitel 8) zeitliche Veränderungen aus. Für den Zusammenhang von Preis, Menge und Wert gilt:

Berechnungsfaktoren der Preisbereinigung

Wachstumsfaktor Wert = Wachstumsfaktor Preis · Wachstumsfaktor Menge

---

Umbasierung

Indexzahlen können rechnerisch auf jedes beliebige Basisjahr bezogen werden. Die Umbasierung bedeutet, dass der Indexwert des „neuen" Basisjahres gleich 1 gesetzt wird, indem alle Indexwerte einer Zeitreihe durch diesen Basisindex divi-diert werden. Das absolute Niveau der Indexreihe wird damit angepaßt, die Ver-änderungsraten ändern sich nicht!

13.2 Interaktive Excel-Anwendungen (Download)

📁 Anwendung A_1301_Index_Laspeyres_Paasche

Die Anwendung besteht aus einem Tabellenblatt „Übung" und einem Tabellenblatt „Simulation".

In der **Übung** werden Gütermengen und -preise der Basis- und der Berichtsperiode angegeben. Daraus sind die Produkte von Mengen und Preisen für die Berechnung der Preis- und Mengenindizes nach Laspeyres und nach Paasche zu ermitteln und in die Indexformel zu übertragen.

In der **Simulation** entstehen aus Gütermengen und -preisen der Basis- und der Berichtsperiode die Arbeitstabelle, die Zwischenergebnisse und die Endergebnisse für die Indexberechnung.

A_1301: Aufgaben

- **A_1301: Übung – Varianten 1 bis 3**

In der Übung sind (in 3 Zahlenvarianten) Mengen und Preise von 5 Gütern, jeweils gültig für die Basisperiode 0 und die Berichtsperiode t angegeben.

Berechnen Sie die Preis- und Mengenindizes nach Laspeyres und nach Paasche und interpretieren Sie die Ergebnisse.

- **A_1301: Simulation**

Hier kann (in 3 Zahlenvarianten) ausgehend von den Gütermengen und -preisen der Basis- und Berichtsperiode die Berechnung der Preis- und Mengenindizes nach Laspeyres und nach Paasche nachvollzogen werden.

a) Interpretieren Sie die Arbeitstabelle, Zwischen- und Endergebnisse der Indexberechnungen in den Varianten 1 bis 3.
b) Löschen Sie die Werte und arbeiten Sie mit eigenen Angaben weiter. Interpretieren Sie die Ergebnisse!

A_1301: Lösungen

- **Lösung A_1301: Übung – Variante 1**

Richtige Lösung (siehe Abb.): Alle Eingaben sind blau unterlegt.
Hier verdoppeln sich alle Güterpreise, daher betragen beide Preisindizes (nach Paasche und Laspeyres) 2,0. Die Gewichtung hat keinen Einfluß auf das Ergebnis. Die Mengen sind in beiden Perioden identisch (Indexergebnis jeweils 1,0).

Indexzahlen nach Laspeyres und nach Paasche						Variante 1	
i	p_{i0}	p_{it}	q_{i0}	q_{it}	$p_{i0}q_{i0}$	$p_{it}q_{i0}$	$p_{i0}q_{it}$	$p_{it}q_{it}$
1	1	2	2	2	2	4	2	4
2	2	4	2	2	4	8	4	8
3	3	6	3	3	9	18	9	18
4	4	8	2	2	8	16	8	16
5	5	10	4	4	20	40	20	40
Summe	-	-	-	-	43	86	43	86

$$P_{0t}^{L} = \frac{\sum_{i=1}^{n} p_{it}q_{i0}}{\sum_{i=1}^{n} p_{i0}q_{i0}} = \frac{86}{43} = 2,0000 \qquad Q_{0t}^{L} = \frac{\sum_{i=1}^{n} p_{i0}q_{it}}{\sum_{i=1}^{n} p_{i0}q_{i0}} = \frac{43}{43} = 1,0000$$

$$P_{0t}^{P} = \frac{\sum_{i=1}^{n} p_{it}q_{it}}{\sum_{i=1}^{n} p_{i0}q_{it}} = \frac{86}{43} = 2,0000 \qquad Q_{0t}^{P} = \frac{\sum_{i=1}^{n} p_{it}q_{it}}{\sum_{i=1}^{n} p_{it}q_{i0}} = \frac{86}{86} = 1,0000$$

Löschen

A_1301_Index_Laspeyres_Paasche (Tabellenblatt „Übung")

- **Lösung A_1301: Übung – Variante 2**

$P_{0t}^{L} = 1,9020$; $P_{0t}^{P} = 1,8214$; $Q_{0t}^{L} = 0,5490$; $Q_{0t}^{P} = 0,5258$

Bei zwei Gütern bleiben die Preise konstant, bei drei Gütern verdoppeln sie sich. Die Preisindizes liegen knapp unter 2,0, da die Güter mit hohen Preissteigerungen eine starke Gewichtung durch die Gütermengen aufweisen. Der Paasche-Preisindex liegt etwas niedriger als der Laspeyres-Index, da die Gütermengen der teurer gewordenen Güter in der Berichtsperiode geringer sind als in der Basisperiode.

Die Mengenindizes liegen knapp über 0,5, da die Mengen bei den Gütern 3 bis 5 auf die Hälfte zurückgehen und bei den beiden ersten Gütern konstant bleiben. Auch hier wirkt sich die stärkere Gewichtung (durch die Preise) bei den letzten drei Gütern aus.

- **Lösung A_1301: Übung – Variante 3**

$P_{0t}^{L} = 1,2564$; $P_{0t}^{P} = 1,2368$; $Q_{0t}^{L} = 0,9744$; $Q_{0t}^{P} = 0,9592$

Hier liegen teilweise gleichbleibende und teilweise ansteigende Güterpreise vor. Die durchschnittliche Preisänderung wird durch die beiden Preisindizes mit etwa 26% bzw. etwa 24% angegeben. Die Gütermengen bleiben in drei Fällen konstant, bei Gut 2 liegt ein Anstieg, bei Gut 5 ein Rückgang vor. Der Mengenindex liegt daher nahe bei 1.

<u>Hinweis</u>: Durch Multiplikation mit 100 können die Index-Ergebnisse in % angegeben werden.

Anwendung A_1302_Indexdiff_Lasp_Paasche_Wert

Die Anwendung besteht aus einem Tabellenblatt „Simulation".

In der **Simulation** werden Güterpreise und -mengen der Basisperiode und der Berichtsperiode angegeben. Daraus wird automatisch die Arbeitstabelle für die Indexberechnung erstellt. Aus den Summen der Arbeitstabelle werden die Preis- und Mengenindizes nach Laspeyres und nach Paasche (in %) berechnet und die jeweilige Differenz ausgewiesen. Zusätzlich wird der Wertindex ermittelt.

A_1302: Aufgaben

In dieser Simulation werden (in 3 Zahlenvarianten) für 3 Güter die Mengen und Preise der Basis- und Berichtsperiode angegeben.

a) Interpretieren Sie die Arbeitstabelle, Zwischen- und Endergebnisse der Index-berechnungen in den Varianten 1 bis 3. Achten Sie dabei insbesondere auf die Differenzen der Preis- und Mengenindizes.
b) Löschen Sie die Werte und arbeiten Sie mit eigenen Angaben weiter. Interpre-tieren Sie die Ergebnisse!

A_1302: Lösungshinweise

Index-Differenzen (Laspeyres, Paasche, Wert)							Variante 1
i	p_{i0}	p_{it}	q_{i0}	q_{it}	$p_{i0}q_{i0}$	$p_{it}q_{i0}$	$p_{i0}q_{it}$	$p_{it}q_{it}$
1	10	15	6	5	60	90	50	75
2	20	25	8	7	160	200	140	175
3	30	25	10	13	300	250	390	325
Summe	-	-	-	-	520	540	580	575

$$P^L_{01} = \frac{540}{520} \cdot 100 = 103,85$$

$$P^P_{01} = \frac{575}{580} \cdot 100 = 99,14$$

Diff:P^L-P^P 4,71

$$Q^L_{01} = \frac{580}{520} \cdot 100 = 111,54$$

$$Q^P_{01} = \frac{575}{540} \cdot 100 = 106,48$$

Diff:Q^L-Q^P 5,06

Löschen

$$U_{01} = \frac{575}{520} \cdot 100 = 110,58$$

Hinweis: Indexwerte in % und Differenzen in %-Punkten !

A_1302_Indexdiff_Lasp_Paasche_Wert

Variante 1 (siehe Abb.): Hier liegt ein Substitutionseffekt von den „teurer werden-den" zu den „billiger werdenden" Gütern vor. Die beiden ersten Güter, deren Prei-se steigen, werden in der Berichtsperiode weniger nachgefragt. Das dritte Gut, dessen Preis sinkt, wird in der Berichtsperiode stärker nachgefragt. Während der Laspeyres-Preisindex eine durchschnittliche Preiserhöhung von 3,85% ausweist, zeigt der Paasche-Index einen Preisrückgang von knapp 1% an. Durch die An-wendung der Paasche-Formel ist die Gewichtung der Güter mit Preisanstieg im Vergleich zur Laspeyres-Formel deutlich niedriger.

Bei den Mengenindizes liegen ähnliche Unterschiede vor. Der Wertindex bringt einen Anstieg der Gesamtausgaben um etwas mehr als 10% zum Ausdruck. Die-ser Anstieg setzt sich aus der Preissteigerung von knapp 4% (Laspeyres-Index) und der Mengensteigerung von etwa 6% (Paasche-Index) zusammen.

Variante 2: Die beiden Preisindizes nach Paasche und nach Laspeyres sind gleich groß, da die Gütermengen in Basis- und Berichtsperiode identisch sind. Diese Gü-termengen gehen in der Berichtsperiode jeweils auf die Hälfte des Wertes der Ba-sisperiode zurück. Daher sind die beiden Mengenindizes nach Paasche und nach Laspeyres ebenfalls gleich groß, unabhängig von den unterschiedlichen Preisen in Basis- und Berichtsperiode. Das Ergebnis des Wertindex von knapp 70% ergibt sich aus einer Preissteigerung und einem Mengenrückgang.

In Variante 3 liegen für alle Güter Mengensteigerungen von +1 Einheit vor. Da dies nur eine unwesentliche Änderung der Mengengewichtung ausdrückt, sind die Er-gebnisse der Preisindizes nach Laspeyres und nach Paasche etwa identisch. Auch die Mengenindizes sind ungefähr gleich groß, da sich die Preise der 3 Güter parallel entwickeln. Der Anstieg des Wertindex setzt sich aus Preis- und Mengen-steigerung zusammen.

📂 Anwendung A_1303_Preisindex_Laspeyres_Mittelwert

Die Anwendung besteht aus den beiden Tabellenblättern „Simulation 1" und „Simulation 2".

In **Simulation 1** werden für 5 Güter die Preise und Mengen der Basis- und Berichtsperiode angegeben. Daraus werden die Ausgaben und die Ausga-benanteile der Basisperiode ermittelt sowie die Preismesszahlen berechnet und mit den Ausgabenanteilen gewichtet. Die Summe dieser gewichteten Preismesszahlen wird als Preisindex nach Laspeyres ausgewiesen.

In **Simulation 2** finden sich für 10 Güter die Preismesszahlen, Ausgaben und Ausgabenanteile. Das Produkt aus Messzahl und Ausgabenanteil wird ermittelt, die Summe der Produkte ergibt den Preisindex nach Laspeyres. Für das 10. Gut können Preismesszahl und Ausgaben verändert und die Auswirkungen auf das Ergebnis des Preisindex nachvollzogen werden.

A_1303: Aufgaben

- **A_1303: Simulation 1**

In dieser Simulation werden (in 3 Zahlenvarianten) die Mengen und Preise der Basis- und Berichtsperiode für 5 Güter angegeben.

a) Interpretieren Sie Ausgaben, Ausgabenanteile und Preismesszahlen sowie das Ergebnis der Indexberechnung in den Varianten 1 bis 3.
b) Löschen Sie die Werte und arbeiten Sie mit eigenen Angaben weiter. Interpretieren Sie die Ergebnisse!

- **A_1303: Simulation 2**

In dieser Simulation werden (in 3 Zahlenvarianten) Preismesszahlen und Ausgaben sowie Ausgabenanteile für 10 Güter angegeben.

a) Interpretieren Sie die Arbeitstabelle und die Indexberechnung in den Varianten 1 bis 3. Achten Sie dabei insbesondere auf die Werte beim 10. Gut.
b) Löschen Sie die Werte beim 10. Gut und arbeiten Sie mit eigenen Angaben weiter. Interpretieren Sie die Ergebnisse!

A_1303: Lösungshinweise

- **Lösungshinweise A_1303: Simulation 1**

					Ausgaben in Basis-periode $p_{i0}q_{i0}$	Ausgaben-Anteile g_i (%)	Preis-Meßzahl p_{it}/p_{i0}	Preis-Meßzahl * Ausgaben-Anteil
i	p_{i0}	p_{it}	q_{i0}	q_{it}				
1	1,00	2,00	4,00	4,00	4	5,00	2,00	10,00
2	2,00	3,00	6,00	5,00	12	15,00	1,50	22,50
3	3,00	4,00	5,00	5,00	15	18,75	1,33	25,00
4	4,00	5,00	6,00	5,00	24	30,00	1,25	37,50
5	5,00	6,00	5,00	6,00	25	31,25	1,20	37,50
Summe	-	-	-	-	80	100,00	-	132,50

Preisindex nach Laspeyres als Mittelwert von Meßzahlen — Variante 1

$$P_{0t}^L = \sum_{i=1}^{n} \frac{p_{it}}{p_{i0}} g_i = 132,50 \ \%$$

Löschen

A_1303_Preisindex_Laspeyres_Mittelwert (Tabellenblatt „Simulation 1")

In Variante 1 (siehe Abb.) beträgt die Summe der Ausgaben in der Basisperiode 80. Daraus ergeben sich die Ausgabenanteile in der Tabelle, die zwischen 5% (1. Gut) und 31,25% (5. Gut) liegen. Diese Ausgabenanteile stellen die Gewichte der Preismesszahlen dar. Die Preismesszahlen drücken Preiserhöhungen zwischen 20% beim 5. Gut (Messzahl = 1,2) und 100% beim 1. Gut (Messzahl = 2,0) aus. Der Preisindex nach Laspeyres liegt als gewogenes arithmetisches Mittel aller Preismesszahlen bei 132,5%.

In Variante 2 beträgt die Summe der Ausgaben 75. Die Preismesszahlen liegen zwischen 0,4 und 2,0. Es ergeben sich insgesamt drei Preisrückgänge (Güter 3 bis 5) , ein gleichbleibender (2. Gut) und ein steigender Preis (1. Gut). Die Summe der gewogenen Preismesszahlen (jeweils zufällig 13,33) weist mit 66,67 einen durchschnittlichen Preisrückgang um 1/3 aus.

Variante 3 zeigt für die Preismesszahlen zwischen 1,2 und 2,0, bei Ausgabenanteilen zwischen 6,06% und 30,3%, einen Indexwert von 133,3%.

- **Lösungshinweise A_1303: Simulation 2**

	Preismeßzahl p_{it}/p_{i0}	Ausgaben	Ausgaben-anteile in %	Meßzahl * Ausg.-Anteil
Preisindex als Mittelwert von Meßzahlen				Variante 1
i				
1	0,90	5	10,00	9,00
2	0,90	5	10,00	9,00
3	1,20	5	10,00	12,00
4	1,20	5	10,00	12,00
5	1,05	5	10,00	10,50
6	1,03	5	10,00	10,30
7	1,02	5	10,00	10,20
8	1,01	5	10,00	10,10
9	1,02	5	10,00	10,20
10	1,10	5	10,00	11,00
Summe	-	50	100,00	104,30

$$P^L_{01} = \quad 104,30$$

A_1303_Preisindex_Laspeyres_Mittelwert (Tabellenblatt „Simulation 2")

In Variante 1 (siehe Abb.) sind alle Ausgaben gleich groß. Damit ergeben sich Ausgabeanteile von jeweils 10% für alle Güter. Das 10. Gut weist eine Preismesszahl von 1,1 auf. Die durchschnittliche Preiserhöhung liegt bei 4,3%.

Da in Variante 2 die Ausgaben für das 10. Gut auf 10 ansteigen, liegt dessen Ausgabenanteil mit 18,18% doppelt so hoch wie bei den übrigen Gütern (9,09%). Das Indexergebnis liegt mit 4,82% über dem Ergebnis der Variante 1. Die Preissteigerung von 10% beim 10. Gut erhält jetzt eine höhere Gewichtung.

In Variante 3 liegt dieselbe Ausgabenverteilung wie in Variante 1 vor. Die Preismesszahl ist mit 2,0 allerdings deutlich höher als vorher. Dies bewirkt ein wesentlich höheres Indexergebnis von 113,30% und damit eine im Durchschnitt fast 3 mal so große Preissteigerung wie in Variante 1.

Anwendung A_1304_Preisindex_Lebenshaltung

Die Anwendung besteht aus einem Tabellenblatt „Simulation".

In der **Simulation** wird der Preisindex der Lebenshaltung nach Laspeyres aus den Subindizes für 12 Gütergruppen, gewogen mit den Ausgabenanteilen (in Promille), ermittelt. Bei zwei Gütergruppen können die Subindizes verändert werden.

A_1304: Aufgaben

In dieser Simulation wird (in 3 Zahlenvarianten) der Preisindex der Lebenshaltung in der Bundesrepublik Deutschland ermittelt. Für die 12 Hauptgruppen des Preisindex sind die jeweiligen Preisänderungen als Subindizes angegeben.

a) Interpretieren Sie die Arbeitstabelle und die Indexberechnung in den Varianten 1 bis 3. Achten Sie dabei insbesondere auf die Angaben für „Nachrichtenübermittlung" und „Freizeit und Kultur" (Gütergruppen 8 und 9).
b) Löschen Sie die Subindizes der Gütergruppen 8 und 9 und arbeiten Sie mit eigenen Angaben weiter. Interpretieren Sie die Ergebnisse!

A_1304: Lösungshinweise

Die Subindizes aller Gütergruppen (außer Gruppe 8 und 9) betragen jeweils 100,00.

In Variante 1 (siehe Abb.) gehen die Preise für Nachrichtenübermittlung (Telefongebühren etc.) um 10% zurück, die Preise für Freizeit und Kultur steigen um 10%. Wegen der Gewichtung von Nachrichtenübermittlung mit 2,266% und Freizeit/Kultur mit 10,357% ergibt sich insgesamt eine Preissteigerung von 0,81%.

In Variante 2 ist der Preisrückgang bzw. -anstieg für Nachrichtenübermittlung bzw. Freizeit/Kultur deutlicher ausgeprägt als in Variante 1. Aufgrund der stärkeren Gewichtung von Freizeit/Kultur ergibt sich jetzt ein höherer Preisanstieg von 1,62%.

In Variante 3 weist nur noch die Nachrichtenübermittlung einen deutlichen Preisrückgang auf. Alle übrigen Subindizes betragen 100%. Damit ergibt sich insgesamt ein Preisindex von 99,55%. Dieser Rückgang um 0,45% setzt sich aus 20% Preisrückgang und 2,266% Gewichtung bei Nachrichtenübermittlung zusammen.

i	Hauptgruppen	Gewicht	Subindex	Subi.*Gew.
1	Nahrungsmittel, Getränke	131,26	100,00	13,13
2	Alkohol. Getränke, Tabakw.	41,67	100,00	4,17
3	Bekleidung und Schuhe	68,76	100,00	6,88
4	Wohnung, Wasser, Energie	274,77	100,00	27,48
5	Hausrat incl. Instandhaltung	70,56	100,00	7,06
6	Gesundheitspflege	34,39	100,00	3,44
7	Verkehr	138,82	100,00	13,88
8	Nachrichtenübermittlung	22,66	90,00	2,04
9	Freizeit und Kultur	103,57	110,00	11,39
10	Bildungswesen	6,51	100,00	0,65
11	Hotels und Gaststätten	46,08	100,00	4,61
12	Versch. Waren und Dienstl.	60,95	100,00	6,10
Summe		1000,00	-	100,81

Preisindex der Lebenshaltung — Variante 1

$$P^L_{01} = 100,81$$

Löschen

A_1304_Preisindex_Lebenshaltung

Anwendung A_1305_Preisindex_Fisher_Lowe

Die Anwendung besteht aus einem Tabellenblatt „Simulation".

In der **Simulation** werden Güterpreise und -mengen der Basis- und Berichtsperiode angegeben. Die Arbeitstabelle wird ergänzt um die Produkte von Preisen und Mengen für die Indexberechnung nach Laspeyres und nach Paasche. Für die Ermittlung des Lowe-Index werden die periodenübergreifenden Mengendurchschnitte berechnet und mit den Preisen der Basis- bzw. Berichtsperiode multipliziert. Der Preisindex nach Fisher wird als geometrisches Mittel der Preisindizes nach Laspeyres und nach Paasche ausgewiesen. Der Preisindex nach Lowe wird aus den entsprechenden Zwischensummen ermittelt.

A_1305: Aufgaben

In dieser Simulation werden (in 3 Zahlenvarianten) die Preise und Mengen für 3 Güter in der Basis- und Berichtsperiode angegeben.

a) Interpretieren Sie die Arbeitstabelle und die Indexberechnung in den Varianten 1 bis 3. Beachten Sie insbesondere die Berechnung der periodenübergreifenden Gewichte und die unterschiedlichen Ergebnisse der Indexzahlen nach Laspeyres, Paasche, Fisher und Lowe.
b) Löschen Sie die Preise und Mengen und arbeiten Sie mit eigenen Angaben weiter. Interpretieren Sie die Ergebnisse!

A_1305: Lösungshinweise

Die Güter 1 und 2 weisen starke Preissteigerungen auf. Der Preis des 3. Gutes geht deutlich zurück.

In Variante 1 (siehe Abb.) steigt die Menge des billiger werdenden Gutes 3. Die Menge des Gutes 1 bleibt konstant, die Menge des teurer werdenden Gutes 2 geht zurück. Wegen dieses Substitutionseffekts liegt der Wert des Preisindex nach Laspeyres mit 114,29% deutlich über dem Wert des Paasche-Index (108,11%). Der Preisindex nach Fisher gleicht diese beiden Werte als geometrisches Mittel aus und zeigt das Ergebnis von 111,15%. Einen ähnlichen Ausgleich bewirkt auch die Berechnung der Durchschnittsmengen für den Lowe-Index. Die Indexformel führt zu einem ähnlichen Ergebnis (111,11%) wie die Formel nach Fisher.

	Indexzahlen nach Fisher und nach Lowe									Variante 1	
i	p_{i0}	p_{it}	q_{i0}	q_{it}	$p_{i0}q_{i0}$	$p_{it}q_{i0}$	$p_{i0}q_{it}$	$p_{it}q_{it}$	q_i	$p_{i0}q_i$	$p_{it}q_i$
1	1	2	5	5	5	10	5	10	5,0	5,0	10,0
2	2	3	5	4	10	15	8	12	4,5	9,0	13,5
3	4	3	5	6	20	15	24	18	5,5	22,0	16,5
Summe	-	-	-	-	35	40	37	40	15,0	36,0	40,0

$$P^F_{01} = \sqrt{114,29 \cdot 108,11} = \mathbf{111,15}$$

$$\text{Diff.:} P^F - P^{Lo} \quad \mathbf{0,04}$$

$$P^{Lo}_{01} = \frac{40}{36,0} \cdot 100 = \mathbf{111,11}$$

$$P^L_{01} = \frac{40}{35} \cdot 100 = \mathbf{114,29}$$

$$\text{Diff.:} P^L - P^P \quad \mathbf{6,18}$$

Löschen

$$P^P_{01} = \frac{40}{37} \cdot 100 = \mathbf{108,11}$$

A_1305_ Preisindex_Fisher_Lowe

In Variante 2 steigen die Mengen des teurer werdenden 1. bzw. 2. Gutes von 5 auf 7 bzw. 8 Einheiten an. Auch beim dritten Gut liegt ein Mengenanstieg von 13 auf 14 vor. Diese im Vergleich zu den ersten beiden Gütern deutlich größere Menge bewirkt eine sehr hohe Gewichtung des Preisrückgangs dieses Gutes bei der Indexberechnung. Der Preisindex nach Laspeyres zeigt daher einen Preisrückgang auf 95,52%. Der Preisindex nach Paasche weist dagegen einen durchschnittlichen Preisanstieg auf 101,27% aus. Hier haben die ersten beiden Güter mit steigenden Preisen ein relativ stärkeres Gewicht. Die Berechnungen nach Fisher und nach Lowe gleichen die Unterschiede dieser beiden Indexergebnisse aus und führen zu einem durchschnittlichen Preisrückgang von etwas mehr als 1%.

In Variante 3 sind die Gütermengen für alle 3 Güter gleich groß. Außerdem gehen sie im Zeitverlauf um den gleichen Betrag zurück. Dies bewirkt identische Ergebnisse für alle vier Preisindizes. Die Berechnungen der Durchschnittsmengen bzw. des geometrischen Mittels verändern das Ergebnis nicht.

Anwendung A_1306_Preisbereinigung

Die Anwendung besteht aus einem Tabellenblatt „Simulation".

In der **Simulation** werden aus den Mengen und Preisen der Basis- und Berichtsperiode die Produkte für die Indexberechnungen nach Laspeyres und Paasche ermittelt und die Indexergebnisse angegeben.

Der Wertindex (Umsatzindex) ist Ausgangspunkt der Preisbereinigung, die mit dem Preisindex nach Laspeyres und mit dem Preisindex nach Paasche vorgenommen wird.

A_1306: Aufgaben

In dieser Simulation werden (in 3 Zahlenvarianten) für 5 Güter die Preise und Mengen der Basis- und Berichtsperiode angegeben.

a) Interpretieren Sie in den Varianten 1 bis 3 die Ergebnisse des Wert- und des Preisindex sowie der Preisbereinigung. Achten Sie dabei auf die Unterschiede, die sich aus der Anwendung des Laspeyres- und des Paasche-Preisindex ergeben.
b) Löschen Sie die Preise und Mengen und arbeiten Sie mit eigenen Angaben weiter. Interpretieren Sie die Ergebnisse!

A_1306: Lösungshinweise

	Preisbereinigung							Variante 1
i	p_{i0}	p_{it}	q_{i0}	q_{it}	$p_{i0}q_{i0}$	$p_{it}q_{i0}$	$p_{i0}q_{it}$	$p_{it}q_{it}$
1	10	11	4	5	40	44	50	55
2	20	22	4	4	80	88	80	88
3	20	21	3	4	60	63	80	84
4	30	33	6	7	180	198	210	231
5	40	42	6	6	240	252	240	252
Summe	-	-	-	-	600	645	660	710

$$U_{01} = \frac{710}{600} \cdot 100 = 118{,}33$$

$$P^L_{01} = \frac{645}{600} \cdot 100 = 107{,}50$$

$$Q^P_{01} = \frac{118{,}33}{107{,}50} \cdot 100 = \frac{710}{645} \cdot 100 = 110{,}08$$

$$P^P_{01} = \frac{710}{660} \cdot 100 = 107{,}58$$

Löschen

$$Q^L_{01} = \frac{118{,}33}{107{,}58} \cdot 100 = \frac{660}{600} \cdot 100 = 110{,}00$$

A_1306_Preisbereinigung

Variante 1 (siehe Abb.): Der Wertindex zeigt einen Anstieg des Umsatzes bzw. der Ausgaben um insgesamt 18,33% an. Davon entfallen 7,5% auf Preissteigerungen (Laspeyres-Index) und 10,08% auf Mengensteigerungen (Paasche-Index). Mathematisch liegt hier eine multiplikative Verknüpfung der beiden Indexzahlen vor (1,1075 · 1,1008 = 1,1183). Ein ähnliches Ergebnis resultiert bei Verwendung des Paasche-Preisindex zur Preisbereinigung.

In Variante 2 geht die Erhöhung des Wertindex fast ausschließlich auf die Preiserhöhung zurück. Die Preisbereinigung mit dem Preisindex nach Laspeyres ergibt einen Mengenindex von 99,84%. Dies bedeutet, dass die Mengen zurückgehen (realer Rückgang). Die Preisbereinigung mit dem Paasche-Index zeigt eine konstante Mengenentwicklung.

Variante 3: Hier liegt eine wertmäßige Erhöhung um 1,83% vor. Dieser Anstieg des Wertindex geht ausschließlich auf eine Preiserhöhung (7,5%) zurück. Nach Preisbereinigung ergibt sich ein mengenmäßiger Rückgang um ca. 5%.

📂 Anwendung A_1307_Umbasierung

Die Anwendung besteht aus einem Tabellenblatt „Simulation".

In der **Simulation** wird eine Zeitreihe von Indexzahlen angegeben. Zusätzlich werden die Veränderungen in %-Punkten und die Veränderungsraten in % ausgewiesen. Das Basisjahr ist frei wählbar.

A_1307: Aufgaben

Die Simulation liefert (in 3 Zahlenvarianten) die Indexzahlen für 5 Jahre in %.

a) Interpretieren Sie in den Varianten 1 bis 3 die Indexzahlen, die jährlichen Veränderungen und Veränderungsraten. Wählen Sie ein Basisjahr zur Umbasierung aus und interpretieren Sie die Ergebnisse.
b) Löschen Sie die Werte und arbeiten Sie mit eigenen Angaben weiter. Interpretieren Sie die Ergebnisse!

A_1307: Lösungshinweise

* **Lösungshinweise A_1307: Simulation – Variante 1 (mit Basisjahr 1996)**

Die Zeitreihe der Indexzahlen (siehe Abb.) weist einen jährlichen Anstieg von jeweils 10%-Punkten auf. Dies ergibt eine Reihe von Veränderungsraten, die (wegen des kontinuierlichen Anstiegs) mit 10,0 beginnt und mit 7,7 endet. Eine Umbasierung auf die Basisjahre 1997, 1998 usw. bewirkt einen Rückgang der jährlichen Veränderungen in %-Punkten. Die jährlichen Veränderungsraten werden von der Umbasierung nicht beeinflußt.

Umbasierung						Variante 1 ▾
	Jahr	1996	1997	1998	1999	2000
	Index in %					
	1996 => 100	100,0	110,0	120,0	130,0	140,0
Basisjahr	1996 => 100	100,0	110,0	120,0	130,0	140,0
	Veränderung in %-Punkten					
	1996 => 100	-	10,0	10,0	10,0	10,0
	1996 => 100	-	10,0	10,0	10,0	10,0
	Veränderungsrate in %					
Löschen	1996 => 100	-	10,0	9,1	8,3	7,7
	1996 => 100	-	10,0	9,1	8,3	7,7

A_1307_Umbasierung

- **Lösungshinweise A_1307: Simulation – Variante 2 (mit Basisjahr 1998)**

Die Indexreihe weist abwechselnd Anstiege und Rückgänge auf. Die Veränderungen in %-Punkten und die Veränderungsraten sind daher zweimal negativ und zweimal positiv. Diese Vorzeichen ändern sich durch eine Umbasierung nicht. Das Niveau des ausgewählten Basisjahres beeinflußt die Größe der Veränderungen in %-Punkten. Die prozentualen Veränderungsraten bleiben unverändert.

- **Lösungshinweise A_1307: Simulation – Variante 3 (mit Basisjahr 2000)**

In dieser Zeitreihe liegen drei Anstiege und ein Rückgang des Index vor. Durch die Vorgabe des Basisjahres 2000 beziehen sich alle Indexzahlen auf den letzten Wert der Reihe von 130,0. Die Umbasierung auf davor liegende Jahre läßt die prozentualen Veränderungsraten konstant, beeinflußt aber die Änderungen in %-Punkten. Diese %-Punktzahlen steigen an, wenn der neue Basiswert kleiner als 130 ist, sie sinken, wenn der neue Basiswert größer ist.

TEIL III   ZWEIDIMENSIONALE DESKRIPTIVE STATISTIK

14. Zweidimensionale Häufigkeitsverteilung

14.1 Grundlagen

Die zweidimensionale statistische Analyse untersucht die Art und Stärke des Zusammenhangs zweier Variablen anhand von Fragestellungen wie z.B.:
- Hängt die Meinung der Kunden über ein Produkt (Variable X) mit der Meinung über das gesamte Unternehmen (Variable Y) zusammen?
- Gibt es einen Zusammenhang der Klausurnoten in Mathematik und Statistik?

Zweidimensionale Häufigkeitsverteilung

= Zuordnung von Wertepaaren zweier statistischer Variablen zu den dazugehörigen zweidimensionalen Häufigkeiten

---

Die Wertepaare der Ausprägungen für zwei Variablen werden entweder als zweidimensionale Urliste oder als zweidimensionale Häufigkeitsverteilung dargestellt, wobei die nachfolgenden Symbole und Formeln zur Anwendung kommen.

Symbol	Formel	Bedeutung	Beispiel (siehe Abb.14.1 bis 14.3)
n		Umfang der statistischen Gesamtheit	200
X		Erste Variable	Meinung über Produkt X
Y		Zweite Variable	Meinung über Unternehmung Y
i		Laufindex der Merkmalsträger; Laufindex der Urliste (i läuft von 1 bis n)	1, 2 ... 200
x_i, y_i		Wertepaar der zweidimensionalen Urliste für den i-ten Merkmalsträger	z.B. (-1;-1) (-1;0) ...
m, l		Anzahl unterschiedlicher Werte der Variablen X bzw. Y	3 bzw. 3
j, k		Laufindizes der Verteilungen X bzw. Y; kombinierter Laufindex der zweidimensionalen Verteilung	(1;1), (1;2) ... ... (3;3)

Symbol	Formel	Bedeutung	Beispiel
x_j, y_k		Einzelne Werte der Häufigkeitsverteilungen X bzw. Y	-1, 0, 1 bzw. -1, 0, 1
f_{jk}		Zweidimensionale Häufigkeit der jk-ten Ausprägung	5, 30, 60 ...
$f_{j.}$, $f_{.k}$		Absolute Häufigkeit in der X- bzw. der Y-Dimension (Randhäufigkeit)	95, 50, 55 bzw. 25, 55, 120
h_{jk}	f_{jk} / n	Relative zweidimensionale Häufigkeit	5/200, 30/200, 60/200 ...
h'_{jk}	$h_{jk} \cdot 100$	Relative prozentuale zweidimensionale Häufigkeit	2,5%, 15%, 30% ...
$f_{j\,\|\,k}$		Bedingte Häufigkeit für x_j, wenn Y den Wert y_k hat	5 für x = -1 wenn y = -1 ist
$f_{k\,\|\,j}$		Bedingte Häufigkeit für y_k, wenn X den Wert x_j hat	10 für y = 0 wenn x = 1 ist
$h'_{j\,\|\,k}$		Prozentuale bedingte Häufigkeit für x_j	20%, 40%, 40% für x wenn y = -1 ist
$h'_{k\,\|\,j}$		Prozentuale bedingte Häufigkeit für y_k	20%, 30%, 50% für y wenn x = 0 ist

Excel-Tabellenkalkulation

Eine zweidimensionale Verteilung muss mit den Funktionen der Excel-Tabellenkalkulation erstellt werden, da keine Standardfunktionen zur Verfügung stehen.

Beispiel: Ein **Automobilhersteller** hat einen neuen **Kleinwagen** auf den Markt gebracht. Der Kleinwagen hat derzeit noch keinen guten Ruf auf dem Markt. Nun soll untersucht werden, ob ein Zusammenhang zwischen der Kundenmeinung über den Kleinwagen (Variable X) und der Kundenmeinung über die gesamte Unternehmung (Variable Y) vorliegt.

Die nachfolgende Tabelle in Abb. 14.1 stellt die zweidimensionale Verteilung dar, wobei als Excel-Funktionen der Tabellenkalkulation die Summenbildungen für die Randspalten und -zeilen eingesetzt werden. Die Randverteilungen zeigen eine insgesamt eher negative Einschätzung des Produkts (Variable X) und eine eher positive Gesamteinschätzung der Unternehmung (Variable Y). Die dazugehörigen zweidimensionalen relativen Häufigkeiten zeigt die Abb. 14.2. Die relativen Häufigkeiten entstehen nach Division der absoluten Häufigkeiten durch den Umfang der Gesamtheit von 200.

Meinung X \ Meinung Y	-1	0	1	insgesamt
-1	5	30	60	95
0	10	15	25	50
1	10	10	35	55
insgesamt	25	55	120	200

Abb. 14.1: Zweidimensionale Verteilung mit absoluten Häufigkeiten

Meinung X \ Meinung Y	Häufig-keiten	-1	0	1	insgesamt
-1	f_{jk}	5	30	60	95
	h'_{jk}	2,5	15,0	30,0	47,5
0	f_{jk}	10	15	25	50
	h'_{jk}	5,0	7,5	12,5	25,0
1	f_{jk}	10	10	35	55
	h'_{jk}	5,0	5,0	17,5	27,5
insgesamt		25	55	120	200
		12,5	27,5	60,0	100,0

Abb. 14.2: Zweidimensionale Verteilung mit absoluten und relativen Häufigkeiten

Zur Beurteilung des Zusammenhangs der beiden Variablen können die jeweiligen bedingten Verteilungen herangezogen werden. Die Abbildung 14.3 zeigt die bedingten Verteilungen der Variablen Y in Abhängigkeit von der Variablen X. Die bedingten Verteilungen sind untereinander ähnlich und weisen damit auch eine ähnliche Form wie die Randverteilung auf. Dies bringt zum Ausdruck, dass die insgesamt eher positive Gesamtmeinung über die Unternehmung (Variable Y) weitgehend davon unabhängig ist, ob die Meinung über das Produkt (Variable X) positiv oder negativ ist.

Meinung Y / Meinung X	Häufig-keiten	-1	0	1	insgesamt
-1	f_{jk}	5	30	60	95
	$h'_{k\,|\,j}$	5,3	31,6	63,2	100,0
0	f_{jk}	10	15	25	50
	$h'_{k\,|\,j}$	20,0	30,0	50,0	100,0
1	f_{jk}	10	10	35	55
	$h'_{k\,|\,j}$	18,2	18,2	63,6	100,0
insgesamt		25	55	120	200
		12,5	27,5	60,0	100,0

Abb. 14.3: Zweidimensionale Verteilung mit bedingten Häufigkeiten Y (unter Bedingung X)

Die bedingten Häufigkeiten in Abb. 14.3 werden berechnet, indem jede Randhäufigkeit der Variablen X gleich 100 gesetzt wird. Dadurch entstehen in jeder Zeile der Tabelle relative bedingte Häufigkeitsverteilungen für die Variable Y, die in der Summe jeweils 100% ergeben.

Grafische Darstellung

Für die grafische Darstellung einer zweidimensionalen Verteilung kann ein 3-D-Säulendiagramm und ein Streuungsdiagramm verwendet werden.

Hinweise zur Excel-Erstellung eines 3-D-Säulendiagramms

Mit dem Diagramm-Assistenten wird der Grafiktyp **Säule – Säulen (3D)** gewählt. Vorher werden die zweidimensionalen Häufigkeiten angeklickt und anschließend kann die Grafik (bei Bedarf) umformatiert werden.

Hinweise zur Excel-Erstellung eines Streuungsdiagramms

Excel bietet über den Diagramm-Assistenten mit **Punkt (XY)** eine bequeme Funktion zur Erstellung von Streuungsdiagrammen. Die Funktion ist dann gut geeignet, wenn jedes Wertepaar nur einmal vorkommt. Excel stellt allerdings auch bei Mehrfachbesetzungen im Streuungsdiagramm das Wertepaar als einen einfachen Punkt dar!

Einige Details zu den grafischen Darstellungen der zweidimensionalen Verteilung und ihre Interpretation werden im Rahmen der nachfolgenden interaktiven Excel-Anwendungen Übungen erörtert.

14.2 Interaktive Excel-Anwendungen (Download)

📂   **Anwendung A_1401_Zweidimensionale_Verteilung**

Die Anwendung besteht aus einem Tabellenblatt „Übung" und einem Tabellenblatt „Simulation".

In der **Übung** werden Ausprägungen für die Variablen X und Y als Wertepaare angegeben. Aus dieser zweidimensionalen Urliste sind die zweidimensionalen Häufigkeiten zu ermitteln und in eine Kreuztabelle zu übertragen. Dort sind zusätzlich die Randhäufigkeiten zu berechnen.

In der **Simulation** werden zweidimensionale absolute Häufigkeiten in einer Kreuztabelle angegeben und automatisch in relative zweidimensionale Häufigkeiten (in %) umgerechnet. Auch für die absoluten Randhäufigkeiten werden relative Häufigkeiten ausgewiesen.

A_1401: Aufgaben

- **A_1401: Übung – Varianten 1 bis 3**

18 Personen werden zu ihrer Zufriedenheit mit der Dienstleistung A im Restaurant (Variable X) und der Dienstleistung B im Zimmerservice (Variable Y) in einem Hotelbetrieb befragt. Für die Variablen X bzw. Y werden dabei jeweils die Ausprägungen -1 (unzufrieden), 0 (teils/ teils) und 1 (zufrieden) verwendet.

Berechnen Sie (für die 3 Zahlenvarianten) auf der Basis der zweidimensionalen Urliste die absoluten zweidimensionalen Häufigkeiten und die dazugehörigen Randhäufigkeiten. Interpretieren Sie das Ergebnis.

- **A_1401: Simulation**

Die Simulation liefert (in 3 Zahlenvarianten) absolute zweidimensionale Häufigkeiten. Daraus entstehen die Randhäufigkeiten und alle relativen Häufigkeiten.

a) Interpretieren Sie in den Varianten 1 bis 3 die Häufigkeitsverteilungen in der Kreuztabelle.
b) Löschen Sie die absoluten Häufigkeiten und arbeiten Sie mit eigenen Angaben weiter. Interpretieren Sie die Ergebnisse!

A_1401: Lösungen

- **Lösung A_1401: Übung – Varianten 1 bis 3**

Richtige Lösung: Alle Eingaben sind blau unterlegt!

Zweidimensionale Verteilung (absolut)					Variante 1 ▾
Variable X \ Variable Y	-1	0	1	insgesamt	
-1	4	1	1	6	
0	1	4	1	6	
1	1	1	4	6	
insgesamt	6	6	6	18	Löschen

URLISTE	i	1	2	3	4	5	6	7	8	9
	X	-1	-1	-1	-1	-1	-1	0	0	0
	Y	-1	-1	-1	-1	0	1	-1	0	0
	i	10	11	12	13	14	15	16	17	18
	X	0	0	0	1	1	1	1	1	1
	Y	0	0	1	-1	0	1	1	1	1

A_1401_Zweidimensionale_Verteilungen (Tabellenblatt „Übung")

Variante 1 (siehe Abb.): Die Kreuztabelle drückt durch die starke Besetzung der Hauptdiagonalen eine Abhängigkeit der beiden Variablen X und Y aus. Wer mit der Dienstleistung A unzufrieden ist, ist auch mit der Dienstleistung B unzufrieden. Wer mit der Dienstleistung A zufrieden ist, ist dies auch mit der Dienstleistung B.

In Variante 2 ist in jeder Zeile der Variablen X eine Gleichverteilung zu erkennen. Auch die Randverteilung entspricht einer Gleichverteilung, so dass die Variablen X und Y unabhängig voneinander sind.

Auch in Variante 3 liegen Gleichverteilungen vor, wobei sämtliche Zellen der Kreuztabelle mit der Häufigkeit 2 besetzt sind. Auch hier sind die Variablen X und Y voneinander unabhängig.

- **Lösungshinweise A_1401: Simulation**

Variante 1 (siehe Abb.): Alle Zellen der Kreuztabelle weisen zweidimensionale Häufigkeiten von größer 0 auf. Die relativen zweidimensionalen Häufigkeiten liegen zwischen 3% (= 1/33) und 21,2% (= 7/33). Die absoluten Randhäufigkeiten addieren sich für X bzw. Y jeweils zu 33, die relativen Randhäufigkeiten zu 100%.

In Variante 2 sind nur die Wertepaare auf der Nebendiagonalen der Kreuztabelle besetzt. Die Summe der absoluten Häufigkeiten auf der Diagonalen ist gleich dem Umfang der Gesamtheit (= 20), die Summe der dazugehörigen relativen Häufigkeiten ist gleich 100%. Alle Zellen der Kreuztabellen außerhalb der Diagonalen weisen Häufigkeiten von 0 auf.

In Variante 3 sind alle Zellen mit einer absoluten Häufigkeit von 3 bzw. einer relativen Häufigkeit von 11,1% belegt.

Zweidimensionale Verteilung (absolut und relativ)					Variante 1 ▾
Variable Y Variable X	Häufig-keiten	-1	0	1	insgesamt
-1	f_{jk}	1	2	3	6
	h'_{jk}	3,0	6,1	9,1	18,2
0	f_{jk}	2	3	4	9
	h'_{jk}	6,1	9,1	12,1	27,3
1	f_{jk}	5	6	7	18
	h'_{jk}	15,2	18,2	21,2	54,5
insgesamt		8	11	14	33
		24,2	33,3	42,4	100,0
	Löschen				

A_1401_Zweidimensionale_Verteilungen (Tabellenblatt „Simulation")

📂 **Anwendung A_1402_Zweidimensionale_Verteilung_3D**

Die Anwendung besteht aus den beiden Tabellenblättern „Simulation 1" und „Simulation 2".

- In **Simulation 1** entsteht aus einer absoluten zweidimensionalen Häufig-keitsverteilung ein dreidimensionales Säulendiagramm.

- In **Simulation 2** werden für absolute zweidimensionale Häufigkeiten rela-tive Häufigkeiten berechnet und in einem dreidimensionalen Säulendia-gramm dargestellt.

A_1402: Aufgaben

Hier werden (in 3 Zahlenvarianten) absolute zweidimensionale Häufigkeiten für die Wertepaare der Variablen X (Zufriedenheit mit Produkt A) und der Variablen Y (Zufriedenheit mit Produkt B) angegeben.

- **A_1402: Simulation 1**

a) Interpretieren Sie in den Varianten 1 bis 3 die zweidimensionale Verteilung und das dazugehörige 3D-Diagramm.
b) Löschen Sie die absoluten Häufigkeiten und arbeiten Sie mit eigenen Anga-ben weiter. Interpretieren Sie die Ergebnisse!

- **A_1402: Simulation 2**

a) Interpretieren Sie in den Varianten 1 bis 3 die absoluten und relativen zweidimensionalen Verteilungen und das dazugehörige 3D-Diagramm.

b) Löschen Sie die absoluten Häufigkeiten und arbeiten Sie mit eigenen Angaben weiter. Interpretieren Sie die Ergebnisse!

A_1402: Lösungshinweise

- **Lösungshinweise A_1402: Simulation 1**

A_1402_Zweidimensionale_Verteilung_3D (Tabellenblatt „Simulation 1")

In Variante 1 (siehe Abb.) sind die Häufigkeiten in der Hauptdiagonalen der Kreuztabelle größer als die übrigen Häufigkeiten, was auch das 3D-Diagramm deutlich zum Ausdruck bringt. Die Position der einzelnen Säulen ist dabei durch die Wertepaare (-1,-1 etc.) festgelegt.

In Variante 2 steigen die Häufigkeiten mit den Werten der X-Variablen an, was auch die 3D-Säulen deutlich widerspiegeln.

In Variante 3 sind alle Häufigkeiten ähnlich groß. Die 3D-Darstellung ist nicht mehr so leicht zu interpretieren wie in den Varianten 1 und 2.

- **Lösungshinweise A_1402: Simulation 2**

In Variante 1 sind die Wertepaare der Hauptdiagonalen sehr stark, die übrigen Zellen nur schwach besetzt. Die relativen zweidimensionalen Häufigkeiten liegen zwischen 22% und 28%. Das 3D-Diagramm bringt durch die Säulenhöhe die Form der Verteilung deutlich zum Ausdruck.

In <u>Variante 2</u> sind die Zellen für die Ausprägung +1 der Variablen X am stärksten besetzt (relative Häufigkeiten zwischen 20% und 27%). Dies verdeutlicht auch das dreidimensionale Diagramm.

In <u>Variante 3</u> liegen alle relativen zweidimensionalen Häufigkeiten nahe bei 10%. Das 3D-Diagramm ist entsprechend schwieriger zu interpretieren.

Anwendung A_1403_Bedingte_Verteilungen

Die Anwendung besteht aus den beiden Tabellenblättern „Simulation 1" und „Simulation 2".

In **Simulation 1** werden für eine absolute zweidimensionale Häufigkeitsverteilung die relativen bedingten Verteilungen für die Variable X (unter der Bedingung Y) ermittelt.

In **Simulation 2** entstehen aus einer absoluten zweidimensionalen Häufigkeitsverteilung die relativen bedingten Verteilungen für die Variable Y (unter der Bedingung X).

A_1403: Aufgaben

In den beiden Simulationen werden (in jeweils 3 Zahlenvarianten) absolute zweidimensionale Häufigkeiten für die Wertepaare der Variablen X (Zufriedenheit mit Urlaubsort A) und der Variablen Y (Zufriedenheit mit Urlaubsort B) angegeben. Die Variablen X bzw. Y sind dabei jeweils mit den Ausprägungen -1 (unzufrieden), 0 (teils/ teils) und +1 (zufrieden) verschlüsselt.

- **A_1403: Simulation 1**

a) Interpretieren Sie in den Varianten 1 bis 3 die bedingten Verteilungen der Variablen X unter der Bedingung Y. Was sagen diese Verteilungen über den Zusammenhang der beiden Variablen aus?
b) Löschen Sie die absoluten zweidimensionalen Häufigkeiten und arbeiten Sie mit eigenen Angaben weiter. Interpretieren Sie die Ergebnisse!

- **A_1403: Simulation 2**

a) Interpretieren Sie in den Varianten 1 bis 3 die bedingten Verteilungen der Variablen Y unter der Bedingung X. Was sagen diese Verteilungen über den Zusammenhang der beiden Variablen aus?
b) Löschen Sie die absoluten zweidimensionalen Häufigkeiten und arbeiten Sie mit eigenen Angaben weiter. Interpretieren Sie die Ergebnisse!

A_1403: Lösungshinweise

- **Lösung A_1403: Simulation 1**

In Variante 1 (siehe Abb.) ist vorwiegend die Hauptdiagonale der Kreuztabelle besetzt. Die Verteilung der Variablen X unter der Bedingung Y = -1 ist daher linkssteil (2/3 der Häufigkeitssumme entfallen auf das Wertepaar -1/ -1). Die Verteilung für X unter der Bedingung Y = 0 ist symmetrisch, die Verteilung für X unter Bedingung Y = 1 ist rechtssteil.

Als Randverteilung der Variablen X und der Variablen Y resultieren jeweils Gleichverteilungen. Da alle bedingten Verteilungen untereinander und von der Randverteilung verschieden sind, deutet die zweidimensionale Verteilung auf einen Zusammenhang der Variablen X und Y hin. Diejenigen Befragten, die mit dem Urlaubsort A unzufrieden sind, sind überwiegend auch mit dem Urlaubsort B unzufrieden usw.

Bedingte Verteilungen X (unter Bedingung Y)					Variante 1
Variable Y Variable X	Häufig- keiten	-1	0	1	insgesamt
-1	f_{jk}	4	1	1	6
	$h'_{j\mid k}$	66,7	16,7	16,7	33,3
0	f_{jk}	1	4	1	6
	$h'_{j\mid k}$	16,7	66,7	16,7	33,3
1	f_{jk}	1	1	4	6
	$h'_{j\mid k}$	16,7	16,7	66,7	33,3
insgesamt		6	6	6	18
		100,0	100,0	100,0	100,0
Löschen					

A_1403_Bedingte_Verteilungen (Tabellenblatt „Simulation 1")

In Variante 2 sind alle bedingten Verteilungen der Variablen X rechtssteil. Unabhängig von der Variablen Y weisen die Verteilungen der Variablen X ansteigende Häufigkeiten zwischen 16,7% und 50% auf. Die Zufriedenheit mit dem Urlaubsort A ist, unabhängig von der Meinung über den Urlaubsort B, überwiegend positiv. Ein Zusammenhang der beiden Variablen ist nicht zu erkennen.

In Variante 3 sind alle absoluten zweidimensionalen Häufigkeiten gleich 2. Daher zeigen alle bedingten Verteilungen die Form einer Gleichverteilung. Die beiden Variablen der Zufriedenheit mit dem Urlaubsort A bzw. B sind voneinander unabhängig.

- **Lösungshinweise A_1403: Simulation 2**

In Variante 1 ist die Nebendiagonale der Kreuztabelle stark, der Rest der Tabellenfelder eher schwach besetzt. Die bedingten Verteilungen der Variablen Y sind rechtssteil (wenn X = -1), symmetrisch (wenn X = 0) bzw. linkssteil (wenn X = +1). Die Randverteilung der Variablen Y ist relativ gleichmäßig. Die Unterschiede der Verteilungen sprechen für einen (gegenläufigen) Zusammenhang der beiden Variablen. Befragte, die mit dem Urlaubsort A unzufrieden sind, sind mit dem Urlaubsort B eher zufrieden. Befragte, die mit dem Urlaubsort A zufrieden sind, sind mit dem Urlaubsort B eher unzufrieden.

In Variante 2 sind alle bedingten Verteilungen rechtssteil, unabhängig davon welche Ausprägung die Variable X aufweist. Dies spricht für die Unabhängigkeit der beiden Variablen.

Auch in Variante 3 sind die Variablen eher unabhängig. Es liegen insgesamt relativ gleichmäßige Verteilungen vor.

📂 Anwendung A_1404_Zweidim_Säulendiagramm

Die Anwendung besteht aus einem Tabellenblatt „Simulation".

In der **Simulation** werden für zwei Variablen X und Y die absoluten Häufigkeiten angegeben und als Säulendiagramm gemeinsam dargestellt.

A_1404: Aufgaben

Die Simulation liefert (in 3 Zahlenvarianten) absolute Häufigkeiten für 2 Variablen X (Meinung über Politiker A) und Y (Meinung über Politiker B). Die Variablen sind dabei jeweils mit den Ausprägungen -1 (negativ), 0 (unentschieden) und +1 (positiv) verschlüsselt.

a)   Interpretieren Sie in den Varianten 1 bis 3 die Verteilungen und die grafische Darstellung.
b)   Löschen Sie die absoluten Häufigkeiten und arbeiten Sie mit eigenen Angaben weiter. Interpretieren Sie die Ergebnisse!

- **A_1404: Lösungshinweise**

In Variante 1 (siehe Abb.) wird der Politiker A eher positiv, der Politiker B eher negativ eingeschätzt. Die spiegelbildlichen Verteilungen werden durch die Säulenhöhen im Diagramm verdeutlicht. Dieser Verteilungsvergleich bezieht sich (im Fall einer zweidimensionalen Analyse) nur auf die Randverteilungen und sagt nichts über den Zusammenhang der beiden Variablen aus.

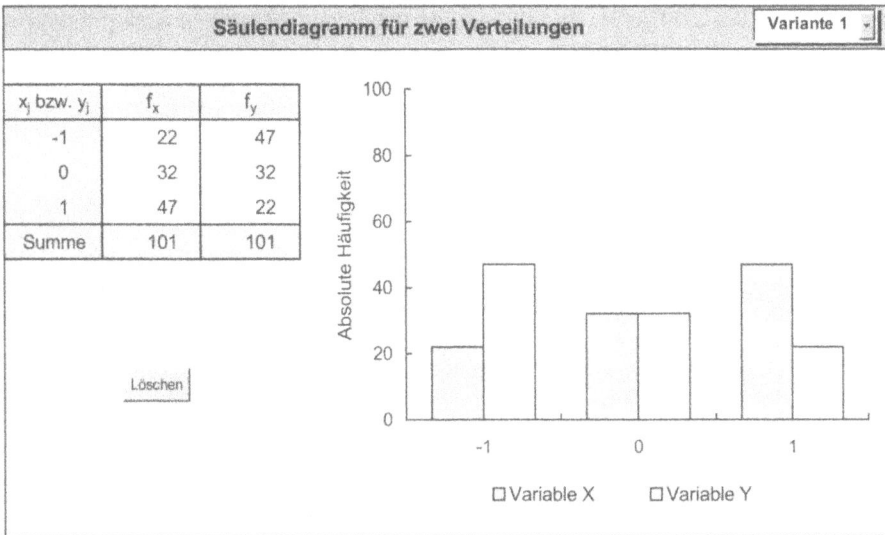

x_j bzw. y_j	f_x	f_y
-1	22	47
0	32	32
1	47	22
Summe	101	101

Löschen

A_1404_Zweidim_Säulendiagramm

In Variante 2 weisen beide Verteilungen die Form einer Gleichverteilung auf. Die Verteilung der Variablen X basiert auf einer größeren Gesamtheit als die Verteilung der Variablen Y. Die Gesamtmeinung über beide Politiker ist identisch. Ein Zusammenhang der Meinungen kann damit nicht analysiert werden.

In Variante 3 haben beide Verteilungen die Form einer Glockenkurve. Die Gesamtheit für die Verteilung Y ist dabei fast doppelt so groß wie die Gesamtheit X. Die Einschätzung beider Politiker ist etwa gleich. Ein Zusammenhang der beiden Variablen X und Y kann nur über eine zweidimensionale Analyse geklärt werden.

Anwendung A_1405_Streuungsdiagramm

Die Anwendung besteht aus einem Tabellenblatt „Simulation".

In der **Simulation** werden die Wertepaare für die Variablen X und Y angegeben und in einem Streuungsdiagramm grafisch dargestellt.

A_1405: Aufgaben

Die Simulation liefert (in 3 Zahlenvarianten) die monatlichen Ausgaben von 10 Studenten für Musik-CDs (Variable X) und für Bücher (Variable Y) in €.

a) Interpretieren Sie in den Varianten 1 bis 3 das Streuungsdiagramm. Was sagt die Grafik über den Zusammenhang der Variablen aus.

b) Löschen Sie die Werte und arbeiten Sie mit eigenen Angaben weiter. Interpre-
tieren Sie die Ergebnisse!
Hinweis: Bei mehrfacher Eingabe derselben Wertepaare, läßt sich im Excel-
Streuungsdiagramm die Häufigkeit der Wertpaare nicht erkennen!

A_1405: Lösungshinweise

In Variante 1 (siehe Abb.) verläuft die Punktewolke im Diagramm von links unten
nach rechts oben in einem relativ engen Bereich. Studenten, die wenig für Musik-
CDs ausgeben, geben auch wenig für Bücher aus. Studenten, die hohe Ausgaben
für Musik-CDs aufweisen, geben auch große Beträge für Bücher aus. Das Diagramm verdeutlicht diesen (gleichläufigen) Zusammenhang durch Lage und
Streuung der Punktewolke.

In Variante 2 ist die Punktewolke relativ gleichmäßig auf das Diagramm verteilt.
Die Kombinationen der Ausprägungen der beiden Variablen kommen in vielfältiger
Form (niedrig/niedrig, niedrig/hoch usw.) vor. Ein Zusammenhang der Ausgaben
für CDs und Bücher ist nicht erkennbar.

In Variante 3 verläuft die Punktewolke im Diagramm von links oben nach rechts
unten. Studenten, die viel für Musik-CDs ausgeben, geben wenig für Bücher aus.
Studenten, die hohe Ausgaben für Musik-CDs aufweisen, geben geringe Beträge
für Bücher aus. Das Diagramm verdeutlicht diesen (gegenläufigen) Zusammenhang der beiden Variablen durch die Lage und die geringe Streuung der Punktewolke.

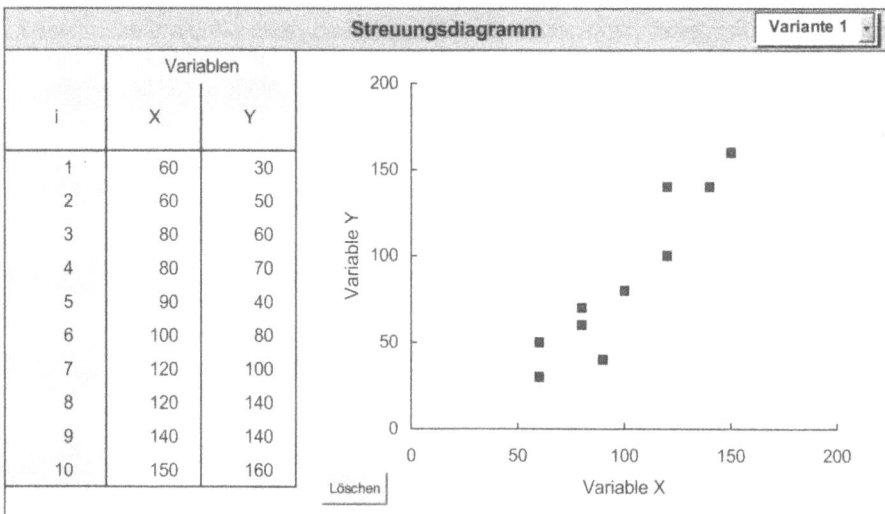

	Variablen		Streuungsdiagramm — Variante 1
i	X	Y	
1	60	30	
2	60	50	
3	80	60	
4	80	70	
5	90	40	
6	100	80	
7	120	100	
8	120	140	
9	140	140	
10	150	160	

A_1405_Streuungsdiagramm

15. Zusammenhang bei quantitativen Variablen

15.1 Grundlagen

Die Analyse des Zusammenhangs zweier quantitativer statistischer Variablen basiert zum einen auf Fragen nach der Kausalität, d.h. danach, ob eine Variable von einer anderen beeinflußt wird. Zum andern werden Fragen nach der Stärke des Zusammenhangs zweier Variablen (ohne vorgegebene Richtung) untersucht.

Die zweidimensionale statistische Analyse liefert zu diesen Fragen eine Reihe von deskriptiven Maßzahlen, die einen Zusammenhang erkennen lassen oder nicht. Die Kausalität „beweisen" kann die Statistik allerdings nicht! Sie kann eine vorliegende Theorie bestenfalls „bestärken" oder (in der induktiven Statistik) mit einem bestimmten Fehlerrisiko „verwerfen".

Die zweidimensionale Datenanalyse bezieht sich auf Fragen wie z.B.:
- Haben die Variablen einen erkennbaren Zusammenhang in einer bestimmten Richtung oder ist kein Zusammenhang zu beobachten?
- Hängt eine Variable von einer Einflußgröße ab?
- Ist der Zusammenhang/die Abhängigkeit stark oder schwach ausgeprägt?

Kovarianz

Die Kovarianz beschreibt die gleichzeitigen Abweichungen zweier Variablen X und Y und faßt die zweidimensionalen Abweichungen zu <u>einer</u> Maßzahl zusammen.

Kovarianz

- **für Grundgesamtheiten**

$$\sigma_{xy} = \frac{1}{N}\sum_{i=1}^{N}(x_i - \bar{x})(y_i - \bar{y})$$

- **Verschiebungssatz**

$$\sigma_{xy} = \frac{1}{N}\sum_{i=1}^{N}x_i y_i - \bar{x}\,\bar{y}$$

- **für Stichproben**

$$s_{xy} = \frac{1}{n-1}\sum_{i=1}^{n}(x_i - \bar{x})(y_i - \bar{y})$$

Kovarianz mit Excel

Beispiel: Die 10 Abteilungsleiter einer Unternehmung werden nach der **Zufriedenheit mit der Leistung ihrer Mitarbeiter** (Variable A) und nach der **Zufrie-**

denheit mit der Leistung des gesamten Unternehmens (Variable B) befragt. Die Variablen sind jeweils mit 1 (= sehr zufrieden), 2 (= zufrieden), 3 (= teils/teils), 4 (= unzufrieden) und 5 (= sehr unzufrieden) verschlüsselt.

Die Kovarianz mit der Funktion **KOVAR** des Excel-Funktions-Assistenten berechnet. Das Hilfsfenster (siehe Abb. 15.1) zeigt bereits das Ergebnis (0,06) für die Kovarianz. Offensichtlich liegt im Beispiel kein starker Zusammenhang vor.

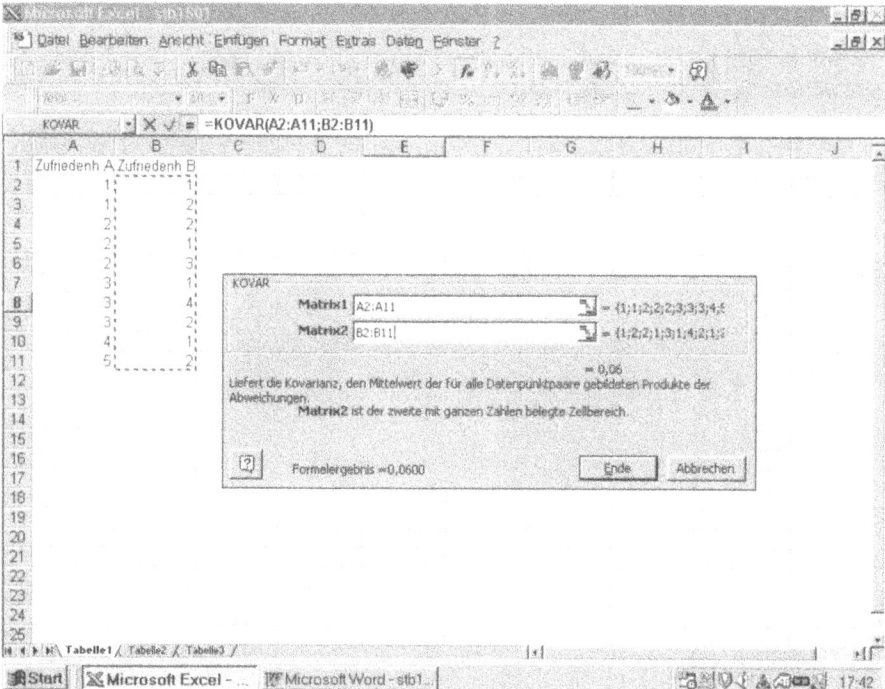

Abb. 15.1: Excel-Funktion KOVAR

Korrelationsanalyse

In der Korrelationsanalyse wird die gegenseitige Abhängigkeit zweier Variablen hinterfragt. Das Ergebnis soll eine Aussage über Stärke und Richtung des Zusammenhangs ermöglichen. Als normierte Maßzahl (normierte Kovarianz) für den (linearen) Zusammenhang liegt der Korrelationskoeffizient nach Bravais-Pearson zwischen -1 und +1. Er erlaubt damit eine Beurteilung der Stärke des Zusammenhangs.

Der Korrelationskoeffizient beträgt

+1 bei vollständig positivem Zusammenhang (in Form einer Geraden)
-1 bei vollständig negativem Zusammenhang (in Form einer Geraden)
 0 bei fehlendem linearen Zusammenhang.

Korrelationskoeffizient nach Bravais-Pearson

- **als normierte Kovarianz**

$$r = \frac{\sigma_{xy}}{\sigma_x \sigma_y} \qquad \text{wobei } -1 \leq r \leq +1$$

- **als Quotient von Abweichungssummen**

$$r = \frac{\sum\limits_{i=1}^{n}(x_i - \bar{x})(y_i - \bar{y})}{\sqrt{\sum\limits_{i=1}^{n}(x_i - \bar{x})^2 \sum\limits_{i=1}^{n}(y_i - \bar{y})^2}}$$

Korrelationskoeffizient mit Excel

Der Korrelationskoeffizient nach Bravais-Pearson kann als Funktion **KORREL** (bzw. PEARSON) mit dem Funktions-Assistenten abgerufen werden. Als Ergebnis wird im Hilfsfenster (siehe Abb. 15.2) ein ähnlich niedriger Wert wie bei der obigen Kovarianz angezeigt. Der Zusammenhang ist (auch normiert) sehr schwach.

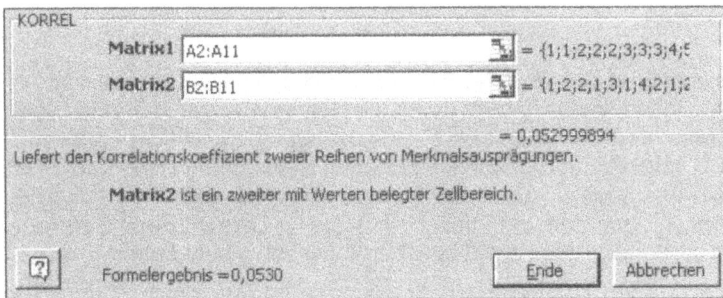

Abb. 15.2: Excel-Funktion KORREL

Regressionsanalyse (Methode der kleinsten Quadrate)

Die Regressionsanalyse geht von der funktionalen Beziehung zweier Variablen X und Y aus. Häufig ist Y dabei von X linear abhängig, was einer Geradengleichung Y = a + bX entspricht. Typische Beispiele für lineare Regressionsanalysen sind die Konsumfunktion (Konsum als Funktion des verfügbaren Einkommens) oder eine Trendgerade im Rahmen der Zeitreihenanalyse (siehe Kapitel 17).

Regressionsparameter mit Excel

Mit dem Excel-Funktions-Assistenten können die Parameter der Regressionsgeraden über **ACHSENABSCHNITT** und **STEIGUNG** abgerufen werden. Die Berechnung erfolgt gemäß den nachfolgenden Formeln.

Regressionsgerade (Methode der kleinsten Quadrate)

- Achsenabschnitt　　　　　　　　　　- Steigung

$$a = \bar{y} - b\bar{x} \qquad\qquad b = \frac{\sigma_{xy}}{\sigma_x^2}$$

- Bestimmtheitsmaß

$$B = r^2 = (\frac{\sigma_{xy}}{\sigma_x \cdot \sigma_y})^2$$

- **Korrelationskoeffzient r nach Bravais-Pearson**

= Wurzel aus dem Bestimmtheitsmaß B

Bestimmtheitsmaß

Das Bestimmtheitsmaß ist das Quadrat des Korrelationskoeffizienten. Es gibt an, welcher Anteil der Gesamtvarianz von Y durch die Regressionsgerade erklärt wird. Dazu wird die Abweichung zwischen dem Beobachtungswert y_i und dem arithmetischen Mittel von $\bar{y}$ aufgeteilt in die Strecke zwischen Beobachtungswert und Wert auf der Regressionsgeraden $\hat{y}_i$ sowie die Strecke zwischen dem Punkt auf der Regressionsgeraden $\hat{y}_i$ und dem arithmetischen Mittel $\bar{y}$. Dieser zweite Streckenabschnitt wird als „erklärter" Anteil der Gesamtstreuung von y interpretiert.

Bestimmtheitsmaß als Anteil der erklärten Varianz

$$B = \frac{\frac{1}{n}\sum_{i=1}^{n}(\hat{y}_i - \bar{y})^2}{\frac{1}{n}\sum_{i=1}^{n}(y_i - \bar{y})^2} \qquad \text{wobei:} \quad \begin{array}{l} 0 \leq B \leq 1 \text{ bzw.} \\ 0\% \leq B \leq 100\% \end{array}$$

15.2 Interaktive Excel-Anwendungen (Download)

Anwendung A_1501_Kovarianz

Die Anwendung besteht aus einem Tabellenblatt „Übung" und den beiden Tabellenblättern „Simulation 1" und „Simulation 2".

In der **Übung** werden Wertepaare für die Variablen X und Y angegeben. Daraus sind die jeweiligen Abweichungen für X und für Y zwischen Wert und arithmetischem Mittel sowie das Produkt dieser Abweichungen zu ermitteln. Die Summe der gemeinsamen Abweichungen ist für die Berechnung der Kovarianz zu verwenden. Das Streuungsdiagramm zeigt die Lage der Wertepaare grafisch als Punktewolke an.

In **Simulation 1** baut sich für 5 Wertepaare die Arbeitstabelle für die Kovarianz auf. Das Ergebnis der Kovarianz wird angezeigt. Die Punktewolke wird im Streuungsdiagramm dargestellt.

In **Simulation 2** entstehen für 4 Wertepaare der Variablen X und Y die Arbeitstabelle für die Kovarianz und deren Ergebnis. Im Streuungsdiagramm werden die zweidimensionalen Abweichungen als Fläche grafisch veranschaulicht.

A_1501: Aufgaben

- **A_1501: Übung – Varianten 1 bis 3**

Fünf Studenten nehmen an verschiedenen Klausuren teil. Das Ergebnis wird als zweidimensionale Urliste angegeben.

Berechnen Sie (in den Zahlenvarianten 1 bis 3) die Kovarianz, beurteilen Sie den Zusammenhang und interpretieren Sie die grafische Darstellung.

- **A_1501: Simulation 1**

Die Simulation liefert (in 3 Varianten) zweidimensionale Urlisten. Daraus entstehen Zwischen- und Endergebnisse für die Berechnung der Kovarianz. Die Wertepaare können als Klausurnoten interpretiert werden, wobei die Noten mit der Genauigkeit einer Nachkommastelle vergeben werden können.

a) Interpretieren Sie Arbeitstabelle, Kovarianz und grafische Darstellung. Verschieben Sie im Streuungsdiagramm einzelne Punkte (durch Änderung der Zahlen in der Arbeitstabelle oder durch Anklicken/Ziehen der Punkte in der Grafik) und beobachten Sie die Veränderung der Kovarianz.
b) Löschen Sie die absoluten Häufigkeiten und arbeiten Sie mit eigenen Angaben weiter. Interpretieren Sie die Ergebnisse!

- **A_1501: Simulation 2**

Die Simulation liefert (in 4 Zahlenvarianten) zweidimensionale Urlisten. Daraus entstehen Zwischen- und Endergebnisse für die Berechnung der Kovarianz.

a) Interpretieren Sie die Arbeitstabelle und die Kovarianz. Vollziehen Sie im Streuungsdiagramm die Darstellung der Wertepaare und der zweidimensionalen Abweichungen (Flächen) nach.
b) Löschen Sie die absoluten Häufigkeiten und arbeiten Sie mit eigenen Angaben weiter. Interpretieren Sie die Ergebnisse!

A_1501: Lösungen

- **Lösung A_1501: Übung – Varianten 1 bis 3**

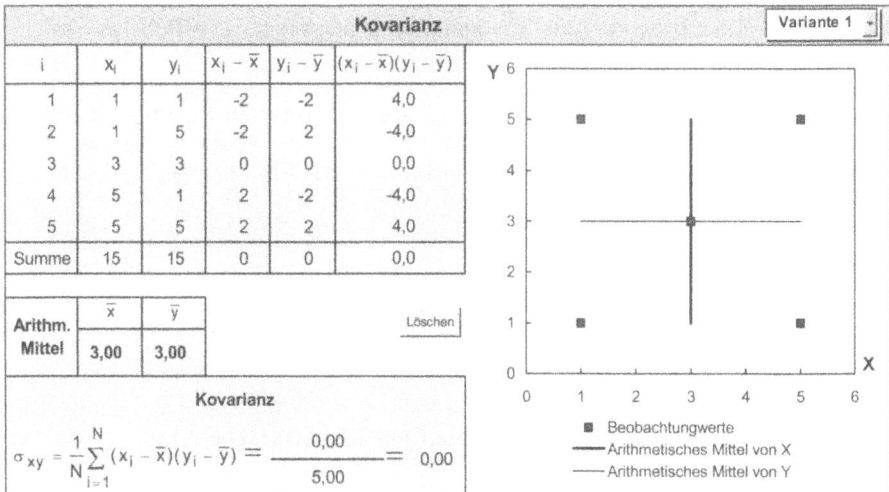

					Kovarianz		Variante 1
i	x_i	y_i	$x_i - \bar{x}$	$y_i - \bar{y}$	$(x_i - \bar{x})(y_i - \bar{y})$		
1	1	1	-2	-2	4,0		
2	1	5	-2	2	-4,0		
3	3	3	0	0	0,0		
4	5	1	2	-2	-4,0		
5	5	5	2	2	4,0		
Summe	15	15	0	0	0,0		

Arithm. Mittel	$\bar{x}$	$\bar{y}$	Löschen
	3,00	3,00	

Kovarianz

$$\sigma_{xy} = \frac{1}{N}\sum_{i=1}^{N}(x_i - \bar{x})(y_i - \bar{y}) = \frac{0,00}{5,00} = 0,00$$

Streuungsdiagramm:
- Beobachtungwerte
- Arithmetisches Mittel von X
- Arithmetisches Mittel von Y

A_1501_Kovarianz (Tabellenblatt „Übung")

Richtige Lösung: Alle Eingaben sind blau unterlegt.

In <u>Variante 1</u> (siehe Abb.) liegen Abweichungen von -2, 0 und +2 vor. Die gemeinsamen Abweichungen gleichen sich untereinander aus. Die Kovarianz beträgt daher 0. Die beiden Variablen X und Y weisen offensichtlich keinen Zusammenhang auf. Es kann sich hier um zwei Fächer handeln, deren Leistungen nicht von einander abhängen, z.B. Statistik und Wirtschaftsethik.

In <u>Variante 2</u> beträgt die Kovarianz ebenfalls 0. Auch hier besteht kein Zusammenhang zwischen den Noten der beiden Fächer. Allerdings ist die Streuung im Fach X gleich 0; alle Studenten haben die Note 1. Im Fach Y kommen dagegen alle Noten vor. Die Note X „sehr gut" ist davon unabhängig, wie die Note Y ausfällt.

Variante 3: Die Kovarianz beträgt: -2,0. Hier liegt ein negativer Zusammenhang zwischen den Noten der beiden Fächer vor. Gute Noten im Fach X treten zusammen mit schlechten Noten im Fach Y auf und umgekehrt. Hier könnte es sich um ein mathematisches Fach und eine Sprachprüfung handeln.

- **Lösungshinweise A_1501: Simulation 1**

In Variante 1 verläuft die Punktewolke (mit schwacher Steigung) im Diagramm von links oben nach rechts unten. Die Gegenläufigkeit der Wertepaare kommt in einer negativen Kovarianz von -1,16 zum Ausdruck.

Wird nun z.B. das 4. Wertepaar (5; 4) zur Mitte der Punktewolke hin verschoben (z.B. zum Punkt 4; 3), vergrößert sich die zweidimensionale Streuung (Kovarianz: -1,41). Wird anschließend das Wertepaar (2; 4) nach unten zum Punkt (2; 1) verschoben, verändert sich die Kovarianz in Richtung 0 (Kovarianz: -0,80).

Variante 2: Da alle Werte der Variablen Y gleich 5 sind, ist die Streuung von Y gleich 0. In den Summanden der Kovarianz tritt damit fünfmal die 0 auf. Die Kovarianz ist daher ebenfalls gleich 0.

In Variante 3 liegt eine gegenläufige Punktewolke vor, wobei die Steigung größer ist als in Variante 1. Da die einzelnen Wertepaare weiter voneinander entfernt sind als in Variante 1, ergibt sich eine größere Kovarianz von -2,24.

- **Lösungshinweise A_1501: Simulation 2**

In Variante 1 liegt die Punktewolke exakt gleichläufig von links unten nach rechts oben im Diagramm. Die schraffiert gekennzeichneten Abweichungen bilden jeweils ein Rechteck. Die Vorzeichen der Rechtecksflächen sind jeweils positiv, so dass als Summe dieser Flächen 5,0 resultiert. Dies ist der Zähler der Kovarianz. Als zweidimensionale Streuung liegt für die Kovarianz ein Ergebnis von 1,25 vor.

In Variante 2 verläuft die Punktewolke gegenläufig im Diagramm. Die Summe der Rechtecksflächen beträgt 6,5. Dabei werden das negative Vorzeichen der einzelnen gemeinsamen Abweichungen und deren Summe für die geometrische Interpretation nicht berücksichtigt. Das negative Vorzeichen drückt allerdings die Gegenläufigkeit der Punktewolke aus.

Variante 3 zeigt vier Punkte, die gleichmäßig im Diagramm verteilt sind. Die positiven und negativen Vorzeichen der eindimensionalen und der zweidimensionalen Abweichungen haben zusammen mit den Abweichungsbeträgen eine Summe von 0,0 zur Folge. In der Summierung gleichen sich die Rechtecksflächen untereinander aus, so dass eine Kovarianz von 0,0 resultiert. Die beiden Variablen X und Y weisen keinen Zusammenhang auf.

Variante 4 zeigt vier Punkte, die auf einer Parallelen zu X-Achse beim Wert Y = 3 liegen. Sämtliche Abweichungen in der Y-Dimension und auch alle gemeinsamen Abweichungen sind gleich 0. Die Varianz von Y und die Kovarianz sind gleich 0. Die Werte der Variablen X verändern sich unabhängig vom konstanten Wert 3 der Variablen Y. Die beiden Variablen zeigen keinen Zusammenhang.

📁 **Anwendung A_1502_Methode_der_kleinsten_Quadrate**

Die Anwendung besteht aus einem Tabellenblatt „Simulation".

In der **Simulation** wird für 4 Wertepaare die Arbeitstabelle für die Regressionsanalyse aufgebaut. In der Tabelle und der Grafik wird die Regressionsgerade einer alternativ vorgegebenen Geraden gegenübergestellt. Dies veranschaulicht die Methode der kleinsten Quadrate.

A_1502: Aufgaben

Die Simulation liefert (in 3 Varianten) Wertepaare für die Variablen X und Y. Im ersten Teil der Arbeitstabelle werden die Werte der Regressionsgeraden angegeben sowie die Abweichungen zwischen Regressionsgerade und y-Wert. Im zweiten Teil der Tabelle wird eine alternative „zentrale" Gerade verwendet, die durch den Schwerpunkt der Punktewolke (Mittelwert von X und Y) verläuft. In der Grafik werden Punktewolke, Regressionsgerade und „zentrale" Gerade dargestellt.

Vergleichen Sie in den Varianten 1 bis 3 die Summe der Abweichungen sowie die Summe der quadrierten Abweichungen für die Regressionsgerade und die alternative „zentrale" Gerade.

A_1502: Lösungshinweise

Die Wertepaare liegen in allen 3 Varianten gleichläufig von links unten nach rechts oben im Diagramm. Die Regressionsgerade weist daher eine positive Steigung auf und verläuft zwischen den beiden unteren und den beiden oberen Punkten. Die Summe der Abweichungen für die Regressionsgerade ist damit in allen Varianten gleich 0,0, die Summe der quadrierten Abweichungen ist jeweils gleich 1,8.

In Variante 1 (siehe Abb.) verläuft die „zentrale" Gerade als Parallele zur X-Achse. Die Summe der Abweichungen zwischen „zentraler" Gerade und y-Werten beträgt 0, die Summe der quadrierten Abweichungen beträgt 9,0. Dieser Wert ist damit deutlich höher als der Wert von 1,8 für die Regressionsgerade.

In Variante 2 verläuft die „zentrale" Gerade ähnlich wie die Regressionsgerade, allerdings mit einer etwas größeren Steigung. Die Summe der quadrierten Abweichungen beträgt 2,89 und ist damit ebenfalls größer als 1,8.

In Variante 3 geht die „zentrale" Gerade durch die Punkte 1 und 4. Die Summe der Abweichungen zwischen „zentraler" Gerade und y-Werten beträgt 0, die Summe der quadrierten Abweichungen beträgt 2,0.

In allen 3 Varianten gilt für die Regressionsgerade: Die Summe der Abweichungen ist gleich 0 und die Summe der quadratischen Abweichungen ist – als mathematisches Minimum! – kleiner als die Abweichungssumme der „zentralen" Geraden.

	Methode der kleinsten Quadrate					Variante 1		
i	x_i	y_i	$\hat{y}_i$	$y_i - \hat{y}_i$	$(y_i - \hat{y}_i)^2$	$\dot{y}_i$	$y_i - \dot{y}_i$	$(y_i - \dot{y}_i)^2$
1	1	1	0,70	0,30	0,09	2,50	-1,50	2,25
2	2	1	1,90	-0,90	0,81	2,50	-1,50	2,25
3	3	4	3,10	0,90	0,81	2,50	1,50	2,25
4	4	4	4,30	-0,30	0,09	2,50	1,50	2,25
Summe	10	10	-	0,00	1,80	-	0,00	9,00

A_1502_Methode_der_kleinsten_Quadrate

Alle „zentralen" Geraden (auch die Regressionsgerade) weisen eine Abweichungssumme von 0,0 auf. Dies entspricht der ersten (notwendigen) Bedingung
für die Methode der kleinsten Quadrate. Die zweite (hinreichende) Bedingung sagt
aus, dass die Regressionsgerade von allen „zentralen" Geraden einer Punktewolke die minimale quadratische Abweichungssumme von den Punkten aufweist.

Anwendung A_1503_Korrelationsanalyse

Die Anwendung besteht aus einem Tabellenblatt „Simulation".

- In der **Simulation** baut sich für eine Punktewolke die Arbeitstabelle für
  die Berechnung des Korrelationskoeffizienten nach Bravais-Pearson auf.
  Zwischenergebnis und Endergebnis des Korrelationskoeffizienten werden angegeben. Die Punktewolke wird im Streuungsdiagramm grafisch
  dargestellt.

A_1503: Aufgaben

Die Simulation liefert (in 6 Zahlenvarianten) zweidimensionale Urlisten für 5 Wertepaare. Daraus entstehen Arbeitstabelle und Ergebnis für den Korrelationskoeffizienten sowie das Streuungsdiagramm.

a) Interpretieren Sie (für die Zahlenvarianten 1 bis 6) Richtung und Stärke des Zusammenhangs der Variablen X und Y anhand des Korrelationskoeffizienten und des Streuungsdiagramms. Verschieben Sie einzelne Punkte im Streuungsdiagramm (durch Veränderung der Werte in der Tabelle oder durch Anklicken/Ziehen der Punkte im Streuungsdiagramm) und beobachten Sie die Veränderungen beim Korrelationskoeffizienten.

b) Löschen Sie die Werte und arbeiten Sie mit eigenen Angaben weiter. Interpretieren Sie die Ergebnisse!

A_1503: Lösungshinweise

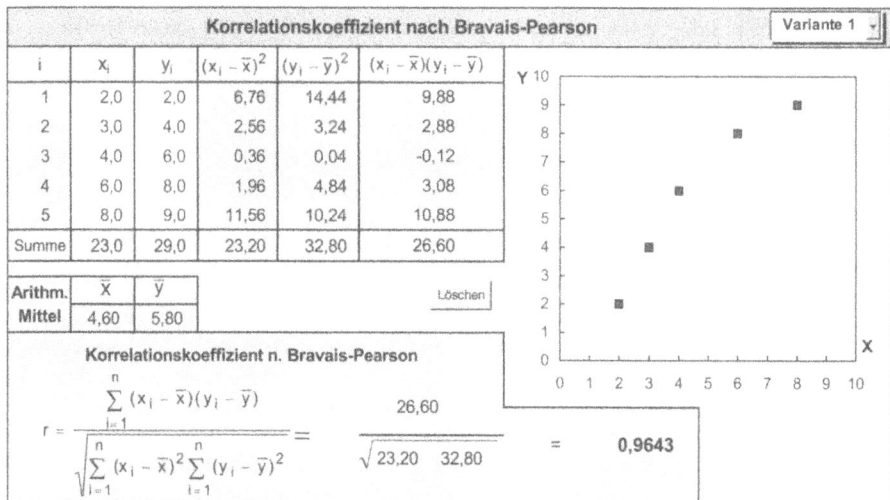

A_1503_Korrelationsanalyse

In <u>Variante 1</u> (siehe Abb.) liegt ein starker positiver Zusammenhang vor (r = 0,9643). Die Punktewolke verdeutlicht die Gleichläufigkeit der Variablen X und Y. Ein Verschieben einzelner Wertepaare aus der Punktewolke heraus verringert die Korrelation.

In <u>Variante 2</u> liegt ebenfalls ein positiver Zusammenhang vor, der allerdings mit einer Korrelation von r = 0,5707 nicht mehr so stark ausfällt wie in Variante 1. Die Punktewolke zeigt nur eine schwache positive Steigung an.

<u>Variante 3</u> zeigt unregelmäßig im Streuungsdiagramm verteilte Punkte. Die Korrelation von -0,1602 zeigt einen sehr schwachen negativen Zusammenhang.

In <u>Variante 4</u> sind die Wertepaare im Diagramm so verteilt, dass alle Kombinationen (x-Wert klein/y-Wert klein, x-Wert klein/y-Wert groß usw.) vorkommen. Die zweidimensionalen Abweichungen gleichen sich untereinander aus, so dass ein Korrelationskoeffizient von 0,0 resultiert. Die Variablen X und Y weisen keinen Zusammenhang auf.

Variante 5 zeigt im Streuungsdiagramm eine Gegenläufigkeit der beiden Variablen X und Y. Dieser negative Zusammenhang ist sehr stark ausgeprägt (Korrelationskoeffizient r = -0,9685).

In Variante 6 liegen alle Punkte auf einer „gedachten" Geraden mit negativer Steigung. Es liegt ein vollständiger negativer Zusammenhang der beiden Variablen X und Y vor (Korrelationskoeffizient r = -1,0).

📁 Anwendung A_1504_Regressionsanalyse

Die Anwendung besteht aus den beiden Tabellenblättern „Simulation 1" und „Simulation 2".

In **Simulation 1** wird für 5 Wertepaare die Arbeitstabelle zur Berechnung der beiden Varianzen für die Variablen X und Y sowie der Kovarianz aufgebaut. Aus den Zwischenergebnissen werden Steigungskoeffizient und Achsenabschnitt der Regressionsgeraden, Korrelationskoeffizient und Bestimmtheitsmaß berechnet. Punktewolke und Regressionsgerade werden im Streuungsdiagramm grafisch dargestellt.

In **Simulation 2** wird für 12 Wertepaare die Arbeitstabelle zur Berechnung der beiden Varianzen für die Variablen X und Y sowie der Kovarianz ermittelt. Steigungskoeffizient und Achsenabschnitt der Regressionsgeraden, Korrelationskoeffizient und Bestimmtheitsmaß werden berechnet.

A_1504: Aufgaben

- **A_1504: Simulation 1**

Simulation 1 liefert (in 5 Zahlenvarianten) zweidimensionale Urlisten für 5 Wertepaare. Daraus entsteht die Arbeitstabelle für Varianzen und Kovarianz.

a) Interpretieren Sie (für die Varianten 1 bis 5) Parameter und Verlauf der Regressionsgeraden sowie Korrelationskoeffizient und Bestimmtheitsmaß. Verschieben Sie einzelne Punkte im Streuungsdiagramm (durch Veränderung der Werte in der Tabelle oder durch Anklicken/Ziehen der Punkte im Streuungsdiagramm) und beobachten Sie die Auswirkungen auf Achsenabschnitt und Steigung der Regressionsgeraden sowie auf die Korrelation.

b) Löschen Sie die Werte und arbeiten Sie mit eigenen Angaben weiter. Interpretieren Sie die Ergebnisse!

- **A_1504: Simulation 2**

Simulation 2 ermöglicht die Berechnung einer Regressionsgeraden für (maximal) 12 Wertepaare.

a) Interpretieren Sie (für die Varianten 1 bis 3) die Ergebnisse der Regressions-analyse.
b) Löschen Sie die Werte und arbeiten Sie mit eigenen Angaben weiter. Interpretieren Sie die Ergebnisse!

A_1504: Lösungshinweise

- **Lösungshinweise A_1504: Simulation 1**

In Variante 1 (siehe Abb.) liegt ein positiver Zusammenhang der beiden Variablen X und Y vor. Die Regressionsgerade erklärt nur etwa 50% der Streuung von Y.

Der Zusammenhang der Variablen ist in Variante 2 stärker und ebenfalls positiv. Knapp 85% der Varianz werden durch die Regressionsgerade erklärt.

In Variante 3 liegen alle Punkte auf der positiv steigenden Regressionsgeraden. Die gesamte Varianz von Y wird durch die Gerade erklärt (Bestimmtheitsmaß = 100%).

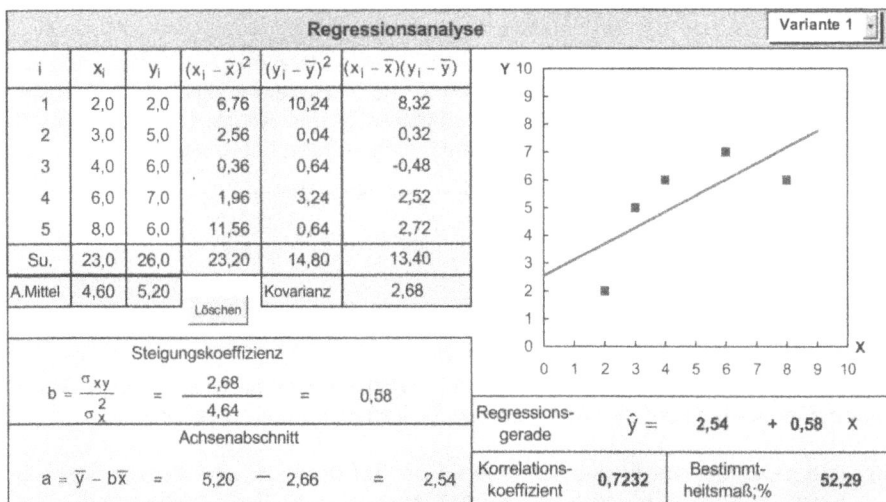

i	x_i	y_i	$(x_i - \bar{x})^2$	$(y_i - \bar{y})^2$	$(x_i - \bar{x})(y_i - \bar{y})$
1	2,0	2,0	6,76	10,24	8,32
2	3,0	5,0	2,56	0,04	0,32
3	4,0	6,0	0,36	0,64	-0,48
4	6,0	7,0	1,96	3,24	2,52
5	8,0	6,0	11,56	0,64	2,72
Su.	23,0	26,0	23,20	14,80	13,40
A.Mittel	4,60	5,20		Kovarianz	2,68

Steigungskoeffizienz

$$b = \frac{\sigma_{xy}}{\sigma_x^2} = \frac{2,68}{4,64} = 0,58$$

Achsenabschnitt

$$a = \bar{y} - b\bar{x} = 5,20 - 2,66 = 2,54$$

Regressions-gerade: $\hat{y} = 2,54 + 0,58 \ X$

Korrelations-koeffizient: 0,7232

Bestimmt-heitsmaß;%: 52,29

A_1504_Regressionsanalyse (Tabellenblatt „Simulation 1")

Der negative Zusammenhang in Variante 4 ist stark ausgeprägt. 92,45% der Varianz werden durch die fallende Regressionsgerade erklärt.

In Variante 5 liegen alle Punkte auf einer Geraden, die parallel zur X-Achse verläuft. Dies hat eine Varianz von 0 für die Variable Y zur Folge. Die Regressionsgerade kann berechnet werden. Bei einem Achsenabschnitt von 5,0 resultiert eine Steigung von 0,0. Korrelationskoeffizient und Bestimmtheitsmaß sind nicht definiert. Die beiden Variablen X und Y sind voneinander unabhängig, da die Kovarianz gleich 0 ist.

16. Zusammenhang bei qualitativen Variablen

16.1 Grundlagen

Rangkorrelation nach Spearman

Die Rangkorrelation bezieht sich auf ordinalskalierte Variablen. Diese Variablen weisen qualitative Ausprägungen auf, die in eine Rangfolge (z.B. von 1 = sehr gut bis 5 = sehr schlecht) gebracht werden können.

Rangkorrelationskoeffizient nach Spearman

$$\rho = 1 - \frac{6 \sum\limits_{i=1}^{n} d_i^2}{n\,(n^2 - 1)} \qquad \text{mit} \qquad -1 \leq \rho \leq +1$$

wobei: d_i^2 = quadrierte Differenz der Rangziffern Rx_i und Ry_i.

Rangkorrelation mit Excel

Für die Berechnung der Rangkorrelation gibt es in Excel keine automatische Funktion. Wenn die Rangziffern für zwei Variablen vorliegen oder manuell ermittelt werden, kann daraus über eine Arbeitstabelle der Korrelationskoeffizient nach Spearman gemäß der obigen Formel berechnet werden (siehe interaktive Excel-Anwendung A_1601, Übung und Simulation 1).

Alternativ kann die Excel-Funktion **RANG** verwendet werden. Diese Funktion ermittelt Rangziffern für quantitative Ausprägungen. Dabei werden gleich großen Werten mehrfach gleiche Rangziffern zugeordnet. Die nächst kleineren Werte erhalten den nächsten freien Rangplatz. Die Berechnung der Rangkorrelation kann für diese Rangziffern mit der Excel-Funktion **KORREL** vorgenommen werden. KORREL ermittelt einen Korrelationskoeffizienten nach Bravais-Pearson für die Rangziffern (siehe interaktive Excel-Anwendung A_1601, Simulation 2).

Der Rangkorrelationskoeffizient nach Spearman ist eine Variante des Korrelationskoeffizienten nach Bravais-Pearson. Für den Fall, dass keine Rangbindungen (gleich große Ränge) vorkommen, sind beide Excel-Ergebnisse identisch.

Chi-Quadrat als Basis qualitativer Zusammenhangsmaße

Bei qualitativen Variablen wird die Messung des Zusammenhangs auf die zweidimensionale Häufigkeitsverteilung bezogen. Ausgangspunkt der Analyse sind die

„erwarteten" Häufigkeiten, die unter der Voraussetzung berechnet werden, dass Unabhängigkeit der Variablen vorliegt.

Zur Messung des Grades der Abhängigkeit wird zunächst die Differenz zwischen den beobachteten Häufigkeiten und den – bei Unabhängigkeit – erwarteten Häufigkeiten ermittelt. Diese Differenzen werden dann quadriert, da nur die Distanz – und nicht das Vorzeichen – etwas über den Verteilungsunterschied aussagt. Die quadrierten Differenzen werden durch die erwarteten Häufigkeiten dividiert und aufsummiert. Diese Summe ist das Maß Chi-Quadrat, das als Basis zahlreicher Zusammenhangsmaße qualitativer Variablen eine ähnliche Rolle spielt wie in Kapitel 15 die Kovarianz.

Chi-Quadrat

$$\chi^2 = \sum_{j=1}^{m} \sum_{k=1}^{l} \frac{(f_{jk} - e_{jk})^2}{e_{jk}}$$

mit

f_{jk} beobachteten Häufigkeiten

e_{jk} erwarteten Häufigkeiten

Qualitative Zusammenhangsmaße

Qualitative Zusammenhangsmaße

- **Mittlere quadratische Kontingenz**

$$MQK = \frac{\chi^2}{n}$$

mit χ^2 (siehe oben)

- **Kontingenzkoeffizient nach Pearson**

$$P = \sqrt{\frac{\chi^2}{\chi^2 + n}}$$

mit χ^2 (siehe oben)

und $0 \le P < 1$

Qualitative Zusammenhangsmaße mit Excel

In Excel liegen keine Standardfunktionen zur Berechnung qualitativer Zusammenhangsmaße vor. Daher müssen zweidimensionale Verteilungen als Arbeitstabellen angelegt und daraus die Maßzahlen gemäß der obigen Formeln ermittelt werden (siehe interaktive Excel-Anwendung A_1603).

16.2 Interaktive Excel-Anwendungen (Download)

📁 Anwendung A_1601_Rangkorrelation

Die Anwendung besteht aus einem Tabellenblatt „Übung" und den beiden Tabellenblättern „Simulation 1" und „Simulation 2".

In der **Übung** werden für zwei Variablen X und Y Wertepaare angegeben. Für die beiden Urlisten sind die Rangziffern zu ermitteln. Die Differenzen der Rangziffern und deren Quadrate werden automatisch berechnet und in die Formel des Rangkorrelationskoeffizienten nach Spearman eingesetzt. Zum Vergleich wird der Korrelationskoeffizient nach Bravais-Pearson für die quantitativen Ausprägungen der Variablen X und Y angegeben.

In **Simulation 1** werden Wertepaare der Variablen X und Y angegeben. Die dazugehörigen Rangziffern, deren Differenzen und quadrierte Differenzen werden automatisch ermittelt. Die Zwischenergebnisse werden zur Berechnung des Rangkorrelationskoeffizienten nach Spearman verwendet. Der Korrelationskoeffizient nach Bravais-Pearson für die ursprünglichen Wertepaare wird ebenfalls angezeigt.

In **Simulation 2** werden die Rangziffern für Wertepaare der Variablen X und Y mit der Excel-Funktion RANG automatisch ermittelt. Für diese Rangziffern wird ein Korrelationskoeffizient nach Bravais-Pearson errechnet. Zum Vergleich wird der Korrelationskoeffizient nach Bravais-Pearson für die ursprünglichen x- und y-Werte angegeben.

A_1601: Aufgaben

- **A_1601: Übung – Varianten 1 bis 3**

10 Hotelbetriebe werden von zwei Experten hinsichtlich ihrer Servicequalität beurteilt. Jeder Betrieb erhält eine Punktzahl für die festgestellte Qualität (hohe Punktzahl = hohe Qualität, niedrige Punktzahl = niedrige Qualität). Die vom Experten A vergebene Punktzahl entspricht der Variablen X, die vom Experten B vergebene Punktzahl der Variablen Y.

Ermitteln Sie (in den Varianten 1 bis 3) für die Werte der Variablen X bzw. Y die jeweiligen Rangziffern, wobei die höchste Punktzahl den Rang 1 erhält, die zweithöchste den Rang 2 usw. Falls gleiche Punktzahlen vorkommen, ist das arithmetische Mittel der für die Punktzahlen relevanten Rangziffern zu berechnen. Interpretieren Sie die dargestellten Differenzen der Rangziffern sowie die Zwischen- und Endergebnisse der Korrelationsberechnung nach Spearman. Vergleichen Sie die Rangkorrelation mit der Korrelation der ursprünglichen x- und y-Werte nach Bravais-Pearson.

- **A_1601: Simulation 1**

Die Simulation liefert (in 3 Zahlenvarianten) zweidimensionale Urlisten. Daraus entstehen Zwischen- und Endergebnisse für die Berechnung der Rangkorrelation.

a) Interpretieren Sie Arbeitstabelle, Rangkorrelation und Korrelation nach Bravais-Pearson.
b) Löschen Sie die Werte und arbeiten Sie mit eigenen Angaben weiter. Interpretieren Sie die Ergebnisse!

- **A_1601: Simulation 2**

Die Simulation liefert (in 3 Varianten) zweidimensionale Urlisten. Daraus entstehen Rangziffern, die mit der Excel-Funktion RANG ermittelt werden.

a) Interpretieren Sie Arbeitstabelle, Korrelation der Rangziffern und Korrelation der Ursprungswerte nach Bravais-Pearson.
b) Löschen Sie die Werte und arbeiten Sie mit eigenen Angaben weiter. Interpretieren Sie die Ergebnisse!

A_1601: Lösungen

- **Lösung A_1601: Übung – Varianten 1 bis 3**

Rangkorrelation nach Spearman						Variante 1
i	x_i	y_i	$R(x_i)$	$R(y_i)$	d_i	d_i^2
1	11	11	10,0	10,0	0,0	0,00
2	12	12	9,0	9,0	0,0	0,00
3	13	14	8,0	7,0	1,0	1,00
4	14	15	7,0	6,0	1,0	1,00
5	15	13	6,0	8,0	-2,0	4,00
6	16	17	5,0	4,0	1,0	1,00
7	17	18	4,0	3,0	1,0	1,00
8	18	19	3,0	2,0	1,0	1,00
9	19	20	2,0	1,0	1,0	1,00
10	20	16	1,0	5,0	-4,0	16,00
Summe	-	-	55,0	55,0	-	26,00

Rangkorrelationskoeffizient nach Spearman

$$\rho = 1 - \frac{6 \sum_{i=1}^{n} d_i^2}{n\,(n^2 - 1)} = 1 - \frac{6 \cdot 26{,}00}{10 \cdot 99} = 0{,}8424$$

Löschen

Korr.-Koeff.
$r_{xy} =$
0,8424

A_1601_Rangkorrelation (Tabellenblatt „Übung")

Richtige Lösung: Alle Eingaben sind blau unterlegt.

In <u>Variante 1</u> (siehe Abb.) sind alle Punktzahlen voneinander verschieden. Damit entsprechen die Rangziffern jeweils den ersten 10 natürlichen Zahlen. Die von den beiden Experten vergebenen Rangziffern verlaufen relativ ähnlich. Die Differenzen der Rangziffern (und deren Quadrate) sind in den meisten Fällen sehr gering. Der Rangkorrelationskoeffizient nach Spearman beträgt 0,8424 und drückt damit einen starken positiven Zusammenhang aus. Die Korrelation nach Bravais-Pearson für die Ursprungswerte beträgt ebenfalls 0,8424, da keine Rangbindungen vorkommen.

In <u>Variante 2</u> sind alle Punktzahlen der Variablen X voneinander verschieden, so dass hier die ersten 10 natürlichen Zahlen als Ränge vergeben werden können. Bei der Variablen Y kommen mehrfach gleiche Punktzahlen vor. In diesen Fällen muß das arithmetische Mittel der Rangziffern berechnet werden. So ergibt sich z.B. für die ersten beiden Werte eine Rangziffer von 1,5 = (1+2)/2. Insgesamt liegt ein starker negativer Zusammenhang vor (Rangkorrelation = -0,9818). Die Meinungen der beiden Experten sind gegenläufig. Die Korrelation nach Bravais-Pearson für die Ursprungswerte weicht mit 0,9888 etwas von der Rangkorrelation ab, da einige Rangbindungen vorliegen.

Auch in <u>Variante 3</u> liegen zahlreiche Rangbindungen wegen gleich großer Punktzahlen vor. Die Rangkorrelation beträgt -0,9394, die Korrelation nach Bravais-Pearson für die Ursprungswerte liefert einen vollständigen negativen Zusammenhang von -1.

- **Lösungshinweise A_1601: Simulation 1**

In <u>Variante 1</u> kommen keine Rangbindungen vor. Der positive Zusammenhang der beiden Variablen wird durch einen Rangkorrelationskoeffizienten von 0,8182 zum Ausdruck gebracht. Dieser ist gleich dem Korrelationskoeffizienten nach Bravais-Pearson.

In <u>Variante 2</u> sind Rangkorrelation und Korrelation nach Bravais-Pearson verschieden, da Rangbindungen vorkommen. Der Zusammenhang der beiden Variablen ist nur schwach positiv. Die Rangkorrelation beträgt 0,2364; die Korrelation nach Bravais-Pearson beträgt 0,1366.

<u>Variante 3</u> zeigt zwei gegenläufige Urlisten. Der Zusammenhang ist stark negativ (Rangkorrelation = -0,8303). Wegen der zahlreichen Rangbindungen weicht die Korrelation nach Bravais-Pearson davon deutlich ab.

- **Lösungshinweise A_1601: Simulation 2**

In dieser Simulation werden die Rangziffern von Excel automatisch zugeordnet.

In <u>Variante 1</u> beträgt die Rangkorrelation (berechnet als Korrelation der Rangziffern nach Bravais-Pearson) 0,8303. Dies entspricht auch dem Ergebnis der Korrelation für die Ursprungswerte, da keine Rangbindungen vorliegen.

In <u>Variante 2</u> kann eine stark negative, in <u>Variante 3</u> eine schwach positive Korrelation festgestellt werden. In beiden Fällen weicht die Korrelation der Ursprungswerte wegen der Rangbindungen leicht ab.

> **Anwendung A_1602_Erwartete_Häufigkeiten**
>
> Die Anwendung besteht aus einem Tabellenblatt „Simulation".
>
> In der **Simulation** werden in einer Kreuztabelle zweidimensionale absolute Häufigkeiten angegeben. Aus den Randhäufigkeiten werden die bei Unabhängigkeit der Variablen X und Y erwarteten Häufigkeiten ermittelt.

A_1602: Aufgaben

Die Simulation liefert (in 3 Zahlenvarianten) eine zweidimensionale Häufigkeitsverteilung mit absoluten beobachteten Häufigkeiten der beiden Variablen X (Zufriedenheit mit der medizinischen Betreuung im Krankenhaus) und Y (Zufriedenheit mit der Zimmerqualität im Krankenhaus). Für die beiden Variablen werden jeweils die Ausprägungen „-" (unzufrieden) und „+" (zufrieden) verwendet. Aus den Randhäufigkeiten werden die erwartete Häufigkeiten berechnet.

a) Interpretieren Sie (für die Varianten 1 bis 3) beobachtete und erwartete Häufigkeiten. Was läßt sich über den Zusammenhang der beiden Variablen X und Y aussagen?
b) Löschen Sie die beobachteten Häufigkeiten und arbeiten Sie mit eigenen Angaben weiter. Interpretieren Sie die Ergebnisse!

A_1602: Lösungshinweise

In Variante 1 (siehe Abb.) sind die Häufigkeiten der Wertepaare -/- bzw. +/+ wesentlich größer als die beiden übrigen Häufigkeiten. Dies spricht für einen (positiven) Zusammenhang der beiden Variablen X und Y. Patienten, die mit der medizinischen Betreuung im Krankenhaus unzufrieden sind, sind dies auch mit der Zimmerqualität. Patienten, die mit der medizinischen Betreuung zufrieden sind, sind auch mit der Zimmerqualität zufrieden. Die erwarteten Häufigkeiten (Unabhängigkeits-Häufigkeiten) in der Kreuztabelle sind von den beobachteten Häufigkeiten deutlich verschieden. Die Beobachtungen sprechen daher für eine Abhängigkeit der beiden Variablen.

In der Variante 2 kommen in allen 4 Feldern ähnlich große Häufigkeiten von 4 bzw. 5 vor. Die Randhäufigkeiten betragen überall 9. Die Unabhängigkeit der beiden Variablen X und Y hätte Häufigkeiten von jeweils 4,5 zur Folge. Da diese erwarteten Häufigkeiten nahe bei den beobachteten Häufigkeiten liegen, spricht die Kreuztabelle nicht für einen Zusammenhang der beiden Variablen zur Zufriedenheitsmessung.

In Variante 3 sind alle beobachteten Häufigkeiten gleich 4. Dadurch ergeben sich erwartete Häufigkeiten, die ebenfalls alle gleich 4 sind. Zwischen den beiden Variablen X und Y kann kein Zusammenhang festgestellt werden.

Erwartete Häufigkeiten (Zusammenhangsanalyse)				Variante 1
Variable Y Variable X	Häufig- keiten	–	+	insgesamt
–	f_{jk}	28	4	32
	e_{jk}	9,91	22,09	
+	f_{jk}	7	74	81
	e_{jk}	25,09	55,91	
insgesamt		35	78	113

Löschen

A_1602_Erwartete_Häufigkeiten

Anwendung A_1603_Chi-Quadrat+MQK+Pearson

Die Anwendung besteht aus „Simulation 1" und „Simulation 2".

In **Simulation 1** werden zweidimensionale Verteilungen als 4-Felder-Tafel angegeben. Chi-Quadrat, mittlere quadratische Kontingenz (MQK) und Kontingenzkoeffizient nach Pearson werden berechnet.

Simulation 2 bietet die Berechnungen für eine 9 Felder-Tafel an.

A_1603: Aufgaben (Simulation 1)

Die Simulation liefert (in 3 Zahlenvarianten) eine zweidimensionale Häufigkeitsverteilung mit absoluten beobachteten Häufigkeiten der beiden Variablen X (Zufriedenheit mit der medizinischen Betreuung im Krankenhaus) und Y (Zufriedenheit mit der Zimmerqualität im Krankenhaus). Für die beiden Variablen werden jeweils die Ausprägungen „-" (unzufrieden) und „+" (zufrieden) verwendet. Aus den Randhäufigkeiten werden die erwarteten Häufigkeiten berechnet. Außerdem werden die Differenzen zwischen beobachteten und erwarteten Häufigkeiten ausgegeben, sowie deren Quadrat, dividiert durch die erwarteten Häufigkeiten.

a) Interpretieren Sie (für die Varianten 1 bis 3) beobachtete und erwartete Häufigkeiten, Zwischen- und Endergebnisse für die Chi-Quadrat-Berechnung sowie die Kontingenzkoeffizienten. Was sagt das Ergebnis über den Zusammenhang der beiden Variablen X und Y aus?

b) Löschen Sie die beobachteten Häufigkeiten und arbeiten Sie mit eigenen Angaben weiter. Interpretieren Sie die Ergebnisse!

A_1603: Lösungshinweise (Simulation 1)

Chi-Quadrat + Mittlere Quadratische Kontingenz + Pearson-Koeffizient						Variante 1
X \ Y	Häufig- keiten	-	f_{jk}-e_{jk} / $(f_{jk}$-$e_{jk})^2$/e_{jk}	+	f_{jk}-e_{jk} / $(f_{jk}$-$e_{jk})^2$/e_{jk}	insgesamt
- f_{jk} / e_{jk}	28 / 9,91		18,09 / 33,01	4 / 22,09	-18,09 / 14,81	32
+ f_{jk} / e_{jk}	7 / 25,09		-18,09 / 13,04	74 / 55,91	18,09 / 5,85	81
insgesamt	35			78		113

	Löschen	MQK	$\frac{\chi^2}{n}$	= 0,59
Chi-Quadrat $\chi^2 = \sum_{j=1}^{m} \sum_{k=1}^{l} \frac{(f_{jk} - e_{jk})^2}{e_{jk}}$ =	66,72	Pearson-Koeff.	$P = \sqrt{\frac{\chi^2}{\chi^2 + n}}$	= 0,61

A_1603_Chi-Quadrat+MQK+Pearson (Tabellenblatt „Simulation 1")

In Variante 1 (siehe Abb.) kommen die Wertepaare -/- bzw. +/+ wesentlich häufiger vor als die beiden übrigen Wertepaare. Da die (bei Unabhängigkeit) erwarteten Häufigkeiten von diesen beobachteten Häufigkeiten deutlich verschieden sind, führen die quadrierten Differenzen dieser Häufigkeiten zu einem hohen Chi-Quadrat-Wert von 66,72. Die mittlere quadratische Kontingenz MQK und der Kontingenz-Koeffizient von Pearson liegen etwa bei 0,6 und lassen damit einen Zusammenhang der Variablen X und Y erkennen. Patienten, die mit der medizinischen Betreuung im Krankenhaus unzufrieden sind, sind dies auch mit der Zimmerqualität (und umgekehrt).

In der Variante 2 weichen alle zweidimensionalen Häufigkeiten nur geringfügig von den erwarteten Häufigkeiten ab. Chi-Quadrat und Kontingenz-Koeffizienten liegen nahe bei 0 und sprechen damit nicht für einen Zusammenhang der beiden Zufriedenheits-Variablen X und Y.

In Variante 3 ist das Verhältnis der Häufigkeiten in den beiden Spalten der Y-Variablen jeweils 20:40. Dies bedeutet, dass die bedingten Verteilungen von X (unter der Bedingung Y) gleich sind und damit kein Zusammenhang vorliegt. Die Differenz zwischen den beobachteten und den erwarteten Häufigkeiten ist jeweils gleich 0. Chi-Quadrat und Kontingenzkoeffizienten zeigen mit einem Ergebnis von 0 ebenfalls an, dass kein Zusammenhang vorliegt. Die beiden Rangverteilungen für X und Y zeigen eine relativ große Zufriedenheit mit den medizinischen Leistungen und eine indifferente Meinung zur Zimmerqualität im Krankenhaus an.

17. Zeitreihenanalyse

17.1 Grundlagen

Statistische Zeitreihen stellen die zeitliche Entwicklung einer Variablen dar. Sie werden mit dem Symbol y_t bezeichnet, wobei $t = 1, 2, \ldots, T$ für die Zeitpunkte bzw. Zeiträume der Beobachtungen steht. Die einzelnen Werte y_t setzen sich aus verschiedenen Komponenten zusammen. Diese Komponenten können additiv oder multiplikativ verknüpft sein. Wir gehen im Folgenden vom additiven Modell aus.

Komponenten einer Zeitreihe

- **Trendkomponente T_t**
  = langfristige Entwicklung, Grundrichtung einer Zeitreihe

- **Konjunkturkomponente K_t**
  = mittelfristige, zyklische Schwankung einer Zeitreihe

- **Glatte Komponente G_t**
  = Zusammenfassung von Trend- und Konjunkturkomponente

- **Saisonkomponente S_t**
  = regelmäßige, zyklische Schwankung innerhalb eines Jahres

- **Restkomponente R_t**
  = zufälliger, unsystematischer Einfluß auf die Werte einer Zeitreihe

Additives Zeitreihenmodell

$$y_t = G_t + S_t + R_t \qquad \text{mit } t = 1, 2 \ldots T$$

Glatte Komponente: Regressionsgerade

Trendgerade $\hat{y} = a + b\,t$

- **Achsenabschnitt** $\quad a = \bar{y} - b\bar{t}$ $\qquad$ - **Steigung** $\quad b = \dfrac{\sigma_{ty}}{\sigma_t^2}$

- **Bestimmtheitsmaß** $\quad B = r^2 = \left(\dfrac{\sigma_{ty}}{\sigma_t \cdot \sigma_y}\right)^2$

Bei kurz- oder mittelfristigen Zeitreihen sowie bei Reihen, die einen linearen Trend erkennen lassen, kann die Trendkomponente (glatte Komponente) als Regressionsgerade berechnet werden. Dies entspricht einer Anwendung der Methode der kleinsten Quadrate (siehe Kapitel 15) und führt zu den obigen Formeln.

Glatte Komponente mit Excel

Die Berechnung der glatten Komponente als Regressionsgerade erfolgt mit den Excel-Funktionen **ACHSENABSCHNITT** und **STEIGUNG**. Die Werte der Regressionsgeraden müssen mit einer Excel-Feldfunktion berechnet werden. Zur Ermittlung der gleitenden Durchschnitte (siehe unten) steht die Analyse-Funktion **Gleitende Durchschnitte** zur Verfügung.

Grafisch kann die Zeitreihe in Excel mit dem Diagramm-Assistenten und dem Diagrammtyp **Linie** bzw. **Punkt (XY)** dargestellt werden (siehe Abb. 17.1).

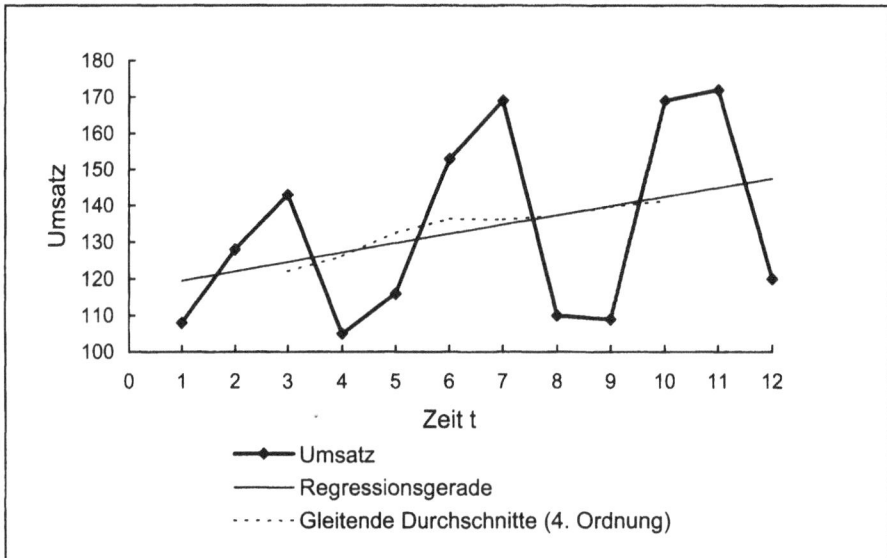

Abb. 17.1: Zeitreihe mit Excel: Originalwerte und glatte Komponente

Glatte Komponente: Gleitende Durchschnitte

Bei Reihen mit „unterjähriger" Gliederung (Zeiträume kleiner als ein Jahr) oder Reihen, die einen nicht-linearen Trend aufweisen, werden häufig die gleitenden Durchschnitte zur Berechnung der glatten Komponente verwendet. Die gleitenden Durchschnitte stellen Mittelwerte benachbarter Zeitreihenwerte dar. Dabei wird unterschieden, ob eine ungerade Anzahl von Elementen in die Mittelwertberechnung eingeht (alle Werte gleich gewichtet) oder eine gerade Anzahl (äußere Werte mit 0,5 gewichtet).

Gleitende Durchschnitte

- **gleitende Durchschnitte ungerader Ordnung** (hier: 3. Ordnung)

$$\overline{y}_t = \frac{y_{t-1} + y_t + y_{t+1}}{3}$$

- **gleitende Durchschnitte gerader Ordnung** (hier: 4. Ordnung)

$$\overline{y}_t = \frac{0{,}5 \cdot y_{t-2} + y_{t-1} + y_t + y_{t+1} + 0{,}5 \cdot y_{t+2}}{4}$$

Saisonkomponente, Restkomponente und Saisonbereinigung

Ermittlung von Saison- und Restkomponente

(1) Trendberechnung

(2) Berechnung der vorläufigen Saisonkomponente

(3) Normierung der Saisonkomponente

(4) Ermittlung der Restkomponente

Saisonbereinigung bedeutet, die Differenz zwischen Beobachtungswert und Saisonkomponente zu berechnen. Anhand des Ergebnisses kann die Entwicklung „ohne Einfluß" der Saisonschwankungen aufgezeigt und beurteilt werden.

Die Methoden der Berechnung von Saison- und Restkomponente und die Saisonbereinigung werden in den folgenden interaktiven Excel-Anwendungen erörtert.

Prognose

Ein wesentliches Ziel der Zeitreihenanalyse ist es, die Ergebnisse der Berechnung einzelner Komponenten in die Zukunft fortzuschreiben. Dabei wird die Trendkomponente extrapoliert, indem z.B. die Regressionsgerade für den Zeitpunkt T+1 angewandt wird. Die Saisonkomponente wird extrapoliert, indem die Saisonwerte des Beobachtungszeitraums in den Prognosezeitraum übernommen werden.

Die Summe der extrapolierten glatten und Saisonkomponente ergibt den Prognosewert der Zeitreihe (siehe interaktive Excel-Anwendung A_1706).

Exponentielle Glättung

Ein weiteres Verfahren zur Glättung einer Zeitreihe und zur Berechnung von Prognosewerten ist die exponentielle Glättung. Hierbei kommt durch Multiplikation der Werte einer Zeitreihe mit einem Glättungsfaktor α (zwischen 0 und 1) ein Gewichtungsschema zustande, das den Werten der Reihe mit zunehmendem zeitlichen Abstand ein abnehmendes Gewicht verleiht.

Exponentielle Glättung

- **Allgemeine Formel**   - **Rekursivformel**

$$\bar{y}_t = \alpha \sum_{i=0}^{\infty} (1-\alpha)^i y_{t-i} \qquad\qquad \bar{y}_t = \alpha y_t + (1-\alpha)\bar{y}_{t-1}$$

- **Prognoseformel** $\bar{y}_{t+1} = \alpha y_t + (1-\alpha)\bar{y}_t$

Exponentielle Glättung mit Excel

Die exponentielle Glättung wird in Excel mit der Analyse-Funktion **Exponentielles Glätten** durchgeführt (siehe Abb. 17.2).

Der Eingabebereich (Beobachtungswerte) und der Glättungsparameter α sind anzugeben. ACHTUNG: Hier ist der Wert $1-\alpha$ einzutragen!

Im angegebenen Ausgabebereich werden die geglätteten Werte der Zeitreihe angezeigt.

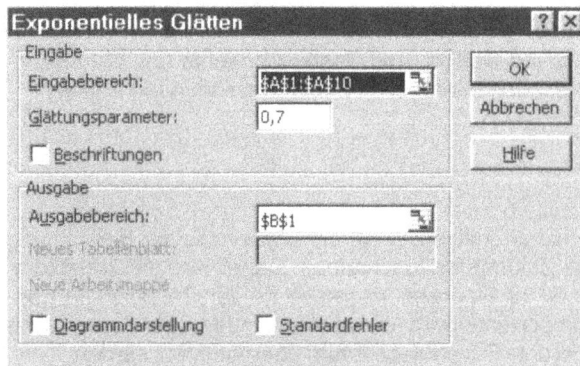

Abb. 17.2: Excel-Analyse-Funktion Exponentielles Glätten

17.2 Interaktive Excel-Anwendungen (Download)

Anwendung A_1701_Trend_Regression

Die Anwendung besteht aus einem Tabellenblatt „Simulation".

In der **Simulation** wird eine Zeitreihe angegeben. Die Berechnung der glatten Komponente wird mittels der Regressionsanalyse durchgeführt, wobei alternativ mit einer bzw. zwei Regressionsgeraden gearbeitet wird. Die Zeitreihe und die Regressionsgeraden werden als Liniendiagramm grafisch dargestellt.

A_1701: Aufgaben

In dieser Simulation werden – in 3 Zahlenvarianten – für 12 Jahre die Beobachtungswerte einer Zeitreihe (Variable Y: Jahresumsatz einer Unternehmung in Millionen €) angegeben. Für die Zeitreihe wird in der Regressionsanalyse A eine Regressionsgerade für den gesamten Zeitraum berechnet. In der Analyse B werden zwei Regressionsgeraden für zwei Teil-Zeiträume ermittelt.

a) Interpretieren Sie in den Varianten 1 bis 3 die Parameter aller drei Regressionsgeraden sowie die Bestimmtheitsmaße und die grafische Darstellung.
b) Löschen Sie die Werte und arbeiten Sie mit eigenen Angaben weiter. Interpretieren Sie die Ergebnisse!

A_1701: Lösungshinweise

Variante 1 (siehe Abb.): Die Zeitreihe der Umsatzzahlen besteht aus zwei verschiedenen Phasen, einem deutlichen Aufwärtstrend in der ersten und einem deutlichen Abwärtstrend in der zweiten Phase. Die Regressionsgerade für den gesamten Zeitraum zeigt einen leichten Abwärtstrend (Steigung $b = -1{,}35$) bei einem sehr niedrigen Bestimmtheitsmaß von nur 4,73%. Der Achsenabschnitt a beträgt 50,83. Die Berechnung von zwei Regressionsgeraden liefert ein wesentlich besseres Ergebnis. In der ersten Periode (1. bis 6. Jahr) liegt ein starker Aufwärtstrend (Steigung $b_1 = 13{,}71$) des Umsatzes bei einem Achsenabschnitt a_1 von 2,0 vor. In der 2. Periode (7. bis 12. Jahr) geht der Umsatz kontinuierlich zurück, die Steigung b_2 beträgt -8,43, der Achsenabschnitt 114,24. Die Regressionsgeraden für die beiden Perioden erfassen den jeweiligen Trend sehr gut, was durch die Bestimmtheitsmaße $B_1 = 96{,}81\%$ und $B_2 = 94{,}12\%$ deutlich zum Ausdruck kommt.

Diese Variante zeigt, dass die Berechnung einer Regressionsgeraden als Trendgerade bei Vorliegen einer eindeutigen Trendwende zu einem schlechten Ergebnis führt und daher nicht geeignet ist. Die vorgenommene Aufteilung in zwei Teil-Zeiträume und die Berechnung zweier Trendgeraden führt dagegen zu guten Ergebnissen, wenn innerhalb der Teil-Zeiträume ein (etwa) linearer Trend vorliegt.

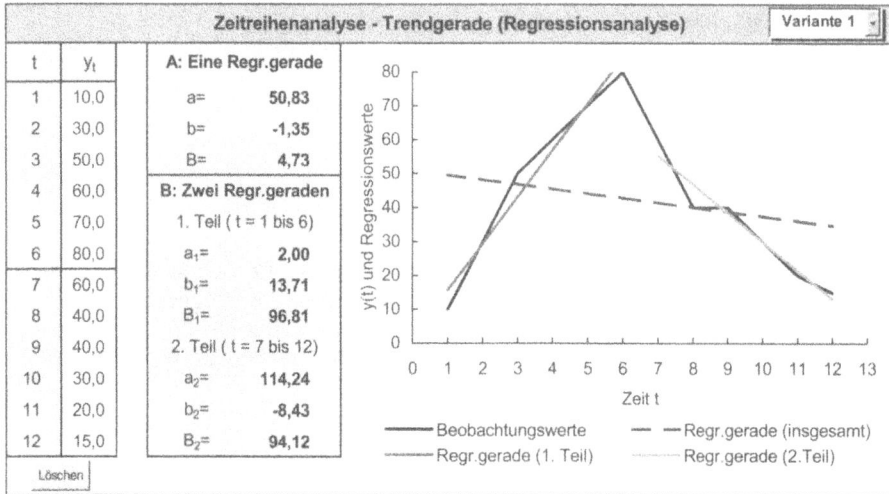

t	y_t	A: Eine Regr.gerade	
1	10,0	a=	50,83
2	30,0	b=	-1,35
3	50,0	B=	4,73
4	60,0	B: Zwei Regr.geraden	
5	70,0	1. Teil (t = 1 bis 6)	
6	80,0	a_1=	2,00
7	60,0	b_1=	13,71
8	40,0	B_1=	96,81
9	40,0	2. Teil (t = 7 bis 12)	
10	30,0	a_2=	114,24
11	20,0	b_2=	-8,43
12	15,0	B_2=	94,12

Zeitreihenanalyse - Trendgerade (Regressionsanalyse)   Variante 1

Löschen

A_1701_Trend_Regression

Variante 2: Hier erkennen wir einen leichten Aufwärtstrend für die gesamte Reihe (Steigung b = 2,53). Allerdings sind die Schwankungen um diesen Trend sehr groß. Das Bestimmtheitsmaß für die Regressionsgerade liegt nur bei 30,57%. Betrachten wir die zweigeteilte Regressionsanalyse, zeigt sich zweimal ein leichter Abwärtstrend (Steigungen -0,14 bzw. -4,0), wobei die Bestimmtheitsmaße weiterhin niedrig sind (0,11% bzw. 30,0%).

In Variante 3 steigt der Umsatz kontinuierlich und ohne große Schwankungen an. Es liegt ein linearer Aufwärtstrend vor (Steigung b = 3,94). Daher ist die Verwendung einer Regressionsgeraden für den gesamten Zeitraum angezeigt. Dies ist am hohen Bestimmtheitsmaß (91,67%) zu erkennen. Die beiden zusätzlich angegebenen Geraden für den ersten bzw. zweiten Teil der Zeitreihe weisen ebenfalls hohe Bestimmtheitsmaße auf. Im 2. Zeitraum werden wegen der starken Schwankungen allerdings nur etwa 70% der Varianz durch die Regressionsgerade erklärt.

Anmerkung: Sofern eine Zeitreihe keinen linearen Trend im gesamten Zeitraum erkennen läßt, kann die Regressionsanalyse durch die Berechnung gleitender Durchschnitte (siehe unten) ersetzt werden.

Anwendung A_1702_Trend_Gleitende_Durchschnitte

Die Anwendung besteht aus einem Tabellenblatt „Simulation".

In der Simulation wird eine Zeitreihe angegeben. Als glatte Komponente werden gleitende Durchschnitte dritter, vierter und fünfter Ordnung berechnet. Die grafische Darstellung veranschaulicht die unterschiedliche Glättung durch die jeweiligen gleitenden Durchschnitte.

A_1702: Aufgaben

In dieser Simulation werden – in 3 Zahlenvarianten – für 12 Jahre die Beobachtungswerte einer Zeitreihe (Variable Y: Jahresumsatz einer Unternehmung in Millionen €) angegeben. Für die Zeitreihe werden als glatte Komponente gleitende Durchschnitte berechnet und grafisch dargestellt.

a) Interpretieren Sie in den Varianten 1 bis 3 die Ergebnisse der gleitenden Durchschnitte entsprechend der gewählten Periodenlänge von 3, 4 oder 5.
b) Löschen Sie die Werte und arbeiten Sie mit eigenen Angaben weiter. Interpretieren Sie die Ergebnisse!

A_1702: Lösungshinweise

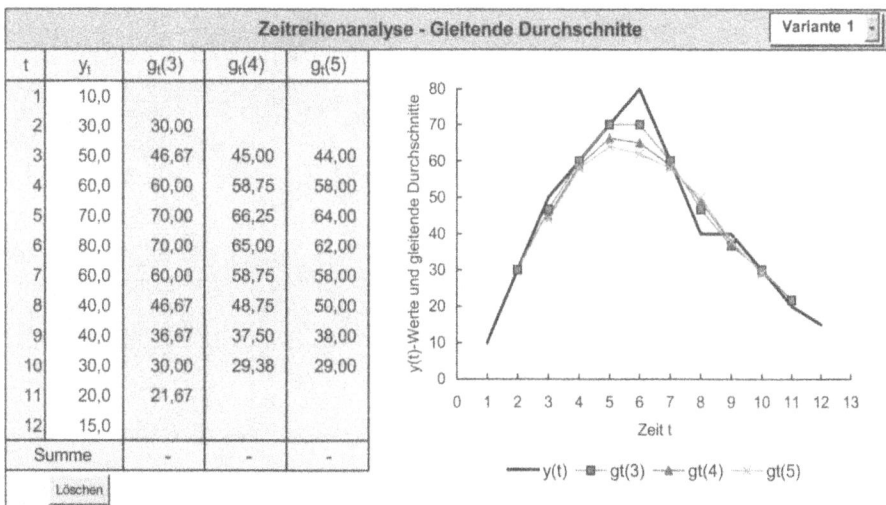

t	y_t	$g_t(3)$	$g_t(4)$	$g_t(5)$
1	10,0			
2	30,0	30,00		
3	50,0	46,67	45,00	44,00
4	60,0	60,00	58,75	58,00
5	70,0	70,00	66,25	64,00
6	80,0	70,00	65,00	62,00
7	60,0	60,00	58,75	58,00
8	40,0	46,67	48,75	50,00
9	40,0	36,67	37,50	38,00
10	30,0	30,00	29,38	29,00
11	20,0	21,67		
12	15,0			
Summe		-	-	-

Löschen

A_1702_Trend_Gleitende_Durchschnitte

In Variante 1 (siehe Abb.) wird die Zeitreihe der Simulation A_1701 verwendet. Die gleitenden Durchschnitte vollziehen die Trendwende nach und zeigen den nichtlinearen Verlauf der glatten Komponente deutlich an. Die Glättung fällt umso stärker aus, je größer die Periodenlänge der gleitenden Durchschnitte gewählt wird.

In Variante 2 liegt eine Zeitreihe mit regelmäßigen Schwankungen vor. Es kann sich dabei um saisonale Schwankungen der Quartalsumsätze einer Unternehmung handeln. Hier wird die glatte Komponente durch die gleitenden Durchschnitte 4. Ordnung am besten wiedergegeben. Eine (nicht angemessene) Wahl einer Periodenlänge von 3 bzw. 5 liefert keine ausreichende Glättung.

Die Zeitreihe in Variante 3 zeigt einen nicht-linearen Aufwärtstrend des Umsatzes mit einem Ausreißer im Zeitpunkt 8. Da keine regelmäßigen Schwankungen vorkommen, gelingt die Glättung bei allen drei Periodenlängen sehr gut.

📂 **Anwendung A_1703_Saisonkomponente_Tertiale**

Die Anwendung besteht aus einem Tabellenblatt „Simulation".

In der **Simulation** wird eine Zeitreihe für Tertiale angegeben. Als glatte Komponente werden gleitende Durchschnitte 3. Ordnung berechnet. Die Differenzen zwischen Beobachtungswerten und gleitenden Durchschnitten werden als vorläufige Saisonwerte ausgewiesen. Diese vorläufige Saisonkomponente wird normiert. Die Differenzen zwischen den Beobachtungswerten und der Summe aus glatter Komponente und normierter Saisonkomponente stellen die Restkomponente dar.

A_1703: Aufgaben

In dieser Simulation werden – in 3 Zahlenvarianten – die Beobachtungswerte einer Zeitreihe für 12 Tertiale (3-Monatszeiträume) und damit insgesamt 4 Jahre angegeben. Die Variable Y ist dabei die Anzahl der Urlaubsgäste (in Tausend) pro Tertial in einer Ferienregion. Für die Zeitreihe werden als glatte Komponente die gleitenden Durchschnitte 3. Ordnung berechnet sowie die Saison- und Restkomponente.

a) Interpretieren Sie in den Varianten 1 bis 3 Berechnung und Ergebnisse der Saisonkomponente (nicht-normiert bzw. normiert) und der Restkomponente.
b) Löschen Sie die Werte und arbeiten Sie mit eigenen Angaben weiter. Interpretieren Sie die Ergebnisse!

A_1703: Lösungshinweise

In Variante 1 (siehe Abb.) zeigen bereits die Ergebnisse der nicht-normierten Saisonkomponente regelmäßige Saisonschwankungen. Das 2. Tertial (Monate Mai bis August) weist überdurchschnittliche Gästezahlen auf, in den beiden Herbst- und Wintertertialen liegen unterdurchschnittliche Gästezahlen vor. Durch die Normierung der Saisonkomponente wird erreicht, dass die Summe der Saisonwerte pro Jahr gleich 0 ist. Es ergeben sich damit zwei negative Saisonwerte von -2,49 bzw. -3,05 im ersten bzw. dritten Tertial und 5,54 im 2. Tertial. Die Werte der Restkomponente sind alle relativ niedrig (mit Ausnahme des letzten Wertes) und zeigen keine systematische Folge der Vorzeichen.

In Variante 2 sehen wir eine im Vergleich zur Variante 1 spiegelbildliche Saisonfigur, die allerdings sehr schwach ausgeprägt ist. Die Gästezahlen im Sommertertial liegen leicht unter und in den Herbst- und Wintertertialen leicht über dem Durchschnitt. Die Restkomponente ist unregelmäßig und nicht stark ausgeprägt.

In Variante 3 steigen die Gästezahlen pro Tertial kontinuierlich um 1000 an. Dies hat zur Folge, dass keinerlei Saisonschwankung vorliegt. Die Werte der Saisonkomponente und auch der Restkomponente sind alle gleich 0.

t	j	i	y_t	$g_t(3)$	1. Tert.	2. Tert.	3. Tert.	s_t	r_t
\multicolumn{10}{c}{Zeitreihenanalyse - Saison- und Restkomponente Variante 1}									
1	1	1	2,0					-2,49	
2	1	2	8,0	4,33		3,67		5,54	-1,87
3	1	3	3,0	5,67			-2,67	-3,05	0,38
4	1	1	6,0	8,33	-2,33			-2,49	0,16
5	2	2	16,0	11,00		5,00		5,54	-0,54
6	2	3	11,0	14,33			-3,33	-3,05	-0,29
7	2	1	16,0	17,33	-1,33			-2,49	1,16
8	2	2	25,0	20,00		5,00		5,54	-0,54
9	3	3	19,0	22,00			-3,00	-3,05	0,05
10	3	1	22,0	25,67	-3,67			-2,49	-1,18
11	3	2	36,0	27,33		8,67		5,54	3,13
12	3	3	24,0					-3,05	
\multicolumn{3}{c}{Summe}			-	-	-7,3	22,3	-9,0	-	-
				s_i	-2,44	5,58	-3,00	=> Summe	0,14
\multicolumn{3}{c}{Löschen}			s_i(norm)	-2,49	5,54	-3,05	=> Summe	0,00

A_1703_Saisonkomponente_Tertiale

Anwendung A_1704_Saisonkomponente_Quartale

Die Anwendung besteht aus „Simulation 1" und „Simulation 2".

In **Simulation 1** wird eine Zeitreihe mit Quartalswerten für 3 Jahre angegeben. Als glatte Komponente werden gleitende Durchschnitte 4. Ordnung berechnet. Die vorläufige Saisonkomponente und die normierte Saisonkomponente werden berechnet. Die Differenzen zwischen den Beobachtungswerten und der Summe aus glatter Komponente und normierter Saisonkomponente stellen die Restkomponente dar.

In **Simulation 2** wird dieselbe Zeitreihenanalyse wie in „Simulation 1" für 4 Jahre durchgeführt. Die Ergebnisse sind analog zu interpretieren!

A_1704: Aufgaben (Simulation 1)

In dieser Simulation werden – in 3 Zahlenvarianten – die Beobachtungswerte einer Zeitreihe für 12 Quartale angegeben. Die Variable Y ist dabei die Anzahl der Urlaubsgäste (in Tausend) in einer Ferienregion. Für die Zeitreihe werden die gleitenden Durchschnitte 4. Ordnung sowie Saison- und Restkomponente berechnet.

a) Interpretieren Sie in den Varianten 1 bis 3 Berechnung und Ergebnisse der Saisonkomponente (nicht-normiert bzw. normiert) und der Restkomponente.
b) Löschen Sie die Werte und arbeiten Sie mit eigenen Angaben weiter. Interpretieren Sie die Ergebnisse!

A_1704: Lösungshinweise (Simulation 1)

\multicolumn{11}{c}{Zeitreihenanalyse - Saison- und Restkomponente}										Variante 1
t	j	i	y_t	$g_t(4)$	1. Qu.	2. Qu.	3. Qu.	4. Qu.	s_t	r_t
1	1	1	10,0						6,5	
2	1	2	5,0						-5,5	
3	1	3	6,0	9,50			-3,50		-4,3	0,8
4	1	1	14,0	10,50				3,50	3,3	0,3
5	2	2	16,0	11,00	5,00				6,5	-1,5
6	2	3	7,0	11,75		-4,75			-5,5	0,8
7	2	1	8,0	13,38			-5,38		-4,3	-1,1
8	2	2	18,0	15,38				2,63	3,3	-0,6
9	3	3	25,0	17,38	7,63				6,5	1,1
10	3	1	14,0	20,63		-6,63			-5,5	-1,1
11	3	2	17,0						-4,3	
12	3	3	35,0						3,3	
Summe			-	-	12,6	-11,4	-8,9	6,1	-	-

		1. Qu.	2. Qu.	3. Qu.	4. Qu.		
	s_i	6,31	-5,69	-4,44	3,06	=> Summe	-0,75
Löschen	s_i(norm)	6,50	-5,50	-4,25	3,25	=> Summe	0,00

A_1704_Saisonkomponente_Quartale (Tabellenblatt „Simulation 1")

In Variante 1 (siehe Abb.) liegen die Gästezahlen in den beiden Winterquartalen 1 und 4 über dem Durchschnitt und in den beiden Sommerquartalen 2 und 3 unter dem Durchschnitt. Es kann sich hier um einen Ferienort handeln, der hauptsächlich in der Wintersaison stark frequentiert wird. Die Werte der Restkomponente sind alle niedrig, was keine „einmaligen" Sondereinflüsse erkennen läßt. Da die Restkomponente außerdem eine unregelmäßige Vorzeichenfolge aufweist, liegen auch keine weiteren systematischen Einflüsse auf den Verlauf der Zeitreihe vor.

In Variante 2 sind die Zeitreihenwerte in den beiden Sommerquartalen überdurchschnittlich, in den beiden Winterquartalen unterdurchschnittlich groß. Die Gästezahlen in diesem Ferienort, der offensichtlich von einer starken Sommersaison geprägt ist, steigen kontinuierlich an. Die Werte der Restkomponente sind allerdings zweimal auffällig. Die Gästezahl im 1. Quartal des 2. Jahres ist überdurchschnittlich hoch (Restkomponente = 3,39). Die Gästezahl im 1. Quartal des 3. Jahres liegt unter dem Durchschnitt (Restkomponente = -3,23). Sondereinflüsse, wie z.B. extrem gutes oder schlechtes Wetter können für diese Werte der Restkomponente verantwortlich sein.

In Variante 3 steigen die Gästezahlen kontinuierlich an, wobei leichte Schwankungen in der Zeitreihe zu beobachten sind. Diese Schwankungen sind allerdings nicht eindeutig auf saisonale Einflüsse zurückzuführen, wie die niedrigen Werte der Saisonkomponente (alle kleiner 1) zeigen. Obwohl die Vorzeichen der Saisonkomponente systematisch verlaufen, kann hier kein relevanter Saisoneinfluß festgestellt werden. Die Werte der Restkomponente sind alle sehr niedrig; Sondereinflüsse auf die Entwicklung der Gästezahlen liegen offensichtlich nicht vor.

Anwendung A_1705_Exponentielle_Glättung

Die Anwendung besteht aus einem Tabellenblatt „Simulation".

- In der **Simulation** wird eine Zeitreihe angegeben. Für diese Reihe wird die glatte Komponente mittels der exponentiellen Glättung berechnet, wobei die Glättungskonstante frei gewählt werden kann. Beobachtungswerte und glatte Komponente werden grafisch in einem Liniendiagramm dargestellt.

A_1705: Aufgaben

In dieser Simulation werden – in 3 Zahlenvarianten – die Beobachtungswerte einer Zeitreihe für 10 Jahre angegeben. Die Variable Y ist dabei der Gewinn einer Unternehmung (in Millionen €). Die Zeitreihe wird – entsprechend dem festgelegten Glättungsfaktor – exponentiell geglättet.

a) Interpretieren Sie in den Varianten 1 bis 3 Ergebnisse und grafische Darstellung der exponentiellen Glättung. Achten Sie insbesondere auf die Prognosewerte im Zeitpunkt 11.
b) Löschen Sie die Werte und arbeiten Sie mit eigenen Angaben weiter. Veränderung Sie dabei auch die Glättungskonstante alpha. Interpretieren Sie die Ergebnisse!

A_1705: Lösungshinweise

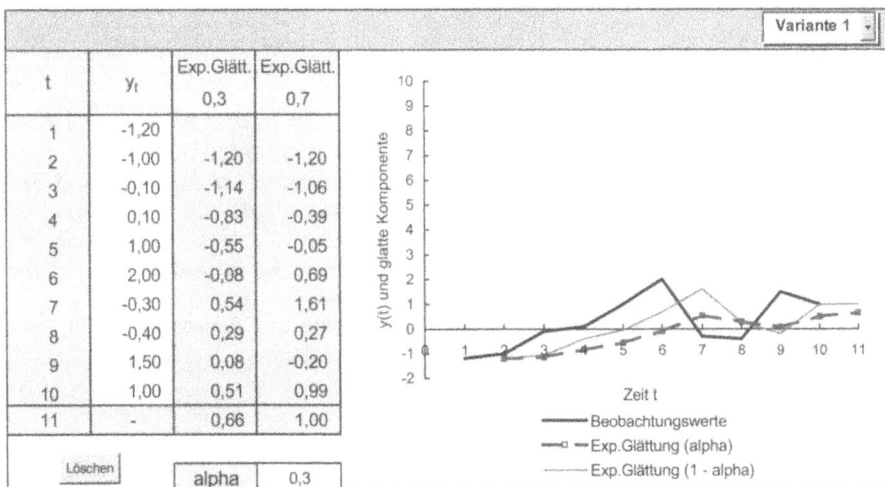

A_1705_Exponentielle_Glättung

In Variante 1 (siehe Abb.) schwankt der Unternehmenserfolg zwischen einem Gewinn von 2,0 im Zeitpunkt 6 und einem Verlust von 1,20 in Zeitpunkt 1 (Gründungsphase). Die Zeitreihe zeigt einen leichten Aufwärtstrend, der durch die exponentielle Glättung (Glättungskonstante alpha = 0,3) deutlich erfaßt wird. Die in der Grafik zusätzlich angegebene glatte Komponente auf Basis der Glättungskonstanten von 0,7 (1 - alpha) verläuft parallel zu den Beobachtungswerten und liefert damit keine ausreichende Glättung. Als Prognosewert für das 11. Jahr wird ein Gewinn von 0,66 geliefert.

In Variante 2 zeigt die Gewinnvariable einen kontinuierlichen Aufwärtstrend. Die exponentielle Glättung erfaßt diesen Trend nur unzureichend. Die Werte der glatten Komponente liegen alle unterhalb der Beobachtungswerte.

In Variante 3 schwankt der Unternehmenserfolg völlig gleichmäßig um 0. Gewinne und Verluste wechseln sich regelmäßig ab. Die exponentielle Glättung mit dem Faktor 0,3 gleicht die Schwankungen aus. Die Verwendung des Glättungsfaktors von 0,7 liefert eine „glatte" Komponente, die weiterhin Schwankungen aufweist (zeitlich versetzt zur ursprünglichen Reihe).

Anwendung A_1706_Prognose_Saisonbereinigung

Die Anwendung besteht aus einem Tabellenblatt „Simulation".

In der **Simulation** wird für eine Zeitreihe von Quartalswerten die glatte Komponente als Regressionsgerade berechnet. Die Saisonkomponente wird ermittelt und zusammen mit der glatten Komponente in die Zukunft fortgeschrieben. Die Summe der beiden extrapolierten Werte ergibt die Gesamtprognose für die Zeitreihe.

A_1706: Aufgaben

In dieser Simulation werden – in 3 Zahlenvarianten – die Beobachtungswerte einer Zeitreihe für 12 Quartale angegeben. Die Variable Y ist dabei der Umsatz einer Unternehmung (in Millionen €). Glatte Komponente (Regressionsgerade) und Saisonkomponente werden ermittelt und für die Prognose verwendet.

a) Interpretieren Sie in den Varianten 1 bis 3 die Berechnung von glatter Komponente, Saisonkomponente und Prognosewerten.
b) Löschen Sie die Beobachtungswerte der Zeitreihe und arbeiten Sie mit eigenen Angaben weiter. Interpretieren Sie die Ergebnisse!

A_1706: Lösungshinweise

In dieser Simulation wird die glatte Komponente als Regressionsgerade berechnet. Die Summe der Abweichungen von der Regressionsgeraden ist definitionsgemäß gleich 0. Deshalb weist hier bereits die nicht-normierte Saisonkomponente eine Summe von 0 auf und die Normierung bewirkt keine Veränderung.

Zeitreihenanalyse (Prognose mit Saisonbereinigung)									Variante 1
t	j	i	y_t	g_t	1. Qu.	2. Qu.	3. Qu.	4. Qu.	s_t	sber.R.
1	1	1	20,0	23,75					-6,27	26,27
2	1	2	30,0	26,96		3,04			1,14	28,86
3	1	3	40,0	30,18			9,82		7,92	32,08
4	1	4	30,0	33,39				-3,39	-2,79	32,79
5	2	1	25,0	36,61	-11,61				-6,27	31,27
6	2	2	40,0	39,82		0,18			1,14	38,86
7	2	3	50,0	43,04			6,96		7,92	42,08
8	2	4	45,0	46,25				-1,25	-2,79	47,79
9	3	1	30,0	49,46	-19,46				-6,27	36,27
10	3	2	40,0	52,68		-12,68			1,14	38,86
11	3	3	55,0	55,89			-0,89		7,92	47,08
12	3	4	50,0	59,11				-9,11	-2,79	52,79
13	3	1	**56,0**	62,32					-6,27	62,32
14	3	2	**66,7**	65,54					1,14	65,54
15	3	3	**76,7**	68,75					7,92	68,75
16	3	4	**69,2**	71,96					-2,79	71,96
Summe					-11,61	3,21	16,79	-4,64	0,00	-

Löschen	s_i	-5,80	1,61	8,39	-2,32	=> Summe	1,88
	s_i(norm)	-6,27	1,14	7,92	-2,79	=> Summe	0,00

A_1706_Prognose_Saisonbereinigung

In Variante 1 (siehe Abb.) liegt im 1. Quartal ein stark negativer, im 3. Quartal ein stark positiver Saisoneinfluß vor. Die Saisonkomponente wird in den 4 Prognose-quartalen weiter verwendet. Die Regressionsgerade der glatten Komponente wird entsprechend dem ermittelten Aufwärtstrend für die Zeitpunkte 13 bis 16 extrapoliert. Die Gesamtprognose der Zeitreihe zeigt mit Werten zwischen 56,0 (13. Quartal) und 76,7 (15. Quartal) sowohl Aufwärtstrend als auch Saisonschwankungen. Die letzte Spalte der Tabelle entspricht im Beobachtungszeitraum der saisonbereinigten Zeitreihe (Beobachtungswert minus Saisonkomponente). Die letzten vier Werte dieser Spalte sind damit saisonbereinigte Prognosewerte.

In Variante 2 ist die Saisonkomponente nur sehr schwach ausgeprägt. Sowohl die glatte Komponente als auch die saisonbereinigte Reihe zeigen einen Aufwärtstrend ohne auffällige Schwankungen. Gesamtprognose und saisonbereinigte Prognose zeigen kaum Unterschiede und schreiben den beobachteten Trend in die Zukunft fort.

In Variante 3 steigt in den ersten 4 Quartalen der Unternehmensumsatz und geht in den Quartalen 5 bis 12 wieder zurück. Die Regressionsgerade der glatten Komponente kann keinen eindeutigen Trend identifizieren und liefert daher für die Quartale 13 bis 16 Prognosewerte, die alle etwa zwischen 18 und 20 liegen. Die Gesamtprognose bringt durch die ermittelte Saisonkomponente leichte Saisonschwankungen zum Ausdruck.

TEIL IV GRUNDLAGEN DER WAHRSCHEINLICHKEITS-RECHNUNG

18. Zufallsexperiment und Wahrscheinlichkeit

18.1 Grundlagen

Zufallsexperiment

Zufallsexperiment

Ein Zufallsexperiment ist ein Vorgang,

- der gedanklich oder tatsächlich – unter gleichen Bedingungen – beliebig oft wiederholbar ist

- der nach bestimmten Regeln durchgeführt wird und

- dessen Ergebnis sich nicht mit Sicherheit vorhersagen läßt.

Das Ziehen von Kugeln nach dem Urnenmodell kann als typisches Modell für alle denkbaren Zufallsexperimente herangezogen werden. Es müssen nur die jeweiligen Bedingungen und Regeln festgelegt werden.

Urnenmodell (Ziehen von Kugeln)

- **Eigenschaften der Urne** Anzahl Kugeln, Art der Kugeln

- **Ziehungsumfang** Anzahl der zu entnehmenden Kugeln

- **Ziehungsvorschrift** mit Zurücklegen, ohne Zurücklegen

- **Ergebnisdarstellung** mit bzw. ohne Beachtung der Reihenfolge

---

Zufallsexperiment mit Excel

In Excel können – analog zum Urnenmodell – mit der Funktion **ZUFALLSZAHL** zufällige Werte zwischen 0 und 1 generiert und durch Multiplikation mit 10, 100 oder 1000 etc. in mehrstellige Zufallszahlen umgewandelt werden. Außerdem steht die Analyse-Funktion **Zufallszahlengenerierung** zur Verfügung.

Vom Ergebnis zum Ereignis

Ergebnisse und Ereignisse (gezeigt am Würfelbeispiel)

- **Ergebnis**
  = mögliches Resultat eines Zufallsexperiments
    (Augenzahl 1 oder 2 oder 3 usw.)

- **Ereignisraum, Ergebnismenge (Ω)**
  = Menge aller möglichen Ergebnisse eines Zufallsexperiments
    (Ergebnismenge beim Würfel: { 1, 2, 3, 4, 5, 6 })

- **Ereignis (A)**
  = Teilmenge des Ereignisraumes
    (z.B. ungerade Augenzahlen: 1, 3, 5)

- **Elementarereignis**
  = Ereignis, das aus einem Element/Ergebnis besteht
    (z.B. die Augenzahl 5)

Sicheres Ereignis Ω, unmögliches Ereignis $\emptyset$

Beim Würfelwurf ist das Ereignis Ω = „Natürliche Zahl zwischen 1 und 6" das sichere Ereignis. Jeder Wurf liefert ein Ergebnis, das zu diesem Ereignis gehört.

Das unmögliche Ereignis $\emptyset$ entspricht der leeren Menge. Es enthält kein Ergebnis des Zufallsexperiments.

Verknüpfung von Ereignissen

Die Ereignisse, die im Rahmen eines Zufallsexperiments definiert werden, können entsprechend den mengentheoretischen Möglichkeiten miteinander verknüpft werden. Wir unterscheiden Produkt, Summe und Differenz von Ereignissen, sowie komplementäre Ereignisse.

Die folgenden drei Ereignisse des Würfelbeispiels sind gegeben:
Ereignis A = die geraden Augenzahlen: { 2, 4, 6 }
Ereignis B = Augenzahlen kleiner gleich 2: { 1, 2 }
Ereignis C = Augenzahl 6: { 6 }

Als grundlegende Verknüpfungsmöglichkeiten ergeben sich:

Produkt $A \cap B = \{\, 2 \,\}$ die Schnittmenge von A und B
Summe $A \cup B = \{\, 1, 2, 4, 6 \,\}$ die Vereinigungsmenge von A und B
Differenz $A - B = \{\, 4, 6 \,\}$ die Menge A ohne die Elemente von B.

Das Komplementärereignis entspricht der Menge „außerhalb" des ursprünglichen Ereignisses. Im vorliegenden Beispiel ist dies $\overline{A} = \Omega - A = \{\, 1, 3, 5 \,\}$. Die „ungeraden Zahlen" sind das Komplementärereignis zu den geraden Zahlen.

Wahrscheinlichkeitsbegriffe und Regeln

Statistische Wahrscheinlichkeit

Die statistische Wahrscheinlichkeit P(A) ist der Wert, bei dem sich die relative Häufigkeit h(A) bei zunehmender Zahl von Zufallsexperimenten stabilisiert.

$$P(A) = \lim_{n \to \infty} h(A)$$

Klassische Wahrscheinlichkeit

Die klassische (mathematische) Wahrscheinlichkeit ist der Quotient aus der Anzahl der für das Ereignis A günstigen Fälle und der Anzahl aller möglichen Fälle.

$$P(A) = \frac{|\,A\,|}{|\,\Omega\,|}$$

Axiomatische Wahrscheinlichkeit (nach Kolmogoroff)

- **Axiom 1**

Jedem Ereignis A ist eine reelle Zahl größer gleich 0 und kleiner gleich 1 zugeordnet, die Wahrscheinlichkeit P(A) heißt.

$$0 \le P(A) \le 1$$

- **Axiom 2**

Die Wahrscheinlichkeit für das sichere Ereignis ist gleich 1.

$$P(\Omega) = 1$$

- **Axiom 3**

Die Wahrscheinlichkeit für die Vereinigung $A \cup B$ zweier disjunkter Ereignisse (leere Schnittmenge) ist die Summe der beiden Wahrscheinlichkeiten.

$$P(A \cup B) = P(A) + P(B), \text{ wenn } A \cap B = \varnothing$$

Bedingte Wahrscheinlichkeit

Eine bedingte Wahrscheinlichkeit $P(A\mid B)$ gibt die Wahrscheinlichkeit für das Ereignis A an, unter der Bedingung, dass B bereits eingetreten ist.

Regeln der Wahrscheinlichkeitsrechnung

- **Wahrscheinlichkeit des unmöglichen Ereignisses**

$$P(\varnothing) = 0$$

- **Wahrscheinlichkeit des Komplementärereignisses**

$$P(\overline{A}) = 1 - P(A)$$

- **Additionssatz für beliebige Ereignisse**

$$P(A \cup B) = P(A) + P(B) - P(A \cap B)$$

- **Multiplikationssatz für beliebige Ereignisse**

$$P(A \cap B) = P(A) \cdot P(B\mid A) = P(B) \cdot P(A\mid B)$$

- **Multiplikationssatz für unabhängige Ereignisse**

$$P(A \cap B) = P(A) \cdot P(B)$$

- **Satz der totalen Wahrscheinlichkeit von Bayes**

Wenn ein Ereignisraum aus zwei (oder mehr) Ereignissen B_1, B_2 ... besteht und zusätzlich ein beliebiges Ereignis A definiert wird, dann gilt als totale Wahrscheinlichkeit

$$P(A) = P(A\mid B_1) \cdot P(B_1) + P(A\mid B_2) \cdot P(B_2) + \ ...$$

Kombinatorik

Fakultät n!

Die Fakultät n! einer Zahl n ist das Produkt

$$n! = n \cdot n\text{-}1 \cdot n\text{-}2 \cdot ... \cdot 2 \cdot 1 \qquad \text{mit} \ \ 0! = 1$$

Permutationen

- n verschiedene Elemente

Die Anzahl der Anordnungen von n verschiedenen Elementen beträgt: $n!$

- n Elemente mit k Kategorien

Die Anzahl der Anordnungen von n Elementen mit k Kategorien (mit jeweils $n_1, n_2 ... n_k$ Elementen je Kategorie) beträgt:

$$\frac{n!}{n_1! \cdot ... \cdot n_k!}$$

Binomialkoeffizient

Die Anzahl der Anordnungen von k Elementen der Eigenschaft A auf n Plätzen ist:

$$\binom{n}{k} = \frac{n!}{(n-k)!k!} = \frac{n(n-1)(n-2)...(n-k+1)}{1 \cdot 2 \cdot ... \cdot k}$$

Kombinationen

Werden aus einer statistischen Gesamtheit mit n Elementen k Elemente entnommen, erhält man Kombinationen k-ter Ordnung. Hierbei ist zu unterscheiden zwischen der Ziehungsvorschrift mit/ohne Zurücklegen sowie der Ergebnisdarstellung mit/ohne Beachtung der Reihenfolge.

Anzahl Kombinationen
(k aus n Elementen)

	mit Beachtung der Reihenfolge	ohne Beachtung der Reihenfolge
mit Zurücklegen	n^k	$\binom{n+k-1}{k}$
ohne Zurücklegen	$\frac{n!}{(n-k)!}$	$\binom{n}{k}$

18.2 Interaktive Excel-Anwendungen (Download)

Anwendung A_1801_Wahrscheinlichkeit

Die Anwendung besteht aus einem Tabellenblatt „Simulation".

In dieser **Simulation** wird der Würfelwurf elektronisch simuliert und damit der Begriff der statistischen Wahrscheinlichkeit veranschaulicht. Aus der Gesamtheit der natürlichen Zahlen 1 bis 6 wird per Zufallsgenerator eine Zahl zufällig ausgewählt. Diese Auswahl kann einzeln erfolgen (Schaltfläche „manuell") oder automatisch in einer selbst gewählten Anzahl (Schaltfläche „automatisch" mit vorheriger Wahl der „Anzahl").

Die absoluten Häufigkeiten der Ergebnisse werden festgehalten, in relative Häufigkeiten umgerechnet und mit den theoretischen Wahrscheinlichkeiten verglichen und in der Tabelle und der Grafik dargestellt.

A_1801: Aufgaben

Führen Sie das elektronische Würfelexperiment mehrfach durch. Vergleichen Sie die relativen Häufigkeiten Ihres Experiments mit den theoretischen Wahrscheinlichkeiten von 0,167 (= 1/6) der Ergebnisse des Würfelwurfs.

A_1801: Lösungshinweise

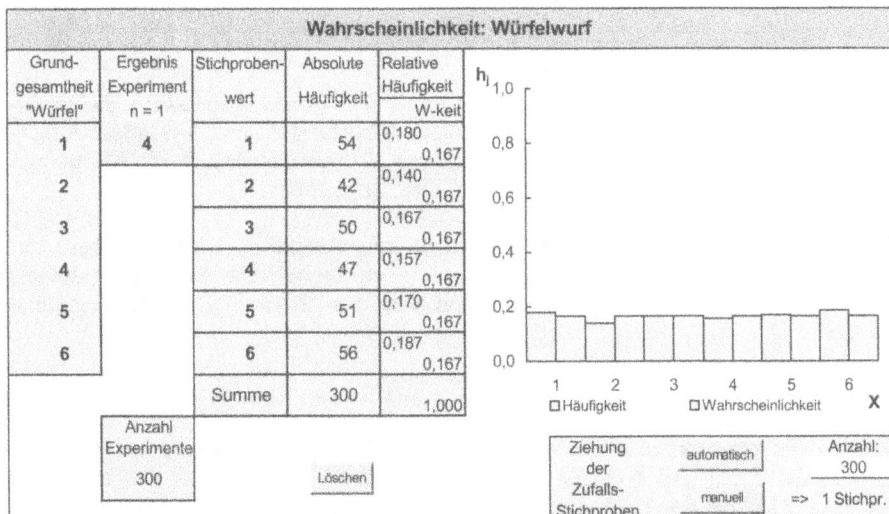

Wahrscheinlichkeit: Würfelwurf					
Grund-gesamtheit "Würfel"	Ergebnis Experiment n = 1	Stichproben-wert	Absolute Häufigkeit	Relative Häufigkeit W-keit	h_i 1,0
1	4	1	54	0,180 / 0,167	0,8
2		2	42	0,140 / 0,167	0,6
3		3	50	0,167 / 0,167	
4		4	47	0,157 / 0,167	0,4
5		5	51	0,170 / 0,167	0,2
6		6	56	0,187 / 0,167	0,0
		Summe	300	1,000	
	Anzahl Experimente 300		Löschen		
				Ziehung der Zufalls-Stichproben	automatisch / manuell

1 2 3 4 5 6   X
□ Häufigkeit   □ Wahrscheinlichkeit

Anzahl: 300   => 1 Stichpr.

A_1801_Wahrscheinlichkeit

Die obige Abbildung zeigt das Ergebnis für den 300-fachen elektronischen Würfelwurf. Die absoluten Häufigkeiten liegen hier alle nahe bei der zu erwartenden Zahl von 50. Die relativen Häufigkeiten liegen nahe bei 0,167. Diese Annäherung der relativen Häufigkeiten an die theoretischen Wahrscheinlichkeiten geht auf die Definition der statistischen Wahrscheinlichkeit (siehe S. 186) zurück. Eine deutliche Annäherung kann erst bei einer großen Anzahl von Experimenten erwartet werden. So zeigen die ersten Experimente (manuell) noch starke Abweichungen zwischen beobachteter Häufigkeit und theoretischer Wahrscheinlichkeit.

📁 Anwendung A_1802_Wahrscheinlichkeitsbaum

Die Anwendung besteht aus einem Tabellenblatt „Übung" und einem Tabellenblatt „Simulation".

In der **Übung** werden in einem Wahrscheinlichkeitsbaum die Wahrscheinlichkeiten der Ereignisse A und $\overline{A}$ sowie die jeweils dazugehörigen bedingten Wahrscheinlichkeiten der Ereignisse B und $\overline{B}$ angegeben. Daraus sind die Wahrscheinlichkeiten für alle Schnittmengen der Ereignisse zu berechnen.

In der **Simulation** werden die Wahrscheinlichkeiten der Ereignisse A und $\overline{A}$ sowie die jeweils dazugehörigen bedingten Wahrscheinlichkeiten der Ereignisse B und $\overline{B}$ angegeben. Daraus werden die Wahrscheinlichkeiten für alle Schnittmengen der Ereignisse automatisch berechnet.

A_1802: Aufgaben

- **A_1802: Übung – Varianten 1 bis 3**

In einem Wahrscheinlichkeitsbaum werden – in 3 Zahlenvarianten – die Wahrscheinlichkeiten für die Ereignisse A (Klausur A bestanden) und $\overline{A}$ (Klausur A nicht bestanden) sowie für die bedingten Ereignisse „B unter der Bedingung A" (Klausur B bestanden, wenn Klausur A bestanden) usw. angegeben.

Berechnen Sie die Wahrscheinlichkeiten für alle Produkte (Schnittmengen) der Ereignisse und interpretieren Sie die Ergebnisse. Gehen Sie dabei auch auf die Wahrscheinlichkeit P(B) und auf die Frage nach der Unabhängigkeit der Ereignisse ein.

- **A_1802: Simulation**

In 3 Zahlenvarianten werden die Wahrscheinlichkeiten für die Ereignisse A (Klausur A bestanden) und $\overline{A}$ (Klausur A nicht bestanden) sowie für die bedingten Ereignisse „B unter der Bedingung A" (Klausur B bestanden, wenn Klausur A bestanden) usw. angegeben. Daraus werden automatisch die Wahrscheinlichkeiten für alle Ereignisprodukte (Schnittmengen) berechnet.

a) Interpretieren Sie alle Wahrscheinlichkeiten des Wahrscheinlichkeitsbaums. Achten Sie dabei insbesondere auf die Abhängigkeit oder Unabhängigkeit der Ereignisse.
b) Löschen Sie die vorgegebenen Wahrscheinlichkeiten und arbeiten Sie mit eigenen Werten weiter. Interpretieren Sie die Ergebnisse!

A_1802: Lösung

- **Lösung A_1802: Übung – Varianten 1 bis 3**

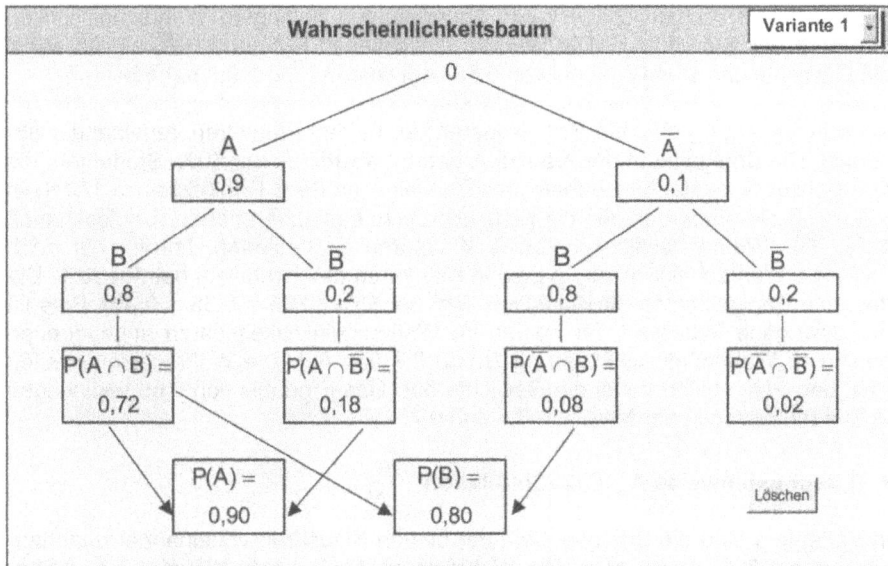

A_1802_Wahrscheinlichkeitsbaum (Tabellenblatt „Übung")

Richtige Lösung: Alle Eingaben sind blau unterlegt.

In Variante 1 (siehe Abb.) liegen Erfolgsquoten von 90% (Klausur A) und 80% (Klausur B) unabhängig voneinander vor. Die Wahrscheinlichkeit, dass ein Student beide Klausuren bestanden hat, beträgt 72% (0,72 = 0,9 · 0,8). Die Wahrscheinlichkeit, dass Klausur A bestanden wurde und Klausur B nicht, beträgt 18% (0,18 = = 0,9 · 0,2). Die Wahrscheinlichkeit, dass Klausur A nicht bestanden wurde und Klausur B bestanden, beträgt 8% (0,08 = 0,1 · 0,8). Die Wahrscheinlichkeit, dass beide Klausuren nicht bestanden wurden, beträgt 2% (0,02 = 0,1 · 0,2). Wegen der Unabhängigkeit der Klausurerfolge ist die Wahrscheinlichkeit, in beiden Klausuren durchzufallen, gleich dem Produkt der beiden Durchfallquoten 0,1 (10%) und 0,2 (20%).

Die unterhalb des Wahrscheinlichkeitsbaums angegebene Wahrscheinlichkeit P(B) von 0,8 setzt sich zusammen aus den beiden Wahrscheinlichkeiten, die

Klausuren A und B zu bestehen (0,72) bzw. die Klausur B zu bestehen und A nicht zu bestehen (0,08). Dies ist (wegen der Unabhängigkeit der Ereignisse A und B) gleich den beiden im Wahrscheinlichkeitsbaum angegebenen bedingten Wahrscheinlichkeiten für das Ereignis B (0,8).

In <u>Variante 2</u> sind die Erfolgsquoten der beiden Klausuren voneinander abhängig. Die Erfolgsquote der Klausur A beträgt 80%. Studenten, die die Klausur A bestanden haben, besitzen eine größere Erfolgschance (70%) in Klausur B als Studenten, die die Klausur A nicht bestanden haben (Erfolgschance 60%). Die Wahrscheinlichkeit, beide Klausuren zu bestehen, beträgt 56%. Die Wahrscheinlichkeit, in beiden Klausuren durchzufallen, beträgt 8%. Die gesamte Erfolgschance für Klausur B liegt bei 68% (0,68 = 0,56 + 0,12). Dies ist der gewogene Mittelwert der beiden im Wahrscheinlichkeitsbaum angegebenen bedingten Wahrscheinlichkeiten für B von 0,7 und 0,6. Die Wahrscheinlichkeiten P(A) und P(Ā) stellen dabei die Gewichte dar. Das Ergebnis von 0,68 liegt wegen P(A) = 0,8 nahe bei 0,7.

Auch in <u>Variante 3</u> sind die Erfolgsquoten der beiden Klausuren voneinander abhängig. Die Erfolgsquote der Klausur A beträgt allerdings nur 50%. Studenten, die die Klausur A bestanden haben, besitzen eine größere Erfolgschance (70%) in Klausur B als Studenten, die die Klausur A nicht bestanden haben (Erfolgschance 60%). Die Wahrscheinlichkeit, beide Klausuren zu bestehen, beträgt nur noch 35%. Die Wahrscheinlichkeit, in beiden Klausuren durchzufallen, beträgt 20%. Die gesamte Erfolgschance für Klausur B liegt bei 65% (0,65 = 0,35 + 0,30). Dies ist der gewogene Mittelwert der beiden im Wahrscheinlichkeitsbaum angegebenen bedingten Wahrscheinlichkeiten für B von 0,7 und 0,6. Die Wahrscheinlichkeiten P(A) und P(Ā) stellen dabei die Gewichte dar. Das Ergebnis von 0,65 liegt wegen P(A) = 0,5 genau in der Mitte von 0,6 und 0,7.

- **Lösungshinweise A_1802: Simulation**

In <u>Variante 1</u> sind die Erfolgsquoten der beiden Klausuren voneinander unabhängig und mit 90% gleich groß. Die Wahrscheinlichkeit, beide Klausuren zu bestehen, beträgt damit 81% (0,81 = 0,9 · 0,9). Die Wahrscheinlichkeit, beide Klausuren nicht zu bestehen, beträgt 1% (0,01 = 0,1 · 0,1).

In <u>Variante 2</u> hängen die Erfolgschancen der beiden Klausuren voneinander ab. Die Wahrscheinlichkeit, beide Klausuren zu bestehen, beträgt 72% (0,72 = 0,9 · 0,8). Die Wahrscheinlichkeit, beide Klausuren nicht zu bestehen, beträgt 3% (0,03 = 0,1 · 0,3). Die gesamte Wahrscheinlichkeit, die Klausur B zu bestehen, beträgt 79%. Das Ergebnis von 0,79 ist das gewogene arithmetische Mittel der beiden bedingten Wahrscheinlichkeiten 0,7 und 0,8 (Gewichte: 0,9 und 0,1).

Auch in <u>Variante 3</u> hängen die Erfolgschancen der beiden Klausuren voneinander ab. Die Wahrscheinlichkeit, beide Klausuren zu bestehen, beträgt 40% (0,4 = 0,5 · 0,8). Die Wahrscheinlichkeit, beide Klausuren nicht zu bestehen, beträgt 15% (0,15 = 0,5 · 0,3). Die gesamte (totale) Wahrscheinlichkeit, die Klausur B zu bestehen, beträgt 75%. Das Ergebnis von 0,75 ist das gewogene arithmetische Mittel der beiden bedingten Wahrscheinlichkeiten 0,7 und 0,8 (Gewichte: 0,5 und 0,5).

<u>Anmerkung</u>: Die Erörterung der Gesamtwahrscheinlichkeit P(B) als „totale" Wahrscheinlichkeit wird in der Anwendung A_1803 vertieft.

📂 Anwendung A_1803_Totale_Wahrscheinlichkeit

Die Anwendung besteht aus einem Tabellenblatt „Simulation".

In der **Simulation** werden die Wahrscheinlichkeiten für die Ereignisse A und $\bar{A}$ angegeben. Außerdem sind zwei bedingte Wahrscheinlichkeitsverteilungen für das Ereignis B bzw. $\bar{B}$ (jeweils unter der Bedingung A bzw. $\bar{A}$) angegeben. Die Wahrscheinlichkeiten für Ereignisprodukte (Schnittmengen) werden automatisch berechnet. Die Wahrscheinlichkeit P(B) wird als totale Wahrscheinlichkeit ermittelt.

A_1803: Aufgaben

Diese Simulation unterstellt – in 3 Zahlenvarianten – ein Urnenmodell. In der Urne befinden sich weiße und schwarze Kugeln. In den Varianten 1 und 2 ist das Verhältnis dieser Kugeln jeweils 8:2, in der 3. Variante 7:3. Aus der Urne werden 2 Kugeln entnommen. Das Ergebnis des 1. Zuges entspricht dem Ereignis A (weiße Kugel) bzw. dem Ereignis $\bar{A}$ (schwarze Kugel). Das Ergebnis des zweiten Zuges entspricht dem Ereignis B (weiße Kugel) bzw. dem Ereignis $\bar{B}$ (schwarze Kugel).

a) Interpretieren Sie die Wahrscheinlichkeiten im Wahrscheinlichkeitsbaum und die totale Wahrscheinlichkeit P(B). Woran läßt sich erkennen, ob die Ziehungen mit Zurücklegen (Unabhängigkeit) oder ohne Zurücklegen (Abhängigkeit) durchgeführt werden?
b) Löschen Sie die vorgegebenen Wahrscheinlichkeiten und arbeiten Sie mit eigenen Werten weiter. Interpretieren Sie die Ergebnisse!

A_1803: Lösungshinweise

In Variante 1 (siehe Abb.) sind die Ergebnisse des ersten und zweiten Zuges voneinander abhängig. Es wird „ohne Zurücklegen" gezogen. Dies ist an den verschiedenen bedingten Verteilungen für das Ereignis B zu erkennen. Die Wahrscheinlichkeit für B unter der Bedingung A (Weiß im 2. Zug, wenn im 1. Zug Weiß gezogen wurde) beträgt 0,63: 7 von 9 Kugeln haben hier die Farbe weiß. Die Wahrscheinlichkeit für B unter der Bedingung $\bar{A}$ (Weiß im 2. Zug, wenn im 1. Zug Schwarz gezogen wurde) beträgt 0,72: 8 von 9 Kugeln haben jetzt die Farbe weiß. Die Wahrscheinlichkeit, Weiß im ersten und im zweiten Zug zu erhalten, beträgt 0,504 (= 0,8 · 0,63). Die Wahrscheinlichkeit, in beiden Zügen Schwarz zu erhalten, beträgt 0,056 (= 0,2 · 0,28).

Die totale Wahrscheinlichkeit P(B) beträgt 0,648 und ist der gewogene Mittelwert der beiden Wahrscheinlichkeiten 0,63 und 0,72. Die Gewichte sind hierbei die Wahrscheinlichkeiten 0,8 und 0,2. Der Summand (0,504) in der Formel der totalen Wahrscheinlichkeit ist dabei gleich der Wahrscheinlichkeit P(A∩B). Das Ergebnis ist ungleich dem Produkt (0,518) der beiden Wahrscheinlichkeiten P(A) und P(B), da die Ereignisse A und B nicht unabhängig sind.

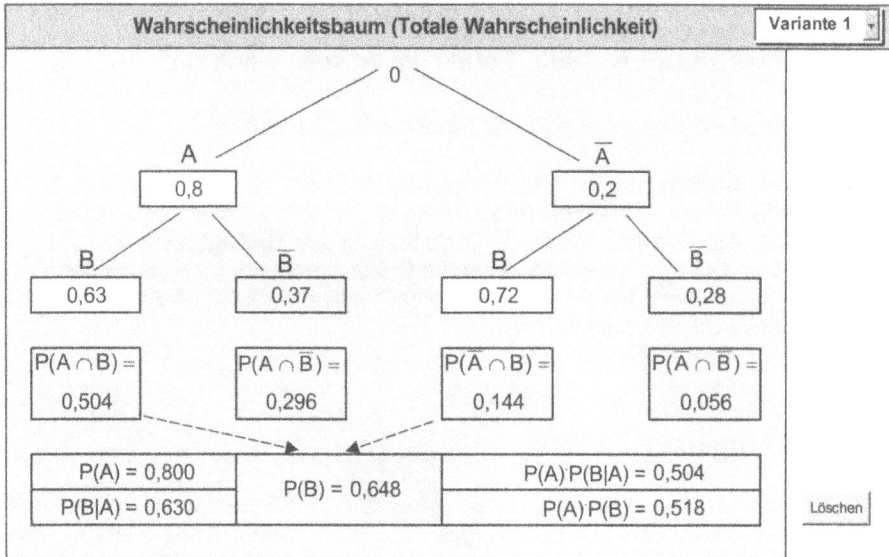

A_1803_Totale_Wahrscheinlichkeit

In Variante 2 sind die Ergebnisse des 1. und 2. Zugs voneinander unabhängig. Es wird „mit Zurücklegen" gezogen. Dies ist daran zu erkennen, dass die beiden bedingten Verteilungen für den 2. Zug gleich sind. Die Wahrscheinlichkeit, im 2. Zug Weiß zu ziehen, ist mit 0,8 gleich groß wie im 1. Zug, da die Urne durch „Zurücklegen" in den Ausgangszustand versetzt wird. Die totale Wahrscheinlichkeit $P(B)$ ist daher ebenfalls gleich 0,8. Die Wahrscheinlichkeit für das Ereignis „Weiß im 1. Zug und Weiß im 2. Zug" ist mit 0,64 gleich dem Produkt der Wahrscheinlichkeiten $P(A)$ und $P(B)$. Auch dies zeigt die Unabhängigkeit der Ereignisse A und B.

In Variante 3 sind die Ergebnisse des ersten und zweiten Zuges voneinander abhängig. Die Erläuterungen zur Lösung der Variante 1 gelten analog.

Anwendung A_1804_Zweidim+Bedingte_Wahrsch

Die Anwendung besteht aus den beiden Tabellenblättern „Simulation 1" und „Simulation 2".

In beiden Simulationen sind in einer Kreuztabelle für die Variablen X und Y jeweils zwei zweidimensionale Wahrscheinlichkeiten gegeben. Die Randwahrscheinlichkeiten sind nicht veränderbar. In Simulation 1 sind die Randwahrscheinlichkeiten für die Variable X gleich, in Simulation 2 ungleich. Die unterschiedlichen zweidimensionalen Wahrscheinlichkeiten führen zu Abhängigkeit bzw. Unabhängigkeit der Variablen. Dies wird in der Anwendung verbal angezeigt.

A_1804: Aufgaben

In den Simulationen 1 und 2 werden – in jeweils 3 Zahlenvarianten – zweidimensionale Wahrscheinlichkeitsverteilungen angegeben. Die Variable X ist dabei das Geschlecht von befragten Studenten (x_1 = männlich, x_2 = weiblich). Die Variable Y ist die Zufriedenheit mit dem Mensa-Essen (y_1 = zufrieden, y_2 = unzufrieden).

a) Interpretieren Sie die zweidimensionale Wahrscheinlichkeitstabelle und die zusätzlich angegebenen bedingten Wahrscheinlichkeiten. Was sagen bedingte Verteilungen und Randverteilungen über die Unabhängigkeit bzw. Abhängigkeit der Variablen aus?
b) Löschen Sie die vorgegebenen Wahrscheinlichkeiten und arbeiten Sie mit eigenen Werten weiter. Interpretieren Sie die Ergebnisse!

A_1804: Lösungshinweise

*   **Lösungshinweise A_1804: Simulation 1**

Zweidimensionale und bedingte Wahrscheinlichkeiten			y_1 B	y_2 $\overline{B}$	Summe
x_1	A	2-dim W.	0,20	0,30	0,50
		Bedingte W.	**0,40**	**0,60**	**1,00**
x_2	$\overline{A}$	2-dim W.	0,30	0,20	0,50
		Bedingte W.	**0,60**	**0,40**	**1,00**
Summe			0,50	0,50	1,00
Löschen			**Abhängigkeit**		

(Variante 1, Variable Y / Variable X)

A_1804_Zweidim+Bedingte_Wahrsch

In Simulation 1 betragen die Anteile der männlichen und weiblichen Studenten 50%. Die Anteile der zufriedenen bzw. unzufriedenen Studenten sind jeweils gleich 50%. Die Summe der zweidimensionalen Wahrscheinlichkeiten ist gleich 1.

In Variante 1 (siehe Abb.) sind die männlichen Befragten mit dem Mensa-Essen weniger zufrieden als die weiblichen. Dies kommt durch die bedingten Verteilungen (männlich: 0,4 und 0,6; weiblich 0,6 und 0,4) zum Ausdruck. Da diese beiden bedingten Verteilungen ungleich der Randverteilung (0,5 und 0,5) sind, liegt eine Abhängigkeit zwischen Geschlecht und Zufriedenheit vor.

In <u>Variante 2</u> sind die männlichen Studenten (Variable X, Wert x_1) mit dem Mensa-Essen zufrieden (y_1). Die bedingte Wahrscheinlichkeit für „zufrieden" beträgt bei den männlichen Studenten 0,9. Die Studentinnen sind dagegen unzufrieden (bedingte Wahrscheinlichkeit für „zufrieden": 0,1). Die beiden Variablen Geschlecht und Zufriedenheit sind stark voneinander abhängig.

In <u>Variante 3</u> sind alle zweidimensionalen und bedingten Wahrscheinlichkeitsverteilungen gleich. Die Zufriedenheit mit dem Mensa-Essen ist – unabhängig vom Geschlecht der Befragten – gleich groß.

- **Lösungshinweise A_1804: Simulation 2**

In Simulation 2 beträgt der Anteil der männlichen Studenten 60% und der Anteil der weiblichen Studenten 40%. Die Anteile der zufriedenen bzw. unzufriedenen Studenten sind mit jeweils 50% gleich groß. Die Summe aller zweidimensionalen Wahrscheinlichkeiten ist gleich 1.

In den <u>Varianten 1 und 2</u> sind Geschlecht und Zufriedenheit voneinander abhängig. Die jeweiligen bedingten Verteilungen sind von den entsprechenden Randverteilungen verschieden.

In <u>Variante 3</u> liegt Unabhängigkeit vor. Die zweidimensionalen Wahrscheinlichkeiten 0,3 und 0,3 bzw. 0,2 und 0,2 haben identische bedingte Wahrscheinlichkeiten von 0,5 und 0,5 zur Folge. Dies entspricht auch den beiden Randwahrscheinlichkeiten.

Anwendung A_1805_Kombinatorik

Die Anwendung besteht aus einem Tabellenblatt „Simulation".

In der **Simulation** wird für die Ziehung von k Elementen aus einer Gesamtheit von n Elementen die Anzahl der Kombinationen ermittelt. Die Zahl der Kombinationen hängt dabei von der Wahl des Ziehungsmodells (mit bzw. ohne Zurücklegen) ab sowie davon, ob die Reihenfolge der gezogenen Elemente berücksichtigt wird oder nicht.

A_1805: Aufgaben

In der Simulation wird – in 3 Zahlenvarianten – die Anzahl n der Kugeln in einer Urne und der daraus entnommenen Kugeln (Anzahl k) angegeben. Die Anzahl der möglichen Kombinationen wird abhängig vom Ziehungsmodell und der Berücksichtigung/Nicht-Berücksichtigung der Reihenfolge ermittelt.

a) Interpretieren Sie in den 3 Varianten die Ergebnisse der Kombinatorik.
b) Löschen Sie die Anzahlen n und k und arbeiten Sie mit eigenen Werten weiter. Interpretieren Sie die Ergebnisse!

A_1805: Lösungshinweise

Kombinatorik					Variante 1 ⋅
Anzahl Kombinationen für	Ziehung von k Elementen	2		aus Gesamtheit mit n Elementen	6

	Beachtung der Reihenfolge	mit		ohne	
Zurücklegen					
mit	n^k	36	$\binom{n + k - 1}{k}$		21
ohne	$\dfrac{n!}{(n-k)!}$	30	$\binom{n}{k}$		15

| Löschen | | | | | |

A_1805_Kombinatorik

In Variante 1 (siehe Abb.) werden aus einer Urne mit 6 Kugeln 2 Kugeln gezogen. Dies entspricht beim Ziehungsmodell mit Zurücklegen (mit Beachtung der Reihenfolge) dem zweimaligen Würfelwurf. Die Anzahl der Kombinationen ist hier gleich 36. Beim Ziehen ohne Zurücklegen entfallen alle möglichen Kombinationen mit gleichem Ergebnis (1;1, 2;2 usw.). Damit verbleiben insgesamt 30 Möglichkeiten.

Wird die Anordnung der Elemente nicht beachtet, ergeben sich jeweils geringere Anzahlen von Kombinationen (21 bzw. 15). Die Zahl 15 entspricht der Hälfte der möglichen Kombinationen bei der Ziehung mit Beachtung der Reihenfolge. Alle Ergebnisse werden unabhängig von der Ziehungsreihenfolge nur einmal gezählt, wie z.B. die Kombination 2;3 und 3;2. Die Anzahl der Möglichkeiten von 21 ist um 6 größer als 15, da wegen der Ziehung mit Zurücklegen die Ergebnisse 1;1, 2;2 usw. hinzukommen.

In Variante 2 werden 4 Kugeln aus einer Urne mit 10 Kugeln entnommen. Die Anzahl der Kombinationen ist deutlich größer als in Variante 1 und liegt zwischen 210 und 10.000.

In Variante 3 werden 6 Kugeln aus einer Urne mit 49 Kugeln entnommen. Die Anzahl der Kombinationen ist deutlich größer als in den Varianten 1 und 2. Dieses Urnenmodell (Ziehung ohne Zurücklegen und ohne Beachtung der Reihenfolge) entspricht der Lottoziehung „6 aus 49". Es ergeben sich 13.983.816 verschiedene Möglichkeiten, 6 Kugeln aus 49 zu ziehen.

19. Zufallsvariablen und ihre Verteilungen

19.1 Grundlagen

Zufallsvariable

Zufallsvariable

= Funktion, die jedem Ergebnis eines tatsächlichen oder gedachten Zufallsexperiments eindeutig eine reelle Zahl zuordnet

---

Beispiel: Die Augenzahlen von 1 bis 6 als Ergebnis des **Würfelwurfs**.

Definitionsbereich, Wertebereich und Werte von Zufallsvariablen

- **Definitionsbereich**   Ergebnismenge des Zufallsexperiments
- **Wertebereich**   Menge der reellen Zahlen
- **Werte**   Einzelne Ausprägungen des Wertebereichs

Diskrete und stetige Zufallsvariablen

- **diskrete Zufallsvariable**   abzählbar endlich oder unendlich viele Werte
- **stetige Zufallsvariable**   überabzählbar unendlich viele Werte

---

Verteilungen diskreter Zufallsvariablen

Wahrscheinlichkeitsfunktion

Die Wahrscheinlichkeitsfunktion f(X) einer Zufallsvariablen X gibt die Wahrscheinlichkeit dafür an, dass die Zufallsvariable genau den Wert x_j annimmt:

$$f(x) = P(X=x) = \begin{cases} p_j & \text{für } x = x_j, \ j = 1,2 \ldots m \\ \\ 0 & \text{sonst} \end{cases}$$

Verteilungsfunktion

Die Verteilungsfunktion $F(x)$ einer Zufallsvariablen gibt die Wahrscheinlichkeit an, mit der die Zufallsvariable X einen Wert kleiner oder gleich x annimmt.

$$F(x) = P(X \leq x) = \sum_{x_j \leq x} f(x_j)$$

Wahrscheinlichkeitsberechnung mit der Verteilungsfunktion

$P(X \leq b) = F(b)$
$P(X > a) = 1 - F(a)$
$P(a < X \leq b) = F(b) - F(a)$

Verteilungen stetiger Zufallsvariablen

Verteilungs- und Dichtefunktion einer stetigen Zufallsvariablen

- Verteilungsfunktion

Die Verteilungsfunktion $F(X)$ einer stetigen Zufallsvariablen X gibt die Wahrscheinlichkeit dafür an, dass X einen Wert kleiner oder gleich x annimmt.

$$F(X) = P(X \leq x) = \int_{-\infty}^{x} f(u)du$$

- Dichtefunktion

Die Dichtefunktion $f(X)$ ist der Differentialquotient der Verteilungsfunktion $F(X)$. Sie bildet den Verlauf der Wahrscheinlichkeiten einer stetigen Zufallsvariablen ab, ohne damit die Wahrscheinlichkeit selbst anzugeben.

$$f(x) = \frac{dF(x)}{dx}$$

- Wahrscheinlichkeiten bei stetigen Zufallsvariablen

Bei stetigen Zufallsvariablen sind die Wahrscheinlichkeiten Flächeninhalte unterhalb der Dichtefunktion, d.h. Integrale eines Intervalls von a bis b.

$$P(a < X < b) = P(a \leq X \leq b) = F(b) - F(a) = \int_{a}^{b} f(x)dx$$

Lage-, Streuungsparameter und Quantile

Lage- und Streuungsparameter diskreter Zufallsvariablen

- **Erwartungswert** $\mu = E(X) = \sum xf(x)$

- **Varianz** $\sigma^2 = V(X) = E[X - E(X)]^2 = E(X^2) - \mu^2 = \sum (x - \mu)^2 f(x)$

- **Standardabweichung** $\sigma = +\sqrt{\sigma^2}$

Lage- und Streuungsparameter stetiger Zufallsvariablen

- **Erwartungswert** $\mu = E(X) = \displaystyle\int_{-\infty}^{+\infty} xf(x)dx$

- **Varianz** $\sigma^2 = V(X) = \displaystyle\int_{-\infty}^{+\infty} (x - \mu)^2 f(x)dx$

- **Standardabweichung** $\sigma = +\sqrt{\sigma^2}$

Quantil einer Zufallsvariablen

Das p-Quantil einer Verteilung ist die Zahl x_p, für die gilt

$$F(x_p) = P(X \leq x_p) = p$$

19.2 Interaktive Excel-Anwendungen (Download)

Anwendung A_1901_Zufallsvariable_Verteilung

Die Anwendung besteht aus einem Tabellenblatt „Übung" und den drei Tabellenblättern „Simulation 1" bis „Simulation 3".

In der **Übung** werden die Wahrscheinlichkeit P(A) und die bedingten Wahrscheinlichkeiten für B (Bedingung: A tritt ein bzw. tritt nicht ein) angegeben. Daraus sind die Wahrscheinlichkeiten für die Produkte der Ereignisse (Schnittmengen) zu berechnen. Diesen Wahrscheinlichkeiten werden die Werte der Zufallsvariablen X zugeordnet.

In **Simulation 1** werden die Wahrscheinlichkeit P(A) und die bedingten Wahrscheinlichkeiten für B (Bedingung: A tritt ein bzw. tritt nicht ein) angegeben. Daraus werden die Wahrscheinlichkeiten für die Produkte der Ereignisse (Schnittmengen) automatisch berechnet und den Werten der Zufallsvariablen X zugeordnet.

In **Simulation 2** werden drei unabhängige Ereignisse miteinander verknüpft. Aus der Wahrscheinlichkeit P(A) und den bedingten Wahrscheinlichkeiten für die Ereignisse B und C werden die Wahrscheinlichkeiten für alle Produkte (Schnittmengen) von Ereignissen automatisch berechnet. Diese Wahrscheinlichkeiten werden den Werten der Zufallsvariablen X zugeordnet.

In **Simulation 3** werden drei Ereignisse miteinander verknüpft, die voneinander unabhängig oder abhängig sein können. Die Wahrscheinlichkeiten für die Ereignisse A, B (bedingt) und C (bedingt) werden angegeben. Daraus entstehen die Wahrscheinlichkeiten für alle Produkte (Schnittmengen), die den Werten der Zufallsvariablen X zugeordnet sind.

A_1901: Aufgaben

- **A_1901: Übung – Varianten 1 bis 3**

In einem Wahrscheinlichkeitsbaum werden – in 3 Zahlenvarianten – die Wahrscheinlichkeiten für die Ereignisse A (Klausur A bestanden) und $\bar{A}$ (Klausur A nicht bestanden) sowie für die bedingten Ereignisse „B unter der Bedingung A" (Klausur B bestanden, wenn Klausur A bestanden) usw. angegeben. Den Produkten der Ereignisse werden Werte der Zufallsvariablen X zugeordnet, die die Anzahl der bestandenen Klausuren ausdrücken.

Berechnen Sie die Wahrscheinlichkeiten für alle Produkte (Schnittmengen) der Ereignisse und interpretieren Sie die Ergebnisse im Zusammenhang mit den Werten der Zufallsvariablen X.

- **A_1901: Simulation 1**

In 3 Zahlenvarianten werden die Wahrscheinlichkeiten für die Ereignisse A (Klausur A bestanden) und $\bar{A}$ (Klausur A nicht bestanden) sowie für die bedingten Ereignisse „B unter der Bedingung A" (Klausur B bestanden, wenn Klausur A bestanden) usw. angegeben. Daraus werden automatisch die Wahrscheinlichkeiten für alle Ereignisprodukte (Schnittmengen) berechnet.

a)   Interpretieren Sie die Wahrscheinlichkeiten im Zusammenhang mit den Werten der Zufallsvariablen X.
b)   Löschen Sie die vorgegebenen Wahrscheinlichkeiten und arbeiten Sie mit eigenen Werten weiter. Interpretieren Sie die Ergebnisse!

- **A_1901: Simulationen 2 und 3**

Hier werden – jeweils in 3 Zahlenvarianten – die Wahrscheinlichkeiten für die Ereignisse A (Klausur A bestanden) und $\bar{A}$ (Klausur A nicht bestanden) und für die bedingten Ereignisse „B unter der Bedingung A" (Klausur B bestanden, wenn Klausur A bestanden) sowie die bedingten Ereignisse „C unter der Bedingung A und B " (Klausur C bestanden, wenn Klausur A und B bestanden) usw. angegeben. Daraus werden automatisch die Wahrscheinlichkeiten für alle Ereignisprodukte (Schnittmengen) berechnet.

a)   Interpretieren Sie die Wahrscheinlichkeiten im Zusammenhang mit den Werten der Zufallsvariablen X.
b)   Löschen Sie die vorgegebenen Wahrscheinlichkeiten und arbeiten Sie mit eigenen Werten weiter. Interpretieren Sie die Ergebnisse!

A_1901: Lösungen

- **Lösung A_1901: Übung – Varianten 1 bis 3**

Richtige Lösung: Alle Eingaben sind blau unterlegt.

In Variante 1 (siehe Abb.) sind die Erfolgsquoten (90% bzw. 70%) der beiden Klausuren voneinander unabhängig. Dies erkennt man an den beiden identischen bedingten Verteilungen in der zweiten Zeile des Wahrscheinlichkeitsbaums. Die Wahrscheinlichkeiten für die Produkte der Ereignisse werden der Zufallsvariablen X zugeordnet. Die Wahrscheinlichkeit für X = 2 (zwei bestandene Klausuren) beträgt 0,63, die Wahrscheinlichkeit für X = 1 (eine bestandene Klausur) beträgt 0,34 (0,27 + 0,07). Der Wert X = 1 kann zweimal vorkommen (erste Prüfung bestanden und zweite nicht bestanden bzw. umgekehrt). Der Wert X = 0 (keine bestandene Prüfung) kommt mit der Wahrscheinlichkeit 0,03 vor. Die Summe der Wahrscheinlichkeiten für alle Werte der Zufallsvariablen X ist gleich 1.

In den Varianten 2 und 3 sind die Erfolgsquoten der beiden Klausuren voneinander abhängig. Dies erkennt man an den beiden unterschiedlichen bedingten Verteilungen in der zweiten Zeile des Wahrscheinlichkeitsbaums. Die Wahrscheinlichkeiten für die Zufallsvariable X liegen zwischen 0,03 bzw. 0,1 (keine bestandene Klausur) und 0,72 bzw. 0,48 (zwei bestandene Klausuren).

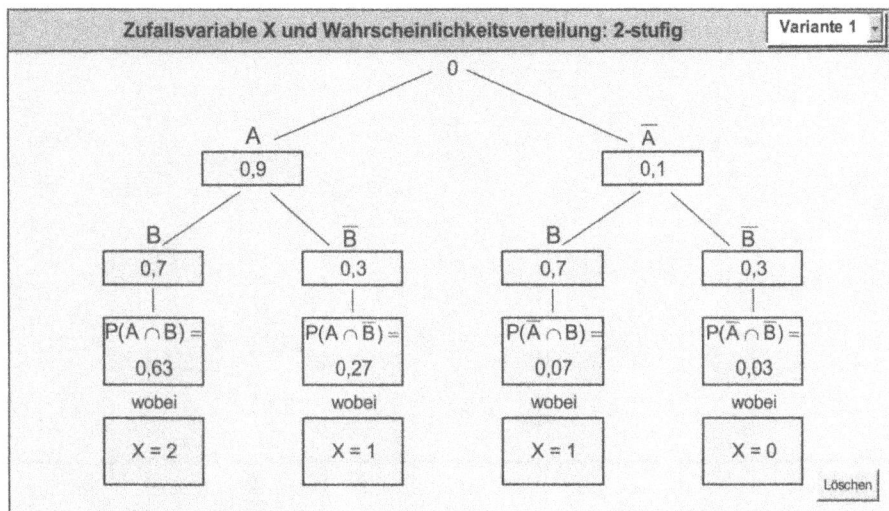

A_1901_Zufallsvariable_Verteilung (Tabellenblatt „Übung")

- **Lösungshinweise A_1901: Simulation 1**

In den <u>Varianten 1 und 2</u> sind die Erfolgschancen für die beiden Klausuren voneinander unabhängig. Die Wahrscheinlichkeiten der Zufallsvariablen X (Anzahl bestandener Klausuren) liegen in Variante 1 zwischen 0,02 (keine bestandene Klausur) und 0,72 (zwei bestandene Klausuren), in Variante 2 zwischen 0,01 (keine bestandene Klausur) und 0,81 (zwei bestandene Klausuren).

In <u>Variante 3</u> sind die Klausurerfolge voneinander abhängig. Die Wahrscheinlichkeiten der Zufallsvariablen X liegen zwischen 0,02 (keine bestandene Klausur) und 0,63 (zwei bestandene Klausuren).

- **Lösungshinweise A_1901: Simulationen 2 und 3**

In den <u>drei Zahlenvarianten</u> der Simulationen 2 und 3 werden jeweils die Erfolgsquoten für drei Klausuren verknüpft. In Simulation 2 (siehe Variante 1 in der nachfolgenden Abbildung) sind die Erfolgsquoten unabhängig, deshalb können nur die drei Wahrscheinlichkeiten des linken Astes des Wahrscheinlichkeitsbaumes verändert werden. Die Wahrscheinlichkeiten des rechten Astes ändern sich simultan mit den eingegebenen Werten. In Simulation 3 sind die Erfolgsquoten in den Varianten 1 und 2 unabhängig, in Variante 3 abhängig und identisch.

Für <u>alle Varianten</u> gilt: Die Wahrscheinlichkeiten für die Ausprägungen der Zufallsvariablen X (letzte Zeile des Wahrscheinlichkeitsbaums) betragen in der Summe 1. Es ist zu beachten, dass die Ausprägungen X = 1 und X = 2 jeweils dreimal vorkommen können, je nachdem welche der Klausuren bestanden wird. Die Ausprägungen X = 0 (keine Klausur bestanden) und X = 3 (alle drei Klausuren bestanden) kommen jeweils nur einmal vor.

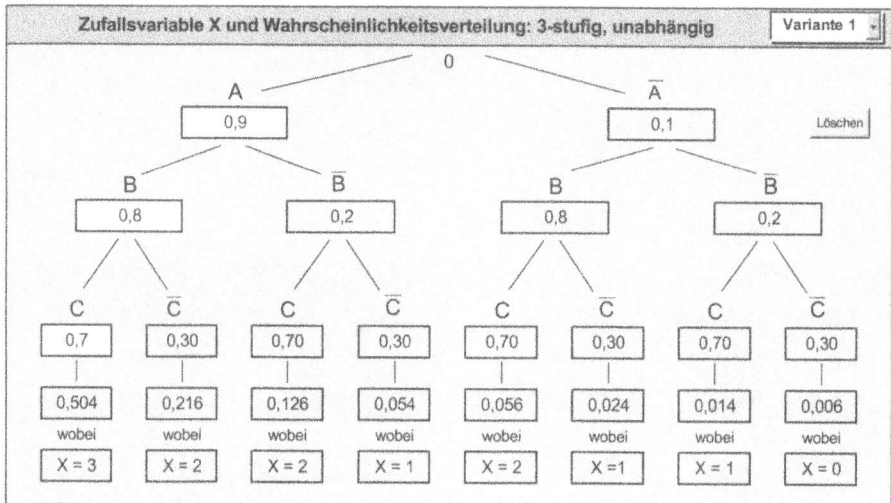

A_1901_Zufallsvariable_Verteilung (Tabellenblatt „Simulation 2")

Anwendung A_1902_Diskrete_Verteilung

Die Anwendung besteht aus einem Tabellenblatt „Simulation".

In der **Simulation** werden die Wahrscheinlichkeiten für die vier Werte einer Zufallsvariablen X angegeben. Daraus entstehen die kumulierten Wahrscheinlichkeiten der Verteilungsfunktion. Wahrscheinlichkeitsfunktion (Stabdiagramm) und Verteilungsfunktion (Treppenfunktion) werden grafisch dargestellt.

Aus den Werten der Wahrscheinlichkeits- und der Verteilungsfunktion können Wahrscheinlichkeiten für beliebige Intervalle der Werte der Zufallsvariablen X berechnet werden.

A_1902: Aufgaben

Hier werden – in drei Zahlenvarianten – die Wahrscheinlichkeiten der Wahrscheinlichkeits- und der Verteilungsfunktion der Zufallsvariablen X angegeben und grafisch dargestellt.

a) Interpretieren Sie Wahrscheinlichkeiten und grafische Darstellungen. Wie groß ist die Wahrscheinlichkeit, dass die Zufallsvariable X „mindestens gleich 1" bzw. „gleich 1 oder 2" ist?

b) Löschen Sie die vorgegebenen Wahrscheinlichkeiten und arbeiten Sie mit eigenen Werten weiter. Interpretieren Sie die Ergebnisse!

A_1902: Lösungshinweise

j	x_j	f_j	F_j
1	0	0,25	0,25
2	1	0,25	0,50
3	2	0,25	0,75
4	3	0,25	1,00
Summe	–	1,00	–

Wahrscheinlichkeits- und Verteilungsfunktion   Variante 1

Wahrscheinlichkeit

Löschen

━━━ Wahrscheinlichkeitsfunktion
──── Verteilungsfunktion

A_1902_Diskrete_Verteilung

In der Variante 1 liegt eine Gleichverteilung vor. Alle Werte der Zufallsvariablen X haben die gleiche Wahrscheinlichkeit von 0,25. Das Stabdiagramm verdeutlicht die Verteilungsform, die Treppenfunktion weist gleich hohe Treppenstufen auf.

Die Wahrscheinlichkeit, dass die Zufallsvariable X mindestens gleich 1 beträgt, ist gleich 0,75. Dies ist die Summe der drei Wahrscheinlichkeiten für X gleich 1 bzw. 2 bzw. 3. Außerdem gilt: 0,75 = 1,0 – 0,25 = F(3) – F(1). Die Intervallwahrscheinlichkeit ist damit gleich der Differenz des Wertes der Verteilungsfunktion für die Obergrenze des Intervalls und des Wertes der Verteilungsfunktion für die Untergrenze minus 1. Die Wahrscheinlichkeit für X = 1 oder X = 2 beträgt 0,5 (= 0,25 + 0,25). Aufgrund der Verteilungsfunktion gilt hierfür: 0,5 = 1,0 – 0,5.

In Variante 2 liegt eine linkssteile Wahrscheinlichkeitsverteilung vor. Dies kommt im Stabdiagramm und in der Treppenfunktion (durch abnehmende Treppenstufen) zum Ausdruck. Die Wahrscheinlichkeit $P(1 \leq X \leq 3)$ beträgt 0,6 = 0,3 + 0,2 + 0,1 = 1,0 – 0,4. Die Wahrscheinlichkeit $P(1 \leq X \leq 2)$ beträgt 0,5 = 0,3 + 0,2 = 0,9 – 0,4.

In Variante 3 liegt eine symmetrische Wahrscheinlichkeitsverteilung (analog Glockenkurve) vor. Die beiden mittleren Werte der Zufallsvariablen X besitzen eine Wahrscheinlichkeit von jeweils 0,3, die beiden äußeren Werte eine Wahrscheinlichkeit von jeweils 0,2. Die Treppenfunktion zeigt in der Mitte die beiden großen, und außen die beiden kleinen Wahrscheinlichkeiten als Treppenstufe an. Die Wahrscheinlichkeit $P(1 \leq X \leq 3)$ beträgt 0,8 = 0,3 + 0,3 + 0,2 = 1,0 – 0,2. Die Wahrscheinlichkeit $P(1 \leq X \leq 2)$ beträgt 0,6 = 0,3 + 0,3 = 0,8 – 0,2.

📁 **Anwendung A_1903_Stetige_Verteilung**

Die Anwendung besteht aus den beiden Tabellenblättern „Simulation 1" und „Simulation 2".

In **Simulation 1** wird die Dichtefunktion einer stetigen Zufallsvariablen als Glockenkurve (Normalverteilung) dargestellt. Für ein Intervall dieser Verteilung wird die Wahrscheinlichkeit berechnet und grafisch veranschaulicht.

In **Simulation 2** wird die Verteilungsfunktion einer stetigen Zufallsvariablen (Normalverteilung) dargestellt. Für ein Intervall dieser Verteilung wird die Wahrscheinlichkeit berechnet und grafisch veranschaulicht.

A_1903: Aufgaben

- **A_1903: Simulation 1**

In Simulation 1 werden – in 6 Varianten – die Wahrscheinlichkeiten für ein Intervall der Zufallsvariablen X (Intelligenzquotient IQ in der Bevölkerung) angegeben und auf Basis der Dichtefunktion grafisch dargestellt. Die Zufallsvariable X ist normalverteilt mit einem Erwartungswert von 100 und einer Standardabweichung von 15.

a)   Interpretieren Sie die Wahrscheinlichkeiten und die grafische Darstellung.
b)   Löschen Sie die vorgegebenen Wahrscheinlichkeiten und arbeiten Sie mit eigenen Werten weiter. Interpretieren Sie die Ergebnisse!

- **A_1903: Simulation 2**

Hier werden – in 6 Varianten – die Wahrscheinlichkeiten für ein Intervall der Zufallsvariablen X (Intelligenzquotient IQ in der Bevölkerung) angegeben und auf Basis der Verteilungsfunktion grafisch dargestellt. Die Zufallsvariable X ist normalverteilt mit einem Erwartungswert von 100 und einer Standardabweichung von 15.

a)   Interpretieren Sie die Wahrscheinlichkeiten und die grafische Darstellung.
b)   Löschen Sie die vorgegebenen Wahrscheinlichkeiten und arbeiten Sie mit eigenen Werten weiter. Interpretieren Sie die Ergebnisse!

A_1903: Lösungshinweise

- **Lösungshinweise A_1903: Simulation 1**

In Variante 1 (siehe Abb.) liegt das Intervall rechts vom Mittelwert der Verteilung. Die Intervallwahrscheinlichkeit sagt aus, dass 34,13% aller Personen einen IQ zwischen 100 und 115 aufweisen. Die Wahrscheinlichkeit entspricht der (blau markierten) Fläche unterhalb der Dichtefunktion.

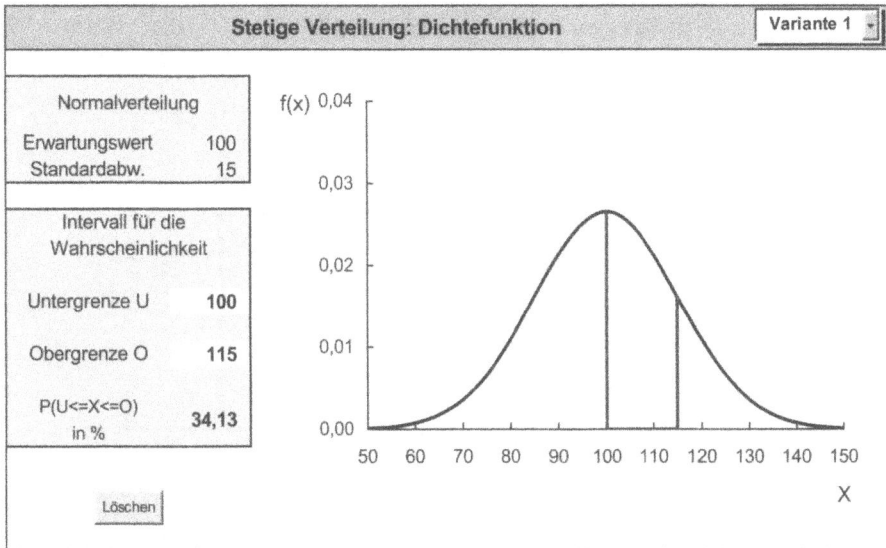

Stetige Verteilung: Dichtefunktion	Variante 1

Normalverteilung

Erwartungswert 100
Standardabw. 15

Intervall für die Wahrscheinlichkeit

Untergrenze U 100

Obergrenze O 115

P(U<=X<=O)
in % 34,13

Löschen

A_1903_Stetige_Verteilung (Tabellenblatt „Simulation 1")

In Variante 2 liegt das Intervall symmetrisch um den Mittelwert der Verteilung, wobei die halbe Intervallbreite eine Einheit der Standardabweichung (15) beträgt. Die Wahrscheinlichkeit für dieses Intervall ist gleich 68,72%.

In den Varianten 3 und 4 zeigen die Intervalle Wahrscheinlichkeiten für „deutlich überdurchschnittlich" Begabte (15,82%) bzw. für „Hochbegabte" (2,82%) an.

Das Intervall in Variante 5 hat eine Breite von 30 im Bereich unterdurchschnittlicher IQs. Die Intervallwahrscheinlichkeit lautet 9,08%.

In Variante 6 wird die Wahrscheinlichkeit für den Wert 120 berechnet, d.h. dass Unter- und Obergrenze des Intervalls gleich groß sind. Die Wahrscheinlichkeit beträgt 0,0. Dieses Ergebnis gilt für alle stetigen Zufallsvariablen. Je kleiner ein Intervall ist, desto geringer ist dessen Wahrscheinlichkeit. Bei einer Intervallbreite von 0 wird die Wahrscheinlichkeit von 0 erreicht.

- **Lösungshinweise A_1903: Simulation 2**

Hier werden die Wahrscheinlichkeiten als Differenzen zweier Werte der Verteilungsfunktion F(X) berechnet und dargestellt. Die Werte der Verteilungsfunktion für die Unter- bzw. Obergrenze des Intervalls können jeweils (über die blauen Linien) an der Y-Achse abgelesen werden.

In Variante 1 (siehe Abb.) liegt eine Intervallwahrscheinlichkeit von 34,13% vor. Sie resultiert als Differenz der Wahrscheinlichkeit für die Obergrenze des Intervalls (84,13%) und für die Untergrenze (50,0%).

Interpretation zu den Ergebnissen der Varianten 2 bis 6: siehe Simulation 1.

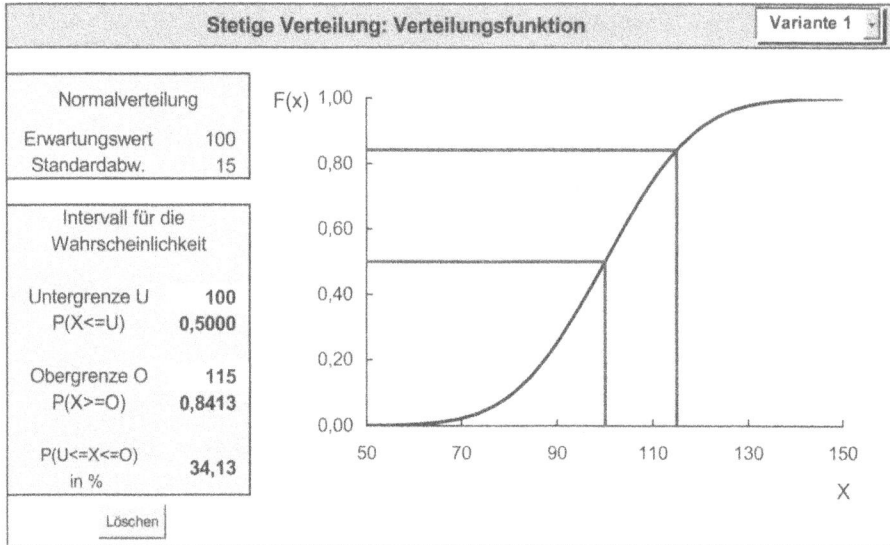

A_1903_Stetige_Verteilung (Tabellenblatt „Simulation 2")

📂 Anwendung A_1904_Diskrete_Vert_Lage+Streuung

Die Anwendung besteht aus einem Tabellenblatt „Simulation".

In der **Simulation** werden die Werte einer Gewinnfunktion für einen zwei-maligen Münzwurf angegeben. Zusammen mit der (diskreten) Wahrschein-lichkeitsverteilung des zweimaligen Münzwurfs werden Lage- und Streu-ungsparameter berechnet.

A_1904: Aufgaben

In 3 Zahlenvarianten werden aus den Werten einer Gewinnfunktion des zweimali-gen Münzwurfs Erwartungswert und Varianz berechnet.

a) Interpretieren Sie Berechnung und Ergebnis des Lage- und Streuungsparame-ters.
b) Löschen Sie die gegebenen Werte der Gewinnfunktion und arbeiten Sie mit eigenen Angaben weiter. Interpretieren Sie die Ergebnisse!

A_1904: Lösungshinweise

In Variante 1 (siehe Abb.) wird als Gewinn für das Ereignis „zweimal Kopf" beim zweimaligen Münzwurf 2,00 € festgelegt. Wenn einmal Kopf auftritt, ergeben sich weder Gewinn noch Verlust (Wert der Gewinnfunktion = 0,0). Wenn keinmal Kopf auftritt, ergibt sich ein Verlust von 1 € (Wert der Gewinnfunktion = -1,0). Der Erwartungswert wird als Summe der Produkte des Werts der Gewinnfunktion und der dazugehörigen Wahrscheinlichkeit ermittelt.

Die Varianz ist die Summe der Produkte der quadratischen Abweichungen (Wert minus Erwartungswert). Der Erwartungswert von 0,25 sagt aus, dass im Durchschnitt pro Münzwurf 0,25 € Gewinn erwartet werden können. Die durchschnittliche Streuung (Varianz) um diesen Erwartungswert beträgt 1,188, da die Werte der Gewinnfunktion zwischen -1 und +2 liegen (gewichtet mit den Wahrscheinlichkeiten).

Diskrete Verteilung: Lage + Streuung				Variante 1
2. Münzwurf / 1. Münzwurf	K = Kopf	Z = Zahl	$P(X_1)$	
K = Kopf	0,25	0,25	0,50	
Z = Zahl	0,25	0,25	0,50	
$P(X_2)$	0,50	0,50	1,00	

X	P(X)	G	G*P	Abw.quadr.*P
0	0,25	-1,00	-0,250	0,391
1	0,50	0,00	0,000	0,031
2	0,25	2,00	0,500	0,766
Löschen		Summe	0,250	1,188

A_1904_Diskrete_Vert_Lage+Streuung

In Variante 2 liegt eine symmetrische Verteilung der Gewinnfunktion vor. Wenn Kopf beim zweimaligen Münzwurf nicht auftritt, ergibt sich ein Verlust von 5 €. Wenn Kopf einmal auftritt, hat die Gewinnfunktion den Wert 0. Das Ereignis „zweimal Kopf" bringt einen Gewinn von 5 €. Im Durchschnitt ergibt sich damit weder Gewinn noch Verlust, der Erwartungswert beträgt 0,0. Die Varianz ist mit 12,5 deutlich größer als in Variante 1.

Auch in Variante 3 liegt eine symmetrische Verteilung der Gewinnfunktion vor. Jetzt beträgt der Erwartungswert 2,0. Die Varianz ist wegen des geringen Streubereichs zwischen 1,0 und 3,0 und wegen der starken Gewichtung des mittleren Wertes von 2,0 (= Erwartungswert) relativ klein.

> ### 🗁 Anwendung A_1905_Diskrete_Vert_Lage+Strg_grafisch
>
> Die Anwendung besteht aus den beiden Tabellenblättern „Simulation 1" und „Simulation 2".
>
> In **Simulation 1** werden die Werte der Gewinnfunktion für den zweimaligen Münzwurf angegeben. Erwartungswert und Varianz der Gewinnfunktion werden berechnet. Die Wahrscheinlichkeitsverteilung wird zusammen mit Erwartungswert und durchschnittlichem Streubereich grafisch dargestellt.
>
> In **Simulation 2** werden für eine Zufallsvariable X die Wahrscheinlichkeiten angegeben, wobei ein Urnenmodell unterstellt wird. Erwartungswert und Varianz werden berechnet. Die Verteilung wird (mit Erwartungswert und durchschnittlichem Streubereich) grafisch dargestellt.

A_1905: Aufgaben

- **A_1905: Simulation 1**

In Simulation 1 werden für den zweimaligen Münzwurf – in 3 Varianten – Gewinnfunktion und Arbeitstabelle für die Berechnung von Erwartungswert und Varianz angegeben. Die Wahrscheinlichkeitsverteilung wird als Stabdiagramm dargestellt.

a) Interpretieren Sie die Wahrscheinlichkeitsverteilung zusammen mit Lage- und Streuungsparameter in Tabelle und Grafik.
b) Löschen Sie die angegebenen Werte der Gewinnfunktion und arbeiten Sie mit eigenen Zahlen weiter. Interpretieren Sie die Ergebnisse!

- **A_1905: Simulation 2**

Hier wird – in 4 Zahlenvarianten – ein Urnenmodell unterstellt. In der Urne können Kugeln mit den Ziffern 1 bis 6 mit der angegebenen Wahrscheinlichkeit vorkommen.

a) Interpretieren Sie die Wahrscheinlichkeitsverteilung zusammen mit Lage- und Streuungsparameter in Tabelle und Grafik.
b) Löschen Sie die angegebenen Werte der Gewinnfunktion und arbeiten Sie mit eigenen Zahlen weiter. Interpretieren Sie die Ergebnisse!

A_1905: Lösungshinweise

- **Lösungshinweise A_1905: Simulation 1**

In der <u>Variante 1</u> (siehe Abb.) erhalten wir dieselbe Verteilung wie in der Anwendung A_1904, Variante 1. Die Grafik zeigt die leicht unsymmetrische Verteilung.

					Wahrscheinlichkeitsfunktion, Erwartungswert und Streuung	Variante 1

j	x_j	g_j	f_j	$g_j f_j$	$(g_j - \bar{g})^2 f_j$
1	0	-1	0,25	-0,250	0,391
2	1	0	0,50	0,000	0,031
3	2	2	0,25	0,500	0,766
Summe	-	-	1,00	0,250	1,188

Zufallsexperiment:
2-maliger Münzwurf

Löschen

A_1905_Diskrete_Vert_Lage+ Strg_grafisch (Tabellenblatt „Simulation 1")

In der Variante 2 liegt eine symmetrische Verteilung mit einem Erwartungswert von 0,0 und einer Varianz von 2,0 vor. Die Werte des durchschnittlichen Streubereichs liegen etwa 1,41 (= Standardabweichung = Wurzel aus der Varianz von 2,0) links und rechts vom Erwartungswert.

Die Verteilung in der Variante 3 ist unsymmetrisch. Wegen des hohen Verlustbetrages von -4 € für das Ereignis „keinmal Kopf" und des relativ niedrigen Gewinns von 1 € für „zweimal Kopf" ergibt sich ein Erwartungswert von -0,75 € pro Münzwurf. Die Varianz ist mit 3,688 deutlich größer als in den Varianten 1 und 2.

- **Lösungshinweise A_1905: Simulation 2**

In der Variante 1 (siehe Abb.) entspricht die Verteilung des Urnenmodells dem Würfelwurf. Jede Augenzahl zwischen 1 und 6 erhält dieselbe Wahrscheinlichkeit von 1/6. Die Wahrscheinlichkeitsverteilung ist symmetrisch mit einem Erwartungswert von 3,5. Dies bedeutet, dass die durchschnittliche Augenzahl pro Würfelwurf 3,5 beträgt. Der durchschnittliche Streubereich wird durch die Varianz von 2,917 und die entsprechende Standardabweichung festgelegt.

In Variante 2 liegt ebenfalls eine symmetrische Verteilung vor. Die Wahrscheinlichkeiten für die Ereignisse 1 bzw. 6 sind allerdings nur halb so groß wie die übrigen Wahrscheinlichkeiten. Bei einem Erwartungswert von 3,5 hat diese Verteilung eine geringere Streuung als die Verteilung in Variante 1.

In Variante 3 kommen in der Urne nur die Kugeln 1 und 2 (mit Wahrscheinlichkeit von jeweils 0,5) vor. Der Erwartungswert liegt bei 1,5. Die Standardabweichung beträgt 0,5 und kennzeichnet den durchschnittlichen Streubereich.

In Variante 4 liegt eine linkssteile Wahrscheinlichkeitsverteilung mit einem Erwartungswert von 2,0 und einer Varianz von 1,0 vor.

		Wahrscheinlichkeitsfunktion, Erwartungswert und Varianz				Variante 1
j	x_j	f_j	$x_j f_j$	$(x_j - E(X))^2$	$(x_j - E(X))^2 f_j$	
1	1	0,167	0,167	6,250	1,042	
2	2	0,167	0,333	2,250	0,375	
3	3	0,167	0,500	0,250	0,042	
4	4	0,167	0,667	0,250	0,042	
5	5	0,167	0,833	2,250	0,375	
6	6	0,167	1,000	6,250	1,042	
Summe	-	1,000	3,500	-	2,917	

Zufallsexperiment: Löschen
Ziehen aus Urne

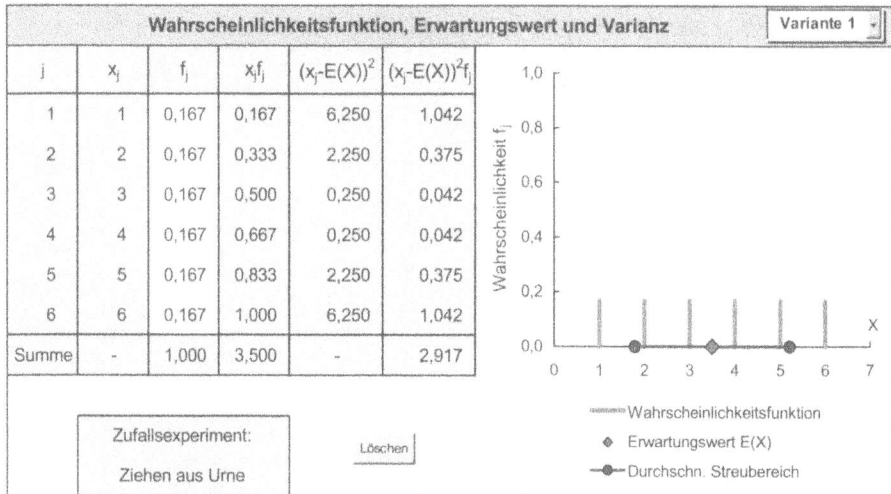

━━━ Wahrscheinlichkeitsfunktion
◆ Erwartungswert E(X)
━●━ Durchschn. Streubereich

A_1905_Diskrete_Vert_Lage+ Strg_grafisch (Tabellenblatt „Simulation 2")

Anwendung A_1906_Stetige_Vert_Lage+Strg_grafisch

Die Anwendung besteht aus einem Tabellenblatt „Simulation".

In der **Simulation** wird die Dichtefunktion der stetigen Verteilung der Variablen X zusammen mit dem Erwartungswert und dem durchschnittlichen Streubereich grafisch dargestellt. In Abhängigkeit von Erwartungswert und Standardabweichung ändert sich die Form der Verteilung.

A_1906: Aufgaben

In dieser Simulation werden – in 6 Zahlenvarianten – Erwartungswert und Standardabweichung einer stetigen Verteilung angegeben. Als Verteilungsform liegt die Glockenkurve (Normalverteilung) vor.

a) Interpretieren Sie den Verlauf der Dichtefunktion im Zusammenhang mit dem angegebenen Erwartungswert und dem durchschnittlichen Streubereich.
b) Löschen Sie die Erwartungswert und die Standardabweichung. Arbeiten Sie mit eigenen Zahlen weiter und interpretieren Sie die Ergebnisse!

A_1906: Lösungshinweise

In der Variante 1 (siehe Abb.) liegt die stetige Verteilung beim Erwartungswert von 150 mit einer Standardabweichung von 25. Dies ergibt einen durchschnittlichen Streubereich von 125 (= 150 - 25) bis 175 (150 + 25).

Stetige Verteilung: Lage und Streuung	Variante 1

f(x) 0,10

Normalverteilung	
Erwartungswert	150
Standardabw.	25

0,08

0,06

0,04

0,02

0,00

20 40 60 80 100 120 140 160 180 200 220 X

Löschen

◆ Erwartungswert —●— Durchschnittlicher Streubereich

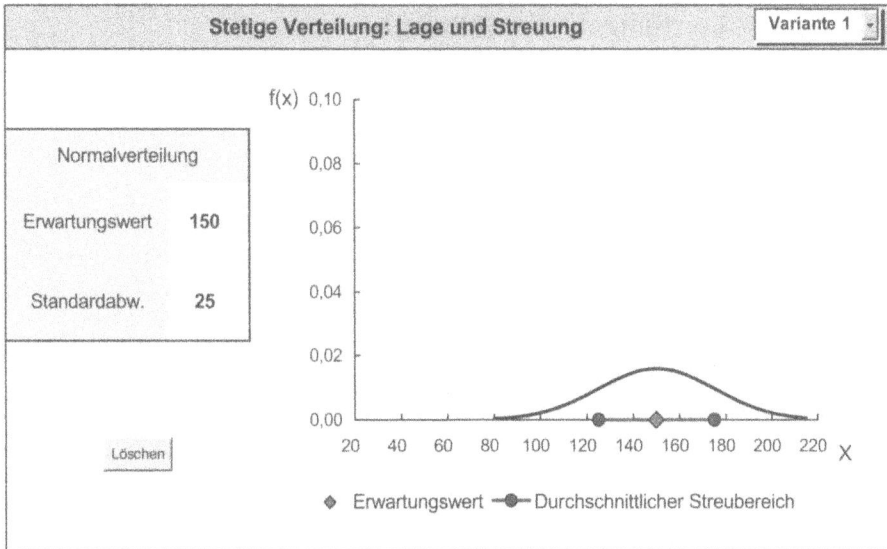

A_1906_Stetige_Vert_Lage+Strg_grafisch

In Variante 2 ist (bei gleicher Lage der Verteilung) die Streuung geringer als in Variante 1. Der durchschnittliche Streubereich liegt zwischen 135 und 165. Die Dichtefunktion verläuft steiler.

In Variante 3 liegt (bei gleicher Streuung der Verteilung wie in Variante 2) die Verteilung weiter links im Diagramm (Erwartungswert = 120).

In Variante 4 ergibt sich bei gleichbleibender Standardabweichung von 15 eine weitere Verschiebung nach links zum Erwartungswert 100.

Die Verteilungen der Varianten 5 und 6 liegen ebenfalls bei einem Erwartungswert von 100. Wegen der geringer werdenden Streuung werden die Dichtefunktionen im Vergleich zu Variante 4 immer steiler.

20. Spezielle diskrete Verteilungen

20.1 Grundlagen

Binomialverteilung

Binomialverteilung (1): Bernoulli-Experiment

1. Dichotome Grundgesamtheit =
   Urne, deren Kugeln zwei Eigenschaften (A und $\overline{A}$) aufweisen

2. Die Wahrscheinlichkeit $P(A) = p$ ist bekannt, ebenso $P(\overline{A}) = 1 - p = q$.

3. Es werden n unabhängige Zufallsexperimente durchgeführt: Aus der Urne werden n Kugeln mit Zurücklegen entnommen, d.h. $P(A) = p$ bleibt bei jedem Versuch unverändert.

Binomialverteilung (2): B(n;p)

Die Zufallsvariable X, definiert als die Anzahl der Erfolge A unter einer Folge von n unabhängigen Zufallsexperimenten einer dichotomen Grundgesamtheit, folgt der Binomialverteilung B(n;p) mit den Funktionen

- **Wahrscheinlichkeitsfunktion**

$$P(X = x) = f(x) = B(x \mid n;p) = \binom{n}{x} p^x q^{n-x}$$

- **Verteilungsfunktion**

$$P(X \le x) = F(x) = \sum_{k \le x} \binom{n}{k} p^k q^{n-k}$$

Binomialverteilung (3): Lage- und Streuungsparameter

- **Erwartungswert**　　　　　　　　　- **Varianz**

$$E(X) = \mu = np \qquad\qquad V(X) = \sigma^2 = npq = np(1-p)$$

Binomialverteilung (4): Besondere Eigenschaften

- **symmetrische Binomialverteilung mit p = 0,5**

$$P(X = x) = P(X = n - x)$$

- **X binomialverteilt mit n und p, Y binomialverteilt mit n und (1-p)**

$$P(Y = n - x) = P(X = x)$$

Binomialverteilung mit Excel

Mit Excel können die Werte der Binomialverteilung mittels der Funktion **BINOMVERT** (siehe Abb. 20.1) ausgegeben werden. Das Programm verlangt dabei die Eingabe der Parameter p (**Erfolgswahrsch**) und n (**Versuche**), sowie die Ausprägung der Zufallsvariablen X (**Zahl_Erfolge**). Außerdem ist im Feld **Kumuliert** einzugeben: 0 für Wahrscheinlichkeitsfunktion, 1 für Verteilungsfunktion.

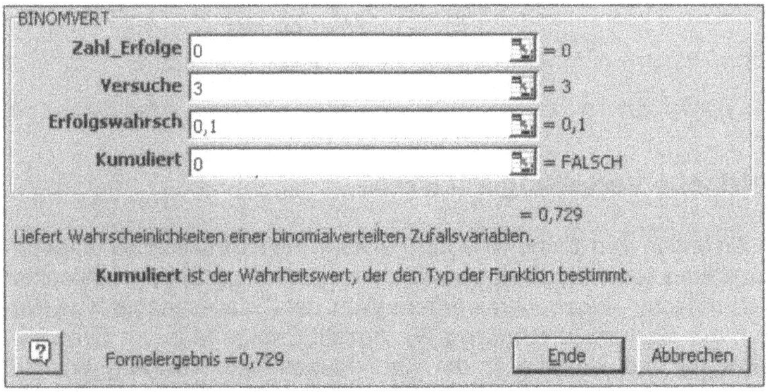

Abb. 20.1: Binomialverteilung mit Excel

Hypergeometrische Verteilung

Hypergeometrische Verteilung (1): Urnenmodell

- Dichotome Grundgesamtheit: Urne mit insgesamt N Kugeln, davon M mit Eigenschaft A und N-M mit Eigenschaft $\bar{A}$

- Ziehung: n Elemente ohne Zurücklegen

- Zufallsvariable X: Anzahl der Elemente mit Eigenschaft A unter den n entnommenen Elementen

---

Hypergeometrische Verteilung (2): H(n;N;M)

- **Wahrscheinlichkeitsfunktion**

$$P(X = x) = f(x) = H(x \mid n;N;M) = \frac{\binom{M}{x}\binom{N-M}{n-x}}{\binom{N}{n}}$$

- **Verteilungsfunktion**

$$P(X \le x) = F(x) = \sum_{k \le x} H(k \mid n;N;M)$$

Hypergeometrische Verteilung (3): Lage- und Streuungsparameter

- **Erwartungswert** $E(X) = n\,\dfrac{M}{N}$

- **Varianz** $V(X) = n\left(\dfrac{M}{N}\right)\left(1 - \dfrac{M}{N}\right)\left(\dfrac{N-n}{N-1}\right)$

Hypergeometrische Verteilung mit Excel

Im Funktions-Assistenten von Excel wird die Funktion **HYPGEOMVERT** angeboten, die eine Ermittlung einzelner Wahrscheinlichkeiten ermöglicht. Im Hilfsfenster (siehe Abb. 20.2) müssen eingegeben werden: Wert der Zufallsvariable X (**Erfolge_S**), Umfang n der Stichprobe (**Umfang_S**), Anzahl Erfolge M in der Grundgesamtheit (**Erfolge_G**) und Umfang N der Grundgesamtheit (**Umfang_G**). Die Wahrscheinlichkeit wird im Hilfsfenster oder einem festgelegten Feld ausgegeben.

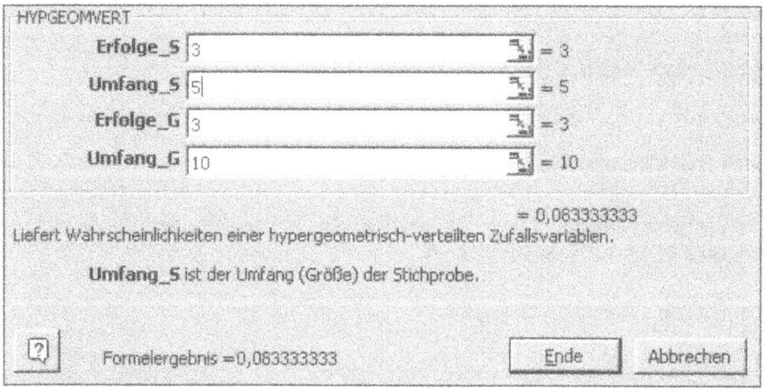

HYPGEOMVERT

Erfolge_S	3	= 3
Umfang_S	5	= 5
Erfolge_G	3	= 3
Umfang_G	10	= 10

= 0,063333333

Liefert Wahrscheinlichkeiten einer hypergeometrisch-verteilten Zufallsvariablen.

Umfang_S ist der Umfang (Größe) der Stichprobe.

[?]   Formelergebnis =0,063333333   Ende   Abbrechen

Abb. 20.2: Hypergeometrische Verteilung mit Excel

Poissonverteilung

Poissonverteilung (1): Urnenmodell

- Dichotome Grundgesamtheit: Urne mit einer großen Anzahl N Kugeln

- Anzahl M der Elemente mit Eigenschaft A ist relativ klein:
  Wahrscheinlichkeit p ist kleiner 0,1

- n Elemente werden aus der Gesamtheit entnommen:
  Anzahl der entnommenen Elemente ist relativ groß (n > 30)

- Zufallsvariable X: Anzahl der Elemente mit Eigenschaft A unter den n
  entnommenen Elementen

- $n \cdot p = \lambda$ ist konstant

Poissonverteilung (2): Ps(λ)

- **Wahrscheinlichkeitsfunktion**

$$P(X = x) = f(x) = Ps(x \mid \lambda) = \frac{\lambda^x}{x!} e^{-\lambda}$$

- **Verteilungsfunktion**

$$P(X \le x) = F(x) = \sum_{k \le x} \frac{\lambda^k}{k!} e^{-\lambda}$$

Poissonverteilung (3): Lage- und Streuungsparameter

- **Erwartungswert** $E(X) = \lambda$ - **Varianz** $V(X) = \lambda$

Poissonverteilung mit Excel

Die Wahrscheinlichkeiten der Poissonverteilung können mit Excel berechnet werden, indem über den Funktions-Assistenten **POISSON** aufgerufen wird. Einzugeben sind: Wert der Zufallsvariablen (**X**), Erwartungswert λ (**Mittelwert**) und **Kumuliert** (0 für Wahrscheinlichkeitsfunktion, 1 für Verteilungsfunktion).

20.2 Interaktive Excel-Anwendungen (Download)

📂 Anwendung A_2001_Binomialverteilung_Experiment

Die Anwendung besteht aus den beiden Tabellenblättern „Simulation 1"und Simulation 2".

In dieser Anwendung wird eine dichotome Grundgesamtheit, bestehend aus (maximal) 10 Kugeln, definiert, indem M-mal eine 1 und (N-M)-mal eine 0 eingegeben wird. Aus dieser Gesamtheit wird eine Stichprobe vom Umfang n = 4 mit Zurücklegen gezogen. Die Stichprobenziehung kann einzeln erfolgen (Schaltfläche „manuell") oder automatisch in einer auswählbaren Anzahl (Schaltfläche „automatisch" mit vorheriger Wahl der „Anzahl"). Das Ergebnis der Stichprobe wird angezeigt, und die Anzahl der Erfolge (Kugeln mit „1") wird ermittelt.

Die **Simulation 1** entspricht der elektronischen Durchführung eines Bernoulli-Experiments als Basisexperiment der Binomialverteilung.

In **Simulation 2** kann das Bernoulli-Experiment mehrfach durchgeführt werden. Die absolute Häufigkeit der Zufallsvariablen X (Anzahl 0 bis 4 Erfolge) wird aus den elektronischen Experimenten ermittelt. Die dazugehörigen relativen Häufigkeiten werden berechnet und mit den theoretischen Wahrscheinlichkeiten der Binomialverteilung verglichen. Dieser Vergleich wird zusätzlich grafisch dargestellt.

A_2001: Aufgaben

- **A_2001: Simulation 1**

Führen Sie das elektronische Bernoulli-Experiment mehrfach durch. Vergleichen Sie den Wert für die Anzahl der „Erfolge in der Stichprobe n = 4" mit den Häufigkeiten der einzelnen Kugeln in der Stichprobe. Verändern Sie die Größe und Zusammensetzung der Grundgesamtheit, indem Sie insgesamt weniger als 10 Zahlen in die Tabelle der „Urne" eingeben und die Verteilung auf 0 bzw. 1 beliebig festlegen. Wiederholen Sie die Experimente und interpretieren Sie die Ergebnisse.

- **A_2001: Simulation 2**

Führen Sie das elektronische Experiment der Stichprobenziehung (mit Zurücklegen) aus einer dichotomen Grundgesamtheit durch und beobachten Sie den Aufbau der Häufigkeitsverteilung.

Vergleichen Sie – in Abhängigkeit von der Anzahl der Experimente – die relativen Häufigkeiten der Zufallsvariablen X (Anzahl Erfolge in der Stichprobe) mit den Wahrscheinlichkeiten der Binomialverteilung.

A_2001: Lösungshinweise

● Lösungshinweise A_2001: Simulation 1

Binomialverteilung: Das Bernoulli-Experiment						
Anzahl N Elemente in der Urne		Grund-gesamtheit "Urne"		Häufigkeit in Stichprobe		Erfolge in Stichprobe n = 4
10		1	=>	0		2
1-er in der Urne (= M)		1	=>	0		
		1	=>	1		
5		1	=>	0		
Anteil p (= M / N)		1	=>	1		Anzahl Experimente
						3 Löschen
0,500		0	=>	0		
		0	=>	0		
		0	=>	0		Ziehung automatisch Anzahl: der
		0	=>	0		Zufalls-Stichproben manuell => 1 Stichpr.
		0	=>	2		

A_2001_Binomialverteilung_Experiment (Tabellenblatt „Simulation 1")

Das Beispiel in der obigen Abbildung zeigt das folgende Bernoulli-Experiment: Die dichotome Grundgesamtheit wird als Urne mit 10 Kugeln dargestellt, von denen 5 die Eigenschaft „1" und 5 die Eigenschaft „0" aufweisen. Die Ziehung von 4 Kugeln mit Zurücklegen liefert hier als Ergebnis 2 Kugeln mit der Eigenschaft „1" und 2 Kugeln mit der Eigenschaft „0". Die letzte Kugel wurde dabei zweimal gezogen. Dies ist wegen des Ziehungsmodells mit Zurücklegen möglich.

● Lösungshinweise A_2001: Simulation 2

In der nachfolgenden Abbildung wird das Ergebnis eines 100-fachen Bernoulli-Experiments dargestellt. Basis des Experiments ist eine Grundgesamtheit von 10 Kugeln, wobei 6 die Eigenschaft „1" und 4 die Eigenschaft „0" aufweisen. Dies entspricht einem Anteil der Elemente mit Eigenschaft A von $p = 0,6$ in der dichotomen Grundgesamtheit. Aus der Gesamtheit wurden 100 mal nacheinander 4 Kugeln mit Zurücklegen gezogen.

Die absoluten Häufigkeiten der Zufallsvariablen X (Anzahl Erfolge in der Stichprobe) liegen zwischen 3 für den Wert 0 und 37 für den Wert 3. Die Verteilung ist – wegen des Anteils von $p = 0,6$ in der Grundgesamtheit – unsymmetrisch. Die dazugehörigen relativen Häufigkeiten liegen sehr nahe bei den theoretischen Wahrscheinlichkeiten der Binomialverteilung mit den Parametern $n = 4$ und $p = 0,6$.

Die hier vorliegende große Ähnlichkeit zwischen Häufigkeits- und Wahrscheinlichkeitsverteilung ist nur bei einer größeren Anzahl von Experimenten zu erwarten.

Binomialverteilung: Entstehung der Verteilung						
Grund-gesamtheit "Urne"	Anzahl N Elemente in der Urne	Erfolge in Stichprobe n = 4	Werte der Zufalls-variablen X	Absolute Häufigkeit der Erfolge	Relative Häufigkeit W-keit	$h_{1,0}$
1	10	2	0	3	0,030	
1	1-er in der Urne (= M)				0,026	
1			1	10	0,100	
	6				0,154	
1	Anteil p		2	34	0,340	
1	(= M / N)				0,346	
1	0,600		3	37	0,370	
					0,346	
0			4	16	0,160	
0					0,130	
0	Anzahl Experimente		Summe	100	1,000	
0	100					

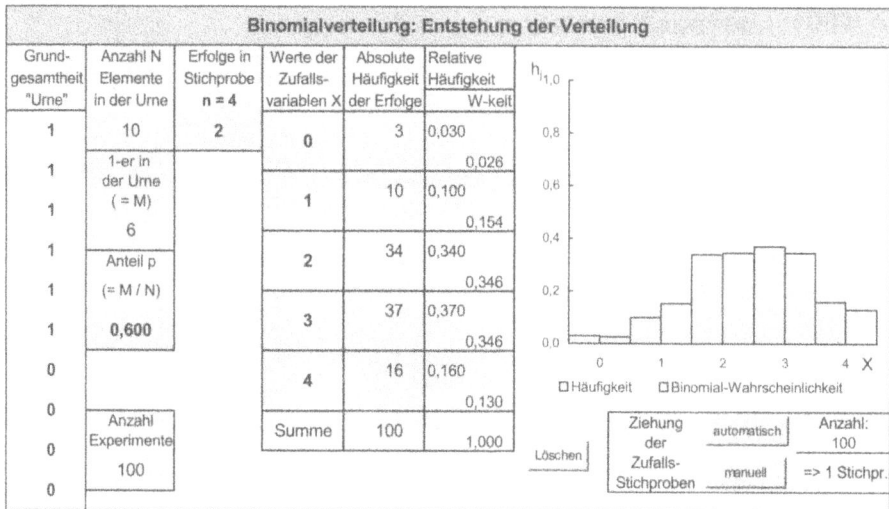

A_2001_Binomialverteilung_Experiment (Tabellenblatt „Simulation 2")

Anwendung A_2002_Binomialverteilung

Die Anwendung besteht aus einem Tabellenblatt „Simulation".

In der **Simulation** werden die Parameter n und p der Binomialverteilung angegeben sowie deren Wahrscheinlichkeits- und Verteilungsfunktion. Zusätzlich werden Erwartungswert, Varianz und durchschnittlicher Streubereich der Verteilung ermittelt und mit der Wahrscheinlichkeitsverteilung grafisch dargestellt.

A_2002: Aufgaben

In 6 Zahlenvarianten wird eine Binomialverteilung ermittelt. Als dichotome Grundgesamtheit unterstellen wir dabei eine Urne mit N Kugeln, wobei M Kugeln weiß und N-M Kugeln schwarz sind. Als Parameter der Binomialverteilung werden der Anteil der weißen Kugeln (p = M/N) und der Umfang n der Stichprobe angegeben. Dies bedeutet, dass aus der dichotomen Grundgesamtheit mit der Eigenschaft p eine Zufallsstichprobe von n Kugeln mit Zurücklegen entnommen wird. Die Zufallsvariable X zählt die Anzahl der Erfolge (weiße Kugeln) unter den n gezogenen Kugeln.

a) Interpretieren Sie die Wahrscheinlichkeiten der Binomialverteilung, Erwartungswert, Streubereich und grafische Darstellung. Achten Sie dabei insbesondere auf die Form der Verteilung.

b) Löschen Sie n und p und arbeiten Sie mit eigenen Werten weiter. Interpretieren Sie die Ergebnisse!

A_2002: Lösungshinweise

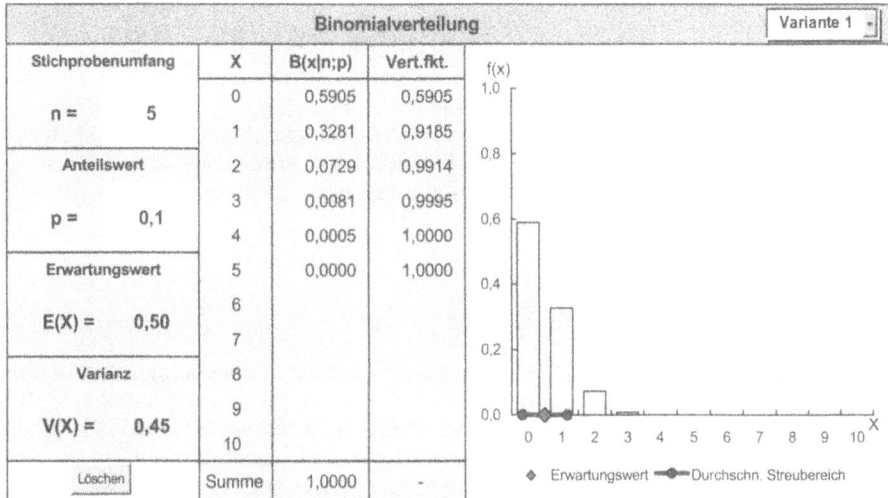

Binomialverteilung				Variante 1
Stichprobenumfang	X	B(x|n;p)	Vert.fkt.	f(x)
	0	0,5905	0,5905	
n = 5	1	0,3281	0,9185	
Anteilswert	2	0,0729	0,9914	
	3	0,0081	0,9995	
p = 0,1	4	0,0005	1,0000	
Erwartungswert	5	0,0000	1,0000	
	6			
E(X) = 0,50	7			
Varianz	8			
	9			
V(X) = 0,45	10			
Löschen	Summe	1,0000	-	◆ Erwartungswert ━●━Durchschn. Streubereich

A_2002_Binomialverteilung

Die Binomialverteilung in Variante 1 (siehe Abb.) ist unsymmetrisch, da bei einem Anteil von p = 0,1 nur n = 5 Kugeln gezogen werden. Der Erwartungswert E(X) ist gleich dem Produkt der beiden Parameter (0,5), die Varianz ist gleich dem Produkt von Erwartungswert und 1-p (0,45 = 0,5 · 0,9). Die Zufallsvariable X kann Werte zwischen 0 (keine weiße Kugel in der Stichprobe) und 5 (fünf weiße Kugeln in der Stichprobe) annehmen. Die maximale Wahrscheinlichkeit liegt beim Wert 1 der Zufallsvariablen X, die Werte 4 und 5 weisen Wahrscheinlichkeiten von nahe 0 auf. Da in der Grundgesamtheit nur jede 10. Kugel weiß ist, kommen in den Stichproben von n = 5 nur selten zwei oder mehr weiße Kugeln vor. Durchschnittlich können 0,5 weiße Kugeln erwartet werden.

In den Varianten 2 und 3 nimmt bei gleichbleibendem Anteil von p = 0,1 der Stichprobenumfang n zu. Die Zufallsvariable X kann größere Ausprägungen aufweisen. Die Verteilungen bleiben allerdings linkssteil.

Bei gleichbleibendem Stichprobenumfang von n = 10 nimmt in den Varianten 4 bis 6 der Anteil von p = 0,2 bis p = 0,5 zu. In allen drei Varianten kann die Zufallsvariable X Werte zwischen 0 und 10 annehmen. Je mehr sich der Anteil p dem Wert von 0,5 nähert, desto symmetrischer wird die Binomialverteilung.

In der Variante 6 liegt bei p = 0,5 eine exakt symmetrische Binomialverteilung vor. Wegen des Stichprobenumfangs von n = 10 sind im Durchschnitt 5 weiße Kugeln in der Stichprobe zu erwarten (Erwartungswert der Verteilung = 5,0 = 10 · 0,5). Der Wert 5 weist außerdem die maximale Wahrscheinlichkeit von 0,2461 auf. Stichproben mit 0 bzw. 10 weißen Kugeln sind äußerst selten (Wahrscheinlichkeit jeweils gleich 0,001). Im Durchschnitt streuen die Werte der Variablen X etwa zwischen 3,4 und 6,6. Die Standardabweichung beträgt als Wurzel der Varianz 1,58.

Anwendung A_2003_Hypergeometrische_Verteilung

Die Anwendung besteht aus einem Tabellenblatt „Simulation".

In der **Simulation** werden die 3 Parameter N, M und n der hypergeometrischen Verteilung sowie die Wahrscheinlichkeits- und Verteilungsfunktion angegeben. Die Wahrscheinlichkeitsfunktion wird zusammen mit Erwartungswert und durchschnittlichem Streubereich grafisch dargestellt.

A_2003: Aufgaben

Hier wird (in 6 Zahlenvarianten) eine Hypergeometrische Verteilung ermittelt. Wir unterstellen als dichotome Grundgesamtheit eine Urne mit N Kugeln, wobei M Kugeln weiß und N-M Kugeln schwarz sind. Aus der dichotomen Grundgesamtheit werden n Kugeln ohne Zurücklegen gezogen. Die Zufallsvariable X zählt die Anzahl der Erfolge (weiße Kugeln) unter den n gezogenen Kugeln.

a) Interpretieren Sie die Wahrscheinlichkeiten der Hypergeometrischen Verteilung, Erwartungswert, Varianz, Streubereich und grafische Darstellung. Achten Sie auf die Form der Verteilung.
b) Löschen Sie N, M und n. Arbeiten Sie mit eigenen Werten weiter und interpretieren Sie die Ergebnisse!

A_2003: Lösungshinweise

Hypergeometrische Verteilung					Variante 1
Stichprobenumfang	X	H(x|n;N;M)	Vert.fkt.	f(x)	
n = 10	0	0,3106	0,3106		
	1	0,4313	0,7419		
Grundgesamtheit	2	0,2098	0,9517		
N = 50	3	0,0442	0,9959		
	4	0,0040	0,9999		
Erfolge Grundges.	5	0,0001	1,0000		
	6				
M = 5	7				
Erwartungswert	8				
E(X) = 1,00	9				
Varianz	10				
V(X) = 0,73	Summe	1,0000	-		

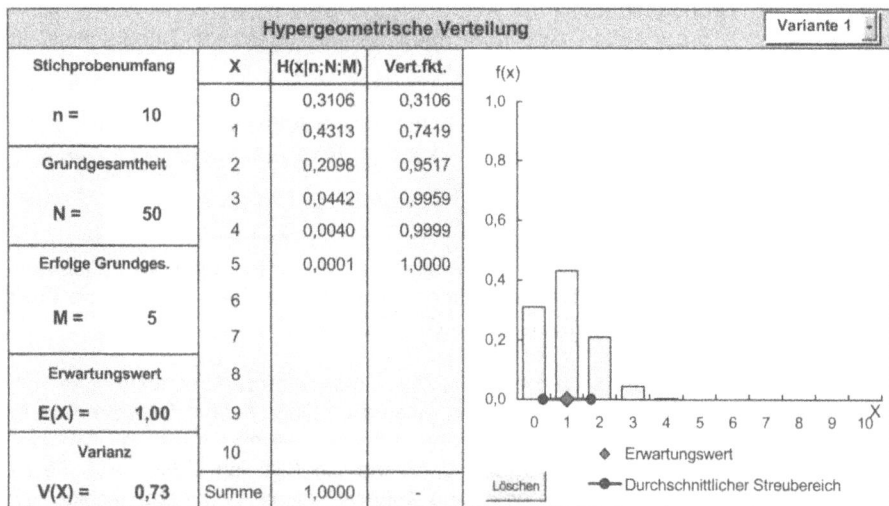

A_2003_Hypergeometrische_Verteilung

In Variante 1 (siehe Abb.) werden aus N = 10 Kugeln, von denen M = 3 weiß sind, n = 3 Kugeln ohne Zurücklegen gezogen. In der Stichprobe können zwischen 0 und 3 Kugeln weiß sein (Zufallsvariable X). Die Hypergeometrische Verteilung ist unsymmetrisch bei einem Erwartungswert von 0,9 (= 3 · 0,3).

Der durchschnittliche Streubereich resultiert aus der relativ geringen Varianz von 0,49 der Zufallsvariablen X. Bei der Berechnung der Varianz wirkt sich der Korrekturfaktor des Modells „ohne Zurücklegen" (N-n)/(N-1) stark aus, da N relativ klein und n im Vergleich zu N relativ groß ist.

In den Varianten 2 bis 4 liegen jeweils symmetrische Verteilungen vor, da der Anteil M/N in der Grundgesamtheit gleich 0,5 ist. In Variante 2 kann dabei die Zufallsvariable X Werte zwischen 0 und 3 annehmen, in Variante 3 Werte zwischen 0 und 5. In Variante 4 können Werte zwischen 0 und 10 auftreten, da n = 10 Elemente aus der Grundgesamtheit gezogen werden. Die Varianz und damit der durchschnittliche Streubereich vergrößern sich jeweils.

In den Varianten 5 und 6 nimmt die Unsymmetrie der Verteilung wieder zu, da der Anteil M/N in der Grundgesamtheit zurückgeht und der Stichprobenumfang n mit 10 unverändert bleibt.

📂 Anwendung A_2004_Poissonverteilung

Die Anwendung besteht aus einem Tabellenblatt „Simulation".

In der **Simulation** wird der Erwartungswert der Poissonverteilung (Parameter λ) angegeben. Die Wahrscheinlichkeiten der Verteilung werden ermittelt und zusammen mit Erwartungswert und durchschnittlichem Streubereich grafisch dargestellt.

A_2004: Aufgaben

Hier wird (in 5 Zahlenvarianten) eine Poissonverteilung ermittelt. Wir unterstellen als dichotome Grundgesamtheit eine Urne mit einem kleinen Anteil weißer Kugeln (p < 0,1), einem großen Anteil schwarzer Kugeln und einer relativ großen Stichprobe (n > 30). Als Parameter dieser Verteilung wird der Erwartungswert λ = n · p ausgewiesen, ohne dass dabei n und p explizit definiert sein müssen. Die Zufallsvariable X gibt die Wahrscheinlichkeiten für die Anzahl der Erfolge (weiße Kugeln) in der Stichprobe an.

a) Interpretieren Sie die Wahrscheinlichkeiten der Poissonverteilung, Erwartungswert, Streubereich und grafische Darstellung. Achten Sie auf die Form der Verteilung.

b) Löschen Sie die λ und arbeiten Sie mit eigenen Werten weiter. Interpretieren Sie die Ergebnisse!

A_2004: Lösungshinweise

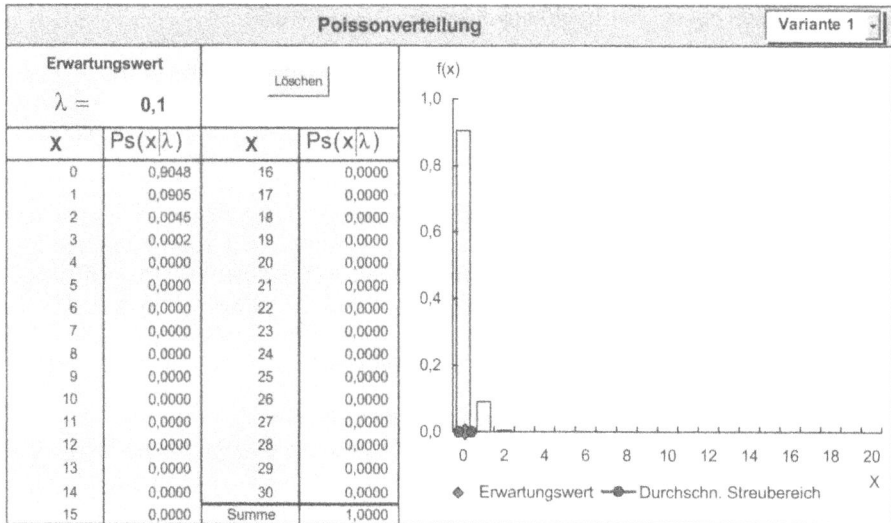

Poissonverteilung				Variante 1
Erwartungswert		Löschen		f(x)
$\lambda =$ 0,1				1,0
X	**Ps(x$\mid$λ)**	**X**	**Ps(x$\mid$λ)**	
0	0,9048	16	0,0000	0,8
1	0,0905	17	0,0000	
2	0,0045	18	0,0000	
3	0,0002	19	0,0000	0,6
4	0,0000	20	0,0000	
5	0,0000	21	0,0000	
6	0,0000	22	0,0000	0,4
7	0,0000	23	0,0000	
8	0,0000	24	0,0000	
9	0,0000	25	0,0000	0,2
10	0,0000	26	0,0000	
11	0,0000	27	0,0000	0,0
12	0,0000	28	0,0000	0 2 4 6 8 10 12 14 16 18 20
13	0,0000	29	0,0000	X
14	0,0000	30	0,0000	◆ Erwartungswert —●—Durchschn. Streubereich
15	0,0000	Summe	1,0000	

A_2004_Poissonverteilung

In Variante 1 (siehe Abb.) wird die Poissonverteilung mit dem Parameter λ = 0,1 dargestellt. Die Verteilung zeigt den typischen unsymmetrischen Verlauf der Poissonverteilung. Die Wahrscheinlichkeit für X = 0 ist gleich 90,48% und für X = 1 gleich 9,05%. Die Wahrscheinlichkeit für X = 2 beträgt nur 0,45% Die übrigen Wahrscheinlichkeiten sind nahe 0.

Das Stabdiagramm verdeutlicht den unsymmetrischen Verlauf dieser Poissonverteilung, wobei der Erwartungswert von 0,1 die Lage der Verteilung festlegt.
In den Varianten 2 bis 5 erhöht sich jeweils der Wert des Parameters λ von 0,5 in Variante 2 bis 10,0 in Variante 5. Dieses Ansteigen des Erwartungswerts bewirkt jeweils eine Verschiebung der Verteilung nach rechts. Die Poissonverteilung wird außerdem mit zunehmendem λ symmetrischer.

In Variante 5 liegen die maximalen Wahrscheinlichkeiten der Verteilung bei den Werten 9 bzw. 10. Die Wahrscheinlichkeiten für die Werte 0, 1 und 2 sind nahe bei 0. Die Verteilung ist nahezu symmetrisch.

21. Spezielle stetige Verteilungen

21.1 Grundlagen

Normalverteilung

Normalverteilung (1): Eigenschaften der Dichtefunktion

- Sie verläuft symmetrisch zur Achse $x = \mu = E(X)$.

- Ihr Maximum liegt an der Stelle $x = \mu$.

- Von der Symmetrieachse aus nehmen ihre Werte nach beiden Seiten streng monoton ab und gehen für $x \to \infty$ und $x \to -\infty$ gegen 0.

- Ihre Wendepunkte liegen an den Stellen $x = \mu + \sigma$ und $x = \mu - \sigma$.

- Sie verläuft um so steiler, je kleiner die Varianz ist.

- Eine Veränderung des Erwartungswertes μ verlagert die Verteilung.

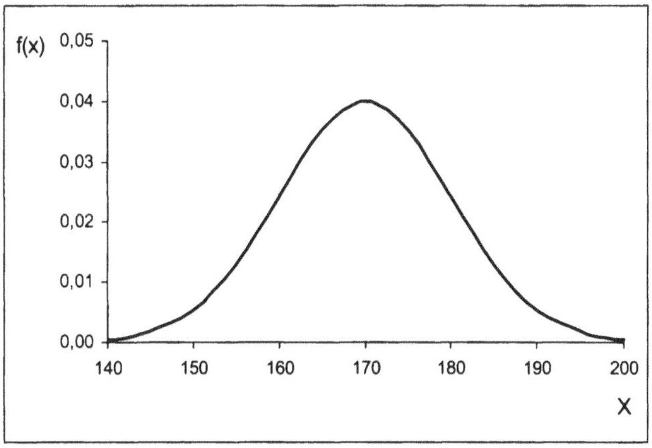

Abb. 21.1: Die Normalverteilung N(170;10)

Normalverteilung (2): Dichtefunktion N(μ;σ)

$$f(x \mid \mu;\sigma) = N(\mu;\sigma) = \frac{1}{\sigma\sqrt{2\pi}}\,e^{-\frac{1}{2}\left(\frac{x-\mu}{\sigma}\right)^2}$$

Normalverteilung (3): Lage- und Streuungsparameter

- **Erwartungswert**   - **Varianz**

$$E(X) = \mu \qquad\qquad\qquad V(X) = \sigma^2$$

Standardnormalverteilung: N(0;1)

- **Standardisierung**   - **Dichtefunktion**

$$Z = \frac{X - \mu}{\sigma} \qquad\qquad \varphi(z \mid 0;1) = \frac{1}{\sqrt{2\pi}} e^{-\frac{z^2}{2}}$$

- **Erwartungswert**   - **Varianz**

$$E(Z) = 0 \qquad\qquad\qquad V(Z) = 1$$

Normalverteilung mit Excel

Excel ermöglicht den Abruf von Wahrscheinlichkeiten für jede beliebige Normal-verteilung mit der Funktion **NORMVERT** (siehe Abb. 21.2). Hier wird der Wert der Zufallsvariablen (**X**), der Erwartungswert E(X) (**Mittelwert**) sowie die Standardab-weichung σ (**Standabwn**) eingegeben. Im Feld **Kumuliert** wird zwischen der Aus-gabe der Dichtefunktion (0) und der Verteilungsfunktion (1) unterschieden.

Die in Excel zusätzlich angebotene Funktion **NORMINV** liefert (in der umgekehrten Fragestellung) Quantile der Normalverteilung in Abhängigkeit von Mittelwert, Standardabweichung und Wahrscheinlichkeit.

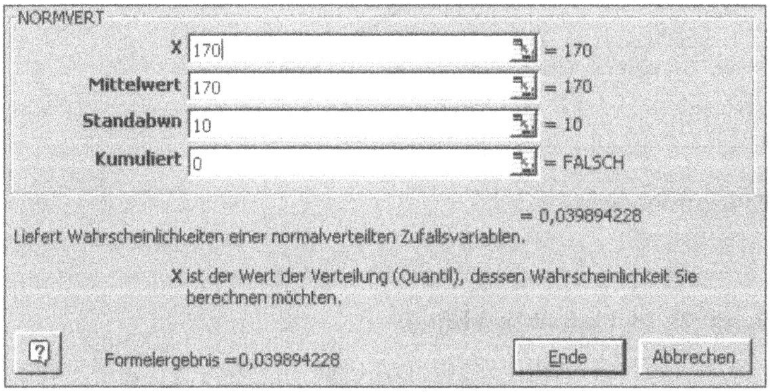

Abb. 21.2: Normalverteilung mit Excel

Chi-Quadrat-Verteilung

Chi-Quadrat-Verteilung Chi^2(n): Zufallsvariable, Lage und Streuung

- **Zufallsvariable**

$$Y = Z_1^2 + Z_2^2 + ... + Z_n^2$$

ist Chi^2(n)-verteilt mit
n = Zahl der Freiheitsgrade

- **Erwartungswert**

$$E(Y) = n$$

- **Varianz**

$$V(Y) = 2n$$

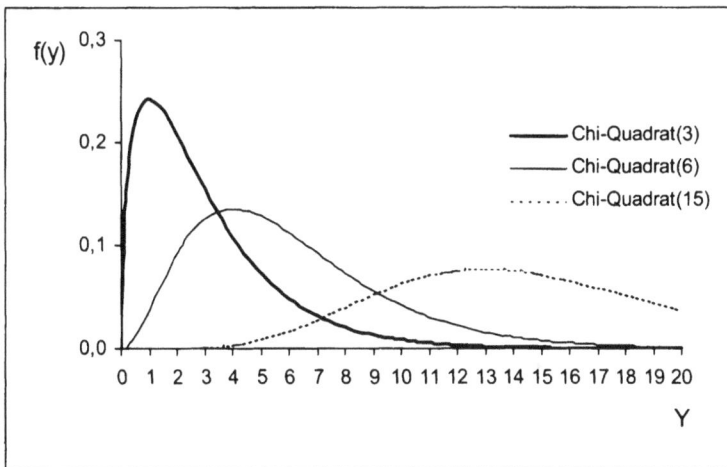

Abb. 21.3: Chi-Quadrat-Verteilungen

Chi-Quadrat-Verteilung mit Excel

In Excel ist die Verteilungsfunktion der Chi-Quadrat-Verteilung als Funktion **CHIVERT** verfügbar. Quantile werden mit **CHIINV** abgerufen.

Da die Funktion **CHIINV** in Excel rechtsseitig definiert ist, muß folgende Formel für die Ermittlung der Quantile der Chi-Quadrat-Verteilung verwendet werden:

=CHIINV(1-A1;B1).

In der Excel-Tabelle steht dabei in Feld A1 die vorgegebene Wahrscheinlichkeit, in Feld B1 der Freiheitsgrad n der Chi-Quadrat-Verteilung.

t-Verteilung

---

t-Verteilung t(n): Zufallsvariable, Lage und Streuung

- **Zufallsvariable**

$$T = \frac{Z}{\sqrt{\dfrac{Y}{n}}}$$

ist t(n)-verteilt
mit n = Zahl der Freiheitsgrade

- **Erwartungswert**

$$E(T) = 0$$

- **Varianz**

$$V(T) = \frac{n}{n-2}$$

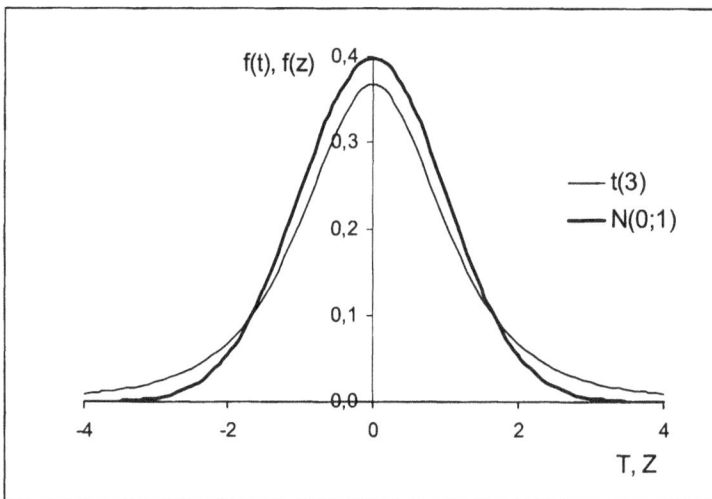

Abb. 21.4: t-Verteilung im Vergleich mit der Standardnormalverteilung

t-Verteilung mit Excel

In Excel steht die Verteilungsfunktion der t-Verteilung über **TVERT** im Funktions-Assistenten zur Verfügung.

Quantile können über **TINV** abgerufen werden. Dabei muß – da TINV rechtsseitig definiert ist – folgende Formel anwenden: =TINV((1-A1)*2;B1). In Feld A1 der Excel-Tabelle steht die Wahrscheinlichkeit, in Feld B1 der Freiheitsgrad n der t-Verteilung.

F-Verteilung

F-Verteilung F(m;n): Zufallsvariable, Lage und Streuung

- **Zufallsvariable**

$$F = \frac{Y_1/m}{Y_2/n}$$

ist F(m;n)-verteilt mit
m, n = Zahl der Freiheitsgrade

- **Erwartungswert**   - **Varianz**

$$E(F) = \frac{n}{n-2} \qquad\qquad V(F) = \frac{2n^2(m+n-2)}{m(n-2)^2(n-4)}$$

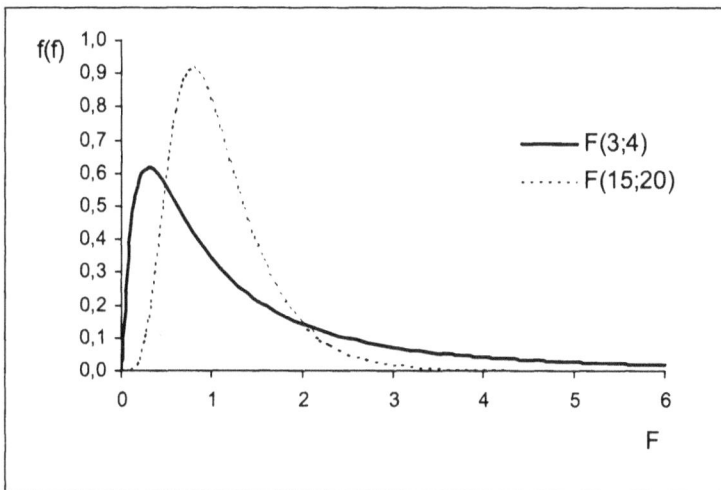

Abb. 21.5: F-Verteilungen

F-Verteilung mit Excel

In Excel steht die Verteilungsfunktion der F-Verteilung über **FVERT** im Funktions-Assistenten zur Verfügung.

Für die Ermittlung von Quantilen der F-Verteilung verwenden wir in Excel die Funktion **FINV:** FINV(0,025;A1;A2). In den Feldern A1 und A2 stehen dabei die Freiheitsgrade m und n. Die Wahrscheinlichkeit (0,025) ist beim Funktionsaufruf mit anzugeben.

21.2 Interaktive Excel-Anwendungen (Download)

Anwendung A_2101_Normalverteilung

Die Anwendung besteht aus einem Tabellenblatt „Simulation".

In der **Simulation** werden die Dichtefunktionen zweier Normalverteilungen miteinander verglichen. Lage- und Streuungsparameter der beiden Verteilungen werden angegeben. Die Grafik veranschaulicht unterschiedliche Formen der Normalverteilung.

A_2101: Aufgaben

Die Dichtefunktionen zweier Normalverteilungen werden – in 3 Zahlenvarianten – grafisch dargestellt. Zur Definition von Lage- und Streuung der beiden Verteilungen werden jeweils Erwartungswert E(X) und Standardabweichung σ angegeben.

a) Vergleichen Sie die beiden dargestellten Normalverteilungen hinsichtlich Lage und Streuung.
b) Löschen Sie Erwartungswerte und Standardabweichungen. Arbeiten Sie mit eigenen Werten weiter und interpretieren Sie die Ergebnisse!

A_2101: Lösungshinweise

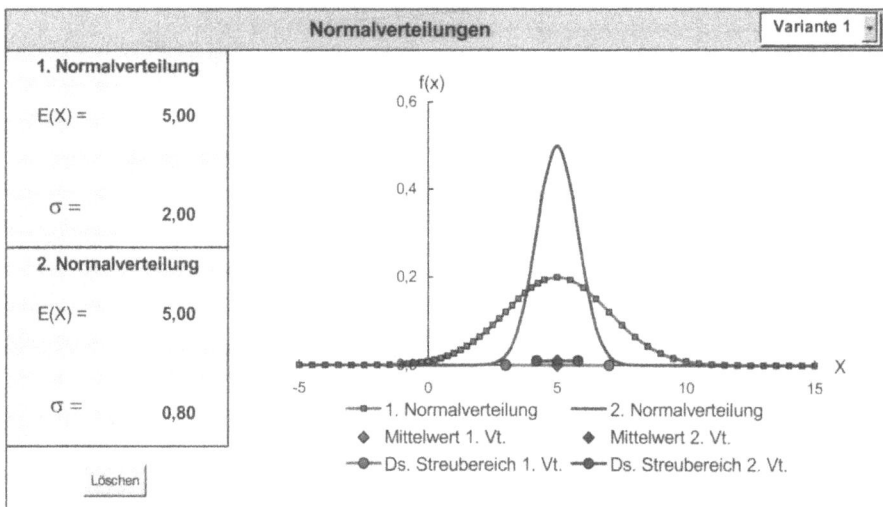

A_2101_Normalverteilung

In Variante 1 (siehe Abb.) werden zwei Normalverteilungen mit gleicher Lage (Erwartungswert = 5,0) und unterschiedlicher Streuung (2,0 bzw. 0,8) dargestellt. Je geringer die Streuung der Verteilung ist, desto steiler verläuft die Dichtefunktion.

In Variante 2 sind zwei Normalverteilungen mit gleicher Streuung von 3,0 und unterschiedlicher Lage (E(X) = 8,0 bzw. 5,0) zu sehen. Bei gleicher Verteilungsform sind die Normalverteilungen im Diagramm auf der X-Achse versetzt dargestellt.

In Variante 3 weist die 2. Normalverteilung einen Erwartungswert E(X) = 2,0 und eine Standardabweichung σ = 3,0 auf. Die 1. Verteilung liegt mit einer Standardabweichung von 1,0 und einem Erwartungswert von 0,0 symmetrisch um 0 verteilt im Diagramm. Eine Normalverteilung mit einem Erwartungswert von 0 und einer Standardabweichung von 1 wird Standardnormalverteilung genannt.

📁 Anwendung A_2102_Normalverteilung_Quantile

Die Anwendung besteht aus den beiden Tabellenblättern „Simulation 1"und „Simulation 2".

In **Simulation 1** wird für eine Normalverteilung (definiert durch Erwartungswert und Standardabweichung) ein Quantil für eine vorgegebene Wahrscheinlichkeit ermittelt. Quantilswert und Wahrscheinlichkeit werden auf Basis der Verteilungsfunktion grafisch dargestellt.

In **Simulation 2** wird für eine Normalverteilung (definiert durch Erwartungswert und Standardabweichung) die Wahrscheinlichkeit für ein vorgegebenes Quantil ermittelt. Wahrscheinlichkeit und Quantilswert werden auf Basis der Verteilungsfunktion grafisch dargestellt.

A_2102: Aufgaben

- **A_2102: Simulation 1**

In dieser Simulation werden – in 3 Zahlenvarianten – Quantile für vorgegebene Normalverteilungen ermittelt und grafisch dargestellt. (Die Ermittlung des Quantilswerts erfolgt auf der Basis der Excel-Funktion NORMINV.)

a) Interpretieren Sie Quantilswert und Wahrscheinlichkeit in Tabelle und Grafik.
b) Löschen Sie die vorgegebenen Wahrscheinlichkeiten und arbeiten Sie mit eigenen Werten weiter. Interpretieren Sie die Ergebnisse!

- **A_2102: Simulation 2**

Hier werden – in 3 Zahlenvarianten – Wahrscheinlichkeiten für vorgegebene Quantilswerte einer Normalverteilung ermittelt und dargestellt. (Die Wahrscheinlichkeit wird mit der Excel-Funktion NORMVERT ermittelt.)

a)   Interpretieren Sie Wahrscheinlichkeit und Quantilswert in Tabelle und Grafik.
b)   Löschen Sie die vorgegebenen Wahrscheinlichkeiten und arbeiten Sie mit eigenen Werten weiter. Interpretieren Sie die Ergebnisse!

A_2102: Lösungshinweise

- **Lösungshinweise A_2102: Simulation 1**

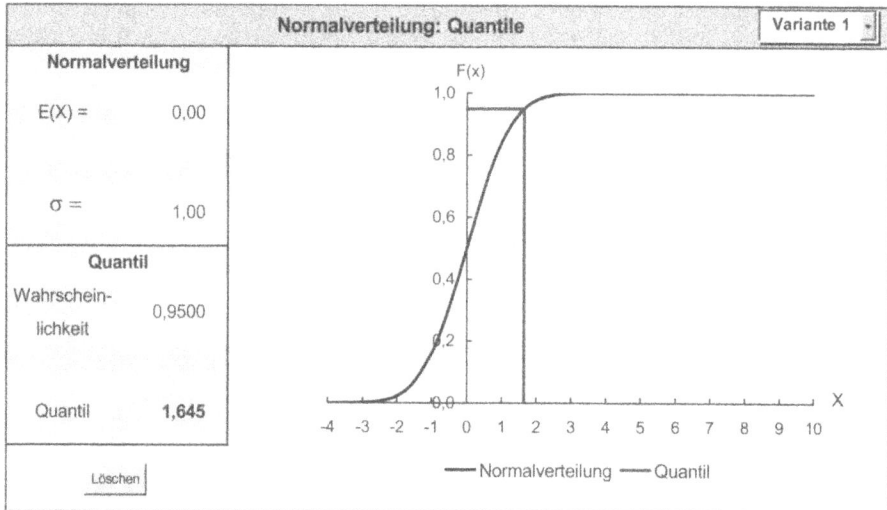

A_2102_Normalverteilung_Quantile (Tabellenblatt „Simulation 1")

In Variante 1 (siehe Abb.) wird für die Standardnormalverteilung (mit dem Erwartungswert von 0 und der Standardabweichung von 1) das Quantil für die Wahrscheinlichkeit von 0,95 angegeben. In der Grafik ist das Quantil gleich dem Abszissenwert der Verteilungsfunktion, wobei die Wahrscheinlichkeit als Ordinatenwert abzulesen ist. Das Ergebnis von 1,645 sagt aus, dass die normalverteilte Zufallsvariable mit 95%-iger Wahrscheinlichkeit Werte von höchstens 1,645 aufweist.

In Variante 2 wird eine Standardnormalverteilung, in Variante 3 eine Normalverteilung mit Erwartungswert von 3,0 und Standardabweichung von 1,0 verwendet. Die Verteilungsfunktion der Variante 3 zeigt sich im Diagramm, im Vergleich zu Variante 2, nach rechts versetzt.

➢ **Lösungshinweise A_2102: Simulation 2**

In den 3 Varianten bestimmen die vorgegebenen Quantilswerte den Ausgangspunkt auf der X-Achse für die Ermittlung der Wahrscheinlichkeit in der Grafik. Vom Schnittpunkt der vertikalen Geraden mit der Verteilungsfunktion wird das Lot auf die Y-Achse gefällt. Dort lassen sich die in der Tabelle angegebenen Wahrscheinlichkeiten ablesen.

📂 Anwendung A_2103_Chi-Quadrat-Verteilung_Quantile

Die Anwendung besteht aus einem Tabellenblatt „Simulation".

- In der **Simulation** wird eine Chi-Quadrat-Verteilung durch Festlegung der Anzahl der Freiheitsgrade definiert. Für vorgegebene Wahrscheinlichkeiten werden Quantilswerte ermittelt. Zusätzlich werden für vorgegebene Quantilswerte die dazugehörigen Wahrscheinlichkeiten ausgewiesen.

A_2103: Aufgaben

Hier werden – in 3 Zahlenvarianten – Quantile für vorgegebene Chi-Quadrat-Verteilungen berechnet (Ermittlung des Quantilswerts: mit Excel-Funktion CHIINV). Außerdem werden für angegebene Quantilswerte Wahrscheinlichkeiten berechnet (Ermittlung der Wahrscheinlichkeit: mit Excel-Funktion CHIVERT).

a) Interpretieren Sie die Ergebnisse für den Quantilswert und die Wahrscheinlichkeit.
b) Löschen Sie die vorgegebenen Werte und arbeiten Sie mit eigenen Angaben weiter. Verwenden Sie die vorliegende Excel-Berechnungstabelle ergänzend oder alternativ zu den standardmäßig in der Literatur gelieferten Tabellen der Chi-Quadrat-Verteilung.

A_2103: Lösungshinweise

A_2103_Chi-Quadrat-Verteilung_Quantile

In Variante 1 (siehe Abb.) wird für eine Chi-Quadrat-Verteilung mit 5 Freiheitsgraden das Quantil für eine Wahrscheinlichkeit von 0,005 angegeben. Das Ergebnis von 0,412 sagt aus, dass die chi-quadrat-verteilte Zufallsvariable mit einer Wahrscheinlichkeit von 0,5% einen Wert von höchstens 0,412 annimmt. Bei der Berechnung der Wahrscheinlichkeit für das Quantil von 0,410 resultiert (wegen Excel-Rundung) ebenfalls eine Wahrscheinlichkeit von 0,5%.

Die Ergebnisse der Varianten 2 und 3 sind analog zu interpretieren.

Anwendung A_2104_t-Verteilung_Quantile

Die Anwendung besteht aus einem Tabellenblatt „Simulation".

- In der **Simulation** wird eine t-Verteilung durch Festlegung der Anzahl der Freiheitsgrade definiert. Für vorgegebene Wahrscheinlichkeiten werden Quantilswerte ermittelt. Zusätzlich werden für vorgegebene Quantilswerte die dazugehörigen Wahrscheinlichkeiten ausgewiesen.

A_2104: Aufgaben

Hier werden – in 3 Zahlenvarianten – Quantile für vorgegebene t-Verteilungen berechnet (Ermittlung des Quantilswerts: mit Excel-Funktion TINV). Außerdem werden für angegebene Quantilswerte Wahrscheinlichkeiten berechnet (Ermittlung der Wahrscheinlichkeit: mit Excel-Funktion TVERT).

a) Interpretieren Sie die Ergebnisse für den Quantilswert und die Wahrscheinlichkeit.
b) Löschen Sie die vorgegebenen Werte und arbeiten Sie mit eigenen Angaben weiter. Verwenden Sie die vorliegende Excel-Berechnungstabelle ergänzend oder alternativ zu den standardmäßig in der Literatur gelieferten Tabellen der t-Verteilung.

A_2104: Lösungshinweise

In Variante 1 (siehe Abb.) wird für eine t-Verteilung mit 3 Freiheitsgraden das Quantil für eine Wahrscheinlichkeit von 0,95 angegeben. Das Ergebnis von 2,353 sagt aus, dass die t-verteilte Zufallsvariable mit einer Wahrscheinlichkeit von 95% einen Wert von höchstens 2,353 annimmt. Bei Vorgabe des Quantils von 2,353 resultiert die vorher angegebene Wahrscheinlichkeit von 0,95.

Die Ergebnisse der Varianten 2 und 3 zeigen für die gleiche Wahrscheinlichkeit von 95% wie in Variante 1 die Quantile für t-Verteilungen mit 10 bzw. 30 Freiheitsgraden. Der Wert des Quantils geht jeweils etwas zurück und nähert sich in Variante 3 mit 1,697 dem vergleichbaren Wert der Standardnormalverteilung (1,645) an.

```
┌─────────────────────────────────────────────────────────────────────┐
│  t-Verteilung: Quantile und Wahrscheinlichkeiten      │ Variante 1 ▾ ││
├─────────────────────────────────────────────────────────────────────┤
│                                                                       │
│              ┌──────────────────────────────────┐                    │
│              │   Freiheitsgrade          3       │                    │
│              └──────────────────────────────────┘                    │
│                                                                       │
│  ┌───────────────────────────────┐   ┌──────────────────────────┐    │
│  │ Wahrscheinlichkeit    0,95     │   │   Quantil        2,353   │    │
│  └───────────────────────────────┘   └──────────────────────────┘    │
│                 │                                    │                 │
│                 ▼                                    ▼                 │
│  ┌───────────────────────────────┐   ┌──────────────────────────────┐│
│  │   Quantil          2,353       │   │ Wahrscheinlichkeit   0,9500  ││
│  └───────────────────────────────┘   └──────────────────────────────┘│
│                                                                       │
│                          Löschen                                      │
└─────────────────────────────────────────────────────────────────────┘
```

A_2104_t-Verteilung_Quantile

Anwendung A_2105_F-Verteilung_Quantile

Die Anwendung besteht aus einem Tabellenblatt „Simulation".

In der **Simulation** wird eine F-Verteilung durch Festlegung der Anzahl zweier Freiheitsgrade definiert.

Für vorgegebene Wahrscheinlichkeiten werden Quantilswerte ermittelt. Zusätzlich werden für vorgegebene Quantilswerte die dazugehörigen Wahrscheinlichkeiten ausgewiesen.

A_2105: Aufgaben

Hier werden – in 3 Zahlenvarianten – Quantile für vorgegebene F-Verteilungen berechnet (Ermittlung des Quantilswerts: mit Excel-Funktion FINV). Außerdem werden für angegebene Quantilswerte Wahrscheinlichkeiten berechnet (Ermittlung der Wahrscheinlichkeit: mit Excel-Funktion FVERT).

a) Interpretieren Sie die Ergebnisse für den Quantilswert und die Wahrscheinlichkeit.

b) Löschen Sie die vorgegebenen Werte und arbeiten Sie mit eigenen Angaben weiter. Verwenden Sie die vorliegende Excel-Berechnungstabelle ergänzend oder alternativ zu den standardmäßig in der Literatur gelieferten Tabellen der F-Verteilung.

A_2105: Lösungshinweise

A_2105_F-Verteilung_Quantile

In <u>Variante 1</u> (siehe Abb.) erhalten wir das 97,5%-Quantil für eine F-Verteilung mit n = 5 und m = 5 Freiheitsgraden. Das Ergebnis von 7,146 sagt aus, dass die F-verteilte Zufallsvariable einen Wert von höchstens 7,146 mit einer Wahrscheinlichkeit von 97,5% erreicht. Die zusätzlich ausgegebene Wahrscheinlichkeit für einen Quantilswert von 7,146 ist gleich der vorher festgelegten Wahrscheinlichkeit von 0,975.

In den <u>Varianten 2 und 3</u> werden ebenfalls 97,5%-Quantile für F-Verteilungen ausgegeben, wobei die Anzahl der beiden Freiheitsgrade variiert.

22. Approximationen und Grenzwertsätze

22.1 Grundlagen

Approximation zwischen diskreten Verteilungen

Approximation der hypergeometrischen Verteilung H(n;N;M) durch die Binomialverteilung B(n;p)

- Voraussetzung $\qquad n / N \leq 0,05$

Approximation der Poissonverteilung P(λ) durch die Binomialverteilung B(n;p)

- Voraussetzung $\qquad n \geq 30$ <u>und</u> $p \leq 0,1$

Approximation zwischen diskreten und stetigen Verteilungen

Approximation der Binomialverteilung B(n;p) durch die Normalverteilung $N(np; \sqrt{np(1\text{-}p)}\,)$

- Voraussetzung $\qquad np \geq 5$ <u>und</u> $n(1\text{-}p) \geq 5$ oder alternativ:

$$np(1\text{-}p) > 9$$

Stetigkeitskorrektur bei der Approximation B(n;p) durch N(np;np(1-p))

$$P(a \leq X \leq b) = \Phi(\frac{b + 0,5 - np}{\sqrt{np(1-p)}}) - \Phi(\frac{a - 0,5 - np}{\sqrt{np(1-p)}})$$

Approximation der Poissonverteilung P(λ) durch die Normalverteilung N($\lambda;\lambda$)

- Voraussetzung $\lambda \geq 10$

Approximation der t-Verteilung t(n) durch die Normalverteilung N(0;1)

- Voraussetzung $n \geq 30$

Approximation der Chi-Quadrat- und der F-Verteilung durch die Normalverteilung

- Voraussetzung $n \geq 30$ bzw.   m <u>und</u> n ≥ 30

Grenzwertsätze

Zentraler Grenzwertsatz

- Ist $X_1, X_2 \dots X_n$ eine Folge von n unabhängigen und identisch verteilten Zufallsvariablen, dann ist die Summe $X = X_1 + X_2 + \dots + X_n$ normalverteilt.

- Damit gilt für die Variable $\overline{X} = 1/n \, (X_1 + X_2 + \dots + X_n)$ nach Standardisierung:

$$Z = \frac{\overline{X} - E(\overline{X})}{\sqrt{V(\overline{X})}}$$ ist N(0;1), d.h. standardnormalverteilt, wenn n > 30

Grenzwertsatz von DeMoivre-Laplace

Mit zunehmender Zahl n von Bernoulli-Experimenten, die einer Binomialverteilung zugrundeliegen, strebt die binomialverteilte Variable X nach Standardisierung

$$Z = \frac{X - E(X)}{\sqrt{V(X)}}$$ gegen N(0;1), die Standardnormalverteilung

22.2 Interaktive Excel-Anwendungen (Download)

> ### 📁 Anwendung A_2201_Approx_Hypergeom_Binomialvert
>
> Die Anwendung besteht aus einem Tabellenblatt „Simulation".
>
> In der **Simulation** wird eine Hypergeometrische Verteilung definiert mit den Parametern N, M und n. Die Binomialverteilung mit den identischen Parametern p = M/N und n wird als Approximationsverteilung verwendet. In der Grafik wird die Annäherung der Hypergeometrischen an die Binomialverteilung als zweifaches Stabdiagramm veranschaulicht.

A_2201: Aufgaben

In 3 Zahlenvarianten wird eine Hypergeometrische Verteilung durch ihre Parameter N, M und n definiert. N ist dabei die Anzahl von Kugeln in einer Urne. M ist die Anzahl der Elemente mit Eigenschaft A (weiße Kugeln); N-M Elemente haben die Eigenschaft $\bar{A}$ (schwarze Kugeln). Aus der Urne werden n Kugeln „ohne Zurücklegen" entnommen. Die Hypergeometrische Verteilung wird mit einer Binomialverteilung („Modell mit Zurücklegen") verglichen, die identische Parameter aufweist: Der Anteil der weißen Kugeln in der Urne (M/N = p) und der Stichprobenumfang sind gleich groß wie bei der Hypergeometrischen Verteilung.

a) Vergleichen Sie die Hypergeometrische und die Binomialverteilung. Beobachten Sie die zunehmende Annäherung bei veränderten Parametern.
b) Löschen Sie angegebenen Parameter. Arbeiten Sie mit eigenen Werten weiter und interpretieren Sie die Ergebnisse!

A_2201: Lösungshinweise

In der <u>Variante 1</u> (siehe Abb.) weist die dichotome Grundgesamtheit einen Anteil von 4/20 weißen Kugeln auf. Hypergeometrische Verteilung und Binomialverteilung sind unsymmetrisch und linkssteil. Die Approximationsbedingung ist nicht erfüllt. Mit n = 4 von N= 20 werden 20% der Kugeln aus der Grundgesamtheit mit der Stichprobe entnommen. Dieser Wert liegt deutlich über der Bedingung, dass höchstens 5% entnommen werden dürfen. Die Approximation ist noch nicht genau genug. Die Varianzen der beiden Verteilungen sind deutlich verschieden. Das Anzeigefeld der Approximationsbedingung ist rot unterlegt!

Auch in <u>Variante 2</u> ist die Annäherung der Hypergeometrischen Verteilung an die Binomialverteilung noch nicht genau genug (Auswahlsatz n/N = 10%).

In <u>Variante 3</u> beträgt der Auswahlsatz 4%. Die Binomialverteilung weist ähnliche Wahrscheinlichkeiten auf wie die Hypergeometrische Verteilung. Die Approximationsbedingung ist erfüllt (grüne Anzeige!). Die Varianzen sind fast gleich groß.

Approximation: Hypergeometrische Verteilung an Binomialverteilung		Variante 1

Hypergeom. Verteilung	
n =	4
N =	20
M =	4
E(X)=n·M/N	0,8
V(X)	0,54
n/N <= 0,05?	**0,200**
Binomialverteilung	
n =	4
p =	0,2
E(X)=n·p	0,8
V(X)	0,64

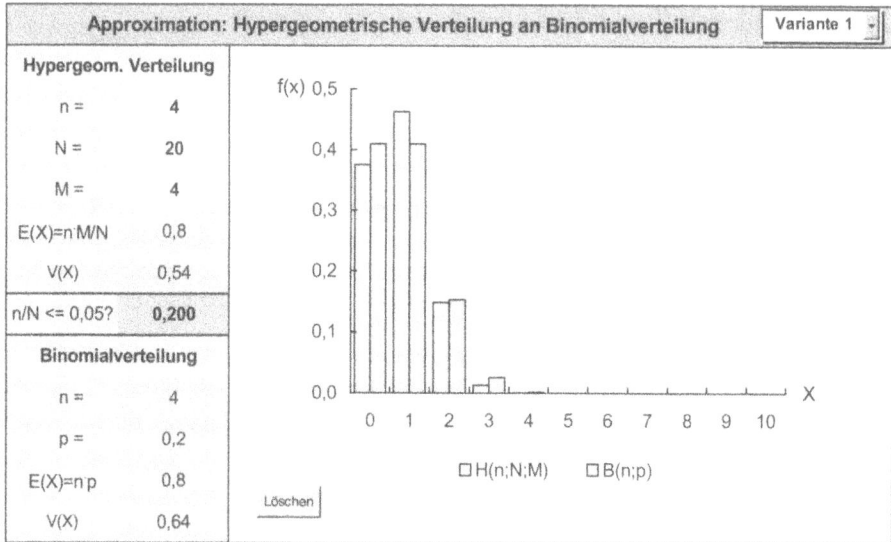

A_2201_Approx_Hypergeom_Binomialvert

Anwendung A_2202_Approx_Poisson_Binomialvert

Die Anwendung besteht aus einem Tabellenblatt „Simulation".

In der **Simulation** werden eine Binomialverteilung mit den Parametern n und p und eine Poissonverteilung mit dem identischen Parameter $\lambda = $ n · p definiert. In der Grafik wird die Annäherung der Poissonverteilung an die Binomialverteilung als zweifaches Stabdiagramm dargestellt.

A_2202: Aufgaben

In 4 Zahlenvarianten wird eine Binomialverteilung durch ihre Parameter n und p definiert. Dabei ist p der Anteil der Elemente mit der Eigenschaft A in der dichotomen Grundgesamtheit (Anteil der weißen Kugeln in einer Urne). Aus der Urne werden n Kugeln „mit Zurücklegen" entnommen. Durch diese Stichprobenziehung wird eine Zufallsvariable X (Anzahl weißer Kugeln in der Stichprobe) definiert. Diese Zufallsvariable ist je nach Wert der Parameter binomial- oder poissonverteilt.

Die Binomialverteilung wird mit einer Poissonverteilung verglichen, die identische Parameter aufweist: λ ist gleich dem Produkt von n und p.

a) Vergleichen Sie die Poissonverteilung mit der Binomialverteilung. Beobachten Sie die zunehmende Annäherung bei veränderten Parametern.
b) Löschen Sie die angegebenen Parameter. Arbeiten Sie mit eigenen Werten weiter und interpretieren Sie die Ergebnisse!

A_2202: Lösungshinweise

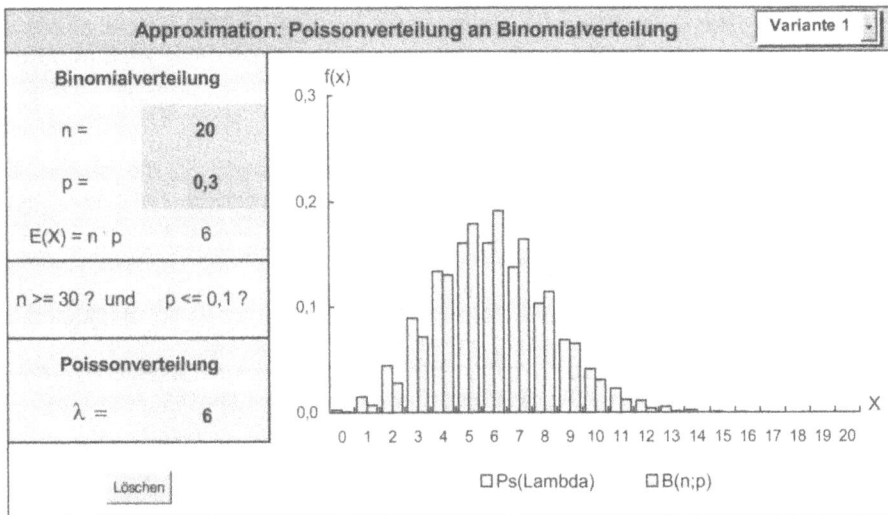

Approximation: Poissonverteilung an Binomialverteilung — Variante 1

Binomialverteilung: n = 20, p = 0,3, E(X) = n · p = 6, n >= 30 ? und p <= 0,1 ?, Poissonverteilung λ = 6

☐ Ps(Lambda)   ☐ B(n;p)

Löschen

A_2202_Approx_Poisson_Binomialvert

In Variante 1 (siehe Abb.) ist der Stichprobenumfang n der Binomialverteilung mit 20 kleiner als die für die genaue Approximation erforderliche Anzahl 30. Auch der Anteil p entspricht mit einem Wert von 0,3 nicht der Approximationsbedingung. Die Binomialverteilung weist zwar eine ähnliche Form wie die Poissonverteilung auf. Die Annäherung ist allerdings nicht genau genug.

In Variante 2 entspricht der Stichprobenumfang n von 30 der Approximationsbedingung. Der Anteil p ist aber größer als der maximal mögliche Wert von 0,1. Auch hier ist die Ähnlichkeit der beiden Verteilungen noch nicht groß genug.

In den Varianten 3 und 4 sind jeweils beide Approximationsbedingungen erfüllt. Die Poissonverteilung weist annähernd gleich große Wahrscheinlichkeiten wie die Binomialverteilung auf.

Anwendung A_2203_Approx_Binomial_Normalvert

Die Anwendung besteht aus einem Tabellenblatt „Simulation".

In der **Simulation** wird eine Binomialverteilung mit den Parametern n und p definiert. Als Approximationsverteilung wird eine Normalverteilung mit identischen Parametern (gleich großer Erwartungswert und gleiche Varianz) gewählt. In der Grafik wird die Annäherung der Binomialverteilung an die Dichtefunktion der Normalverteilung veranschaulicht.

A_2203: Aufgaben

In 4 Zahlenvarianten wird eine Binomialverteilung durch die Parameter n und p definiert. Dabei ist p der Anteil der Elemente mit der Eigenschaft A in der dichotomen Grundgesamtheit (weiße Kugeln in einer Urne). Aus der Urne werden n Kugeln „mit Zurücklegen" entnommen. Durch die Stichprobe wird eine Zufallsvariable X (Anzahl weißer Kugeln) definiert. Diese Zufallsvariable ist binomialverteilt.

Die Binomialverteilung wird mit einer Normalverteilung verglichen, die identische Parameter aufweist: Der Erwartungswert E(X) der Normalverteilung ist gleich dem Produkt der Parameter n und p der Binomialverteilung; die Varianz der beiden Verteilungen ist ebenfalls gleich groß.

a) Vergleichen Sie die Binomialverteilung mit der Normalverteilung. Beobachten Sie die zunehmende Annäherung bei veränderten Parametern.
b) Löschen Sie die angegebenen Parameter. Arbeiten Sie mit eigenen Werten weiter und interpretieren Sie die Ergebnisse!

A_2203: Lösungshinweise

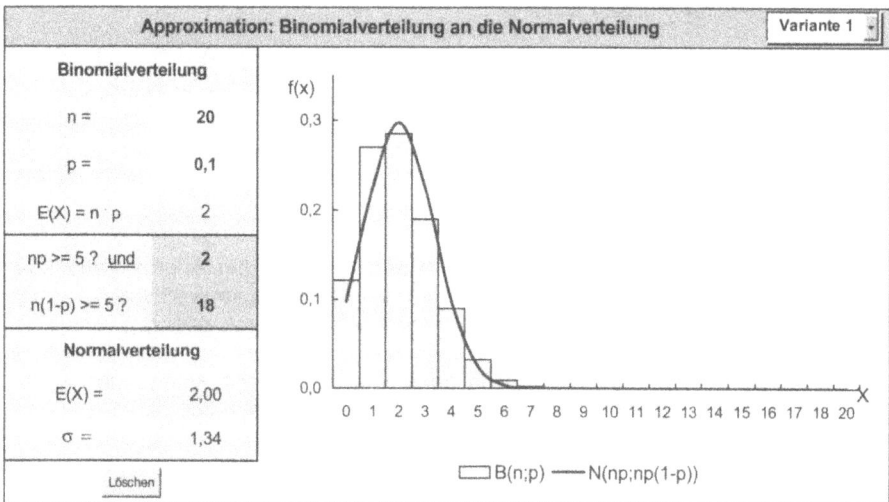

203_Approx_Binomial_Normalvert

In Variante 1 (siehe Abb.) liegt eine Binomialverteilung vor, die wegen des niedrigen Wertes für p von 0,1 unsymmetrisch ist. Die Approximationsbedingungen für die (symmetrische) Normalverteilung sind nicht erfüllt. Die Ähnlichkeit der beiden Verteilungen ist nicht hinreichend.

In den Varianten 2 und 3 erhöht sich jeweils der Anteil p auf 0,15 bzw. 0,2. Da die Approximationsbedingungen noch nicht erfüllt sind, ist auch hier die Annäherung der Binomialverteilung an die Normalverteilung zu ungenau.

In <u>Variante 4</u> liegt eine Binomialverteilung vor, die wegen des Parameters $p = 0,5$ vollkommen symmetrisch ist. Da auch der Stichprobenumfang mit $n = 20$ groß genug ist, sind die Approximationsbedingungen erfüllt. Die Dichtefunktion der Normalverteilung liegt exakt über dem Histogramm der Binomialverteilung. Die Ähnlichkeit der beiden Verteilungen ist hinreichend genau.

Bei Verwendung der Wahrscheinlichkeiten der Normalverteilung für die approximative Berechnung der Wahrscheinlichkeiten der Binomialverteilung ist die Stetigkeitskorrektur zu beachten. Dies bedeutet, dass für die Berechnung von Wahrscheinlichkeiten für Intervalle anstelle der Addition der Histogrammflächen (Rechtecke) der Binomialverteilung die entsprechenden Flächen unter der Normalverteilung herangezogen werden. Dabei ist die Unter- und Obergrenze des Intervalls jeweils um 0,5 zu korrigieren.

So wird (z.B. in Variante 4) die Wahrscheinlichkeit $P(11 \leq X \leq 12)$ ermittelt, indem die Differenz der beiden Werte 12,5 und 10,5 der Verteilungsfunktion der Normalverteilung berechnet wird. Dieses Beispiel für die Stetigkeitskorrektur kann auch durch die grafische Darstellung von Dichtefunktion und Histogramm verdeutlicht werden. Die Summe der beiden Rechtecke für die Werte 11 und 12 der Binomialverteilung ist etwa gleich groß wie die Fläche unter der Dichtefunktion der Normalverteilung zwischen 10,5 und 12,5.

📁 Anwendung A_2204_Approx_Poisson_Normalvert

Die Anwendung besteht aus einem Tabellenblatt „Simulation":

In der **Simulation** wird eine Poissonverteilung durch ihren Parameter λ definiert und als Histogramm grafisch dargestellt. Als Approximationsverteilung wird eine Normalverteilung mit identischem Parameter verwendet. Die Dichtefunktion der Normalverteilung wird der Poissonverteilung grafisch gegenübergestellt.

A_2204: Aufgaben

In 6 Zahlenvarianten wird die Annäherung der Poissonverteilung (mit Erwartungswert λ) an die Normalverteilung dargestellt. Grundlage der Poissonverteilung ist dabei eine dichotome Grundgesamtheit (Urne mit Anteil p weißer Kugeln), aus der eine bestimmte Anzahl n von Kugeln „mit Zurücklegen" gezogen wird. Das Produkt aus p und n ist der Erwartungswert λ der Zufallsvariablen X (Anzahl weißer Kugeln in der Stichprobe); λ ist der Parameter der Poissonverteilung. Zur Approximation wird eine Normalverteilung mit identischen Parametern verwendet.

a) Beobachten Sie die Annäherung der Poissonverteilung an die Normalverteilung in Abhängigkeit vom Parameter λ.
b) Löschen Sie den angegebenen Parameter. Arbeiten Sie mit eigenen Werten weiter und interpretieren Sie die Ergebnisse!

A_2204: Lösungshinweise

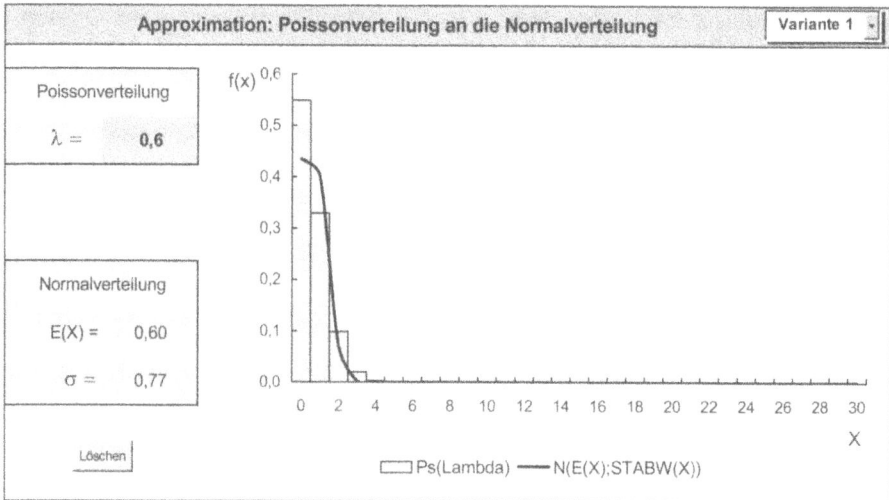

Approximation: Poissonverteilung an die Normalverteilung   Variante 1

Poissonverteilung

$\lambda =$ 0,6

Normalverteilung

E(X) =   0,60

$\sigma =$ 0,77

Löschen

Ps(Lambda) — N(E(X);STABW(X))

A_2204_Approx_Poisson_Normalvert

In Variante 1 (siehe Abb.) zeigt die Poissonverteilung ihre typische unsymmetrische Form. Mit 0,6 ist der Parameter λ deutlich kleiner als der für eine genaue Approximation erforderliche Wert von 10. Die Normalverteilung eignet sich noch nicht zur Approximation der Poissonverteilung.

Auch in den Varianten 2 bis 4 ist die Unsymmetrie der Poissonverteilung noch zu groß. Eine Annäherung an die Normalverteilung kann zwar festgestellt werden, sie ist aber noch nicht genau genug.

In den Varianten 5 und 6 ist der Parameter λ jeweils größer gleich 10. Die Poissonverteilung wird nahezu symmetrisch und kann durch die Normalverteilung sehr gut approximiert werden.

Anwendung A_2205_Approx_t-Verteilung_Normalvert

Die Anwendung besteht aus einem Tabellenblatt „Simulation".

In der **Simulation** wird eine t-Verteilung durch ihren Parameter (Anzahl n der Freiheitsgrade) definiert. Die t-Verteilung wird der Standardnormalverteilung (Erwartungswert = 0; Standardabweichung = 1) gegenübergestellt. In der Grafik wird die Approximation der t-Verteilung an die Standardnormalverteilung durch die Annäherung der beiden Dichtefunktionen (in Abhängigkeit vom Parameter n) veranschaulicht.

A_2205: Aufgaben

Die Annäherung der t-Verteilung an die Normalverteilung wird – in 3 Zahlenvarianten – gezeigt. Der Parameter n (Freiheitsgrade) definiert dabei die t-Verteilung.

a) Beobachten Sie die Annäherung der t-Verteilung an die Normalverteilung in Abhängigkeit vom Parameter n.
b) Löschen Sie den angegebenen Parameter. Arbeiten Sie mit eigenen Werten weiter und interpretieren Sie die Ergebnisse!

A_2205: Lösungshinweise

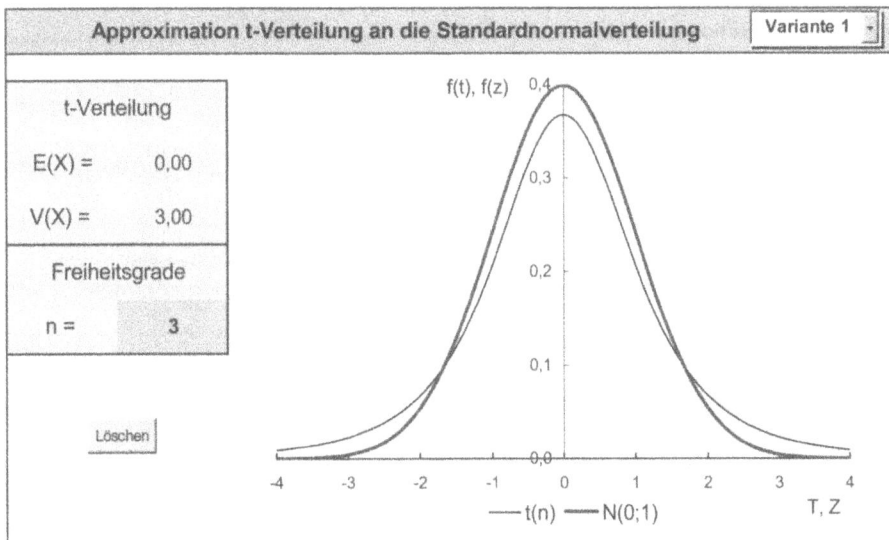

A_2205_Approx_t-Verteilung_Normalvert

In Variante 1 (siehe Abb.) wird eine t-Verteilung (mit n = 3) mit einer Standardnormalverteilung verglichen. Die t-Verteilung zeigt hier den typischen Unterschied zur Normalverteilung: Bei gleichem Erwartungswert und bei Symmetrie der Verteilung liegt eine größere Streuung der t-Verteilung vor (siehe äußere Bereiche der Dichtefunktionen). Die Bedingung für die Approximation der t-Verteilung durch die Normalverteilung (n mindestens gleich 30) ist noch nicht erfüllt.

Auch in Variante 2 ist die Approximationsbedingung noch nicht erfüllt. Die t-Verteilung (mit n = 10) nähert sich der Standardnormalverteilung allerdings bereits deutlich an.

In Variante 3 entspricht die Anzahl der Freiheitsgrade exakt der Bedingung für die Approximation. Die Dichtefunktionen von t-Verteilung und Standardnormalverteilung sind nahezu deckungsgleich.

📁　**Anwendung A_2206_Zentraler_Grenzwertsatz**

Die Anwendung besteht aus den sechs Tabellenblättern „Simulation 1" bis „Simulation 6".

Die Anwendung soll zeigen, dass bei zunehmender Anzahl von Experimenten für die Zufallsvariable X (Mittelwert der Ergebnisse einer Zufallsauswahl) eine Häufigkeitsverteilung resultiert, die annähernd die Form einer Normalverteilung annimmt. Dies verdeutlicht die Aussage des Zentralen Grenzwertsatzes.

Die Auswahl kann dabei entweder einzeln erfolgen (Schaltfläche „manuell") oder automatisch mit einer selbst gewählten Anzahl (Schaltfläche „automatisch" mit vorheriger Wahl der „Anzahl").

In den **Simulationen 1 bis 3** wird die Wahrscheinlichkeitsverteilung der Zufallsvariablen X (Mittelwert der Augenzahlen beim Würfelwurf) durch eine entsprechende Häufigkeitsverteilung angenähert. In den 3 Simulationen wird eine unterschiedliche Anzahl von Würfen angenommen. Das Würfelexperiment wird dabei elektronisch ausgeführt.

Die **Simulationen 4 bis 6** zeigen die Ergebnisse einer Zufallsauswahl von n Elementen aus Gesamtheiten mit unterschiedlichen Verteilungsformen.

A_2206: Aufgaben

In den 6 Simulationen wird jeweils eine Grundgesamtheit (Kugeln in einer Urne) angegeben. Aus dieser Grundgesamtheit wird eine Zufallsstichprobe gezogen, wobei der Stichprobenumfang in den Simulationen unterschiedlich groß ist. Aus den Ergebnissen der Stichproben wird jeweils das arithmetische Mittel (Zufallsvariable $\bar{X}$) berechnet.

Während der Durchführung einer Reihe von Zufallsexperimenten werden die absoluten Häufigkeiten der Stichprobenergebnisse ermittelt. Hieraus wird eine relative Häufigkeitsverteilung gebildet und grafisch dargestellt. Diese Verteilung wird in der Grafik mit der Normalverteilung verglichen

- **A_2206: Simulationen 1 bis 3**

Hier wird das Würfelexperiment elektronisch simuliert, wobei in Simulation 1 zwei Würfe, in Simulation 2 vier Würfe und in Simulation 3 zwanzig Würfe durchgeführt werden.

Vergleichen Sie jeweils die relative Häufigkeitsverteilung der Stichprobenmittelwerte (Zufallsvariable $\bar{X}$) mit der in der Grafik angegebenen Dichtefunktion der Normalverteilung.

- **A_2206: Simulationen 4 bis 6**

Hier werden aus unterschiedlichen Verteilungen Zufallsstichproben elektronisch gezogen, wobei in Simulation 4 zwei Ziehungen aus einer symmetrischen Verteilung (Glockenkurve) vorgenommen werden. In Simulation 5 werden zwei Ziehungen, in Simulation 6 vier Ziehungen, jeweils aus einer linkssteilen Verteilung durchgeführt.

Vergleichen Sie jeweils die relative Häufigkeitsverteilung der Stichprobenmittelwerte (Zufallsvariable $\bar{X}$) mit der in der Grafik angegebenen Normalverteilung.

A_2206: Lösungshinweise

- **Lösungshinweise A_2206: Simulationen 1 bis 3**

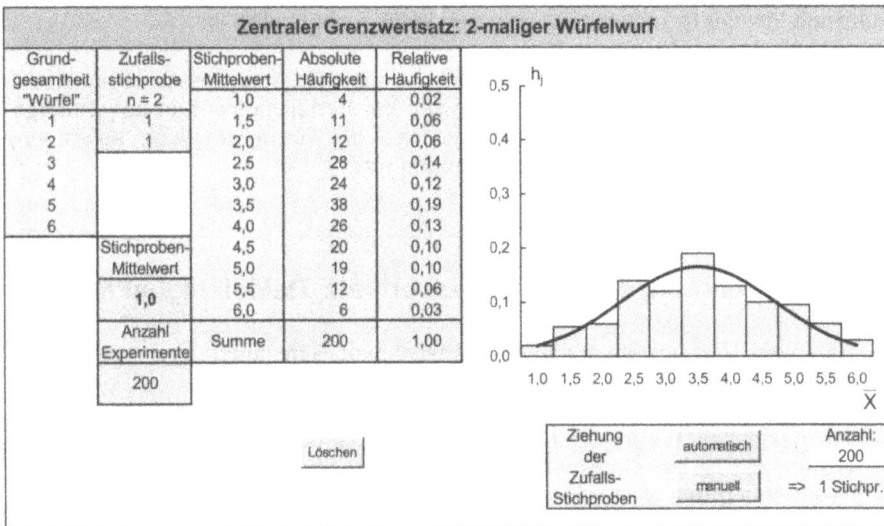

Grund-gesamtheit "Würfel"	Zufalls-stichprobe n = 2	Stichproben-Mittelwert	Absolute Häufigkeit	Relative Häufigkeit
		1,0	4	0,02
1	1	1,5	11	0,06
2	1	2,0	12	0,06
3		2,5	28	0,14
4		3,0	24	0,12
5		3,5	38	0,19
6		4,0	26	0,13
Stichproben-Mittelwert		4,5	20	0,10
		5,0	19	0,10
1,0		5,5	12	0,06
		6,0	6	0,03
Anzahl Experimente	Summe		200	1,00
200				

A_2206_Zentraler_Grenzwertsatz (Tabellenblatt „Simulation 1")

Simulation 1 (siehe Abb.): Hier wird die Aussage des Zentralen Grenzwertsatzes bereits deutlich veranschaulicht, obwohl nur zwei Elemente aus einer Gesamtheit zufällig entnommen werden. Dieses Experiment (analog dem zweimaligen Würfelwurf) liefert eine relativ symmetrische Häufigkeitsverteilung ähnlich einer Glockenkurve. Dabei kommen Mittelwerte um 3,5 häufig und sehr kleine bzw. sehr große Mittelwerte um 1,0 oder 6,0 selten vor. Dies deutet an, dass die Wahrscheinlichkeitsverteilung des Stichprobenmittels beim zweimaligen Würfelwurf etwa die Form einer Normalverteilung annimmt. Mittlere Ergebnisse sind häufiger zu erwarten als sehr kleine bzw. sehr große Werte. Die Simulation 1 zeigt dieses Ergebnis umso deutlicher, je mehr Experimente durchgeführt werden. Bei 200-facher Durchführung kann sich eine Verteilung ergeben, wie sie in der obigen Abbildung zu sehen ist.

Die Simulationen 2 und 3 zeigen ebenfalls das Entstehen einer Normalverteilung für die Zufallsvariable $\overline{X}$ (Stichprobenmittel bei mehrfachem Würfelwurf). Wegen des größeren Stichprobenumfangs von 4 bzw. 20 kommt die Form der Normalverteilung deutlicher zum Ausdruck als in Simulation 1. Außerdem ist die Streuung der Stichprobenvariablen $\overline{X}$ jetzt geringer. Extrem kleine und große Mittelwerte sind seltener zu erwarten.

- **Lösungshinweise A_2206: Simulationen 4 bis 6**

In Simulation 4 wird eine zweifache Zufallsstichprobe aus einer symmetrischen Verteilung (ähnlich der Normalverteilung) entnommen. Auch hier zeigt die Grafik die Form der Normalverteilung der Stichprobenvariablen $\overline{X}$ relativ deutlich.

In den beiden Simulation 5 und 6 wird die Stichprobe jeweils aus einer unsymmetrischen, linkssteilen Verteilung gezogen. In Simulation 5 (2-fache Ziehung) bleibt die Form der Stichprobenverteilung $\overline{X}$ relativ unsymmetrisch. In Simulation 6 (4-fache Ziehung) kommt wieder eine relativ symmetrische Stichprobenverteilung $\overline{X}$ zustande, die der Normalverteilung in der Grafik recht ähnlich ist.

Insbesondere das Ergebnis der Simulation 6 verdeutlicht die Gesetzmäßigkeit des Zentralen Grenzwertsatzes. Unabhängig von der Verteilungsform in der Grundgesamtheit erhält man als Stichprobenverteilung $\overline{X}$ die Normalverteilung, sofern eine ausreichend große Zufallsstichprobe gezogen wird!

Anwendung A_2207_Grenzwertsatz_DeMoivre_LaPlace

Die Anwendung besteht aus einem Tabellenblatt „Simulation".

In der **Simulation** wird eine Binomialverteilung aufgebaut, bei der abhängig vom gewählten Parameter p jeweils der Stichprobenumfang n verändert werden kann. In der Grafik wird dargestellt, dass sich die Binomialverteilung mit Erhöhung des Stichprobenumfangs jeweils der Normalverteilung annähert. Dies verdeutlicht die Aussage des Grenzwertsatzes von DeMoivre-Laplace.

A_2207: Aufgaben

In der Simulation wird eine Binomialverteilung mit den Parametern p = 0,1 und n = 10 (im Hintergrund) berechnet und grafisch dargestellt. Zum Vergleich wird die Dichtefunktion einer Normalverteilung mit demselben Erwartungswert und derselben Varianz abgebildet.

Erhöhen Sie den Stichprobenumfang n und beobachten Sie die Veränderungen in der Grafik. Wählen Sie dann einen höheren Wert p (Auswahlbox rechts oben), vergrößern Sie jeweils den Stichprobenumfang und beobachten Sie ebenfalls die Auswirkungen auf die beiden Verteilungen.

A_2207: Lösungshinweise

In der Ausgangsstellung zeigt die Simulation eine unsymmetrische Binomialverteilung. Durch eine Erhöhung des Stichprobenumfangs wird die Verteilung (trotz der unsymmetrischen Verteilung in der Urne) zunehmend symmetrischer. Ein Parameter n von 100 liefert eine fast vollständig symmetrische Binomialverteilung, die der Normalverteilung im Diagramm sehr ähnlich ist (siehe Abbildung).

Bei der Wahl eines höheren Anteilswerts p ist die Binomialverteilung auch bei niedrigem Parameter n weniger unsymmetrisch, bei p von 0,5 ist sie exakt symmetrisch. Je höher der Anteilswert p gewählt wird, desto schneller konvergiert die Binomialverteilung mit zunehmendem n gegen die Normalverteilung. Zur Verdeutlichung sind in der Simulation die Felder mit den Bedingungen für die Approximation von Binomial- an Normalverteilung rot unterlegt, wenn die Bedingungen noch nicht erfüllt sind. Bei erfüllten Bedingungen und damit hinreichend genauer Approximation sind die Felder grün unterlegt.

Hier kann die Wirkung des Grenzwertsatzes von DeMoivre-Laplace nachvollzogen werden. Unabhängig von der Ausgangsverteilung (Anteil p weißer Kugeln in einer dichotomen Urne mit weißen und schwarzen Kugeln) geht die Binomialverteilung der Zufallsvariablen X (Anzahl weißer Kugeln in der Stichprobe vom Umfang n; Modell „mit Zurücklegen") mit zunehmendem Stichprobenumfang n gegen die Normalverteilung. Der Grenzwertsatz von DeMoivre-Laplace ist damit ein Spezialfall des Zentralen Grenzwertsatzes (siehe interaktive Excel-Anwendung A_2206).

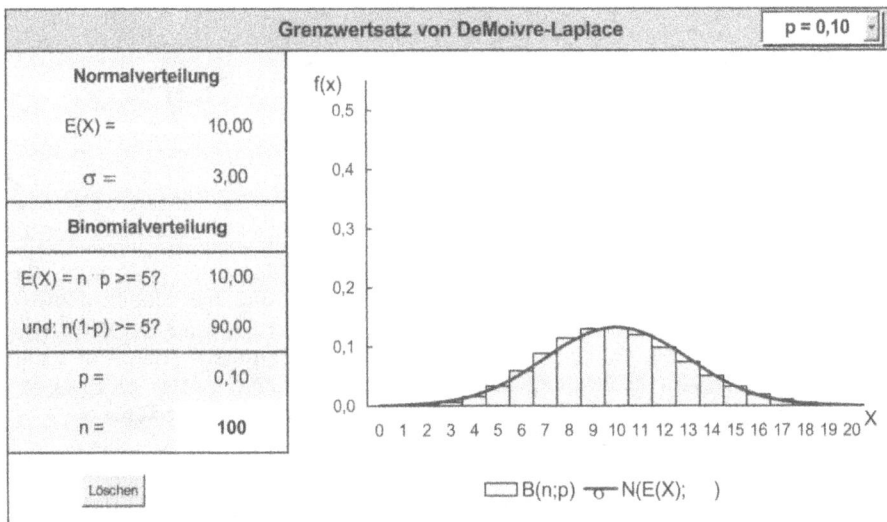

A_2207_Grenzwertsatz_DeMoivre_LaPlace

TEIL V GRUNDLAGEN DER INDUKTIVEN STATISTIK

23. Punktschätzung

23.1 Grundlagen

Schätzfunktionen und Parameter der Grundgesamtheit

	Schätzfunktionen der Stichprobe	Parameter der Grundgesamtheit
- **Umfang**	n	N
- **Mittelwert** (quantitativ)	$\bar{x} = \dfrac{1}{n}\sum_{i=1}^{n} x_i$	$\mu = \dfrac{1}{N}\sum_{i=1}^{N} x_i$
- **Varianz** (quantitativ)	$s^2 = \dfrac{1}{n-1}\sum_{i=1}^{n}(x_i - \bar{x})^2$	$\sigma^2 = \dfrac{1}{N}\sum_{i=1}^{N}(x_i - \mu)^2$
- **Anteilswert** (qualitativ)	$\bar{p} = \dfrac{m}{n}$	$p = \dfrac{M}{N}$

Punktschätzung mit Excel

In Excel steht zur Berechnung des arithmetischen Mittels $\bar{x}$ der Stichprobe die Funktion **MITTELWERT** zur Verfügung. Die Varianz s^2 und die Standardabweichung s (Wurzel aus der Varianz) der Stichprobe wird mit der Funktion **VARIANZ** bzw. **STABW** ermittelt. (Hinweis: Bei den Streuungsparametern stehen in Excel auch die Funktionen für Grundgesamtheiten zur Verfügung (VARIANZEN bzw. STABN), deren Formeln im Nenner jeweils N anstelle von n-1 aufweisen!)

Die Beispiele in den Abbildungen 23.1 und 23.2 zeigen die Schätzungen für eine Urliste, die in Spalte A (A1 bis A8) eingegeben ist. Die Ergebnisse für die Urliste (8 Klausurnoten) sind im Excel-Hilfsfenster zu sehen. Die Durchschnittsnote beträgt 2,375; die Standardabweichung lautet 1,302.

Die Schätzung des Anteilswerts einer qualitativen Variablen $\bar{p}$ kann in Excel ebenfalls mit der Funktion MITTELWERT durchgeführt werden. Die Stichprobenwerte sind dabei die Zahlen „0" (Ereignis trifft nicht ein) und „1" (Ereignis trifft ein); siehe interaktive Excel-Anwendung A_2302.

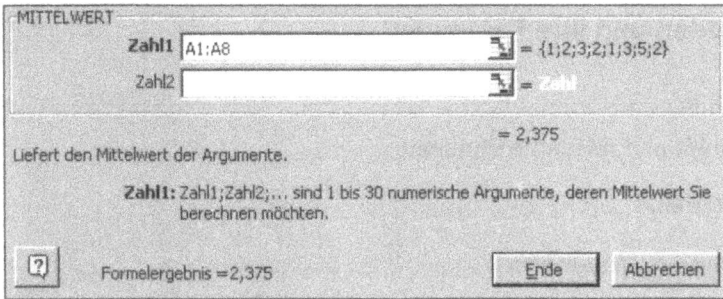

Abb. 23.1: Punktschätzung des Erwartungswerts mit Excel

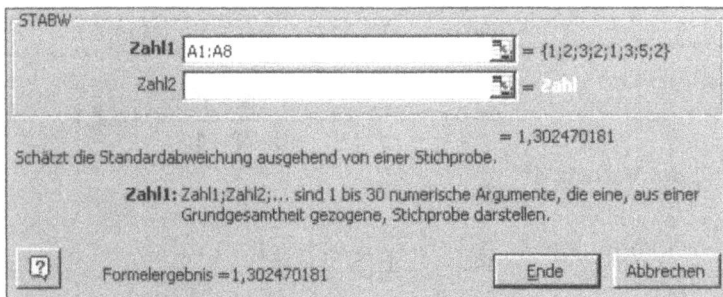

Abb. 23.2: Punktschätzung der Varianz mit Excel

Eigenschaften von Schätzfunktionen

Wünschenswerte Eigenschaften von Schätzfunktionen

- **Erwartungstreue**

  Eine Schätzfunktion heißt erwartungstreu, wenn ihr Erwartungswert gleich dem zu schätzenden Parameter ist.

- **Konsistenz**

  Eine Schätzfunktion heißt konsistent, wenn der berechnete Schätzwert bei Vergrößerung des Stichprobenumfangs ($n \to \infty$) gegen den zu schätzenden Parameter konvergiert.

- **Effizienz**

  Unter sämtlichen erwartungstreuen Schätzfunktionen ist diejenige effizient, die bei gleichem Stichprobenumfang die kleinste Varianz besitzt.

Schätzfunktionen und ihre Parameter

Schätzfunktionen und relevante Parameter

Quantitative Variable

- **Schätzung des Mittelwerts** μ

$$\overline{X} = \frac{1}{n}\sum_{i=1}^{n} X_i \qquad \text{mit} \qquad E(\overline{X}) = \mu$$

$$\text{und} \qquad V(\overline{X}) = \frac{\sigma^2}{n} \qquad \text{(M.m.Z.)}$$

$$\text{sowie} \qquad V(\overline{X}) = \frac{\sigma^2}{n}\frac{N-n}{N-1} \qquad \text{(M.o.Z.)}$$

- **Schätzung der Varianz** σ^2

$$S^2 = \frac{1}{n-1}\sum_{i=1}^{n}(X_i - \overline{X})^2 \qquad \text{mit} \qquad E(S^2) = \sigma^2$$

Qualitative Variable

Schätzung des Anteilswert p

$$\overline{P} = \frac{m}{n} \qquad \text{mit} \qquad E(\overline{P}) = p$$

$$\text{und} \qquad V(\overline{P}) = \frac{p(1-p)}{n} \qquad \text{(M.m.Z.)}$$

$$\text{sowie} \qquad V(\overline{P}) = \frac{p(1-p)}{n}\frac{N-n}{N-1} \qquad \text{(M.o.Z.)}$$

In der obigen Übersicht ist zu erkennen, dass die drei Schätzungen von Mittelwert, Varianz und Anteilswert einer Grundgesamtheit „erwartungstreu" sind. Im Durchschnitt einer großen Anzahl von Stichproben liefern sie das „richtige" Ergebnis. Die Varianzen der Schätzfunktion hängen jeweils von der Varianz der Grundgesamtheit und dem Umfang der Stichprobe (Nenner!) ab. Mit Vergrößerung des Stichprobenumfangs werden die Schätzung jeweils genauer.

Die Unterschiede in den Varianzformeln durch das Modell „ohne Zurücklegen" können in der Praxis dann vernachlässigt werden, wenn aus einer großen Grundgesamtheit eine relativ kleine Stichprobe gezogen wird (Auswahlsatz $\leq 5\%$).

23.2 Interaktive Excel-Anwendungen (Download)

📁 Anwendung A_2301_Punktschätzung_Mittelwert

Die Anwendung besteht aus einem Tabellenblatt „Simulation".

In der **Simulation** können Punktschätzungen für den Erwartungswert und die Varianz elektronisch simuliert werden. Es werden automatisch gleichverteilte Zufallszahlen (zwischen 0 und 100) ausgegeben. Mittelwert und Streuung der Stichprobe werden berechnet und zusammen mit den Stichprobenwerten grafisch dargestellt.

A_2301: Aufgaben

In der Anwendung werden (durch Anklicken der Schaltfläche „Stichprobe") 16 Zufallszahlen mit dem Excel-Zufallsgenerator erzeugt. Diese Zahlen werden als Werte der Zufallsvariablen X (Haushaltsausgaben für „Freizeit" pro Monat in €) betrachtet, wobei in der Grundgesamtheit eine Gleichverteilung unterstellt wird.

Führen Sie einige Zufallsexperimente aus. Interpretieren Sie die Schätzergebnisse und die grafische Darstellung.

A_2301: Lösungshinweise

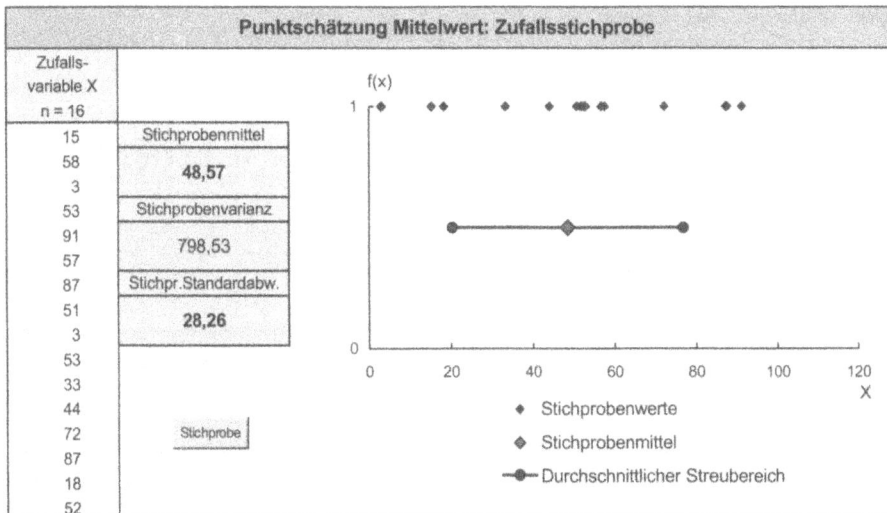

📁 A_2301_Punktschätzung_Mittelwert

Durch Anklicken der Schaltfläche „Stichprobe" werden Zufallszahlen ausgegeben, die als Ziehung von 16 Kugeln („mit Zurücklegen") aus einer Urne aufgefaßt werden können, in der sich die Kugeln 0 bis 100 befinden. Die Grafik zeigt alle Einzelwerte (im Diagramm dargestellt mit der Häufigkeit 1) sowie den Mittelwert und den durchschnittlichen Streubereich der Zufallsstichprobe.

Der Mittelwert der Stichprobe wird – wegen der Gleichverteilung der Grundgesamtheit – häufig in der Nähe von 50 (Durchschnittsausgaben: 50 €) liegen, die Standardabweichung unter 30 €. Die obige Abbildung zeigt einen Mittelwert von 48,57 € und eine Standardabweichung von 28,26 €. Bedingt durch die zufällige Auswahl können auch deutlich unterschiedliche Mittelwerte und Streuungen für die Stichprobe zustande kommen.

Anwendung A_2302_Punktschätzung_Anteilswert

Die Anwendung besteht aus einem Tabellenblatt „Simulation".

In der **Simulation** können Punktschätzungen für den Anteilswert einer Grundgesamtheit elektronisch simuliert werden. Es werden gleichverteilte Zufallszahlen (0 oder 1) ausgegeben. Anteilswert und Streuung der Stichprobe werden berechnet und zusammen mit den Häufigkeiten der Stichprobenwerte grafisch dargestellt.

A_2302: Aufgaben

In der Anwendung werden durch Anklicken der Schaltfläche „Stichprobe" 16 gleichverteilte Zufallszahlen mit dem Excel-Zufallsgenerator erzeugt. Damit soll die Analyse des Bekanntheitsgrades eines Reiseveranstalters simuliert werden. Wir fassen die Zufallszahlen als Variable X auf (0 = Reisveranstalter ist nicht bekannt; 1 = Reiseveranstalter ist bekannt).

Führen Sie einige Zufallsexperimente aus. Interpretieren Sie die Ergebnisse der Punktschätzung und die grafische Darstellung.

A_2302: Lösungshinweise

Durch Anklicken der Schaltfläche „Stichprobe" werden Zufallszahlen ausgegeben, die als Ziehung von 16 Kugeln („mit Zurücklegen") aus einer Urne aufgefaßt werden können, in der sich nur zwei Kugeln (0 und 1) befinden.

Die Grafik zeigt die Häufigkeiten des Auftretens von 0 und 1 in der Stichprobe, den Mittelwert dieser Zahlen (= Anteilswert für „Reiseveranstalter bekannt") und den dazugehörigen Streuberreich. Der Mittelwert der Stichprobe wird – wegen der unterstellten Gleichverteilung in der Grundgesamtheit – häufig in der Nähe von 0,5 (50% der Befragten kennen den Reiseveranstalter) liegen.

Die nachfolgende Abbildung zeigt einen Anteilswert der Stichprobe von 56% und eine Standardabweichung von 0,51. Bedingt durch die Zufallsauswahl können a-ber auch wesentlich andere Mittelwerte und Streuungen der Stichprobe zustande kommen.

Punktschätzung Anteilswert: Zufallsstichprobe	
Zufalls-variable X **n = 16**	

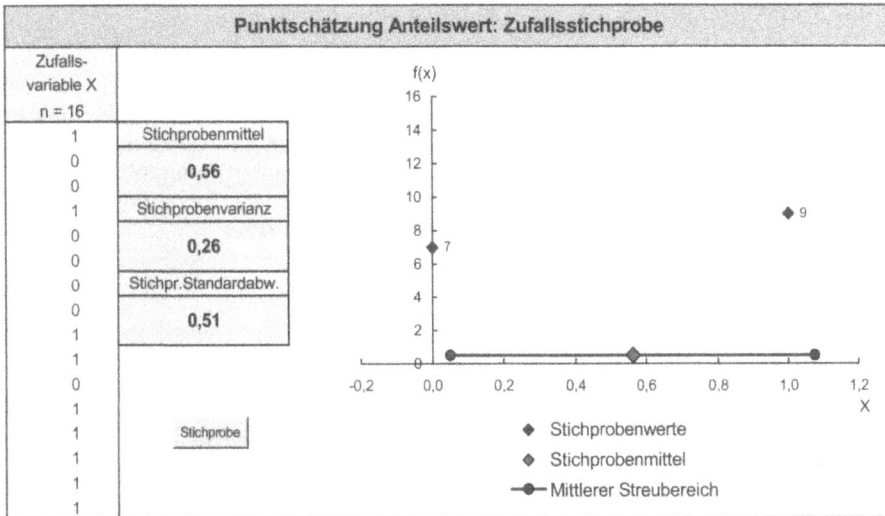

A_2302_Punktschätzung_Anteilswert

📁 Anwendung A_2303_Punktschätzung_Erwartungstreue

Die Anwendung besteht aus den drei Tabellenblättern „Simulation 1" bis „Simulation 3".

In der Anwendung wird das mehrmalige Würfelexperiment elektronisch si-muliert. Als Zufallsvariable X̄ wird das arithmetische Mittel der Augenzahlen des Würfelwurfs definiert. Bei mehrmaliger Ausführung des Zufallsexperi-ments wird die absolute Häufigkeit der auftretenden Mittelwerte angezeigt und in relative Häufigkeiten umgerechnet. Die relative Häufigkeitsverteilung wird in der Grafik einer Normalverteilung gegenübergestellt.

In der Grafik werden außerdem Erwartungswert der Grundgesamtheit und Durchschnittswert aller Stichprobenmittelwerte verglichen. Dies veran-schaulicht die Annäherung des Durchschnittswerts der Stichproben an den Mittelwert der Grundgesamtheit bei einer zunehmenden Anzahl von Stich-proben.

In **Simulation 1** werden die Ergebnisse des 2-maligen Würfelwurfs, in **Si-mulation 2** des 4-maligen und in **Simulation 3** des 20-maligen Würfelwurfs dargestellt.

A_2303: Aufgaben

In den Simulationen 1 bis 3 können Zufallsexperimente durchgeführt werden, die dem mehrmaligen Würfelwurf entsprechen. Das arithmetische Mittel der Augenzahlen beim Würfelwurf entspricht dabei einer Schätzung des Erwartungswerts der Grundgesamtheit (= 3,5).

Führen Sie das Zufallsexperiment einzeln durch (Schaltfläche „manuell") und interpretieren Sie jeweils das Ergebnis der Zufallsstichprobe (Mittelwert) und die Veränderungen in der Häufigkeitsverteilung des Stichprobenmittelwerts. Führen Sie anschließend das Zufallsexperiment mehrfach durch (Schaltfläche „automatisch" mit vorheriger Auswahl der „Anzahl" von Experimenten). Vergleichen Sie in der Grafik Häufigkeitsverteilung und Normalverteilung sowie Erwartungswert der Grundgesamtheit und Durchschnittswert der Stichprobenmittel.

A_2303: Lösungshinweise

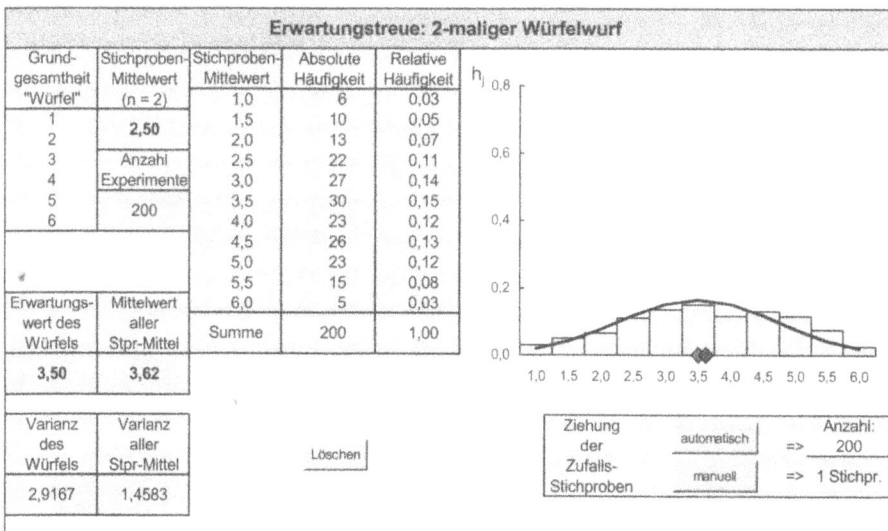

Erwartungstreue: 2-maliger Würfelwurf

Grund-gesamtheit "Würfel"	Stichproben-Mittelwert (n = 2)	Stichproben-Mittelwert	Absolute Häufigkeit	Relative Häufigkeit
1		1,0	6	0,03
2	2,50	1,5	10	0,05
3		2,0	13	0,07
4	Anzahl	2,5	22	0,11
5	Experimente	3,0	27	0,14
6		3,5	30	0,15
	200	4,0	23	0,12
		4,5	26	0,13
		5,0	23	0,12
		5,5	15	0,08
Erwartungs-wert des Würfels	Mittelwert aller Stpr-Mittel	6,0	5	0,03
		Summe	200	1,00
3,50	3,62			

Varianz des Würfels	Varianz aller Stpr-Mittel
2,9167	1,4583

A_2303_Punktschätzung_Erwartungstreue (Tabellenblatt „Simulation 1")

In den Simulationen 1 bis 3 bauen sich bei mehrfacher Durchführung des Zufalls-experiments Häufigkeitsverteilungen auf, die der Normalverteilung ähneln. Auch der Durchschnittswert der Stichprobenmittelwerte nähert sich an den Erwartungs-wert der Grundgesamtheit von 3,5 an. Diese Annäherung verdeutlicht die Erwar-tungstreue der Schätzfunktion $\overline{X}$. Eine große Anzahl von Stichprobenschätzungen liefert als Durchschnitt den Erwartungswert der Grundgesamtheit. In Simulation 1 (siehe Abb.) zeigt sich eine entsprechend gute Annäherung von Verteilung und Mittelwert. Die Annäherung wird in den Simulationen 2 und 3 noch deutlicher, da der Umfang der Stichprobe (Anzahl Würfelexperimente) von 2 auf 4 bzw. 20 er-höht wird.

24. Intervallschätzung

24.1 Grundlagen

Die Intervallschätzung geht von der Punktschätzung eines Parameters der Grundgesamtheit aus. Wird der Erwartungswert einer Gesamtheit geschätzt (z.B. durchschnittliche jährliche Ausgaben eines Haushalts für Urlaubsreisen), dann liefert die Punktschätzung ein Ergebnis (z.B. 1.800 €), dessen Aussagefähigkeit nicht sehr gut beurteilt werden kann. Die Intervallschätzung liefert hierzu ergänzende Informationen, die die Sicherheit eines Schätzergebnisses als Wahrscheinlichkeit ausdrücken. Dieser Sicherheitsgrad (z.B. 95%) bezieht sich auf ein Schätzintervall (z.B. 1.750 bis 1850 €) , in dem der Parameter der Grundgesamtheit mit der angegebenen Vertrauens-Wahrscheinlichkeit (Konfidenzniveau) liegt. Die nachfolgenden Abbildungen veranschaulichen die Basis der Intervallschätzung grafisch.

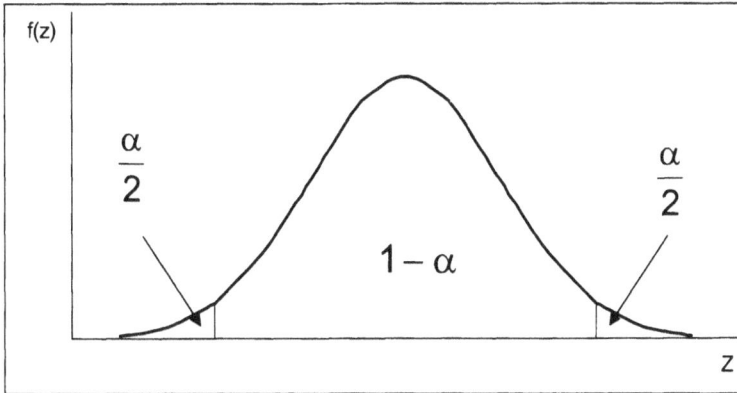

Abb. 24.1: Konfidenzintervall mit Wahrscheinlichkeit 1-α

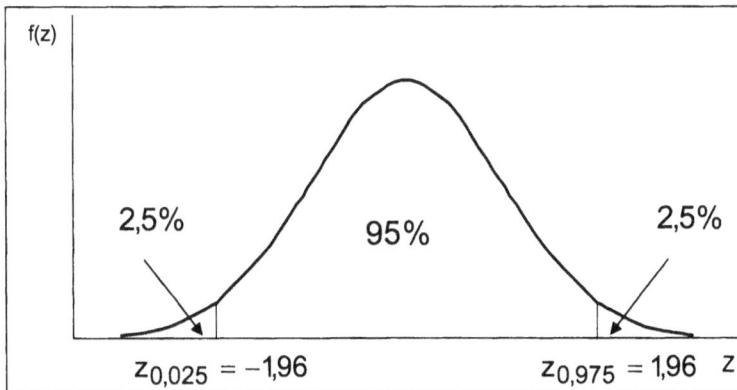

Abb. 24.2: Das 95%-Konfidenzintervall (nach Standardisierung)

Ablauf der Intervallschätzung

(1) Festlegen des Konfidenzniveaus 1-α

(2) Bestimmen des Quantilswerts (für 1-α/2)

(3) Durchführen der Punktschätzung

(4) Berechnen des Konfidenzintervalls

Formeln für Konfidenzintervalle

Konfidenzintervall für μ bei Normalverteilung und bekannter Varianz σ^2

$$\left[\ \bar{x} - z_{1-\frac{\alpha}{2}} \frac{\sigma}{\sqrt{n}} \ \ ; \ \ \bar{x} + z_{1-\frac{\alpha}{2}} \frac{\sigma}{\sqrt{n}} \ \right]$$

Konfidenzintervall für μ bei Normalverteilung und unbekannter Varianz

$$\left[\ \bar{x} - t_{1-\frac{\alpha}{2};n-1} \frac{s}{\sqrt{n}} \ \ ; \ \ \bar{x} + t_{1-\frac{\alpha}{2};n-1} \frac{s}{\sqrt{n}} \ \right]$$

Konfidenzintervall für μ bei unbekannter Varianz σ^2 und n > 30 bei Normalverteilung bzw. bei unbekannter Verteilung der Grundgesamtheit

$$\left[\ \bar{x} - z_{1-\frac{\alpha}{2}} \frac{s}{\sqrt{n}} \ \ ; \ \ \bar{x} + z_{1-\frac{\alpha}{2}} \frac{s}{\sqrt{n}} \ \right]$$

Konfidenzintervall für den Anteilswert p (wenn $n\bar{p} \geq 5$ und $n(1-\bar{p}) \geq 5$)

$$\left[\ \bar{p} - z_{1-\frac{\alpha}{2}} \sqrt{\frac{\bar{p}(1-\bar{p})}{n-1}} \ \ ; \ \ \bar{p} + z_{1-\frac{\alpha}{2}} \sqrt{\frac{\bar{p}(1-\bar{p})}{n-1}} \ \right]$$

Notwendiger Stichprobenumfang

Notwendiger Stichprobenumfang

- quantitative Variablen   **- qualitative Variablen**

$$n \geq \frac{z^2_{1-\frac{\alpha}{2}} \, \sigma^2}{e^2} \qquad\qquad n \geq \frac{z^2_{1-\frac{\alpha}{2}} \, p\,(1-p)}{e^2}$$

Der „notwendige" Stichprobenumfang wird entsprechend den Genauigkeitsanforderungen an die Intervallschätzung festgelegt. Die Genauigkeit wird durch die Breite des Konfidenzintervalls (hier: absoluter Fehler e) bestimmt. Zusätzlich ist der Sicherheitsgrad (1-α) anzugeben. Die Varianz der Grundgesamtheit bzw. (bei qualitativen Variablen) das Produkt p(1-p) werden zusätzlich für die Berechnung des Stichprobenumfangs benötigt (siehe interaktive Excel-Anwendung A_2405).

Intervallschätzung mit Excel

Die Intervallschätzung kann mit Excel – ausgehend von der Punktschätzung – „indirekt" durchgeführt werden. Mit dem Funktions-Assistenten werden die Quantilswerte der Normalverteilung bzw. der t-Verteilung ermittelt. Die geeignete Formel für das Konfidenzintervall wird über Feldfunktionen nachgebildet (siehe interaktive Excel-Anwendungen A_2403 und A_2404).

Speziell bietet Excel die Funktion **KONFIDENZ** zur Intervallschätzung (mit der Normalverteilung) an. Diese Funktion gibt die +/-Abweichung (halbe Intervallbreite) vom geschätzten Parameter an, wobei die Wahrscheinlichkeit α, die Varianz der Grundgesamtheit (oder Stichprobe) und der Stichprobenumfang vorzugeben sind.

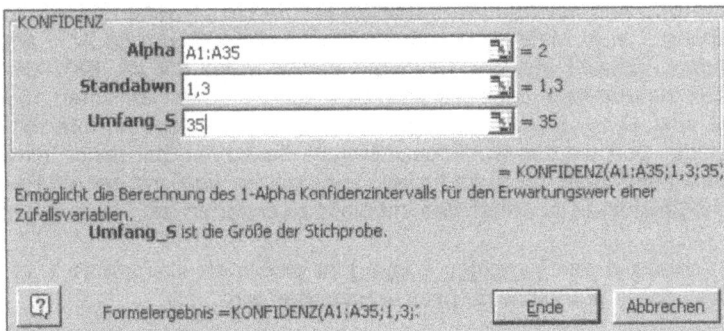

Abb. 24.3: Konfidenzintervall mit Excel

24.2 Interaktive Excel-Anwendungen (Download)

Anwendung A_2401_Intervallschätzung_Grundlagen

Die Anwendung besteht aus einem Tabellenblatt „Simulation".

In der **Simulation** wird in einer Grafik für eine normalverteilte Grundgesamtheit mit einem bestimmten Erwartungswert ein Intervall angezeigt, dessen Breite von der Streuung der Verteilung und einer vorgegebenen Wahrscheinlichkeit abhängt.

A_2401: Aufgaben

Hier werden – in 6 Zahlenvarianten – Unter- und Obergrenzen von Intervallen einer normalverteilten Zufallsvariablen X (z.B. Körpergröße) berechnet. Diese Intervalle geben einen Bereich an, in dem die Werte der Zufallsvariablen mit der vorgegebenen Wahrscheinlichkeit liegen. Lage und Streuung der Verteilung können verändert werden.

a) Interpretieren Sie Grenzen und Grafik des angezeigten Intervalls.
b) Löschen Sie die Werte und rechnen Sie mit eigenen Angaben weiter. Interpretieren Sie die Ergebnisse!

A_2401: Lösungshinweise

In den Varianten 1 bis 3 werden Intervalle für eine normalverteilte Zufallsvariable X mit einem Erwartungswert von 170 und einer Standardabweichung von 7 angezeigt. Dies bedeutet, dass die Körpergröße in der Population (Grundgesamtheit) mit einem Mittelwert von 170 cm und einer durchschnittlichen Streuung von 7 cm normalverteilt ist.

Variante 1 (siehe Abb.) zeigt für eine Intervallbreite von 14 cm (+/- eine Einheit der Standardabweichung 7 vom Mittelwert) eine Wahrscheinlichkeit von 68,27% an. Bei einer zufälligen Auswahl aus der Grundgesamtheit wäre mit ca. 68%-iger Wahrscheinlichkeit zu erwarten, dass die ausgewählten Personen zwischen 163 und 177 cm groß sind. Diese Eigenschaft der Zufallsvariablen X liegt der Intervallschätzung zugrunde. Dort werden Konfidenzintervalle berechnet, bei denen eine relativ hohe Wahrscheinlichkeit (90% und mehr) vorgegeben wird, mit der ein Parameter der Grundgesamtheit innerhalb des Intervalls zu erwarten ist.

Die Breite der Intervalle in den Varianten 2 und 3 ist größer als in Variante 1, da jeweils eine etwas höhere Wahrscheinlichkeit vorgegeben wird.

Die Intervalle in den Varianten 4 bis 6 sind (bei gleichen Wahrscheinlichkeiten) breiter als in den Varianten 1 bis 3, da eine größere Streuung von 10 vorliegt.

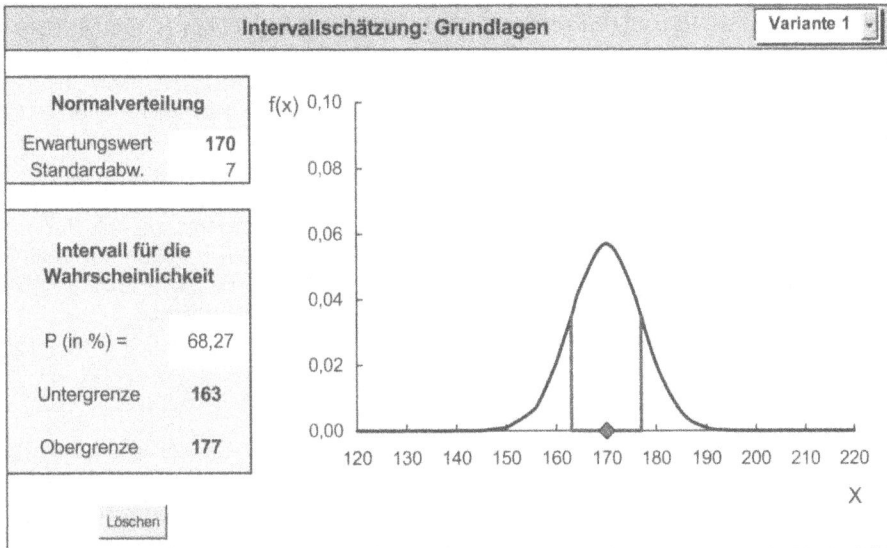

Intervallschätzung: Grundlagen   Variante 1

Normalverteilung	
Erwartungswert	170
Standardabw.	7

Intervall für die Wahrscheinlichkeit	
P (in %) =	68,27
Untergrenze	163
Obergrenze	177

Löschen

A_2401_Intervallschätzung_Grundlagen

Anwendung A_2402_Intervallschätzung_Sicherheitsgrad

Die Anwendung besteht aus einem Tabellenblatt „Simulation".

In der **Simulation** kann die Intervallschätzung auf Basis einer Zufallsaus-wahl elektronisch durchgeführt werden. Dabei werden aus einer gleichver-teilten Grundgesamtheit mit bekanntem Lage- und Streuungsparameter 35 Werte zufällig ausgewählt. Das arithmetische Mittel dieser Zufallsstichprobe liefert die Punktschätzung. Für einen vorgegebenen Sicherheitsgrad wird daraus ein Konfidenzintervall berechnet.

Die Intervallschätzung kann einzeln durchgeführt werden (Schaltfläche „1 Stichpr.") oder 100-mal (Schaltfläche „100 Stpr.") bzw. 1000-mal (Schaltflä-che „1000 Stpr."). Jede der Stichproben erlaubt die Aussage, ob mit der In-tervallschätzung der wahre Wert „getroffen" wurde oder nicht. Der Anteil der „Treffer" unter den 100 bzw. 1000 gezogenen Stichproben kann als Nähe-rungswert für den Sicherheitsgrad interpretiert werden.

A_2402: Aufgaben

Als Grundgesamtheit (Zufallsvariable X) wird hier eine Gleichverteilung (Urne mit den Kugeln 0 bis 100) angenommen. Damit hat die Zufallsvariable X den Erwar-tungswert von 50,0 und die Standardabweichung von 28,8675. Aus der Grundge-samtheit werden 35 Elemente entnommen, d.h. 35 Kugeln aus der Urne („mit Zu-rücklegen") gezogen.

Die Punktschätzung $\overline{x}$ ist das arithmetische Mittel der 35 Einzelwerte der Stichprobe. Zur Berechnung der Intervallschätzung werden die Varianz der Grundgesamtheit (28,8675) und ein vorgegebener Sicherheitsgrad verwendet. Die Berechnung des Konfidenzintervalls erfolgt mit dem Quantil der Standardnormalverteilung, da der Stichprobenumfang hinreichend groß ist.

Führen Sie das Zufallsexperiment zunächst einzeln durch. Beachten Sie dabei den jeweiligen Schätzwert $\overline{x}$ und das sich verändernde Konfidenzintervall. Führen Sie das Zufallsexperiment danach mehrfach (100- bzw. 1000-mal) durch und vergleichen Sie den Anteil der Treffer mit dem vorgegebenen Sicherheitsgrad. Verändern Sie den Sicherheitsgrad und wiederholen Sie das Experiment.

A_2402: Lösungshinweise

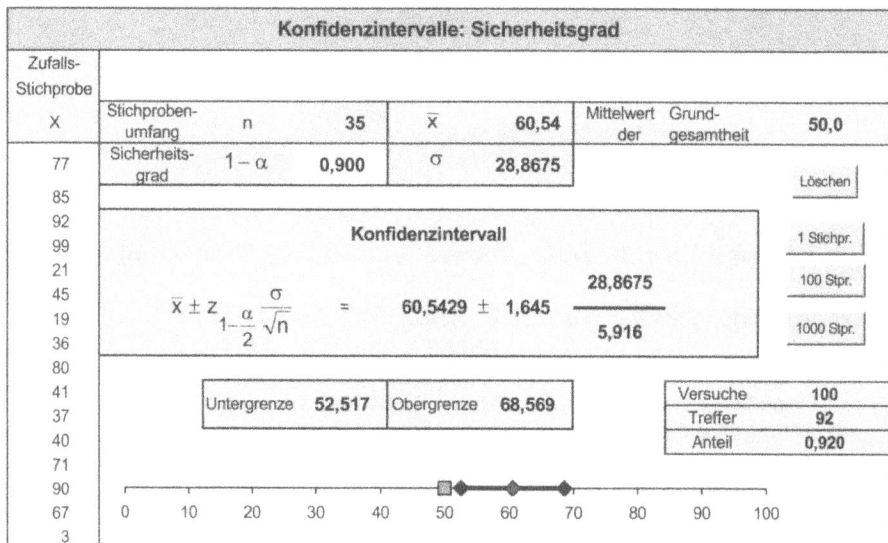

A_2402_Intervallschätzung_Sicherheitsgrad

Die einmalige Durchführung des Zufallsexperiments liefert ein Konfidenzintervall um den Mittelwert der Stichprobe (=> rotes Symbol in der Grafik). Dieses Intervall überdeckt – je nach Ergebnis der Zufallsstichprobe – den wahren Mittelwert der Grundgesamtheit von 50,0 (=> grünes Symbol in der Grafik) oder nicht.

Der vorgegebene Sicherheitsgrad (z.B. 90%) soll „garantieren", dass der wahre Mittelwert der Grundgesamtheit bei einer Ziehung von 100 Zufallsstichproben 90 mal vom Konfidenzintervall überdeckt (getroffen) wird. Das Beispiel in der obigen Abbildung zeigt als Ergebnis für 100 Stichproben eine Trefferzahl von 92 an. Damit liegt der Anteil der „erfolgreichen" Konfidenzintervalle nahe bei den vorgegebenen 90%. Die Ergebnisse der 100- bzw. 1000-fachen Zufallsexperimente werden in den meisten Fällen Erfolgsquoten ähnlich dem Sicherheitsgrad liefern.

> ### 📁 Anwendung A_2403_Konfidenzintervalle_Mittelwert
>
> Die Anwendung besteht aus den drei Tabellenblättern „Simulation 1" bis „Simulation 3".
>
> In der Anwendung werden Konfidenzintervalle in Abhängigkeit von der Verteilung der Grundgesamtheit, der Bekanntheit der Varianz und dem Stichprobenumfang berechnet und grafisch dargestellt.
>
> In **Simulation 1** wird die Intervallschätzung für eine normalverteilte Grundgesamtheit mit bekannter Varianz durchgeführt.
>
> In **Simulation 2** wird das Konfidenzintervall für eine normalverteilte Grundgesamtheit ermittelt, deren Varianz unbekannt ist. Der Stichprobenumfang liegt dabei unter 30.
>
> In **Simulation 3** ist die Verteilung – und damit auch die Varianz – der Grundgesamtheit unbekannt. Das Konfidenzintervall wird auf der Basis einer großen Stichprobe berechnet.

A_2403: Aufgaben

In den Simulationen 1 bis 3 werden die Schätzwerte für den Erwartungswert einer Grundgesamtheit $\bar{x}$ und der Umfang n der Zufallsstichprobe angegeben. Als Anwendungsbeispiel können wir uns die Schätzung der monatlichen Ausgaben für Bücher (in €) von Studenten vorstellen. Der für die Intervallschätzung benötigte Streuungsparameter stammt entweder aus der Grundgesamtheit oder der Stichprobe. Für einen vorgegebenen Sicherheitsgrad wird das Konfidenzintervall berechnet und grafisch dargestellt.

a) Interpretieren Sie – in den jeweiligen Zahlenvarianten 1 bis 3 – das Ergebnis der Intervallschätzung.
b) Löschen Sie die vorgegebenen Werte und arbeiten Sie mit eigenen Angaben weiter. Interpretieren Sie die Ergebnisse!

A_2403: Lösungshinweise

In den 3 Simulationen werden Punktschätzung des Erwartungswerts und Streuungsparameter angegeben. Dieser Parameter entspricht in der Simulation 1 der wahren Streuung in der Grundgesamtheit, in den Simulationen 2 und 3 der Streuung in der Stichprobe. Das Ergebnis der Intervallschätzung (in Simulation 2, Variante 1; siehe Abb.) sagt aus, dass dem Schätzintervall (Ausgaben für Bücher zwischen 25,95 und 37,43 €) mit 95% Wahrscheinlichkeit „vertraut" wird (Konfidenz!).

In den Varianten 1 bis 3 ändern sich (je Simulation) Stichprobenumfang und/oder Sicherheitsgrad. Mit größer werdendem Stichprobenumfang wird das Konfidenzintervall enger und damit die Schätzung genauer. Mit größer werdendem Sicherheitsgrad wird das Konfidenzintervall breiter und damit ungenauer. Falls sich die Standardabweichung der Stichprobe deutlich ändert, wird das Ergebnis der Intervallschätzung entsprechend anders ausfallen. Die Breite des Konfidenzintervalls ist damit bei unbekannter Varianz der Grundgesamtheit zusätzlich von der Streuung der Zufallsstichprobe abhängig.

Zu beachten ist insbesondere die Schätzformel für das Konfidenzintervall in der Simulation 2 (siehe Abb.). Bei unterstellter Normalverteilung der Grundgesamtheit mit unbekannter Varianz wird als Streuungsmaß die Standardabweichung der Stichprobe verwendet. Dies hat zur Folge, dass das Quantil für die Intervallschätzung nicht aus der Normalverteilung sondern aus der t-Verteilung stammt. Die entsprechenden Intervalle sind grundsätzlich etwas breiter als die analogen Intervalle auf Basis der Normalverteilung.

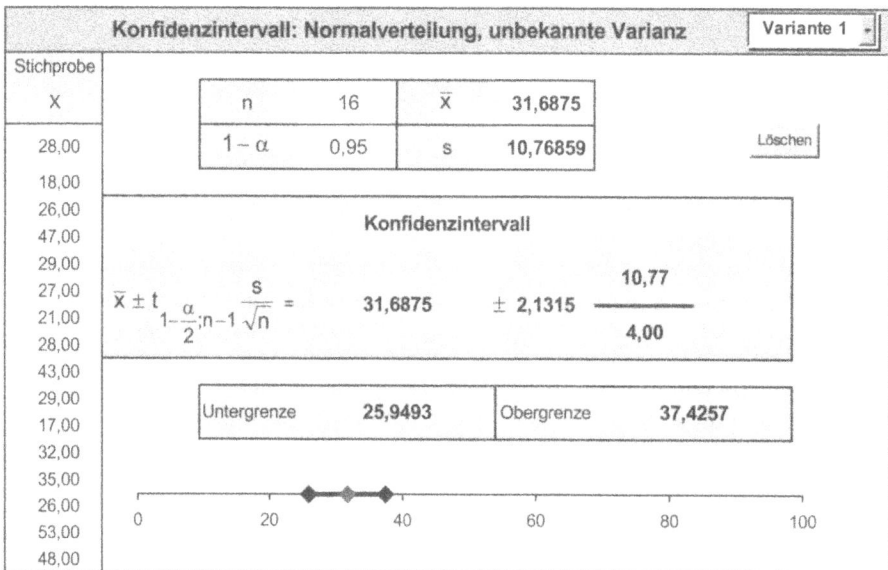

Konfidenzintervall: Normalverteilung, unbekannte Varianz				Variante 1

Stichprobe X				
	n	16	$\bar{x}$	31,6875
28,00	$1-\alpha$	0,95	s	10,76859	Löschen
18,00				

Konfidenzintervall

$$\bar{x} \pm t_{1-\frac{\alpha}{2};n-1} \frac{s}{\sqrt{n}} = \quad 31,6875 \quad \pm\ 2,1315 \quad \frac{10,77}{4,00}$$

Untergrenze	25,9493	Obergrenze	37,4257

(Stichprobenwerte: 28,00 18,00 26,00 47,00 29,00 27,00 21,00 28,00 43,00 29,00 17,00 32,00 35,00 26,00 53,00 48,00)

A_2403_ Konfidenzintervalle_Mittelwert (Tabellenblatt „Simulation 2)

Anwendung A_2404_Konfidenzintervalle_Anteilswert

Die Anwendung besteht aus einem Tabellenblatt „Simulation".

In der **Simulation** wird das Konfidenzintervall für die Schätzung des Anteilswerts einer qualitativen Variablen berechnet und grafisch dargestellt. Dabei werden Stichprobenumfang, Sicherheitsgrad und Stichprobenschätzung des Anteilswerts angegeben. Die Intervallschätzung basiert auf der Normalverteilung.

A_2404: Aufgaben

In 6 Zahlenvarianten werden für die Intervallschätzung des Anteilswerts einer qualitativen Variablen (Bekanntheitsgrad eines Reiseveranstalters) Stichprobenumfang, Sicherheitsgrad und Stichprobenschätzung des Anteilswerts angegeben.

a) Interpretieren Sie die Ergebnisse der Intervallschätzung.
b) Löschen Sie die Angaben und arbeiten Sie mit eigenen Werten weiter. Interpretieren Sie die Ergebnisse!

A_2404: Lösungshinweise

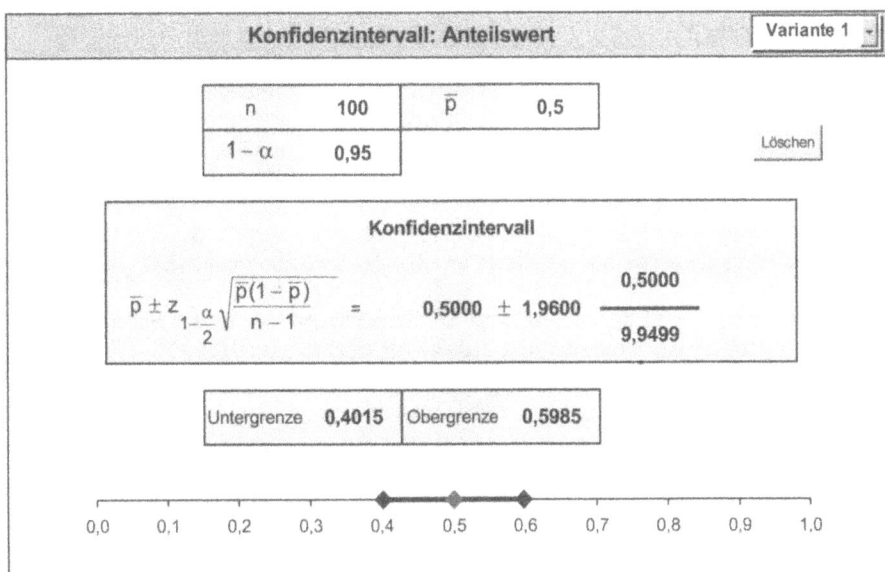

| Konfidenzintervall: Anteilswert | | Variante 1 |

| n | 100 | $\bar{p}$ | 0,5 |
| $1 - \alpha$ | 0,95 | | Löschen |

Konfidenzintervall

$$\bar{p} \pm z_{1-\frac{\alpha}{2}} \sqrt{\frac{\bar{p}(1-\bar{p})}{n-1}} = 0,5000 \pm 1,9600 \frac{0,5000}{9,9499}$$

| Untergrenze | 0,4015 | Obergrenze | 0,5985 |

A_2404_Konfidenzintervalle_Anteilswert

Die Intervallschätzung des Anteilswerts basiert auf der Approximation der Binomialverteilung durch die Normalverteilung (siehe Kapitel 22). Bei genügend großem Stichprobenumfang und/oder einem Anteilswert p nahe bei 0,5 kann die Intervallschätzung für Anteilswerte mit den Quantilen der Normalverteilung durchgeführt werden (siehe Approximationsbedingungen auf Seite 258).

In Variante 1 (siehe Abb.) wird in einer Stichprobe mit 100 zufällig ausgewählten Befragten ein Bekanntheitsgrad des Reiseveranstalters von 50% ermittelt. Bei einem Sicherheitsgrad von 95% lautet das Konfidenzintervall: 40,15%; 59,85%. Der wahre Bekanntheitsgrad in der Grundgesamtheit konnte damit nur sehr grob geschätzt werden. (Hinweis: Eine Erhöhung des Stichprobenumfangs auf z.B. 1000 hat ein deutlich engeres Schätzintervall zur Folge!)

Die Konfidenzintervalle in den Varianten 2 und 3 verändern sich im Vergleich zur Variante 1 mit Vorgabe des Sicherheitsgrads bzw. des Stichprobenumfangs.

Die Intervallschätzungen der Varianten 4 bis 6 basieren auf demselben Stichprobenumfang bzw. Sicherheitsgrad wie die Varianten 1 bis 3. Die Schätzung des Anteilswerts in der Stichprobe liegt allerdings nur bei 20%. Dies bewirkt eine Verringerung der Intervallbreite. Anteilswerte von 0,5 in der Stichprobe haben eine maximale Streuung und damit eine größere Intervallbreite zur Folge.

Anwendung A_2405_Notwendiger_Stichprobenumfang

Die Anwendung besteht aus den beiden Tabellenblättern „Simulation 1", und Simulation 2".

In der Anwendung wird der Stichprobenumfang ermittelt, der für eine vorgegebene Genauigkeit der Schätzung und einen bestimmten Sicherheitsgrad „notwendig" ist. Dabei wird jeweils das Ziehungsmodell „mit Zurücklegen" unterstellt.

In **Simulation 1** wird der notwendige Stichprobenumfang für die Schätzung des Erwartungswerts einer quantitativen Zufallsvariablen berechnet.

In **Simulation 2** wird der notwendige Stichprobenumfang für die Schätzung des Anteilswerts einer qualitativen Zufallsvariablen berechnet.

A_2405: Aufgaben

- **A_2405: Simulation 1**

Hier wird in 6 Zahlenvarianten der notwendige Stichprobenumfang für die Schätzung des Erwartungswerts einer quantitativen Zufallsvariablen X (Monatliche Ausgaben eines Haushalts für Kraftstoff in €) ermittelt. Der Sicherheitsgrad der Intervallschätzung, die (bekannte) Varianz der Grundgesamtheit und der absolute Fehler (Genauigkeit der Intervallschätzung) werden vorgegeben.

a) Interpretieren Sie das jeweilige Ergebnis für den notwendigen Stichprobenumfang in den 6 Varianten.
b) Löschen Sie die Angaben und arbeiten Sie mit eigenen Werten weiter. Interpretieren Sie die Ergebnisse!

- **A_2405: Simulation 2**

Hier wird in 6 Zahlenvarianten der notwendige Stichprobenumfang für die Schätzung des Anteilswerts einer qualitativen Zufallsvariablen (Bekanntheitsgrad des Wirtschaftsministers) ermittelt. Der Sicherheitsgrad der Intervallschätzung, der ab-

solute Fehler (Genauigkeit der Intervallschätzung) und ein angenommener Anteilswert (Bekanntheitsgrad) in der Grundgesamtheit werden vorgegeben.

a) Interpretieren Sie das jeweilige Ergebnis für den notwendigen Stichprobenumfang in den 6 Varianten.
b) Löschen Sie die Angaben und arbeiten Sie mit eigenen Werten weiter. Interpretieren Sie die Ergebnisse!

A_2405: Lösungshinweise

● **Lösungshinweise A_2405: Simulation 1**

A_2405_Notwendiger_Stichprobenumfang (Tabellenblatt „Simulation 1")

In Variante 1 (siehe Abb.) ist ein Stichprobenumfang von 11 notwendig, um bei
einem Sicherheitsgrad von 90% eine Intervallschätzung mit einem (maximalen)
absoluten Fehler von 5 zu erhalten.

Zur Veranschaulichung der Intervallschätzung wird in der Anwendung ein angenommener Mittelwert der Grundgesamtheit von 100 angegeben. Dieser Wert wird
für die Berechnung des notwendigen Stichprobenumfangs nicht benötigt. Zur Interpretation kann er verwendet werden. Mit dem Stichprobenumfang von 11 kann
ein Konfidenzintervall geschätzt werden, das eine maximale Breite von 10 (2 mal
e) hat. Die durchschnittlichen Ausgaben für Kraftstoff liegen damit zwischen 95
und 105 € pro Monat.

Die Unterschiede des notwendigen Stichprobenumfangs zwischen den Varianten
1 bis 6 hängen von allen angegebenen Größen ab, siehe nachfolgende Tabelle.
Eine Erhöhung des Sicherheitsgrads, eine größere Standardabweichung und eine
größere Genauigkeit erfordern einen größeren Stichprobenumfang.

Variante	Sicherheits-grad	Standard-abweichung	Absoluter Fehler	Notwendiger Stichproben-umfang
1	0,90	10	5	11
2	0,90	10	3	31
3	0,95	10	3	43
4	0,99	10	3	74
5	0,99	20	3	295
6	0,99	20	2	664

- **Lösungshinweise A_2405: Simulation 2**

A_2405_Notwendiger_Stichprobenumfang (Tabellenblatt „Simulation 2")

Variante	Sicherheits-grad	Anteilswert p	Absoluter Fehler	Notwendiger Stichproben-umfang
1	0,90	0,6	0,06	181
2	0,90	0,6	0,05	260
3	0,95	0,6	0,05	369
4	0,99	0,6	0,05	637
5	0,99	0,5	0,05	664
6	0,99	0,5	0,03	1844

25. Hypothesentest

25.1 Grundlagen

Der statistische Hypothesentest geht von folgenden (in einem **Beispiel** skizzier-ten) Überlegungen aus:

-   Zu testen ist die **Hypothese**, ob der **Mittelwert der Grundgesamtheit gleich** μ_0 ist. Das kann z.B. die Hypothese sein, dass das Durchschnittseinkommen einer Gesamtheit von Feriengästen gleich 3000 € beträgt.

-   Bei Gültigkeit dieser Hypothese ist der Erwartungswert der Stichprobenschät-zung des Mittelwerts gleich 3000. Der Durchschnitt der Mittelwerte aller mögli-chen Zufallsstichproben ist damit gleich 3000.

-   Wir nehmen eine Normalverteilung der Schätzfunktion für den Mittelwert an.

-   Mit einer relativ hohen Wahrscheinlichkeit von $1-\alpha$ (z.B. von 90%) liegen die Stichprobenschätzungen in einem „mittleren" Intervall der Verteilung (siehe Abb. 25.1).

-   Mit einer relativ geringen Wahrscheinlichkeit von α (z.B. 10%) ergeben sich Schätzwerte, die „deutlich kleiner" oder „deutlich größer" sind als der Erwar-tungswert, d.h. der aus der Hypothese stammende Mittelwert. Die Werte, von denen ab die Hypothese verworfen wird, markieren den Ablehnungsbereich; sie müssen berechnet werden.

Wenn die tatsächliche Stichprobe einen sehr kleinen oder einen sehr großen Mit-telwert aufweist, der „deutlich" von 3000 abweicht und im Ablehnungsbereich liegt, dann wird die Nullhypothese abgelehnt. In diesem Fall trifft man die Entscheidung, dass die Stichprobe „offensichtlich" nicht zu einer Grundgesamtheit mit 3000 ge-hört, sondern zu einer Gesamtheit mit einem kleineren oder größeren Mittelwert.

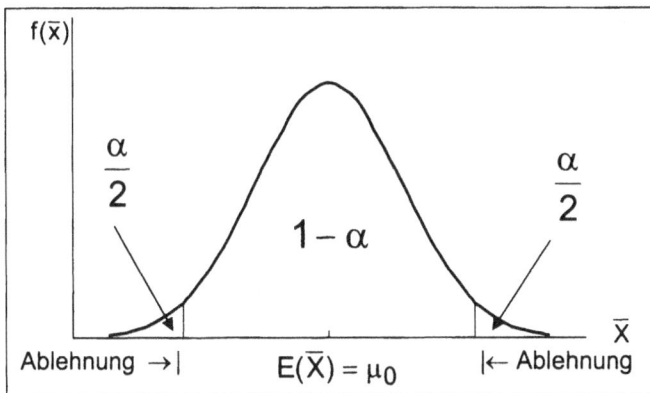

Abb. 25.1: Zweiseitiger Hypothesentest für den Mittelwert einer Verteilung

Ablauf des Hypothesentests

(1) Festlegen der Nullhypothese H_0 und der Alternativhypothese H_1

(2) Festlegen des Signifikanzniveaus α

(3) Auswahl der Testgröße und Berechnung ihrer Realisation

(4) Berechnen des Ablehnungsbereichs

(5) Testentscheidung

Zweiseitiger Hypothesentest

Zweiseitiger Test

- Hypothesen H_0 und H_1

Nullhypothese H_0: $\theta = \theta_0$ und Alternativhypothese H_1: $\theta \neq \theta_0$

- Ablehnungsbereich K

$$K = (-\infty\,;\, u_{\alpha/2}) \cup (u_{1-\alpha/2}\,;\, +\infty)$$

Einseitiger Hypothesentest

Einseitiger Test auf Einhaltung eines Mindestwerts

- Hypothesen H_0 und H_1

Nullhypothese H_0: $\theta \geq \theta_0$ und Alternativhypothese H_1: $\theta < \theta_0$

- Ablehnungsbereich K

$$K = (-\infty\,;\, u_\alpha)$$

Einseitiger Test auf Einhaltung eines Höchstwerts

- **Hypothesen H_0 und H_1**

    Nullhypothese H_0: $\theta \le \theta_0$ und Alternativhypothese H_1: $\theta > \theta_0$

- **Ablehnungsbereich K**

    $K = (u_{1-\alpha}\,; +\infty)$

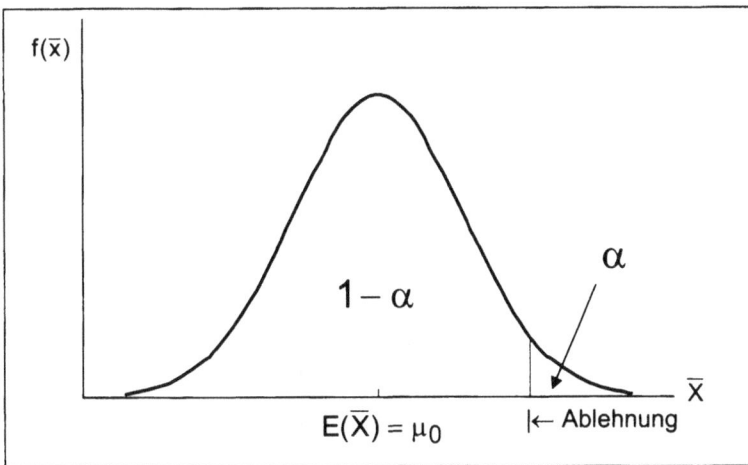

$f(\bar{x})$

$1 - \alpha$

α

$E(\overline{X}) = \mu_0$ $\mid\leftarrow$ Ablehnung

$\overline{X}$

Abb. 25.2: Einseitiger Hypothesentest

Fehler beim Hypothesentest

Testentscheidungen mit α- bzw. β-Fehler (Fehler 1. bzw. 2. Art)

	H_0 wird nicht abgelehnt	H_0 wird abgelehnt
H_0 ist wahr	richtige Entscheidung	α-Fehler
H_1 ist wahr	β-Fehler	richtige Entscheidung

25.2 Interaktive Excel-Anwendungen (Download)

Anwendung A_2501_Hypothesentest_Grundlagen

Die Anwendung besteht aus einem Tabellenblatt „Simulation".

In der **Simulation** wird die Grafik der Dichtefunktion einer normalverteilten Zufallsvariablen X angezeigt. Bei einem gegebenen Erwartungswert (grün markiert) wird der äußere, unwahrscheinliche Bereich der Normalverteilung als Ablehnungsbereich bezeichnet und rot dargestellt. Eine Zufallsstichprobe aus dieser Gesamtheit liefert ein arithmetisches Mittel (blau markiert), das mit dem Ablehnungsbereich verglichen wird. Damit wird die grundsätzliche Entscheidungssituation des Hypothesentests veranschaulicht.

A_2501: Aufgaben

Für einen Ferienort ist bekannt, dass die Konsumausgaben der Touristen (Zufallsvariable X) normalverteilt sind bei einem Erwartungswert von 175 € und einer Standardabweichung von 20 €. Eine Zufallsstichprobe von befragten Touristen liefert einen Durchschnittswert (Stichprobenmittel $\bar{x}$) der Konsumausgaben.

In der Simulation wird – in 3 Zahlenvarianten – im Rahmen eines Hypothesentests mit vorgegebenen Signifikanzniveau α der Ablehnungsbereich der Nullhypothese (Durchschnittsausgaben = 175 €) berechnet. Diese Berechnung bezieht sich auf die Zufallsvariable $\bar{X}$, die (ebenso wie die ursprüngliche Zufallsvariable X) normalverteilt ist, mit einem Erwartungswert von 175 € und einer Standardabweichung von 20/n €. Ein Vergleich von Stichprobenmittel und Ablehnungsbereich stellt die Basis der Testentscheidung dar.

a) Interpretieren Sie alle angegebenen Werte des Hypothesentests, die grafische Darstellung und die Testentscheidung in den 3 Varianten.
b) Ändern Sie die Werte von Signifikanzniveau, Standardabweichung und Stichprobenumfang und interpretieren Sie die Auswirkungen auf die Testsituation.
c) Löschen Sie die Angaben und arbeiten Sie mit eigenen Werten weiter. Interpretieren Sie die Ergebnisse!

A_2501: Lösungshinweise

a) In Variante 1 (siehe Abb.) wird der Hypothesentest mit einem Signifikanzniveau α von 0,05 durchgeführt. Damit werden die „äußeren" 5% der Normalverteilung als Ablehnungsbereich definiert. Als Grenzen des Ablehnungsbereichs ergibt sich ein unterer kritischer Wert von 167,84 € und ein oberer kritischer Wert von 182,16 €.

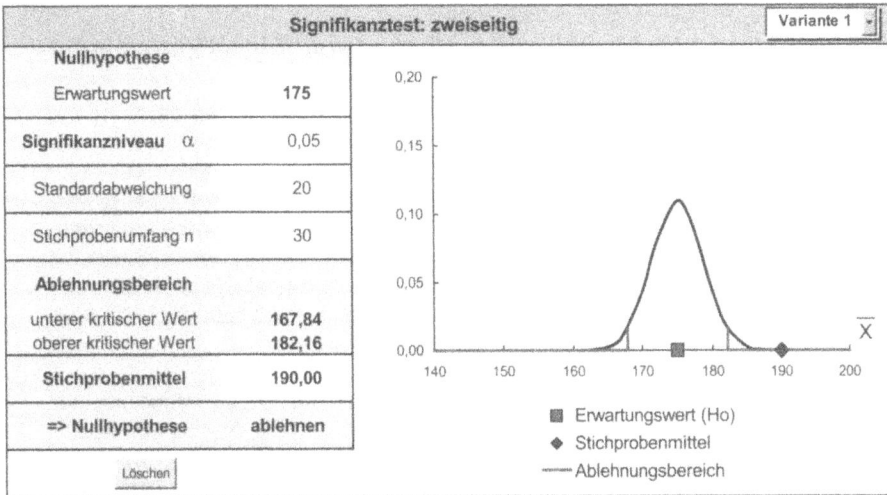

Signifikanztest: zweiseitig		Variante 1

Nullhypothese

Erwartungswert 175

Signifikanzniveau α 0,05

Standardabweichung 20

Stichprobenumfang n 30

Ablehnungsbereich

unterer kritischer Wert 167,84
oberer kritischer Wert 182,16

Stichprobenmittel 190,00

=> **Nullhypothese** ablehnen

Löschen

A_2501_Hypothesentest_Grundlagen

Falls die Zufallsstichprobe von befragten Touristen durchschnittliche Konsumausgaben kleiner 167,84 € oder größer 182,16 € liefert, wird die Nullhypothese abgelehnt. Man geht dann davon aus, dass die Konsumausgaben im Durchschnitt nicht 175 € betragen, sondern größer oder kleiner sind. Im vorliegenden Fall der Variante 1 wird als Stichprobenergebnis 190 € festgestellt. Dieser Wert liegt im Ablehnungsbereich (siehe Grafik) und führt zur Ablehnung der Nullhypothese. Diese Entscheidung wird allerdings mit einer Fehlerwahrscheinlichkeit von 5% (Signifikanzniveau) getroffen.

In Variante 2 liegt dieselbe Testsituation vor wie in Variante 1. Das Signifikanzniveau α beträgt jetzt allerdings 10%, und die Stichprobe liefert einen Mittelwert von 180 €. Dieser Wert liegt nicht im angegebenen Ablehnungsbereich, die Nullhypothese wird nicht verworfen.

In Variante 3 liegt das Stichprobenergebnis von 180 € ganz knapp über dem oberen kritischen Wert von 179,65. Die Nullhypothese wird abgelehnt.

b) Eine Erhöhung des Signifikanzniveaus führt zu einer Vergrößerung des Ablehnungsbereichs. Die Wahrscheinlichkeit der Ablehnung der Nullhypothese und damit auch die Wahrscheinlichkeit einer Fehlentscheidung (Ablehnung der Nullhypothese, obwohl sie richtig ist) steigt.

Die angegebene Standardabweichung der Grundgesamtheit und der Stichprobenumfang verändern die Streuung der Zufallsvariablen $\overline{X}$. Eine größere Streuung in der Grundgesamtheit hat auch eine größere Streuung von $\overline{X}$ zur Folge. Die möglichen Stichprobenmittelwerte können dann sehr unterschiedlich ausfallen. Ein größerer Stichprobenumfang hat eine geringere Streuung von $\overline{X}$ zur Folge. Die möglichen Stichprobenwerte variieren nicht so stark. Insgesamt bewirkt eine Erhöhung der Streuung von $\overline{X}$ eine Verkleinerung des Ablehnungsbereichs.

Anwendung A_2502_Hypothesentest_Signifikanzniveau

Die Anwendung besteht aus einem Tabellenblatt „Simulation".

In der **Simulation** wird die Situation eines Signifikanztests elektronisch simuliert. Aus einer gleichverteilten Grundgesamtheit mit bekanntem Erwartungswert und bekannter Streuung wird eine Zufallsstichprobe gezogen. Das arithmetische Mittel der Stichprobe wird mit dem Ablehnungsbereich des Hypothesentests verglichen. Der Test kann einzeln (Schaltfläche „1 Stichpr.") oder 100-fach (Schaltfläche „100 Stpr.") bzw. 1000-fach (Schaltfläche „1000 Stpr.") durchgeführt werden.

Der Hypothesentest führt (je nach „zufälligem" Stichprobenergebnis) zur Nicht-Ablehnung bzw. Ablehnung der Nullhypothese. Die Anzahl der Ablehnungen in einer Folge von Tests wird ermittelt und als Anteil ausgewiesen. Dieser Anteil kann mit dem vorgegebenen Signifikanzniveau verglichen werden. Damit wird die Bedeutung des Signifikanzniveaus als Fehlerwahrscheinlichkeit beim Hypothesentest veranschaulicht.

A_2502: Aufgaben

Als Grundgesamtheit (Zufallsvariable X) wird eine Gleichverteilung (Urne mit den Kugeln 0 bis 100) angenommen. Die Zufallsvariable X hat damit einen Erwartungswert von 50,0 und eine Standardabweichung von 28,8675. Aus der Grundgesamtheit werden 35 Elemente entnommen. Dies entspricht einer Ziehung von 35 Kugeln aus der Urne „mit Zurücklegen".

Die Punktschätzung $\bar{x}$ ist das arithmetische Mittel der 35 Einzelwerte der Stichprobe. Zur Berechnung des Ablehnungsbereichs des Tests werden die Varianz der Grundgesamtheit (28,8675) und ein vorgegebenes Signifikanzniveau verwendet. Die Berechnung erfolgt mit dem Quantil der Standardnormalverteilung, da der Stichprobenumfang hinreichend groß ist.

Führen Sie das Zufallsexperiment zunächst einzeln durch. Beachten Sie dabei den jeweiligen Schätzwert $\bar{x}$ und den sich verändernden Ablehnungsbereich. Führen Sie das Zufallsexperiment danach mehrfach (100- bzw. 1000-mal) durch und vergleichen Sie den Anteil der Ablehnungen mit dem vorgegebenen Signifikanzniveau. Verändern Sie das Signifikanzniveau und wiederholen Sie das Experiment.

A_2502: Lösungshinweise

Die einmalige Ziehung der Zufallsstichprobe liefert ein arithmetisches Mittel $\bar{x}$ (=> blaues Symbol in der Grafik) als Schätzwert des Erwartungswerts der Grundgesamtheit (=> grünes Symbol). Der Ablehnungsbereich des Tests (=> roter Bereich in der Grafik) liegt symmetrisch um den Erwartungswert der Grundgesamtheit. Die Berechnung des Ablehnungsbereichs ist abhängig vom gewählten Signifikanzniveau und der Streuung der Grundgesamtheit. Dieser Bereich bleibt damit – unabhängig von den Stichprobenergebnissen – unverändert.

Das gewählte Signifikanzniveau (z.B. 10%) soll „garantieren", dass die Wahrscheinlichkeit einer Fehlentscheidung beim Hypothesentest nicht sehr groß ist (z.B. höchstens 10%). Auch die äußeren Werte im Ablehnungsbereich können zu einer Grundgesamtheit gemäß der Nullhypothese gehören. Da diese Werte allerdings mit einer geringen Wahrscheinlichkeit (von z.B. höchstens 10%) vorkommen, führen Stichprobenergebnisse aus diesem Bereich zur Ablehnung.

Die nachfolgende Abbildung zeigt das Ergebnis für 100 Stichproben. Die Nullhypothese wurde 11-mal abgelehnt. Damit liegt der Anteil der Ablehnungen nahe beim vorgegebenen Signifikanzniveau von 10%. Die Ergebnisse der 100- bzw. 1000-fachen Zufallsexperimente werden in den meisten Fällen Ablehnungsanteile ähnlich dem Signifikanzniveau liefern.

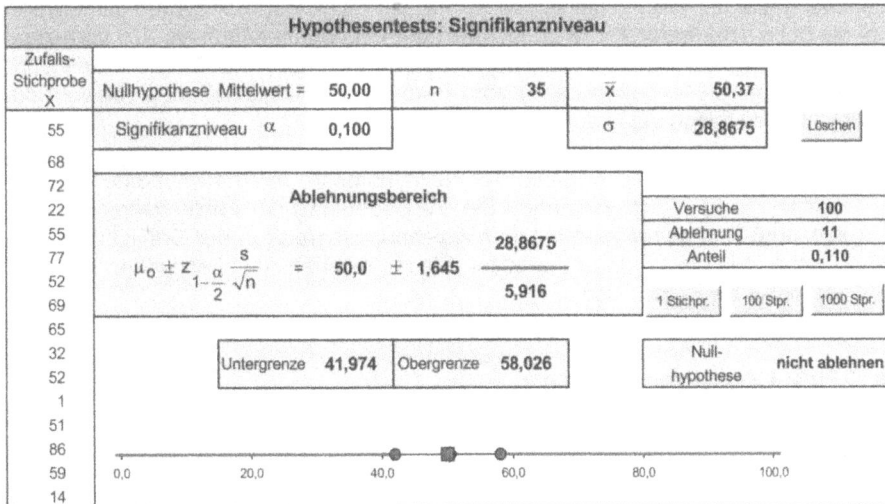

Hypothesentests: Signifikanzniveau						
Zufalls-Stichprobe X	Nullhypothese Mittelwert =	50,00	n	35	$\bar{x}$	50,37
55	Signifikanzniveau α	0,100			σ	28,8675	Löschen
68						
72		Ablehnungsbereich			Versuche	100
22					Ablehnung	11
55			28,8675		Anteil	0,110
77	$\mu_0 \pm z_{1-\frac{\alpha}{2}} \frac{s}{\sqrt{n}}$ =	50,0 $\pm$ 1,645				
52			5,916		1 Stichpr.	100 Stpr.	1000 Stpr.
69						
65						
32	Untergrenze	41,974	Obergrenze	58,026	Null-hypothese	nicht ablehnen
52						
1						
51						
86						
59	0,0	20,0	40,0	60,0	80,0	100,0
14						

A_2502_Hypothesentest_Signifikanzniveau

Anwendung A_2503_Hypothesentest_Fehler_1.+2.Art

Die Anwendung besteht aus einem Tabellenblatt „Simulation":

- In der **Simulation** wird ein einseitiger Signifikanztest für den Erwartungswert einer normalverteilten Zufallsvariablen durchgeführt. Verteilungen der Zufallsvariablen $\bar{X}$ (bei Gültigkeit der Nullhypothese bzw. der Alternativhypothese) werden in der Grafik zusammen mit dem Ablehnungsbereich dargestellt. Die Wahrscheinlichkeiten für den Fehler 1. Art und den Fehler 2. Art werden veranschaulicht.

A_2503: Aufgaben

In dieser Simulation werden – in 3 Zahlenvarianten – für einen Signifikanztest Nullhypothese, Alternativhypothese und die Fehler 1. bzw. 2. Art angegeben und grafisch dargestellt. Die Nullhypothese lautet: Die durchschnittlichen Konsumausgaben (pro Woche) der Touristen in einem Ferienort sind kleiner gleich 170 €.

Dieser einseitige Test soll zeigen, dass sich die Konsumausgaben erhöht haben. Der Ablehnungsbereich des Hypothesentests liegt daher rechts von 170. Seine Berechnung hängt ab vom angegebenen Signifikanzniveau (Fehler 1. Art), von der Streuung der Konsumausgaben in der Grundgesamtheit (angegebene Standardabweichung von 15 €) und dem Stichprobenumfang. Die Verteilung der Zufallsvariablen $\overline{X}$ wurde mit einem Stichprobenumfang von 25 berechnet!

Zur Veranschaulichung der Bedeutung des Fehlers 2. Art wird eine Verteilung der Zufallsvariablen $\overline{X}$ bei Gültigkeit der Alternativhypothese grafisch dargestellt. Diese Verteilung gibt die Wahrscheinlichkeiten für alle möglichen Stichprobenmittelwerte an, die bei einem anderen Erwartungswert der Grundgesamtheit als 170 vorliegen. Der Ablehnungsbereich des Tests trennt den Bereich der Ablehnung der Nullhypothese (obwohl diese gelten kann) vom Bereich der Nichtablehnung (obwohl die Nullhypothese falsch sein kann).

a) Interpretieren Sie die Angaben für Nullhypothese, Alternativhypothese sowie Fehler 1. und 2. Art. Vollziehen Sie die Bedeutung der Fehlerwahrscheinlichkeiten im Zusammenhang mit dem Ablehnungsbereich in der Grafik nach.
b) Löschen Sie die Werte und arbeiten Sie mit eigenen Angaben weiter. Interpretieren Sie die Ergebnisse!

A_2503: Lösungshinweise

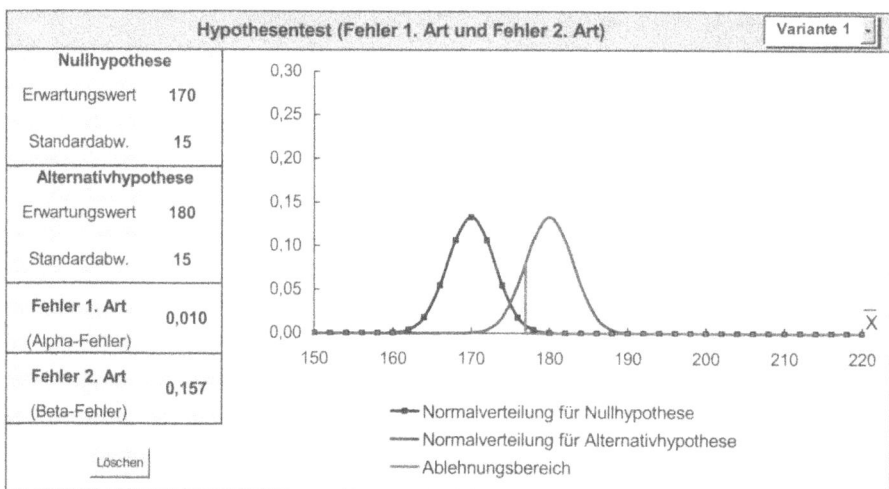

A_2503_Hypothesentest_Fehler_1.+2.Art

In der Simulation wird die Verteilung der Zufallsvariablen $\bar{X}$ – bei Gültigkeit der Nullhypothese – als Normalverteilung mit dem Erwartungswert der Grundgesamtheit von 170 € und der Streuung von 15/5 € grafisch (schwarz) dargestellt. Diese Verteilung sagt aus, dass der Großteil aller möglichen Stichprobenmittelwerte in der Nähe von 170 € liegen wird. Die Streuung der Stichprobenmittel hängt dabei von der Standardabweichung in der Grundgesamtheit (15 €) und dem angenommenen Stichprobenumfang (25 Befragte) ab. Diese Parameter beeinflussen auch den Ablehnungsbereich des Tests, wobei zusätzlich das festgelegte Signifikanzniveau (Fehler 1. Art) zum Tragen kommt.

Bei Gültigkeit der Alternativhypothese (Durchschnittsausgaben haben sich auf 180 € erhöht) resultiert eine Normalverteilung der Zufallsvariablen $\bar{X}$, die einen Erwartungswert von 180 € und eine Standardabweichung von 15/5 € aufweist.

In Variante 1 (siehe Abb.) liegt bei einem Signifikanzniveau von 1% ein Fehler 2. Art von 15,7% vor. Die Wahrscheinlichkeit, die Nullhypothese abzulehnen, obwohl sie richtig ist, beträgt 1%. Die Wahrscheinlichkeit, die Nullhypothese nicht abzulehnen, obwohl sie falsch und die Alternativhypothese richtig ist, beträgt 15,7%. Der Fehler 1. Art ist die Fläche unter der (schwarzen) Dichtefunktion der Normalverteilung von $\bar{X}$ (bei Gültigkeit der Nullhypothese) im Ablehnungsbereich. Der Fehler 2. Art ist die Fläche unter der (blauen) Dichtefunktion der Normalverteilung von $\bar{X}$ (bei Gültigkeit der Nullhypothese) im Nicht-Ablehnungsbereich.

In den Varianten 2 und 3 erhöht sich (bei sonst gleichen Angaben) das Signifikanzniveau auf 5% bzw. 10%. Diese Erhöhung bedeutet eine Vergrößerung des Fehlers 1. Art, d.h. der Wahrscheinlichkeit, die Nullhypothese fälschlicherweise abzulehnen. Dies hat zur Folge, dass sich gleichzeitig der Fehler 2. Art reduziert. Die Wahrscheinlichkeit, die Nullhypothese nicht abzulehnen, obwohl sie falsch ist, wird geringer.

Die Simulation zeigt, dass die Wahl eines niedrigen Signifikanzniveaus zwar eine Reduktion der Fehlerwahrscheinlichkeit (1. Art) bedeutet. Die Tatsache, dass in der Grundgesamtheit eine Verteilung gemäß der Alternativhypothese vorliegen kann, bewirkt aber einen gleichzeitigen Anstieg des Fehlers 2. Art.

26. Ausgewählte Testverfahren

26.1 Grundlagen

Hypothesentest für Parameter quantitativer Variablen

Test für E(X) = μ bei Normalverteilung und bekannter Varianz σ^2

- Testgröße

$$V = \frac{\overline{X} - \mu_0}{\sigma} \sqrt{n} \qquad \text{mit V standardnormalverteilt } N(0;1)$$

- Grenzen des Ablehnungsbereichs (nicht standardisiert)

$$\mu_0 - z_{1-\alpha}\, \sigma / \sqrt{n} \qquad \text{für die Hypothese } H_0: \mu \geq \mu_0$$

$$\mu_0 + z_{1-\alpha}\, \sigma / \sqrt{n} \qquad \text{für die Hypothese } H_0: \mu \leq \mu_0$$

$$\mu_0 \pm z_{1-\alpha/2}\, \sigma / \sqrt{n} \qquad \text{für die Hypothese } H_0: \mu = \mu_0$$

Test für μ bei Normalverteilung und unbekannter Varianz (t-Test)

- Testgröße

$$V = \frac{\overline{X} - \mu_0}{S} \sqrt{n} \qquad \text{mit } V \sim t(n-1)\text{-verteilt}$$

- Grenzen des Ablehnungsbereichs (nicht standardisiert)

$$\mu_0 - t_{1-\alpha;n-1}\, s / \sqrt{n} \qquad \text{für die Hypothese } H_0: \mu \geq \mu_0$$

$$\mu_0 + t_{1-\alpha;n-1}\, s / \sqrt{n} \qquad \text{für die Hypothese } H_0: \mu \leq \mu_0$$

$$\mu_0 \pm t_{1-\alpha/2;n-1}\, s / \sqrt{n} \qquad \text{für die Hypothese } H_0: \mu = \mu_0$$

Test für E(X) = μ bei unbekannter Verteilung und hinreichend großem Stichprobenumfang (n > 30)

- Testgröße

$$V = \frac{\overline{X} - \mu_0}{S} \sqrt{n} \qquad \text{mit } V \sim N(0;1) \text{ - verteilt}$$

- Grenzen des Ablehnungsbereichs (nicht standardisiert)

$$\mu_0 - z_{1-\alpha}\, s/\sqrt{n} \qquad \text{für die Hypothese } H_0: \mu \geq \mu_0$$

$$\mu_0 + z_{1-\alpha}\, s/\sqrt{n} \qquad \text{für die Hypothese } H_0: \mu \leq \mu_0$$

$$\mu_0 \pm z_{1-\alpha/2}\, s/\sqrt{n} \qquad \text{für die Hypothese } H_0: \mu = \mu_0$$

Hypothesentest für den Anteilswert qualitativer Variablen

Test für den Anteilswert p

- bei Erfüllung der Approximationsbedingungen $n\overline{p} \geq 5$ <u>und</u> $n(1-\overline{p}) \geq 5$

Testgröße

$$V = \frac{\overline{P} - p_0}{\sqrt{\dfrac{p_0(1-p_0)}{n}}} \qquad \text{mit } V \sim N(0;1) \text{ –verteilt}$$

- Grenzen des Ablehnungsbereichs (nicht standardisiert)

$$p_0 - z_{1-\alpha} \sqrt{\frac{p_0(1-p_0)}{n}} \qquad \text{für die Hypothese } H_0: p \geq p_0$$

$$p_0 + z_{1-\alpha} \sqrt{\frac{p_0(1-p_0)}{n}} \qquad \text{für die Hypothese } H_0: p \leq p_0$$

$$p_0 \pm z_{1-\alpha/2} \sqrt{\frac{p_0(1-p_0)}{n}} \qquad \text{für die Hypothese } H_0: p = p_0$$

Chi-Quadrat-Anpassungstest (Test auf Verteilung)

Chi-Quadrat-Anpassungstest

- Testgröße $V = \sum_{j=1}^{m} \dfrac{(f_j - e_j)^2}{e_j}$ wobei V ~ Chi-Quadrat-verteilt
mit m-1 Freiheitsgraden,
wenn $e_j \geq 5$ für alle j

- Grenze des Ablehnungsbereichs $\chi^2_{1-\alpha;m-1}$

Chi-Quadrat-Unabhängigkeitstest

Chi-Quadrat-Unabhängigkeitstest

- Testgröße $V = \sum_{j=1}^{m}\sum_{k=1}^{l} \dfrac{(f_{jk} - e_{jk})^2}{e_{jk}}$ wobei V ~ Chi-Quadrat-verteilt
mit (m-1)(l-1) Freiheitsgraden,
wenn $e_{jk} \geq 5$ für alle j und k

- Grenze des Ablehnungsbereichs $\chi^2_{1-\alpha;(m-1)(l-1)}$

Test auf linearen Zusammenhang (F-Test)

F-Test

- Testgröße $V = \dfrac{1/k\sum_{i=1}^{n}(\hat{y}_i - \bar{y})^2}{1/l\sum_{i=1}^{n}(y_i - \hat{y}_i)^2}$ wobei V ~ F-verteilt
mit k und l Freiheitsgraden

- Grenze des Ablehnungsbereichs $F_{1-\alpha;k;l}$

Hypothesentest mit Excel

Grundlagen des Hypothesentests mit Excel

Bei der konventionellen Vorgehensweise des Hypothesentests wird ein Signifikanzniveau für die Testentscheidung vorgegeben. Man ermittelt den Ablehnungsbereich, vergleicht den Stichprobenwert mit diesem Bereich und trifft die Entscheidung. Excel bietet neben dieser klassischen Variante noch eine andere Vorgehensweise an.

Von Excel wird (bei den Tests im Funktions-Assistenten bzw. in den Analyse-Funktionen) eine Signifikanz-Wahrscheinlichkeit berechnet, mit der der beobachtete bzw. berechnete Wert eintritt. Ist diese Wahrscheinlichkeit sehr hoch, kann die Nullhypothese beibehalten werden. Ist die Signifikanz-Wahrscheinlichkeit niedrig (z.B. unter 10%, 5% oder 1%), kann die Nullhypothese abgelehnt werden. Die Signifikanz-Wahrscheinlichkeit kann als „maximales" Signifikanzniveau (maximale Fehlerwahrscheinlichkeit bei Ablehnung der Nullhypothese) interpretiert werden. Für die Hypothese $\mu \leq \mu_0$ ergibt sich die nachfolgende grafische Darstellung.

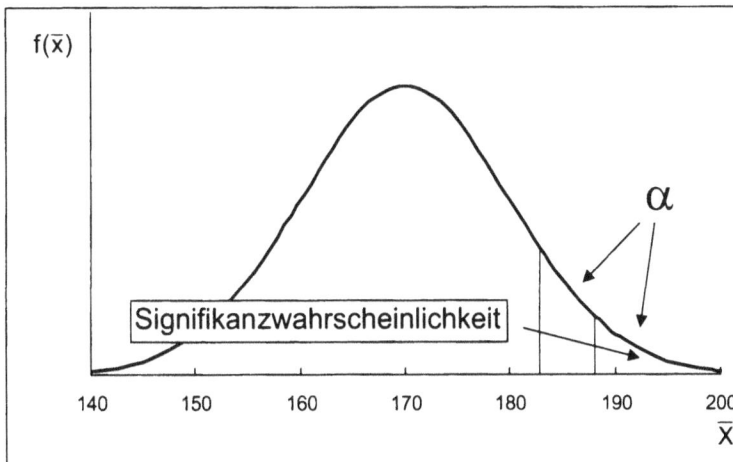

Abb. 26.1: Vergleich von Signifikanzniveau und Signifikanz-Wahrscheinlichkeit

In der Abbildung 26.1 sind folgende Wahrscheinlichkeiten zu erkennen:

Signifikanzniveau α: P (V im Ablehnungsbereich) = 0,1000 = 10,00%
Signifikanz-Wahrscheinlichkeit: P (V größer kritischer Wert) = 0,0359 = 3,59 %.

Die Wahrscheinlichkeit, dass die Testgröße größer als der kritische Wert ist, beträgt nur 3,59% und ist damit kleiner als das (vorgegebene) Signifikanzniveau von 10%. Die Testgröße liegt deutlich im Ablehnungsbereich und die Nullhypothese wird abgelehnt. Die Wahrscheinlichkeit von 3,59% kann als exakte Fehlerwahrscheinlichkeit für die Nullhypothese bezeichnet werden.

Hinweise zum zweiseitigen Test mit Excel

Von Excel werden zuweilen Signifikanz-Wahrscheinlichkeiten für einseitige Tests ausgegeben, die auch für zweiseitige Fragestellungen verwendet werden sollen. Die ausgegebenen Wahrscheinlichkeiten P (V $\leq$ v $\cup$ V $\geq$ v) werden dann mit der Hälfte des vorgegebenen Signifikanzniveaus α verglichen, um die Signifikanz des Stichprobenergebnisses feststellen zu können (siehe interaktive Excel-Anwendung A_2601).

Test für den Erwartungswert μ einer Normalverteilung bei bekannter Varianz der Grundgesamtheit

In Excel wird die Funktion **GTEST** (für Gauß-Test) angeboten. Wenn die Einzel-werte der Stichprobe in einer Excel-Datei abgelegt sind, kann mit der Funktion GTEST (unter Angabe der Spalte mit den Stichprobenwerten, der Nullhypothese und der Standardabweichung der Grundgesamtheit) die Wahrscheinlichkeit dafür angegeben werden, dass die Realisation der Testgröße kleiner als der angegebe-ne Wert der Nullhypothese sein kann. ACHTUNG: Im Excel-Hilfsfenster von GTEST wird angezeigt, dass die zweiseitige Prüfstatistik vorliegt. Dies ist ein Do-kumentationsfehler: geliefert wird die einseitige Wahrscheinlichkeit!

Die nachfolgende Abbildung 26.2 zeigt das Ergebnis der Funktion GTEST für die Testsituation der interaktiven Excel-Anwendung A_2602 (Simulation 1, Variante 1). Die Stichprobenwerte sind in den Zellen A1 bis A16 angegeben, die Nullhypo-these lautet „Erwartungswert ist gleich 50" und die (bekannte) Standardabwei-chung der Grundgesamtheit beträgt 8. Die Signifikanz-Wahrscheinlichkeit von 0,000889 zeigt eine hochsignifikante Abweichung des Stichprobenmittels vom Er-wartungswert der Nullhypothese an. Die Signifikanz-Wahrscheinlichkeit ist niedri-ger als die üblicherweise gewählten Signifikanzniveaus von 10%, 5% bzw. 1%.

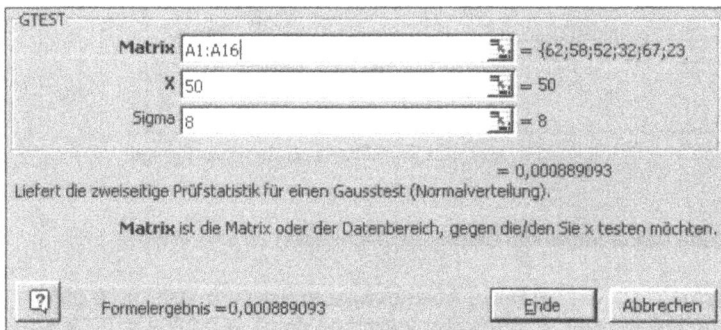

Abb. 26.2: GTEST mit dem Excel-Funktions-Assistenten

Alternativ kann auch die Excel-Funktion **NORMVERT** zur Berechnung der Signifi-kanz-Wahrscheinlichkeit angewandt werden. Hierzu wird der Wert der Verteilungs-funktion (bei Mittelwert 0 und Standardabweichung 1) von 1 abgezogen!

Test für den Erwartungswert µ einer Normalverteilung bei unbekannter Varianz der Grundgesamtheit (t-Test)

In Excel wird die Funktion **TTEST** angeboten, die grundsätzlich für den Vergleich von zwei Stichproben vorgesehen ist. Die Funktion kann auch für den einfachen t-Test herangezogen werden. Dabei wird im Bereich **Matrix2** des Funktionsfensters der Wert der Nullhypothese mehrfach eingegeben.

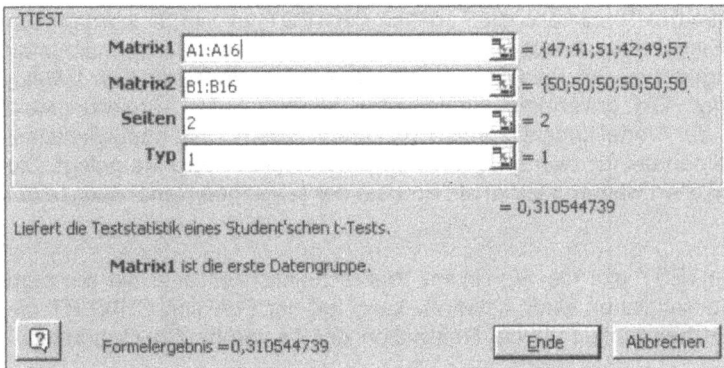

Abb. 26.3: TTEST mit dem Excel-Funktions-Assistenten

Die obige Abbildung zeigt die Anwendung der Funktion TTEST für das Beispiel der interaktiven Excel-Simulation A_2601, Simulation 2, Variante 1. Die Stichprobenwerte stehen in den Zellen A1 bis A16, die Werte der Nullhypothese (=50) stehen 16-mal in den Zellen B1 bis B16.

Der Test ist zweiseitig (**Seiten** = 2). Im Hilfsfenster ist für **Typ** „1" einzugeben. Die ausgegebene Signifikanz-Wahrscheinlichkeit von 0,3105 zeigt an, dass die Nullhypothese bei einem üblichen Signifikanzniveau von 10% oder kleiner nicht abgelehnt werden kann.

Dasselbe Ergebnis erhalten wir mit der Funktion **TVERT**, die Wahrscheinlichkeiten für Quantile der t-Verteilung ausgibt. Hier muß der positive Wert der Testgröße eingegeben werden. Falls die Realisation der Testgröße negativ ist, muß innerhalb der Funktion TVERT zusätzlich die Excel-Funktion ABS für den Testwert verwendet werden. Als Ergebnis wie die Signifikanz-Wahrscheinlichkeit angezeigt.

Test für den Erwartungswert E(X) = µ bei unbekannter Varianz der Grundgesamtheit und großem Stichprobenumfang

In Excel kann der Test mit der oben erläuterten Funktion **GTEST** durchgeführt werden. Im Eingabefeld **Sigma** ist jetzt (wegen der unbekannten Streuung der Grundgesamtheit) die Standardabweichung der Stichprobe einzugeben.

Alternativ kann direkt mit **NORMVERT** gearbeitet werden, wenn der Wert der Testgröße vorher berechnet wurde.

Test für den Anteilswert

Dieser Test wird in Excel nicht standardmäßig angeboten. Im halb-automatischen Verfahren kann mit der Funktion **NORMVERT** gearbeitet werden. Dabei wird die Signifikanz-Wahrscheinlichkeit für den Wert der Testgröße abgerufen.

Chi-Quadrat-Anpassungstest und -Unabhängigkeitstest

Für beide Chi-Quadrat-Tests kann die Funktion **CHITEST** verwendet werden. Dabei werden im Eingabefeld **Beob_Meßwerte** des Hilfsfensters die beobachteten Häufigkeiten eingegeben. Im Feld **Erwart_Werte** werden die erwarteten Häufigkeiten zugeordnet. Die erwarteten Häufigkeiten werden beim Anpassungstest ausgehend von der Verteilungshypothese berechnet. Beim Unabhängigkeitstest wird eine Mehrfeldertafel für zwei qualitative Zufallsvariablen zugrunde gelegt. Die erwartete Häufigkeiten werden hierbei als Produkt der jeweiligen Randhäufigkeiten berechnet.

Die Funktion CHITEST gibt die Signifikanz-Wahrscheinlichkeit aus, die mit dem Signifikanzniveau verglichen wird. Alternativ kann mit der Funktion CHIVERT die Signifkanz-Wahrscheinlichkeit für die Realisation der Testgröße Chi-Quadrat berechnet werden.

Test auf Gleichheit von Mittelwerten (t-Test für 2 Stichproben)

In den Excel-Analyse-Funktionen werden zahlreiche t-Tests angeboten. Die nachfolgende Abb. 26.4 zeigt das Ergebnis für den 2-Stichproben-t-Test bei ungleichen Varianzen. Erläuterungen hierzu finden sich in der interaktiven Excel-Anwendung A_2608.

Zweistichproben t-Test unter der Annahme unterschiedlicher Varianzen		
	Variable 1	Variable 2
Mittelwert	43,625	40,938
Varianz	37,850	37,796
Beobachtungen	16	16
Hypothetische Differenz der Mittelwerte	0	
Freiheitsgrade (df)	30	
t-Statistik	1,23599285	
P(T<=t) einseitig	0,113025946	
Kritischer t-Wert bei einseitigem t-Test	1,697260359	
P(T<=t) zweiseitig	0,226051892	
Kritischer t-Wert bei zweiseitigem t-Test	2,042270353	

Abb. 26.4: Zweistichproben-t-Test mit Excel-Analysefunktion

26.2 Interaktive Excel-Anwendungen (Download)

📁 Anwendung A_2601_Mittelwert-Tests_zweiseitig

Die Anwendung besteht aus drei Tabellenblättern „Simulation 1" bis „Simulation 3".

In der Anwendung wird der zweiseitige Hypothesentest für den Erwartungswert einer Zufallsvariablen X – abhängig von der Verteilung der Grundgesamtheit, der bekannten bzw. unbekannten Varianz und der Stichprobengröße – dargestellt. Aus einer Stichprobe wird das arithmetische Mittel berechnet und dem Mittelwert aus der Nullhypothese gegenübergestellt.

Der Ablehnungsbereich für den Signifikanztest wird berechnet und grafisch dargestellt. Falls das Stichprobenmittel im Ablehnungsbereich liegt, wird die Ablehnung der Nullhypothese (rot) angezeigt; falls das Stichprobenmittel nicht im Ablehnungsbereich liegt, wird die Nullhypothese nicht verworfen. Es erscheint der (grüne) Text „nicht ablehnen".

Zusätzlich wird der Wert der Testgröße angegeben. Die Signifikanz-Wahrscheinlichkeit für diesen Wert wird (zusammen mit dem Signifikanzniveau) ausgewiesen.

In **Simulation 1** wird der Test für den Erwartungswert einer normalverteilten Grundgesamtheit bei bekannter Varianz durchgeführt.

In **Simulation 2** wird der Test für den Erwartungswert einer normalverteilten Grundgesamtheit bei unbekannter Varianz durchgeführt. Der Stichprobenumfang beträgt maximal 30.

In **Simulation 3** wird der Test für den Erwartungswert einer Grundgesamtheit mit unbekannter Verteilung und unbekannter Varianz durchgeführt. Es liegt eine hinreichend große Stichprobe (größer 30) vor.

A_2601: Aufgaben

In den 3 Simulationen wird die Zufallsvariable X verwendet, die den monatlichen Ausgaben von Studenten für Bücher (in €) entspricht.

* **A_2601: Simulation 1**

In der Simulation 1 wird angenommen, die Zufallsvariable X sei normalverteilt und die Streuung sei (z.B. aus einer früheren Erhebung) bekannt. Die Ergebnisse einer Zufallsstichprobe zeigen – in 3 Zahlenvarianten – die Ausgaben von 16 bzw. 14 Studenten an. Das Signifikanzniveau wird mit 10%, 5% bzw. 1% vorgegeben.

a) Beurteilen Sie die Ergebnisse des Hypothesentests auf Basis des Ablehnungsbereichs und der Signifikanz-Wahrscheinlichkeit.
b) Verändern Sie einzelne Werte in den (weißen) Eingabefeldern und beobachten Sie die Auswirkungen.
c) Löschen Sie alle Angaben und arbeiten Sie mit eigenen Werten weiter. Interpretieren Sie die Ergebnisse.

- **A_2601: Simulation 2**

Hier wird ebenfalls eine normalverteilte Zufallsvariable X unterstellt. Die Streuung der Grundgesamtheit ist unbekannt. Die Ergebnisse einer (kleinen) Zufallsstichprobe zeigen – in 3 Zahlenvarianten – die Ausgaben von 16 bzw. 14 Studenten an. Das Signifikanzniveau wird mit 10%, 5% bzw. 1% vorgegeben.

a) Beurteilen Sie die Ergebnisse des Hypothesentests auf Basis des Ablehnungsbereichs und der Signifikanz-Wahrscheinlichkeit.
b) Verändern Sie einzelne Werte in den (weißen) Eingabefeldern und beobachten Sie die Auswirkungen.
c) Löschen Sie alle Angaben und arbeiten Sie mit eigenen Werten weiter. Interpretieren Sie die Ergebnisse.

- **A_2601: Simulation 3**

In Simulation 3 sind Verteilung und Streuung der Zufallsvariablen X in der Grundgesamtheit unbekannt. Die Ergebnisse einer (hinreichend großen) Zufallsstichprobe zeigen – in 3 Zahlenvarianten –die Ausgaben von 32 Studenten an. Das Signifikanzniveau wird mit 10%, 5% bzw. 1% vorgegeben.

a) Beurteilen Sie die Ergebnisse des Hypothesentests auf Basis des Ablehnungsbereichs und der Signifikanz-Wahrscheinlichkeit.
b) Verändern Sie einzelne Werte in den (weißen) Eingabefeldern und beobachten Sie die Auswirkungen.
c) Löschen Sie alle Angaben und arbeiten Sie mit eigenen Werten weiter. Interpretieren Sie die Ergebnisse.

A_2601: Lösungshinweise

- **Lösungshinweise A_2601: Simulation 1**

In <u>Variante 1</u> (siehe Abb.) wird getestet, ob die monatlichen Ausgaben der Studenten für Bücher gleich 50 € sind. Diese Hypothese kann aus den Ergebnissen einer früheren Studie abgeleitet sein. Die Zufallsvariable „Ausgaben" wird als normalverteilt mit einer Standardabweichung von 8 € angenommen. Das Signifikanzniveau wird auf 0,1 festgelegt, d.h. die Wahrscheinlichkeit einer Ablehnung der Nullhypothese, obwohl sie richtig ist, beträgt 10%. Die durchschnittlichen Ausgaben der 16 Studenten für Bücher betragen 46,625 €.

Der Ablehnungsbereich des Tests wird mit den Quantilen der Wahrscheinlichkeit (1-α/2) aus der Normalverteilung (1,645), der Standardabweichung der Grundgesamtheit und dem Stichprobenumfang berechnet. Stichprobenergebnisse, die kleiner 46,710 € bzw. größer 53,290 € sind, unterscheiden sich so deutlich vom hypothetischen Mittelwert 50 €, dass die Nullhypothese abgelehnt wird. Dies ist hier der Fall.

Zusätzlich wird der Wert der standardisierten Testgröße mit -1,6875 angegeben. Dies drückt aus, dass das Stichprobenergebnis von 46,625 € um 1,6875 Einheiten der Standardabweichung unterhalb des (angenommenen) Erwartungswerts von 50 € liegt. Da dieser Wert kleiner als -1,645 ist, kommt dadurch ebenfalls die Ablehnung der Nullhypothese zum Ausdruck. Die Wahrscheinlichkeit für Werte der Testgröße kleiner 1,6875 beträgt 0,0458. Dies zeigt, dass der Wert der Testgröße im „unwahrscheinlichen" äußeren Bereich der Normalverteilung liegt. Da 0,0458 als Signifikanz-Wahrscheinlichkeit kleiner als $\alpha/2$ (Hälfte des Signifikanzniveaus) ist, ist das Stichprobenergebnis signifikant verschieden von 50 €. Diese „exakte" Signifikanz des Testergebnisses ist niedriger als das vorgegebene $\alpha/2$.

Die Angabe der Signifikanz-Wahrscheinlichkeit entspricht dem Ergebnis der Excel-Funktion **GTEST** mit den Angaben 1-GTEST(A4:A19;D3;H4).

Hypothesentest: Normalverteilung, bekannte Varianz				Variante 1

Stichprobe				
X	H_0: Mittelwert = 50	n	16	$\overline{x}$ 46,625 / Löschen
47	Signifikanzniveau α 0,1			σ 8
41				
51	**Grenzen des Ablehnungsbereichs**			**Testgröße**
42				
49			8	
57	$\mu_0 \pm z_{1-\frac{\alpha}{2}} \frac{\sigma}{\sqrt{n}} = 50 \pm 1,645$			$V = \frac{\overline{X} - \mu_0}{\sigma}\sqrt{n} = -1,6875$
37			4	
34				
69				Signifikanz-Wahrsch. 0,0458
28	Kritischer	Kritischer		
55	=> Wert unten 46,710	Wert oben 53,290		Signifikanzniveau / 2 0,0500
29				
33				
47				
58	0 10 20 30 40 50 60 70 80 90 100			Nullhypothese ablehnen
69				

A_2601_Mittelwert-Tests_zweiseitig (Tabellenblatt „Simulation 1")

In Variante 2 liegen nur 14 Stichprobenwerte vor. Die Durchschnittsausgaben betragen 44,21 €. Das Signifikanzniveau wurde auf 5% gesenkt. Die Nullhypothese wird abgelehnt. Dies zeigt die grafische Darstellung des Ablehnungsbereichs: 44,21 € ist kleiner als der untere kritische Wert von 45,81 €. Auch die Gegenüberstellung von Signifikanz-Wahrscheinlichkeit (0,34%) und Signifikanzniveau ($\alpha/2$ = 2,5%) führt zur Ablehnungsentscheidung.

In Variante 3 liegen die Durchschnittsausgaben der 14 zufällig ausgewählten Studenten bei 46,79 €. Dieser Wert liegt nicht im Ablehnungsbereich, die Nullhypothese kann beibehalten werden. Die Signifikanz-Wahrscheinlichkeit liegt mit 6,64% deutlich über 0,5% (= $\alpha/2$).

- • **Lösungshinweise A_2601: Simulation 2**

In Variante 1 wird (bei einem Signifikanzniveau von 10%) getestet, ob die monatlichen Ausgaben der 16 zufällig ausgewählten Studenten für Bücher 50 € betragen. Die Zufallsvariable X (Ausgaben) ist normalverteilt, wobei die Varianz nicht bekannt ist. Für den Test muß daher die Standardabweichung der Stichprobe verwendet werden, was einen Einsatz der t-Verteilung erforderlich macht. Diese Situation ist für viele praktische Fragestellungen typisch, daher kommt dieser t-Test auch häufig zur Anwendung.

Die t-Verteilung (Quantil: 1,677) und die Standardabweichung der Stichprobe (12,86 €) beeinflussen die Berechnung des Ablehnungsbereichs. Der Stichprobenmittelwert von 46,63 € liegt nicht im Ablehnungsbereich und ist daher nicht signifikant von 50 € verschieden. Die Nullhypothese wird nicht abgelehnt. Dies zeigt auch die hohe Signifikanz-Wahrscheinlichkeit von 31,05%.

Der Wert von 0,3105 entspricht dem Ergebnis der Excel-Funktion **TTEST** mit den Angaben TTEST(A4:A19;O4:O19;2;1). Hierbei muß der Wert der Nullhypothese von 50 in die Felder O4 bis O19 16mal eingetragen sein. Eine einfachere Berechnung ermöglicht die Funktion **TVERT**, die das Quantil der t-Verteilung für den Wert der Testgröße ermittelt.

Auch in Variante 2 ist (bei einem Signifikanzniveau von 5%) der Stichprobenwert nicht signifikant vom Erwartungswert der Nullhypothese verschieden. Diese wird nicht abgelehnt.

In Variante 3 führt (bei einem Signifikanzniveau von 1%) der sehr niedrige Mittelwert der Stichprobe von 38,5 € zur Ablehnung der Nullhypothese.

- ➢ **Lösungshinweise A_2601: Simulation 3**

Die Testsituationen der Simulation 3 kommen ebenfalls häufig in der Praxis vor. Die Verteilung der Grundgesamtheit ist unbekannt und die Annahme der Normalverteilung ist nicht angezeigt. Ebenfalls unbekannt ist die Streuung der Grundgesamtheit. Diese Tests können nur auf der Basis großer Stichproben durchgeführt werden, was die Verwendung der Normalverteilung nach dem Zentralen Grenzwertsatz (siehe Kapitel 22) ermöglicht.

In Variante 1 wird – bei einem Signifikanzniveau von 10% – die Nullhypothese (Durchschnittsausgaben für Bücher gleich 50 €) getestet. 32 Stichprobenwerte liegen vor und liefern ein arithmetisches Mittel von 54,84 € und eine Standardabweichung von 11,90 €. Das Stichprobenmittel liegt im Ablehnungsbereich. Die Signifikanz-Wahrscheinlichkeit ist mit 1,07% kleiner als 5% ($\alpha/2$). Die Angabe der Signifikanz-Wahrscheinlichkeit entspricht dem Ergebnis der Excel-Funktion **GTEST** mit den Angaben 1-GTEST(A4:A35;D3;H4). Im Feld H4 steht jetzt die berechnete Standardabweichung der Stichprobe.

Die Nullhypothese wird abgelehnt. Offensichtlich haben sich die Ausgaben der Studenten für Bücher seit der Studie, die mit einem Durchschnitt von 50 € die Nullhypothese begründet hat, signifikant erhöht.

Variante 2 geht von derselben Testsituation aus wie Variante 1, nur das Signifikanzniveau beträgt jetzt 5%. Der Mittelwert der Stichprobe (54,84 €) liegt so weit
über dem hypothetischen Wert von 50 €, dass auch bei dem niedrigeren Signifikanzniveau eine Ablehnung der Nullhypothese erfolgt.

In Variante 3 wird das Signifikanzniveau auf 1% festgesetzt, was die Wahrscheinlichkeit für den Fehler 1. Art stark reduziert. Das Stichprobenergebnis (gleiche
Werte wie in den Varianten 1 und 2) ermöglicht jetzt keine Ablehnung der Nullhypothese. Die Signifikanz-Wahrscheinlichkeit von 1,07% ist größer als 0,5% (=
$\alpha/2$).

📁 Anwendung A_2602_Mittelwert-Tests_einseitig

Die Anwendung besteht aus den sechs Tabellenblättern „Simulation 1" bis
„Simulation 6".

Hier wird der einseitige Hypothesentest für den Erwartungswert einer Zufallsvariablen X dargestellt. Der Test ist abhängig von der Verteilung der
Grundgesamtheit, der bekannten bzw. unbekannten Varianz und der Stichprobengröße. Aus einer Stichprobe wird das arithmetische Mittel berechnet
und dem Mittelwert aus der Nullhypothese gegenübergestellt.

Der Ablehnungsbereich für den Signifikanztest wird berechnet und grafisch
dargestellt. Falls das Stichprobenmittel im Ablehnungsbereich liegt, wird die
Ablehnung der Nullhypothese (rot) angezeigt; falls das Stichprobenmittel
nicht im Ablehnungsbereich liegt, wird die Nullhypothese nicht verworfen.
Es erscheint der (grüne) Text „nicht ablehnen". Zusätzlich wird der Wert der
Testgröße angegeben. Die Signifikanz-Wahrscheinlichkeit für diesen Wert
wird (zusammen mit dem Signifikanzniveau) ausgewiesen.

In den **Simulationen 1 bis 3** lautet die **Nullhypothese**: Mittelwert kleiner
gleich 50. Eine Ablehnung der Nullhypothese soll zeigen, dass der Stichprobenmittelwert signifikant größer als 50 ist.

In den **Simulationen 4 bis 6** lautet die **Nullhypothese**: Mittelwert größer
gleich 50. Eine Ablehnung der Nullhypothese soll zeigen, dass der Stichprobenmittelwert signifikant kleiner als 50 ist.

In den **Simulationen 1 und 4** wird der Test für den Erwartungswert einer
normalverteilten Grundgesamtheit bei bekannter Varianz durchgeführt.

In den **Simulationen 2 und 5** wird der Test für den Erwartungswert einer
normalverteilten Grundgesamtheit bei unbekannter Varianz durchgeführt.
Der Stichprobenumfang beträgt maximal 30.

In den **Simulationen 3 und 6** wird der Test für den Erwartungswert einer
Grundgesamtheit mit unbekannter Verteilung und unbekannter Varianz
durchgeführt. Der Stichprobenumfang ist hinreichend groß.

A_2602: Aufgaben

In den 6 Simulationen wird die Zufallsvariable X verwendet, die den monatlichen Ausgaben von Studenten für Bücher (in €) entspricht.

In den Simulationen 1 bis 3 lautet die Nullhypothese „$\mu \leq 50$". Es soll untersucht werden, ob die Ausgaben der Studenten für Bücher im Zusammenhang mit einer Bafög-Erhöhung angestiegen sind.

In den Simulationen 4 bis 6 lautet die Nullhypothese „$\mu \geq 50$". Es soll untersucht werden, ob die Ausgaben der Studenten für Bücher im Zusammenhang mit gestiegenen Lebenshaltungskosten zurückgegangen sind.

- **A_2602: Simulationen 1 und 4**

In den Simulationen 1 und 4 wird angenommen, die Zufallsvariable X sei normalverteilt und die Streuung sei (z.B. aus einer früheren Erhebung) bekannt. Die Ergebnisse einer Zufallsstichprobe zeigen – in 3 Zahlenvarianten – die Ausgaben von 16 Studenten an. Das Signifikanzniveau wird mit 10%, 5% bzw. 1% vorgegeben.

a) Beurteilen Sie die Ergebnisse des Hypothesentests auf Basis des Ablehnungsbereichs und der Signifikanz-Wahrscheinlichkeit.
b) Verändern Sie einzelne Werte in den (weißen) Eingabefeldern und beobachten Sie die Auswirkungen.
c) Löschen Sie alle Angaben und arbeiten Sie mit eigenen Werten weiter. Interpretieren Sie die Ergebnisse.

- **A_2602: Simulationen 2 und 5**

Hier wird ebenfalls eine normalverteilte Zufallsvariable X unterstellt. Die Streuung der Grundgesamtheit ist unbekannt. Die Ergebnisse einer (kleinen) Zufallsstichprobe zeigen – in 3 Zahlenvarianten – die Ausgaben von 16 Studenten an. Das Signifikanzniveau wird mit 10%, 5% bzw. 1% vorgegeben.

a) Beurteilen Sie die Ergebnisse des Hypothesentests auf Basis des Ablehnungsbereichs und der Signifikanz-Wahrscheinlichkeit.
b) Verändern Sie einzelne Werte in den (weißen) Eingabefeldern und beobachten Sie die Auswirkungen.
c) Löschen Sie alle Angaben und arbeiten Sie mit eigenen Werten weiter. Interpretieren Sie die Ergebnisse.

- **A_2602: Simulationen 3 und 6**

In den Simulationen 3 und 6 sind Verteilung und Streuung der Zufallsvariablen X in der Grundgesamtheit unbekannt. Die Ergebnisse einer (hinreichend großen) Zufallsstichprobe zeigen – in 3 Zahlenvarianten – die Ausgaben von 36 Studenten an. Das Signifikanzniveau wird mit 10%, 5% bzw. 1% vorgegeben.

a) Beurteilen Sie die Ergebnisse des Hypothesentests auf Basis des Ablehnungsbereichs und der Signifikanz-Wahrscheinlichkeit.

b) Verändern Sie einzelne Werte in den (weißen) Eingabefeldern und beobachten Sie die Auswirkungen.

c) Löschen Sie alle Angaben und arbeiten Sie mit eigenen Werten weiter. Interpretieren Sie die Ergebnisse.

A_2602: Lösungshinweise

- **Lösungshinweise A_2602: Simulation 1**

Hypothesentest: Normalverteilung, bekannte Varianz						Variante 1 ▾

Stichprobe						
X	H_0: Mittelwert ≤ 50	n	16	$\bar{x}$	56,25	Löschen
62	Signifikanzniveau α 0,1			σ	8	
58						
52	Grenze des Ablehnungsbereichs			Testgröße		
32						
67				8		
23	$\mu_0 + z_{1-\alpha} \dfrac{\sigma}{\sqrt{n}}$ = 50 + 1,2816 $\dfrac{}{4}$			$V = \dfrac{\bar{X} - \mu_0}{\sigma}\sqrt{n}$ =	3,1250	
29						
73						
55				Signifikanz-Wahrsch.	0,0009	
59	=> Kritischer Wert 52,563					
71				Signifikanzniveau	0,1000	
52						
55						
63						
78	0 10 20 30 40 50 60 70 80 90 100			Nullhypothese	ablehnen	
71						

A_2602_Mittelwert-Tests_einseitig (Tabellenblatt „Simulation 1")

In <u>Variante 1</u> (siehe Abb.) wird getestet, ob sich die monatlichen Ausgaben der Studenten für Bücher im Vergleich zu einem früheren Wert (50 €) erhöht haben. Die Zufallsvariable „Ausgaben" wird als normalverteilt mit einer Standardabweichung von 8 € angenommen. Das Signifikanzniveau beträgt 0,1. Die Wahrscheinlichkeit einer Ablehnung der Nullhypothese, obwohl sie richtig ist, liegt damit bei 10%. Die durchschnittlichen Ausgaben der 16 Studenten für Bücher betragen 56,25 €.

Der Ablehnungsbereich des Tests wird mit den Quantilen der Wahrscheinlichkeit $(1-\alpha)$ aus der Normalverteilung (1,2816), der Standardabweichung der Grundgesamtheit und dem Stichprobenumfang berechnet. Stichprobenergebnisse, die größer als 52,56 € sind, überschreiten den hypothetischen Mittelwert von 50 € so deutlich, dass die Nullhypothese abgelehnt wird.

Der Wert der standardisierten Testgröße beträgt 3,125. Dies bedeutet, dass das Stichprobenergebnis von 56,25 € um 3,125 Einheiten der Standardabweichung über dem (angenommenen) Erwartungswert von 50 € liegt. Dieser Wert ist deutlich größer als 1,2816 und bringt damit die Ablehnung der Nullhypothese zum

Ausdruck. Die Wahrscheinlichkeit für Werte der Testgröße größer 3,125 beträgt 0,0009. Dies zeigt, dass der Wert der Testgröße im „unwahrscheinlichen" äußeren Bereich der Normalverteilung liegt. Da 0,0009 als Signifikanz-Wahrscheinlichkeit kleiner als α (Signifikanzniveau) ist, ist das Stichprobenergebnis signifikant höher als 50 €. Diese „exakte" Signifikanz des Testergebnisses ist niedriger als das vorgegebene α. Die Angabe der Signifikanz-Wahrscheinlichkeit entspricht dem Ergebnis der Excel-Funktion **GTEST** mit den Angaben GTEST(A4:A19;D3;H4).

Auch in den Varianten 2 und 3 wird die Nullhypothese abgelehnt. Die Durchschnittsausgaben der 16 zufällig ausgewählten Studenten liegen mit jeweils 56,25 € so weit über dem hypothetischen Wert von 50 €, dass die Ablehnung auch bei einem Signifikanzniveau von 5% bzw. 1% möglich ist. Die Signifikanz-Wahrscheinlichkeit von 0,0009 zeigt dies jeweils deutlich an.

- **Lösungshinweise A_2602: Simulation 2**

Hier wird ein einseitiger t-Test durchgeführt, da die Varianz der Grundgesamtheit nicht bekannt ist und der Stichprobenumfang mit 16 kleiner 30 ist. Durch die Wahl der Nullhypothese wird angestrebt, signifikant höhere Durchschnittsausgaben für Bücher als 50 € in der Stichprobe zu erkennen. Der Stichprobenmittelwert beträgt in allen 3 Varianten 56,25 €. Dies hat eine Signifikanz-Wahrscheinlichkeit von 0,0702 zur Folge.

Während in Variante 1 bei einem Signifikanzniveau von 10% eine Ablehnung der Nullhypothese erfolgt, kann die Nullhypothese in den Varianten 2 und 3 (Signifikanzniveau 5% bzw. 1%) nicht abgelehnt werden. Die Durchschnittsausgaben für Bücher haben sich zwar auf 56,25 € erhöht. Die Erhöhung ist allerdings nicht hoch-signifikant ausgefallen.

- **Lösungshinweise A_2602: Simulation 3**

Die einseitigen Tests in Simulation 3 basieren auf einer normalverteilten Testgröße, die bei unbekannter Verteilung in der Grundgesamtheit wegen des hinreichend großen Stichprobenumfangs (36 Studenten) verwendet werden kann.

Das Stichprobenergebnis (58,61 €) führt in allen 3 Varianten zur Ablehnung der Nullhypothese. Die Signifikanz-Wahrscheinlichkeit von 0,0011 zeigt eine hoch-signifikante Überschreitung des angenommenen Erwartungswerts von 50 € an.

- **Lösungshinweise A_2602: Simulation 4**

Der Hypothesentest soll hier zeigen, dass die durchschnittlichen Ausgaben der Studenten für Bücher zurückgegangen sind. Die Zufallsvariable „Ausgaben" ist normalverteilt bei bekannter Standardabweichung von 8 €.

In den Varianten 1 bis 3 sind die Durchschnittsausgaben in der Stichprobe auf 48,75 € zurückgegangen und liegen damit niedriger als der Wert der Nullhypothese (50 €). Die Signifikanz-Wahrscheinlichkeit für das Stichprobenergebnis beträgt jeweils 0,2660. Der Rückgang der Ausgaben ist damit so gering, dass in allen 3 Varianten keine Ablehnung der Nullhypothese erfolgt. Der Rückgang wird den möglichen „zufälligen" Schwankungen um 50 € zugerechnet.

- **Lösungshinweise A_2602: Simulation 5**

Hypothesentest: Normalverteilung, unbekannte Varianz (t-Test)						Variante 1
Stichprobe						
X	H_0: Mittelwert $\geq$ 50		n	16	$\bar{X}$	48,75
52	Signifikanzniveau α	0,1			s	10,567245	Löschen
58						
52	Grenze des Ablehnungsbereichs				Testgröße	
32						
51				10,56724		
31	$\mu_0 - t_{1-\alpha;n-1}\dfrac{s}{\sqrt{n}}$ = 50 $-$ 1,3406 $\dfrac{}{4}$				$V = \dfrac{\bar{X} - \mu_0}{s}\sqrt{n}$ =	-0,4732
36						
41						
55					Signifikanz-Wahrsch.	0,3215
59	=>	Kritischer Wert	46,458			
71					Signifikanzniveau	0,1000
52						
55						
46						
42	0 10 20 30 40 50 60 70 80 90 100				Nullhypothese	nicht ablehnen
47						

A_2602_ Mittelwert-Tests_einseitig (Tabellenblatt „Simulation 5")

Der einseitige t-Test in Simulation 5 (siehe Abb.) geht – bei kleiner Stichprobe – von einer normalverteilten Grundgesamtheit aus. Die Anwendung der t-Verteilung ergibt eine Signifikanz-Wahrscheinlichkeit von 0,3215 für den Wert der Testgröße.

Der Wert von 0,3215 entspricht dem Ergebnis der Excel-Funktion **TTEST** mit den Angaben TTEST(A4:A19;O4:O19;1;1). Der Wert der Nullhypothese wird in die Felder O4 bis O19 16mal eingetragen. Eine Vereinfachung ermöglicht die Funktion **TVERT**, die das Quantil der t-Verteilung für die Testgröße ermittelt.

Die Durchschnittsausgaben sind mit 48,75 € zwar niedriger als 50 € (Nullhypothese). Dieser Wert ist allerdings noch so hoch, dass in allen 3 Varianten die Nullhypothese beibehalten wird. Die Ausgaben sind nicht signifikant zurückgegangen.

- **Lösungshinweise A_2602: Simulation 6**

Die Tests in Simulation 6 können wegen des großen Stichprobenumfangs von jeweils 36 die Normalverteilung verwenden, obwohl die Verteilung in der Grundgesamtheit nicht bekannt ist. Das Stichprobenmittel von 46,42 € ergibt einen niedrigeren Wert als die in der Nullhypothese unterstellten Durchschnittsausgaben für Bücher von 50 €. Als Signifikanz-Wahrscheinlichkeit ergibt sich 0,0102.

In den Varianten 1 und 2 kann die Nullhypothese abgelehnt werden. Der Stichprobenmittelwert ist bei 10% bzw. 5% Fehlerwahrscheinlichkeit signifikant. In der Variante 3 ist dagegen keine Ablehnung möglich. Die Signifikanz-Wahrscheinlichkeit von 0,0102 liegt knapp über dem Signifikanzniveau von 0,0100. Die Angabe der Signifikanz-Wahrscheinlichkeit entspricht dem Ergebnis der Excel-Funktion **GTEST** mit den Angaben 1-GTEST(A4:A39;D3;H4).

Anwendung A_2603_Anteilswert-Tests_zweiseitig

Die Anwendung besteht aus einem Tabellenblatt „Simulation".

In der **Simulation** wird der zweiseitige Hypothesentest für den Anteilswert einer qualitativen Zufallsvariablen dargestellt. Die Testgröße ist approximativ normalverteilt.

A_2603: Aufgaben

Als qualitative Zufallsvariable wird hier der Ausgabenanteil für „Wohnung, Wasser, Energie" eines Haushalts unterstellt. Die Nullhypothese (27,477%) leitet sich aus dem entsprechenden Anteil im Gewichtungsschema des Preisindex der Lebenshaltung ab. Im Rahmen eines dreiteiligen Forschungsprojekts werden zufällig ausgewählte Haushalte nach dem Anteil ihrer Ausgaben für Wohnung etc. befragt. Ein zweiseitiger Hypothesentest soll Aufschluß darüber geben, ob die Ausgaben der Haushalte vom Gesamtdurchschnitt signifikant abweichen.

a) Beurteilten Sie Ergebnis und grafische Darstellung der Signifikanztests in den 3 Zahlenvarianten.
b) Löschen Sie die Angaben und arbeiten Sie mit eigenen Werten weiter. Interpretieren Sie die Ergebnisse!

A_2603: Lösungshinweise

A_2603_Anteilswert-Tests_zweiseitig

In allen 3 Varianten wird ein zweiseitiger Test mit der Nullhypothese p = 0,27477 und einem Signifikanzniveau von 5% durchgeführt. Die Ergebnisse für drei Gruppen von befragten Haushalten finden sich in den einzelnen Varianten.

In der Variante 1 (siehe Abb.) liegt der durchschnittliche Ausgabenanteil der zufällig befragten 200 Haushalte für „Wohnen" bei 25%. Dieser Wert ist niedriger als der Anteil in der Nullhypothese. Die Abweichung ist aber nicht groß genug, die Nullhypothese wird nicht abgelehnt.

Die 250 Haushalte der Variante 2 haben einen Ausgabenanteil von 30% für Wohnen. Dieser Wert ist größer als der Anteil in der Nullhypothese. Die Abweichung führt aber nicht zur Ablehnung der Nullhypothese.

In Variante 3 ergibt sich für die 180 befragten Haushalte ein durchschnittlicher Ausgabenanteil der Wohnungsausgaben von 35%. Dieser Wert ist signifikant höher als die 27,477% aus der Nullhypothese. Der Stichprobenwert liegt im Ablehnungsbereich des Tests.

Anwendung A_2604_Anteilswert-Tests_einseitig

Die Anwendung besteht aus den beiden Tabellenblättern „Simulation 1" und „Simulation 2".

In der Anwendung werden einseitige Hypothesentests für den Anteilswert einer qualitativen Zufallsvariablen durchgeführt. Die Testgröße ist approximativ normalverteilt.

In **Simulation 1** wird getestet, ob der Anteilswert in einer Stichprobe signifikant höher als der Anteil der Nullhypothese ist.

In **Simulation 2** soll durch den Hypothesentest gezeigt werden, dass der Anteilswert aus der Nullhypothese zurückgegangen ist.

A_2604: Aufgaben

- **A_2604: Simulation 1**

Der Hersteller von neu entwickelten elektronischen Bauteilen garantiert eine Ausschußquote von höchstens 5%. Ein Kunde kann eine Preisminderung erzielen, wenn er in der Zufallsstichprobe einer Lieferung von 10.000 Stück einen signifikant höheren Anteil als 5% feststellt (Signifikanzniveau: 0,05).

a) Interpretieren Sie (in den 3 Zahlenvarianten) die Ergebnisse und die grafische Darstellung des durchgeführten Hypothesentests.
b) Löschen Sie die Angaben und arbeiten Sie mit eigenen Werten weiter. Interpretieren Sie die Ergebnisse!

- **A_2604: Simulation 2**

Ein Reiseveranstalter möchte durch Einführung eines Beschwerdemanagements den Anteil von Beschwerden seiner Kunden nach den Urlaubsreisen reduzieren. Dazu werden 300 zufällig ausgewählte Kunden befragt. Ein Signifikanztest soll feststellen, ob sich der frühere Beschwerdeanteil von 10% signifikant reduziert hat.

a) Interpretieren Sie (in den 3 Zahlenvarianten) die Ergebnisse und die grafische Darstellung des durchgeführten Hypothesentests.
b) Löschen Sie die Angaben und arbeiten Sie mit eigenen Werten weiter. Interpretieren Sie die Ergebnisse!

A_2604: Lösungshinweise

- **Lösungshinweise A_2604: Simulation 1**

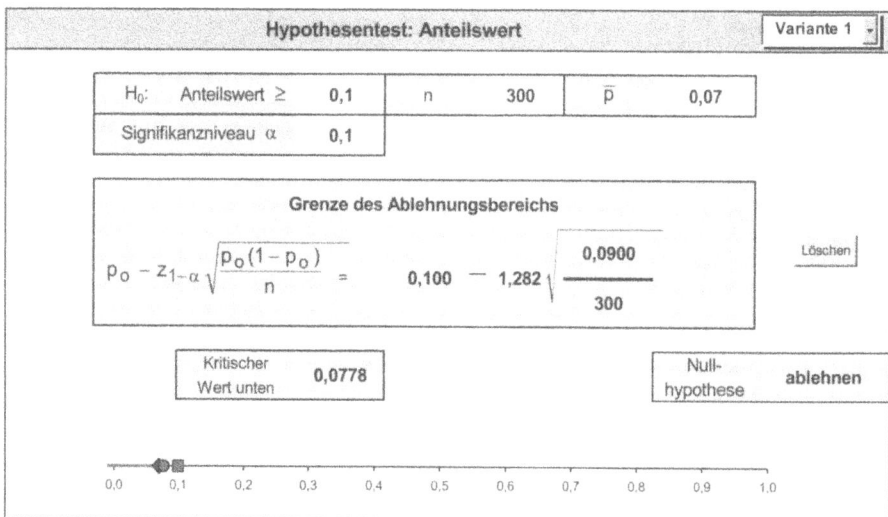

Hypothesentest: Anteilswert		Variante 1

| H_0: Anteilswert $\geq$ 0,1 | n | 300 | $\bar{p}$ | 0,07 |
| Signifikanzniveau α | 0,1 | | | |

Grenze des Ablehnungsbereichs

$$p_0 - z_{1-\alpha}\sqrt{\frac{p_0(1-p_0)}{n}} = 0,100 - 1,282\sqrt{\frac{0,0900}{300}}$$

Löschen

Kritischer Wert unten	0,0778

Null-hypothese	ablehnen

0,0   0,1   0,2   0,3   0,4   0,5   0,6   0,7   0,8   0,9   1,0

A_2604_Anteilswert-Tests_einseitig (Tabellenblatt „Simulation 1")

In <u>Variante 1</u> (siehe Abb.) liegt die Ausschußquote in der Zufallsstichprobe mit 5,2% über dem Wert der Nullhypothese, aber nicht im Ablehnungsbereich. Die Ausschußquote der Lieferung ist nicht signifikant höher als die garantierten 5%.

In <u>Variante 2</u> kann eine Preisminderung erzielt werden. Da die Ausschußquote in der Stichprobe mit 7% signifikant höher ist als 5%, wird die Nullhypothese abgelehnt.

In <u>Variante 3</u> wird das Stichprobenergebnis aus Variante 2 mit einem Ablehnungsbereich bei niedrigerem Signifikanzniveau von 1% verglichen. Die Nullhypothese kann nicht abgelehnt werden.

- **Lösungshinweise A_2604: Simulation 2**

Hypothesentest: Anteilswert — Variante 1

| H_0: Anteilswert $\geq$ 0,1 | n | 300 | $\bar{p}$ | 0,07 |

Signifikanzniveau α 0,1

Grenze des Ablehnungsbereichs

$$p_0 - z_{1-\alpha}\sqrt{\frac{p_0(1-p_0)}{n}} = 0,100 - 1,282\sqrt{\frac{0,0900}{300}}$$

Löschen

| Kritischer Wert unten | 0,0778 | | Null-hypothese | ablehnen |

0,0 0,1 0,2 0,3 0,4 0,5 0,6 0,7 0,8 0,9 1,0

A_2604_Anteilswert-Tests_einseitig (Tabellenblatt „Simulation 2")

Die Zufallsstichprobe von 300 befragten Kunden liefert einen Anteil von 7% Beschwerden wegen der Urlaubsreisen. Dieser Anteil liegt niedriger als die 10% vor Einführung des Beschwerdemanagements. Das Ergebnis des Hypothesentests gibt Aufschluß darüber, ob dieser Rückgang nur durch einen zufälligen Einfluß bedingt oder signifikant ist.

Die <u>Variante 1</u> (siehe Abb.) und die <u>Variante 2</u> führen bei einem Signifikanzniveau von 10% bzw. 5% zur Ablehnung der Nullhypothese. Der Beschwerdeanteil hat sich damit signifikant verringert.

Das Ergebnis der Stichprobe hält dem niedrigen Signifikanzniveau von <u>Variante 3</u> nicht stand. Die festgestellten 7% liegen jetzt außerhalb des Ablehnungsbereichs und zeigen damit keine hoch-signifikante Verringerung des Beschwerdeanteils.

Anwendung A_2605_Chi-Quadrat-Test_Anpassung

Die Anwendung besteht aus einem Tabellenblatt „Simulation".

In der **Simulation** wird eine beobachtete Häufigkeitsverteilung mit einer theoretischen Verteilung verglichen. Der Chi-Quadrat-Anpassungstest soll zeigen, ob die beobachtete Verteilung von der theoretischen signifikant abweicht oder nicht.

A_2605: Aufgaben

Hier wird – in 3 Zahlenvarianten – getestet, ob die Ergebnisse einer Folge von 120 Würfen mit einem Würfel die Echtheit bzw. Unechtheit des Würfels zeigen können. Der Chi-Quadrat-Anpassungstest stellt dazu die beobachteten Häufigkeiten den erwarteten Häufigkeiten gegenüber.

a) Interpretieren Sie die Arbeitstabelle für den Chi-Quadrat-Test, die Ausprägung der Testgröße und den kritischen Wert sowie Signifikanzniveau und -wahrscheinlichkeit.

b) Löschen Sie die vorgegebenen Werte und arbeiten Sie mit eigenen Angaben weiter. Interpretieren Sie die Ergebnisse!

A_2605: Lösungshinweise

Chi-Quadrat-Anpassungstest					Variante 1
X	x_j	Beobachtete Häufigkeit f_j	Erwartete Häufigkeit e_j	$f_j - e_j$	$(f_j - e_j)^2 / e_j$
x_1	1	12	20	-8,00	3,20
x_2	2	17	20	-3,00	0,45
x_3	3	22	20	2,00	0,20
x_4	4	23	20	3,00	0,45
x_5	5	17	20	-3,00	0,45
x_6	6	29	20	9,00	4,05
Summe		120	120	0,00	8,80

α	0,0500	Löschen	Kritischer Wert	11,07	Nullhypothese	Verteilung
Sign.-Wahrsch.	0,1173		Wert Testgröße	8,80	nicht ablehnen	signifikant

A_2605_Chi-Quadrat-Test_Anpassung

In der <u>Variante 1</u> (siehe Abb.) liegen die beobachteten Häufigkeiten teilweise recht nahe bei den theoretischen Häufigkeiten von jeweils 20. Die Abweichungen betragen einmal 2, einmal 3, zweimal -3, einmal -8 und einmal 9.

Zur Beurteilung der gesamten Abweichung der beiden Verteilungen wird die Maßzahl Chi-Quadrat berechnet (letzte Spalte der Arbeitstabelle). Chi-Quadrat ist die Summe der quadrierten Abweichungen zwischen beobachteter und theoretischer Verteilung und beträgt hier 8,8. Das bei einem Signifikanzniveau von 5% zu erwartende Chi-Quadrat ist gleich 11,07 (kritischer Wert). Da der Wert der Testgröße hier kleiner als der kritische Wert ist, wird die Nullhypothese (Gleichverteilung) nicht abgelehnt. Die Abweichungen der beobachteten Häufigkeiten sind nicht signifikant und sprechen nicht gegen die Echtheit des Würfels.

Die Signifikanz-Wahrscheinlichkeit beträgt 0,1173. Dieser Wert entspricht dem Ergebnis der Excel-Funktion **CHITEST** (D4:D9;E4:E9). In den Feldern D4 bis D9 steht dabei die beobachtete, in die Felder E4 bis E9 die theoretische Verteilung. Da 0,1173 größer ist als das vorgegebene Signifikanzniveau von 0,05 wird die Nullhypothese nicht abgelehnt.

In der <u>Variante 2</u> liegen die beobachteten Häufigkeiten noch dichter bei den theoretischen als in der Variante 1. Der niedrige Wert der Testgröße von 1,05 und der hohe Wert der Signifikanz-Wahrscheinlichkeit von 0,9584 zeigen sehr deutlich, dass die Nullhypothese nicht abgelehnt werden kann. Auch hier kann von einem echten Würfel ausgegangen werden.

In <u>Variante 3</u> sind die Abweichungen zwischen den Häufigkeiten so groß, dass der Wert der Testgröße über dem kritischen Wert liegt. Das beobachtete Chi-Quadrat (13,20) ist größer als das theoretische (11,07). Die Signifikanz-Wahrscheinlichkeit (0,0216) ist kleiner als das Signifikanzniveau (0,05). Die Nullhypothese wird abgelehnt. Es liegt offensichtlich keine Gleichverteilung und damit kein echter Würfel vor.

📁 Anwendung A_2606_Chi-Quadrat-Test_Unabhängigkeit

Die Anwendung besteht aus den beiden Tabellenblättern „Simulation 1" und „Simulation 2".

In **Simulation 1** wird eine zweidimensionale Verteilung als 4-Felder-Tafel dargestellt. In einer zweiten 4-Felder-Tafel werden die (bei Unabhängigkeit) erwarteten Häufigkeiten angegeben. Die Hypothese der Unabhängigkeit der beiden Variablen X und Y wird mit dem Chi-Quadrat-Test auf Unabhängigkeit überprüft. Die Gegenüberstellung von Testgröße und kritischem Wert bzw. von Signifikanzniveau und –Wahrscheinlichkeit begründet die Ablehnung/Nichtablehnung der Nullhypothese.

In **Simulation 2** werden die beobachteten und die erwarteten Häufigkeiten der beiden Variablen X und Y in jeweils einer 9-Felder-Tafel angegeben. Durch die Berechnung des Testwerts und der Signifikanz-Wahrscheinlichkeit wird die Abhängigkeit der beiden Variablen in einem Chi-Quadrat-Unabhängigkeitstest überprüft.

A_2606: Aufgaben

• **A_2606: Simulation 1**

Hier wird die Variable X (Geschlecht mit den beiden Werten x_1 = männlich und x_2 = weiblich) der Variablen Y (Zufriedenheit mit der Qualität des Mensa-Essens; y_1 = unzufrieden, y_2 = zufrieden) gegenübergestellt. Bei einem Signifikanzniveau von 5% wird ein Chi-Quadrat-Unabhängigkeitstest durchgeführt.

a) Interpretieren Sie die Tabelle der beobachteten und der erwarteten Häufigkeiten sowie das Ergebnis des Chi-Quadrat-Tests.

b) Löschen Sie die Werte und arbeiten Sie mit eigenen Angaben weiter. Interpretieren Sie die Ergebnisse!

- **A_2606: Simulation 2**

Hier wird die Variable X (Zufriedenheit mit dem Preis des Mensa-Essens x_1 = unzufrieden, x_2 = teils/teils, x_3 = zufrieden) der Variablen Y (Zufriedenheit mit der Qualität des Mensa-Essens; y_1 = unzufrieden, y_2 = teils/teils y_3 = zufrieden) gegenübergestellt. Bei einem Signifikanzniveau von 5% wird ein Chi-Quadrat-Unabhängigkeitstest durchgeführt.

a) Interpretieren Sie die Tabelle der beobachteten und der erwarteten Häufigkeiten sowie das Ergebnis des Chi-Quadrat-Tests.

b) Löschen Sie die Werte und arbeiten Sie mit eigenen Angaben weiter. Interpretieren Sie die Ergebnisse!
   Hinweis: Simulation 2 ist auch für 2x2-, 2x3- und 3x2-Felder-Tafeln einsetzbar!

A_2606: Lösungshinweise

- **Lösungshinweise A_2606: Simulation 1**

Chi-Quadrat-Unabhängigkeitstest: 4-Felder-Tafel				Variante 1
Beobachtete Häufigkeiten				Erwartete Häufigkeiten

X \ Y	y_1	y_2	Summe	X \ Y	y_1	y_2	Summe
x_1	58	39	97	x_1	45,59	51,41	97
x_2	36	67	103	x_2	48,41	54,59	103
Summe	94	106	200	Summe	94	106	200

α	0,0500	Kritischer Wert	3,84	**Nullhypothese** **Zusammenhang**
Sign.-Wahrsch.	0,0004	Wert Testgröße	12,38	**ablehnen** **signifikant**
Fr.grade	1	Löschen		

A_2606_Chi-Quadrat-Test_Unabhängigkeit (Tabellenblatt „Simulation 1")

In Variante 1 (siehe Abb.) sind 58 der 97 männlichen Studenten mit der Qualität des Mensa-Essens unzufrieden, 39 sind zufrieden. Bei den weiblichen Studenten ist das Verhältnis der Häufigkeiten umgekehrt: 36 von 103 Studentinnen sind mit dem Mensa-Essen unzufrieden, 67 sind zufrieden. Die Tabelle der erwarteten

Häufigkeiten entsteht durch Multiplikation der beiden beobachteten Randhäufigkeiten der jeweiligen Zelle und der Division des Produkts durch den Umfang der Gesamtheit (200): z.B. 45,59 = 94 · 97 / 200.

Die Summe der quadrierten Abweichungen zwischen beobachteten und erwarteten Häufigkeiten ergibt die Maßzahl Chi-Quadrat, hier gleich 12,38. Dieses Ergebnis ist größer als das 95%-Quantil der Chi-Quadrat-Verteilung (3,84). Die Hypothese der Unabhängigkeit wird abgelehnt. Offensichtlich hängt die Einschätzung der Qualität des Mensa-Essens vom Geschlecht der Studenten ab.

Das Testergebnis läßt sich auch am Vergleich von Signifikanzniveau und – Wahrscheinlichkeit ablesen. Letztere ist mit 0,0004 wesentlich kleiner als 0,05 und verdeutlicht damit die Signifikanz des Wertes von Chi-Quadrat.

In Variante 2 ist die Zufriedenheitsquote bei den männlichen Studenten etwas größer. Bei den Studentinnen übersteigt die Anzahl der Unzufriedenen mit der Qualität des Mensa-Essens die Anzahl der Zufriedenen. Die einzelnen Häufigkeiten unterscheiden sich nicht so stark untereinander wie in Variante 1, auch die Abweichungen von den erwarteten Häufigkeiten sind nicht sehr groß. Der Wert Chi-Quadrat ist mit 2,46 kleiner als der kritische Wert. Die Nullhypothese der Unabhängigkeit wird nicht abgelehnt. Es besteht offensichtlich kein Zusammenhang zwischen Geschlecht und der Zufriedenheit mit dem Mensa-Essen.

In Variante 3 ist die Zufriedenheitsquote sowohl bei den männlichen als auch bei den weiblichen Studenten relativ hoch. Diese Ähnlichkeit der beiden bedingten Verteilungen hat zur Folge, dass der Wert für Chi-Quadrat mit 1,25 sehr niedrig ausfällt. Die Signifikanz-Wahrscheinlichkeit ist mit 0,2631 deutlich höher als in den Varianten 1 und 2. Die Nullhypothese der Unabhängigkeit wird nicht abgelehnt. Es liegt kein signifikanter Zusammenhang der beiden Variablen vor.

- **Lösungshinweise A_2606: Simulation 2**

A_2606_Chi-Quadrat-Test_Unabhängigkeit (Tabellenblatt „Simulation 2")

In Variante 1 (siehe Abb.) ist die Hauptdiagonale in der 9-Felder-Tafel deutlich stärker besetzt als die übrigen Felder. Studenten, die mit der Qualität des Mensa-Essens unzufrieden sind, sind auch mit dem Preis unzufrieden. Studenten, die bei der Frage nach der Qualität unentschieden sind, sind dies auch beim Preis. Studenten, die mit der Qualität zufrieden sind, sind auch mit dem Preis zufrieden. Die Gegenüberstellung von beobachteten und erwarteten Häufigkeiten ergibt einen Chi-Quadrat-Wert von 20,47, der deutlich größer als der kritische Wert von 9,49 ist. Die Signifikanz-Wahrscheinlichkeit wird mit 0,000 angegeben und ist damit wesentlich kleiner als das Signifikanzniveau von 0,05. Die Hypothese der Unabhängigkeit wird abgelehnt. Zwischen der Einschätzung der Qualität des Mensa-Essens und des Preises besteht ein signifikanter Zusammenhang.

In Variante 2 sind die Häufigkeiten bei der Ausprägung x_3 (= zufrieden mit der Qualität) größer als die Häufigkeiten für die Werte teils/teils und unzufrieden. Die Randhäufigkeiten für die Einschätzung des Preises des Mensa-Essens sind relativ gleichmäßig verteilt. Da diese annähernde Gleichverteilung bei allen Zeilen der Qualitätsvariablen zu beobachten ist, ergeben sich keine großen Abweichungen zwischen beobachteten und erwarteten Häufigkeiten. Chi-Quadrat ist mit 1,79 deutlich kleiner als der kritische Wert. Die Signifikanz-Wahrscheinlichkeit ist mit 0,775 wesentlich größer als das Signifikanzniveau von 0,05. Die Hypothese der Unabhängigkeit kann nicht abgelehnt werden. Es besteht offensichtlich kein Zusammenhang zwischen der Einschätzung von Qualität und Preis des Mensa-Essens.

In Variante 3 sehen wir einen Spezialfall der zweidimensionalen Verteilung. Alle Spalten bzw. Zeilen sind untereinander jeweils gleich. Die (bedingten) Verteilungen sind unabhängig von der jeweiligen Ausprägung der zweiten Variablen. Alle erwarteten Häufigkeiten sind gleich den beobachteten Häufigkeiten. Chi-Quadrat ist als Summe der quadrierten Differenzen dieser Häufigkeiten gleich 0. Die Signifikanz-Wahrscheinlichkeit erreicht ihren Maximalwert von 1,0. Die Nullhypothese kann nicht abgelehnt werden. Die Zufriedenheit mit der Qualität des Mensa-Essens ist unabhängig von der Zufriedenheit mit dem Preis.

Anwendung A_2607_F-Test

Die Anwendung besteht aus einem Tabellenblatt „Simulation".

In der **Simulation** wird die Linearität des Zusammenhangs zweier Variablen X und Y durch den F-Test auf Signifikanz getestet. Die durch eine Regressionsgerade erklärte Varianz der Variablen Y wird dabei mit der nicht erklärten Varianz (Restkomponente) verglichen.

A_2607: Aufgaben

In der Simulation wird die Abhängigkeit der Variablen Y (Konsumausgaben in 1000 €) von der Variablen X (Verfügbares Einkommen in 1000 €) untersucht.

Stärke und Richtung des Zusammenhangs in den 3 Varianten kennzeichnen die Bedeutung des Konsumgutes in Abhängigkeit von der Einkommenshöhe.

Für 12 Haushalte sind verfügbares Einkommen und Konsumausgaben gegeben. Die Wertepaare werden in einem Streuungsdiagramm grafisch dargestellt. Um die Gültigkeit einer Regressionsgeraden zu überprüfen, wird ein F-Test (Signifikanzniveau = 2,5%) durchgeführt.

a) Beurteilen Sie Zwischen- und Endergebnisse des F-Tests.
b) Löschen Sie die Wertepaare und arbeiten Sie mit eigenen Angaben weiter. Interpretieren Sie die Ergebnisse!

A_2607: Lösungshinweise

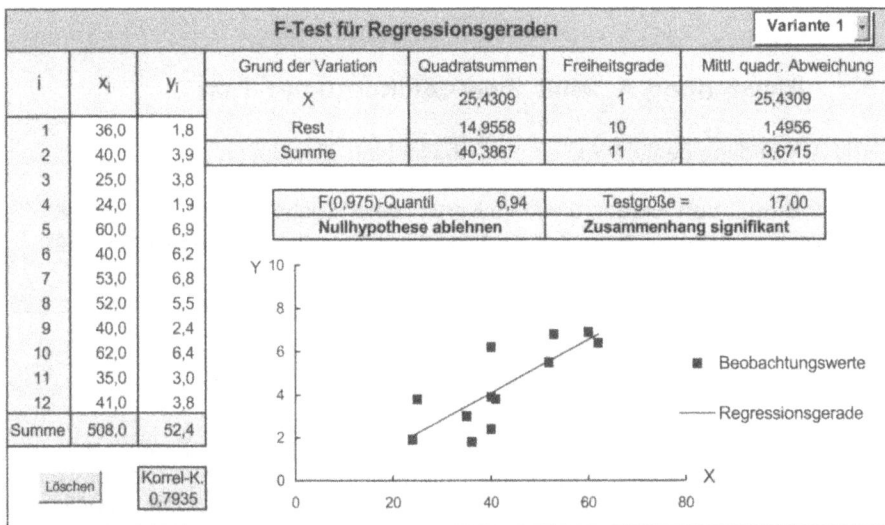

A_2607_F-Test

In Variante 1 (siehe Abb.) zeigt die Punktewolke einen relativ starken positiven Zusammenhang der beiden Variablen an (Korrelation = 0,7935). Ein großer Teil der Varianz der Konsumausgaben wird durch das verfügbare Einkommen erklärt. Dies zeigen insbesondere die beiden Mittleren quadratischen Abweichungen, die der Variablen X bzw. der Restkomponente zugeordnet werden (25,4309 und 1,4956).

Der Wert der Testgröße ist mit 17,00 deutlich größer als der kritische Wert der F-Verteilung (6,94). Die Hypothese, dass kein linearer Zusammenhang vorliegt, wird abgelehnt. Zwischen den Konsumausgaben und dem verfügbaren Einkommen liegt ein signifikanter (positiver) Zusammenhang vor. Die Ausgaben für das betrachtete Gut steigen mit dem Einkommen der Haushalte, wie z.B. bei Ausgaben für Wohnung etc.

In Variante 2 zeigt die Punktewolke keinen Zusammenhang der Variablen X und Y. Der Wert der Testgröße von 0,05 zeigt an, dass nur ein ganz geringer Teil der Varianz der Variablen Y durch die Variable X erklärt wird (Korrelationskoeffizient = 0,0673). Die Nullhypothese der Unabhängigkeit wird nicht abgelehnt. Es besteht kein signifikanter Zusammenhang zwischen Konsumausgaben und Einkommen. Die Höhe des Einkommens beeinflußt die Nachfrage nach dem Gut (z.B. Mineralwasser) offensichtlich nicht.

In Variante 3 liegt ein starker negativer Zusammenhang der beiden Variablen X und Y vor (Korrelation: -0,9849). Konsumausgaben und Einkommen entwickeln sich gegenläufig im Streuungsdiagramm. Der F-Test zeigt einen großen Anteil der erklärten Gesamtvarianz an. Die Nullhypothese wird abgelehnt. Es besteht ein signifikanter negativer Zusammenhang zwischen Konsumausgaben und Einkommen. Das nachgefragte Gut (z.B. einfache Margarine) ist offensichtlich bei höherem Einkommen weniger attraktiv.

Anwendung A_2608_Zwei-Stichproben-t-Test

Die Anwendung besteht aus einem Tabellenblatt „Simulation".

In der **Simulation** werden die Mittelwerte zweier Stichproben auf Gleichheit überprüft. Dieser Zwei-Stichproben-t-Test geht von der Normalverteilung bei unbekannter Varianz und kleiner Stichprobe aus.

A_2608: Aufgaben

Im Rahmen der Mitarbeiterfortbildung in einer großen Unternehmung wird ein Abschlußtest durchgeführt. Es soll überprüft werden, ob die Ergebnisse der weiblichen Mitarbeiter (1. Stichprobe) signifikant von den Ergebnissen der männlichen Mitarbeiter (2. Stichprobe) abweichen.

Aus den Testergebnissen von jeweils 16 (zufällig ausgewählten) Mitarbeitern und Mitarbeiterinnen werden arithmetisches Mittel und Standardabweichung berechnet. Die Stichproben werden gegen die Nullhypothese getestet, dass kein Unterschied (Differenz = 0) zwischen den Durchschnittsergebnissen der männlichen bzw. weiblichen Teilnehmer vorliegt.

a) Interpretieren Sie Zwischen- und Endergebnisse des t-Tests.
b) Löschen Sie die Angaben und arbeiten Sie mit eigenen Werten weiter. Interpretieren Sie die Ergebnisse.

A_2608: Lösungshinweise

In Variante 1 (siehe Abb.) liegt das Testergebnis der weiblichen Mitarbeiter (arithmetisches Mittel = 43,63 Punkte) um 2,69 Punkte über dem Durchschnittsergebnis der männlichen Mitarbeiter. Die Testgröße des t-Tests liefert einen relativ niedrigen Wert von 1,2360. Die angegebene Signifikanz-Wahrscheinlichkeit von 0,2261 ist größer als das Signifikanzniveau von 0,05. Die Nullhypothese (gleiche Mittelwerte) kann nicht abgelehnt werden. Offensichtlich sind die Leistungen der männlichen und weiblichen Mitarbeiter nicht signifikant verschieden.

Das festgestellte Gesamtergebnis wird mit der Excel-Analyse-Funktion **Zweistichproben-t-Test: Unterschiedlicher Varianzen** bzw. „Zweistichproben-t-Test: Gleicher Varianzen" erzielt. Der Wert der Testgröße wird dort als „t-Statistik", die Signifikanz-Wahrscheinlichkeit als „P(T<=t) zweiseitig" ausgewiesen.

A_2608_Zwei-Stichproben-t-Test

In Variante 2 liegen die durchschnittlichen Testergebnisse der weiblichen und männlichen Teilnehmer mit einer Differenz von 6,38 weiter auseinander als in Variante 1. Der Zwei-Stichproben-t-Test liefert einen Testwert von 2,3637. Die Signifikanz-Wahrscheinlichkeit von 0,0248 ist kleiner als das Signifikanzniveau von 0,05. Die Nullhypothese wird abgelehnt. Die Leistungen der weiblichen Mitarbeiter sind signifikant höher als die Leistungen der männlichen Mitarbeiter.

In Variante 3 liegen dieselben Stichprobenwerte wie in Variante 2 vor. Der t-Test wird jetzt bei einem Signifikanzniveau von 1% durchgeführt. Da die Signifikanz-Wahrscheinlichkeit mit 2,48% größer als 1% ist, kann die Nullhypothese nicht abgelehnt werden. Die Durchschnittspunktzahl für die weiblichen Teilnehmer ist nicht „hoch-signifikant" größer als die der männlichen Teilnehmer.

Literaturverzeichnis

Anderson, O., Schaffranek, M., Stenger, H., Szameitat, K. (1983): Bevölkerungs- und Wirtschaftsstatistik, Springer, Berlin – Heidelberg – New York

Anderson, O., Popp, W., Schaffranek, M., Steinmetz, D., Stenger, H. (1997): Schätzen und Testen, Springer, Berlin – Heidelberg – New York

Baloui, S. (1998): Excel 97, Kompendium, Markt und Technik, München

Bamberg, G., Baur, F. (1998): Statistik, Oldenbourg, München – Wien

Beneke, T., Schwippert, W. (1999): Benutzerhandbuch für WinSTAT für EXCEL, Beneke & Schippert

Böker, F. (1993): Statistik lernen am PC, Vandenhoeck & Ruprecht, Göttingen

Business BASICS (1997): Quantitative Methods, BPP, London

Deutsche Bundesbank (2000): Zahlungsbilanzstatistik Juni 2000, Statistisches Beiheft zum Monatsbericht 3, Frankfurt

Erben, W. (1998): Statistik mit Excel 5 oder 7, Oldenbourg, München – Wien

Ferschl, F. (1985): Deskriptive Statistik, Physica, Würzburg – Wien

Geßler, J.R. (1993): Statistische Graphik, Birkhäuser, Basel – Boston – Berlin

Gnoss, R., Müller, G., Zwerenz, K. (1988): Übungen zur Statistik, Verlag für Wirtschaftsskripten, München

Hartung, J., Elpelt, B., Klösener, K.-H. (1998): Statistik – Lehr- und Handbuch der angewandten Statistik, Oldenbourg, München – Wien

Hofmann, J., May, S. (1999): Anwendungsorientierte Statistik mit Excel, Band 1: Deskriptive Statistik und Wahrscheinlichkeitstheorie, Oldenbourg, München – Wien

Huff, D. (1993): How to Lie with Statistics, Norton, New York – London

IW (1998): Institut der deutschen Wirtschaft – Zahlen zur wirtschaftlichen Entwicklung der Bundesrepublik Deutschland, Deutscher Institutsverlag, Köln

Kehrle, K. (1989): Betriebsstatistik, Arbeitsunterlage, München

Kennedy, G. (1993): Einladung zur Statistik, Campus, Frankfurt – New York

Krämer, W. (1994): So überzeugt man mit Statistik, Campus, Frankfurt – New York

Krämer, W. (1998): Statistik verstehen, Campus, Frankfurt – New York

Levine, D.M., Berenson, M.L., Stephan, D. (1998): Statistics for Managers using Microsoft Excel, Prentice Hall, Upper Saddle River – New Jersey

Matthäus, W.-G. (1998): Lösungen für die Statistik mit Excel 97, International Thomson Publishing, Bonn

Menges, G. (1982): Die Statistik – Zwölf Stationen des statistischen Arbeitens, Gabler, Wiesbaden

Monka, M. Voß. W. (1999): Statistik am PC – Lösungen mit Excel, 2. Auflage, Hanser, München, München – Wien

Pflaumer, P., Heine B., Hartung J. (1999): Statistik für Wirtschafts- und Sozialwissenschaften: Deskriptive Statistik, Oldenbourg, München – Wien

Rüger, B. (1996): Induktive Statistik – Einführung für Wirtschafts- und Sozialwissenschaftler, Oldenbourg, München – Wien

Schulze, P. R. (1998): Beschreibende Statistik, Oldenbourg, München – Wien

Schlittgen, R. (1997): Statistik – Analyse und Modellierung von Daten, Oldenbourg, München – Wien

Schneeweiß, H. (1990): Ökonometrie, Physica, Würzburg – Wien

Spiegel, M. R. (1996): Statistics – Schaum's Electronic Tutor, Mc-Graw-Hill, New York etc.

Zwerenz, K. (2006): Statistik – Datenanalyse mit EXCEL und SPSS, 3. Auflage, Oldenbourg, München - Wien

Stichwortverzeichnis

Grundlagen für wirtschaftliches Arbeiten

Werner Sesink
Einführung in das wissenschaftliche Arbeiten
Mit Internet - Textverarbeitung - Präsentation
7., aktualisierte Auflage 2007. IX, 262 Seiten, Broschur
€ 22,80, ISBN 978-3-486-58191-1

In diesem Buch stehen die Formalia und Techniken des wissenschaftlichen Arbeitens im Mittelpunkt. Es beschränkt sich auf das Wichtigste und Hilfreichste zu diesem Thema und bietet jedem, der sich mit wissenschaftlichen Arbeiten beschäftigt, eine sehr gute Hilfe.

Aus dem Inhalt:
Erstens: Studieren und wissenschaftliches Arbeiten. Was ist wissenschaftliches Arbeiten? Elemente wissenschaftlichen Arbeitens im Studium.
Zweitens: Erledigung der wichtigsten wissenschaftlichen Vorarbeiten: Literatursuche, -auswahl und -beschaffung, Informations- und Literaturrecherche im Internet, die persönliche Materialdokumentation.
Drittens: Erstellung schriftlicher wissenschaftlicher Hausarbeiten: Elemente einer schriftlichen Arbeit, Erstellen des Manuskripts mit einem Textverarbeitungsprogramm, Layout und typografische Gestaltung.
Viertens: Leistungsnachweise, Seminarprotokoll, Referat (Seminarvortrag) und Präsentation, Klausur, Hausarbeit, Abschlussarbeit und Musterseiten.

Das Buch richtet sich an all jene, die sich mit wissenschaftlichen Arbeiten auseinander setzen wollen und müssen.

Prof. Dr. Werner Sesink lehrt Allgemeine Pädagogik mit dem Schwerpunkt Bildung und Technik an der TU Darmstadt.

Oldenbourg

Experiments and Surveys

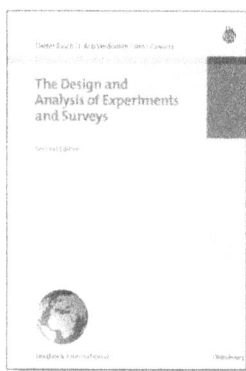

Dieter Rasch, L. Rob Verdooren, Jim Gowers
The Design and Analysis of Experiments and Surveys

2. Auflage 2007 | IX, 261 S. | Broschur
€ 34,80
ISBN 978-3-486-58299-4

This volume is the English version of the second edition of the bilingual textbook by Rasch, Verdooren and Gowers (1999). A parallel version in German is available from the same publisher.

It is intended for students and experimental scientists in all disciplines and presumes only elementary statistical and mathematical knowledge. This prerequisite knowledge is summarised briefly in an appendix.

The present edition introduces some new sections, such as testing the equality of two proportions, and the inclusion of sequential tests. It includes the equivalence tests which should replace the usual tests especially in psychological and medical research if the acceptance of the usual null hypothesis is the goal. Most of the methods are accompanied by examples demonstrating the relevant SPSS and CADEMO (a statistical design optimising package) procedures.

One important feature which distinguishes this book from the majority of elementary statistics texts is the emphasis placed on correct experimental design and the optimising of the experiment size. Given the steadily increasing financial problems facing research institutions, how can empirical research be conducted as efficiently (cost-effectively) as possible? This book seeks to make a contribution to answering this question. The design methods are in existence, but they are not widely used. The reasons for this stem on the one hand from the traditions of experimental research, and also from the behavioural patterns of the researchers themselves. Optimal research design implies that the objective of the investigation is determined in detail before the experiment or survey is carried out. In particular it is important that the precision requirements for the type of analysis planned for the data are formulated.

Oldenbourg

Further Information:
www.oldenbourg-wissenschaftsverlag.de

www.ingramcontent.com/pod-product-compliance
Lightning Source LLC
Chambersburg PA
CBHW081051220326

41598CB00038B/7060